Freie Advokatur

D1931514

Schriftenreihe der Bundesrechtsanwaltskammer

BAND 9

C.H.BECK'SCHE VERLAGSBUCHHANDLUNG
MÜNCHEN 1995

Freie Advokatur, anwaltliche Informationsverarbeitung und Datenschutzrecht

Berufs- und verfassungsrechtliche Aspekte

Mit zusammenfassenden Leitsätzen
Avec un résumé sous forme de principes conducteurs
With Conclusions

von

Giselher Rüpke
Dr. jur., MCL
Privatdozent an der Universität Frankfurt am Main
Fachanwalt für Verwaltungsrecht

C.H.BECK'SCHE VERLAGSBUCHHANDLUNG
MÜNCHEN 1995

Die Deutsche Bibliothek – CIP-Einheitsaufnahme

Rüpke, Giselher:
Freie Advokatur, anwaltliche Informationsverarbeitung und Datenschutzrecht : berufs- und verfassungsrechtliche Aspekte/von Giselher Rüpke. – München : Beck , 1995
(Schriftenreihe der Bundesrechtsanwaltskammer; Bd. 9)
ISBN 3 406 38359 9
NE: Bundesrechtsanwaltskammer: Schriftenreihe der Bundesrechtsanwaltskammer

ISBN 3 406 38359 9

© C. H. Beck'sche Verlagsbuchhandlung (Oscar Beck), München
Satz und Druck: C. H. Beck'sche Buchdruckerei, Nördlingen
Gedruckt auf säurefreiem,
aus chlorfrei gebleichtem Zellstoff hergestelltem Papier

Vorwort

Die Schrift widmet sich einem speziellen rechtlichen Bereich. Zugleich geht es um Schnittstellen zwischen zwei Rechtsmaterien – Anwalts- und Datenschutzrecht –, die von unterschiedlichen informationsrechtlichen Grundsätzen geleitet werden. Diese näher darzulegen und ihre Beziehung zueinander zu analysieren, wird damit erforderlich. Im Anschluß daran stellen sich notwendig verfassungsrechtliche, in die Grundrechtslehre führende Fragen. Die besondere Bedeutung des Art. 5 Abs. 1 GG für die Tätigkeit des Rechtsanwalts wird dabei erkennbar. Von dieser Bestimmung her wird auch ein umfassenderes Verständnis des dem anwaltlichen Berufsgeheimnis gebührenden grundrechtlichen Schutzes möglich.

Das Bundesdatenschutzgesetz wird in Kürze einer weiteren Novellierung zur Anpassung an die künftige Datenschutzrichtlinie der Europäischen Union bedürfen. Ob dies ein Weg sein wird, auch den Besonderheiten anwaltlicher Informationsverarbeitung in verfassungskonformer Weise Rechnung zu tragen, ist offen und im Hinblick auf die Ergebnisse der vorliegenden Untersuchung eher fraglich. Voraussichtlich kommt es der Weiterentwicklung des anwaltlichen Berufsrechts zu, präzisere informationsrechtliche Lösungen bereitzustellen, die den rechtsstaatlichen Grundsätzen und Bedürfnissen der freien Advokatur entsprechen.

Der Verfasser dankt vielen Fachkollegen für berufs- und datenschutzrechtliche Hinweise, anregende Diskussionen und die Mitteilung von Erfahrungen sowohl aus der anwaltlichen als auch berufsaufsichtlichen Praxis. In besonderer Weise betrifft dies die Mitglieder des Ausschusses für Datenschutzrecht der Bundesrechtsanwaltskammer Dr. Hans Klees, Dr. Wolfgang Kuhla und Uwe Scherf, ferner Herrn Rechtsanwalt und Notar Lutz Tauchert. Weiterhin gebührt der Dank Herrn Rechtsanwalt Elmar Gellner und seinen Mitgeschäftsführern der Bundesrechtsanwaltskammer für die Unterstützung des Vorhabens durch Rat und Tat. Herzlicher Dank auszusprechen ist auch denjenigen, die in Brüssel, Paris, London und Frankfurt an der Übersetzung der Leitsätze mitgewirkt haben, insbesondere Frau Antje Jordan beim französischen Teil. Schließlich gilt ein Dank Frau Dorothea Kraß für die umsichtige Betreuung seitens des Verlags.

Frankfurt a.M., im Januar 1995

Inhaltsverzeichnis

Abkürzungsverzeichnis

AbfG	Abfallgesetz
Abs.	Absatz
abw.	abweichend
AcP	Archiv für die civilistische Praxis
a.F.	alter Fassung
AFG	Arbeitsförderungsgesetz
AK-GG	Alternativkommentar zum Grundgesetz (s. Literaturverzeichnis: Wassermann)
Alt.	Alternative
AnwBl	Anwaltsblatt
AO	Abgabenordnung
AöR	Archiv des öffentlichen Rechts
B	Bundes-
BauNVO	Baunutzungsverordnung
BB	Betriebs-Berater
BDiszG	Bundesdisziplinargericht
BDSG	Bundesdatenschutzgesetz
BGB	Bürgerliches Gesetzbuch
BGBl	Bundesgesetzblatt
BGH	Bundesgerichtshof
BGHSt	Entscheidungen des Bundesgerichtshofs in Strafsachen
BGHZ	Entscheidungen des Bundesgerichtshofs in Zivilsachen
BImSchG	Bundesimmissionsschutzgesetz
BK	Bonner Kommentar (s. Literaturverzeichnis)
BMI	Bundesminister des Innern
BNatSchG	Bundesnaturschutzgesetz
BNotO	Bundesnotarordnung
BR-Drs.	Bundesratsdrucksache
BRAK	Bundesrechtsanwaltskammer
BRAK-Mitt.	BRAK Mitteilungen, Hrsg.: Bundesrechtsanwaltskammer
BRAO	Bundesrechtsanwaltsordnung, zuletzt geänd. durch G. vom 2. 9. 94
BT-Drs.	Bundestagsdrucksache
BVerfG	Bundesverfassungsgericht
BVerfGE	Entscheidungen des Bundesverfassungsgerichts, hrsg. von den Mitgliedern des Bundesverfassungsgerichts
BVerfGG	Gesetz über das Bundesverfassungsgericht (Bundesverfassungsgerichtsgesetz)
BVerwG	Bundesverwaltungsgericht
BVerwGE	Entscheidungen des Bundesverwaltungsgerichts, hrsg. von Mitgliedern des Gerichts
CR	Computer und Recht

DNotZ .... Deutsche Notar-Zeitschrift
DONot .... Dienstordnung für Notare
DÖV .... Die öffentliche Verwaltung
DSG .... Datenschutzgesetz
DSt .... Der Staat
DSWR .... Datenverarbeitung in Steuer, Wirtschaft und Recht
DuD .... Datenschutz und Datensicherung
DVBl .... Deutsches Verwaltungsblatt
DVR .... Datenverarbeitung im Recht
EGMR .... Europäischer Gerichtshof für Menschenrechte
EMRK .... Konvention zum Schutze der Menschenrechte und Grundfreiheiten vom 4. 11. 1950 (Europarat – Europäische Menschenrechtskonvention –)
Entsch. .... Entscheidung
Entw. .... Entwurf
EuDatSch-RiLi
(geänd. Vorschlag) ... geänderter Vorschlag für eine Richtlinie des Rates zum Schutz natürlicher Personen bei der Verarbeitung personenbezogener Daten und zum freien Datenverkehr, Kommission der Europäischen Gemeinschaften, KOMM (92) 422 endg. – SYN 287, vom 15. 10. 1992, abgedruckt im Amtsblatt der Europäischen Gemeinschaften Nr. C 311 vom 27. 11. 1992, S. 30ff.
EuZW .... Europäische Zeitschrift für Wirtschaftsrecht
FS .... Festschrift
G .... Gesetz
GewO .... Gewerbeordnung
GG .... Grundgesetz
GVBl .... Gesetz- und Verordnungsblatt
GWB .... Gesetz gegen Wettbewerbsbeschränkungen
GwG .... Gesetz über das Aufspüren von Gewinnen aus schweren Straftaten (Geldwäschegesetz), BGBl. 1993 I S. 1770
HBO .... Hessische Bauordnung
HGB .... Handelsgesetzbuch
h. M. .... herrschende Meinung
h. L. .... herrschende Lehre
HandwO .... Handwerksordnung
HdbStR .... Handbuch des Deutschen Staatsrechts, hrsg. von Josef Isensee und Paul Kirchhof, Heidelberg 1987ff.
HDSG .... Hessisches Datenschutzgesetz
HPRG .... Gesetz über den privaten Rundfunk in Hessen (Hessisches Privatrundfunkgesetz)
Hs. .... Halbsatz
HSOG .... Hessisches Gesetz über die öffentliche Sicherheit und Ordnung
i. d. F. .... in der Fassung
JAO .... Juristenausbildungsordnung
JR .... Juristische Rundschau
JuS .... Juristische Schulung
JZ .... Juristenzeitung

K.	Kammer
KJ	Kritische Justiz
Komm.	Kommentar
KTS	Konkurs-, Treuhand- und Schiedsgerichtswesen
KWG	Gesetz über das Kreditwesen
LDSG	Landesdatenschutzgesetz
Lfg.	Lieferung
LMBG	Lebensmittel- und Bedarfsgegenständegesetz
LSA	Land Sachsen-Anhalt
Lts.	Leitsatz
MDR	Monatsschrift für Deutsches Recht
m. w. Nw.	mit weiteren Nachweisen
n. F.	neuer Fassung
NJW	Neue Juristische Wochenschrift
NJW-CoR	Computerreport der Neuen Juristischen Wochenschrift
Nov.	Novelle
NStZ	Neue Zeitschrift für Strafrecht
NVwZ	Neue Zeitschrift für Verwaltungsrecht
NVwZ-RR	NVwZ-Rechtsprechungs-Report Verwaltungsrecht
Nw.	Nachweise
O	Ordnung
PAO	Patentanwaltsordnung
Rdnr.	Randnummer
RDV	Recht der Datenverarbeitung
Reg.-Entw.	Regierungsentwurf
RGSt	Entscheidungen des Reichsgerichts in Strafsachen
RGZ	Entscheidungen des Reichsgerichts in Zivilsachen
RichtlRA	Grundsätze des anwaltlichen Standesrechts – Richtlinien gem. § 177 Abs. 2 Nr. 2 [a. F.] BRAO, festgestellt von der Bundesrechtsanwaltskammer am 21. 6. 1973, Stand 1. 2. 87, abgedruckt und kommentiert bei Feuerich (s. Literaturverzeichnis), § 43 Rdnrn. 29 ff.
Sen.	Senat
SGB	Sozialgesetzbuch
SK	Systematischer Kommentar zum Strafgesetzbuch (s. Literaturverzeichnis: Rudolphi)
SozR	Sozialrechtl. Rechtsprechung und Schrifttum, bearbeitet von den Richtern des Bundessozialgerichts
SprengG	Sprengstoffgesetz
Stbg	Die Steuerberatung
StGB	Strafgesetzbuch
StPO	Strafprozeßordnung
st. Rspr.	ständige Rechtsprechung
UWG	Gesetz gegen den unlauteren Wettbewerb
VerwA	Verwaltungsarchiv
VVDStRL	Veröffentlichungen der Vereinigung der Deutschen Staatsrechtslehrer
VwGO	Verwaltungsgerichtsordnung
VwVfG	Verwaltungsverfahrensgesetz
VwVG	Verwaltungsvollstreckungsgesetz

wistra . . . . Zeitschrift für Wirtschaft, Steuer, Strafrecht
WuW . . . . Wirtschaft und Wettbewerb
WuW/E . . . . Wirtschaft und Wettbewerb – Entscheidungssammlung
ZHR . . . . Zeitschrift für das gesamte Handelsrecht und Wirtschaftsrecht
ZPO . . . . Zivilprozeßordnung
ZStW . . . . Zeitschrift für die gesamte Strafrechtswissenschaft

A. Vorliegende Äußerungen zur rechtlichen Beurteilung anwaltlicher Datenverarbeitung. Anlaß der Untersuchung

„Datenschutz im Anwaltsbüro" wurde von *Edinger* als „ein verdrängtes Thema" vorgeführt.[1] Mahnend schrieb er , „die Beachtung des Datenschutzes in der Anwaltskanzlei ist nötig, aber auch ohne weiteres möglich ...", und „die Verschärfung der Kontrolle durch die Aufsichtsbehörden ... sollte ... Motivation ... sein ..., um sich als Anwalt und EDV-Nutzer mit dem neuen BDSG näher zu beschäftigen..." Vorangegangen waren Darlegungen zum „Datenschutz in der Anwaltskanzlei?" von *Becker*,[2] welcher allerdings deutlicher zwischen vorrangigen berufsrechtlichen Normen des Anwaltsgeheimnisses und der Aktenführung einerseits und allgemeinem Datenschutzrecht nach BDSG andererseits zu differenzieren versuchte. Im Ergebnis gelangte auch dieser Autor in Übereinstimmung mit der Kommentarliteratur zur zumindest überwiegenden Anwendbarkeit der §§ 23ff. BDSG a.F. – jetzt §§ 28, 33ff., 36ff. –. Derselben Auffassung sind *Zimmer-Hartmann/Helfrich* in ihrem Beitrag über „(d)atenschutzrechtliche Pflichten des Anwalts".[3]

Spezifisch dem Thema „Anwaltliche Verschwiegenheit contra Benachrichtigungs- und Auskunftspflicht" (vgl. § 26 BDSG a.F., §§ 33, 34 n.F.) widmeten sich *Eggersmann/Hoene*,[4] freilich ohne Berücksichtigung der Subsidiarität des BDSG.[5] Sie schlugen eine „Konfliktbewältigung" dahingehend vor, daß beide „Rechtsbereiche – hier anwaltliches Standesrecht, dort Datenschutzrecht – zum Zuge kommen" sollten. Ihre Folgerung war, das Anwaltsgeheimnis habe zwar während der rein internen Beratungsphase Vorrang. Es müsse jedoch zurücktreten, „[s]obald und soweit ... der Anwalt auftragsgemäß den Gegner ... oder eine Behörde anschreibt oder Klage erhebt", mit der Folge, daß von diesem Zeitpunkt

---

[1] NJW-CoR 6/91, 26.
[2] NJW-CoR 3/90, 30.
[3] CR 1993, 104.
[4] CR 1990, 18.
[5] § 45 a.F., § 1 Abs. 4 n.F. BDSG; dazu Näheres unten insbes. sub B I 1 sowie B I 4b.

an dem – außerhalb der Mandatsbeziehung stehenden – „Betroffenen“[6] Benachrichtigungen zu übersenden und Auskünfte zu erteilen seien. Diese Annahme würde die anwaltliche Verschwiegenheitspflicht, die sich unstreitig auch auf die einem (begrenzten) Personenkreis bereits bekannt gewordene Information erstreckt,[7] sehr empfindlich beschneiden und das anwaltliche Selbstverständnis verletzen. Umgekehrt wäre aber auch ein zu § 33 BDSG gemachter Vorschlag *Edingers*, einen allgemeinen Hinweis auf personenbezogene EDV-Verarbeitung in den Briefkopf der Kanzlei aufzunehmen,[8] nicht hilfreich gegenüber all denjenigen Betroffenen, mit denen der Anwalt nicht korrespondiert und bei denen gerade deshalb eine ohnehin aus den Umständen erlangte Kenntnis von der anwaltlichen Datenspeicherung (vgl. § 33 Abs. 2 Nr. 1 BDSG) nicht vorausgesetzt werden kann.

Die erwähnten Beiträge lassen die Schwierigkeiten, die bei einer mehr oder weniger vorbehaltlosen Anwendung des BDSG auf anwaltliche Informationsverarbeitung auftreten würden, allenfalls im Ansatz erkennen. Sich mit diesen näher auseinanderzusetzen, wird um so wichtiger, je mehr der Rechtsanwalt sich zur Bearbeitung seiner Mandate[9] automatisierter Datenverarbeitung bedient. Es geht dabei nicht nur um die Abwicklung verwaltungstechnischer Aufgaben, wie Adressenverwaltung, Terminpläne oder Buchhaltung,[10] sondern gerade auch um die eigentlichen Geistesprodukte beruflicher Tätigkeit, die in Schriftsätzen, Akten-

---

[6] auf den sich Einzelangaben nachvollziehbar beziehen, § 3 Abs. 1, 7 BDSG.

[7] Vgl. dazu Näheres unten sub B I 4 b.

[8] NJW-CoR 6/1991, 27.

[9] Demgegenüber sind insbesondere Daten des Rechtsanwalts, die die Arbeitsverhältnisse betreffen, nicht Gegenstand dieser Untersuchung.

[10] Anwaltsrechtlich sind auch Honorardaten auf die Inhalte der Mandatsführung bezogen. Zur Erstellung – nebst Speicherung – und Übermittlung der Berechnung an den Mandanten vgl. § 18 BRAGO. Diese wird als Teil der Handakten anzusehen sein, vgl. dazu unten sub B I 2 b bb m. Nw., auch cc. Der Übermittlung an Nichtmandanten steht die Verschwiegenheitspflicht regelmäßig entgegen, vgl. BGH vom 25. 3. 93, NJW 1993, 1638, zur Unzulässigkeit der Abtretung. Aus datenschutzrechtlicher Sicht handelt es sich um Daten mit doppeltem Personenbezug (vgl. dazu *Dammann,* in: Simitis u. a., Lfg. 1/92, § 3 Rdnr. 42), weil sie unmittelbar die Vermögenslage von Anwalt und Mandant betreffen. Der Datenaustausch zwischen diesen würde auch bei Anwendbarkeit des BDSG keine Probleme aufwerfen; das unten sub B I 3 a – 1. Abs. – Ausgeführte gilt entsprechend. Gegenüber dem BDSG vorrangige Speicher- und Übermittlungsregelungen ergeben sich weiterhin aus Steuerrecht (vgl. dazu auch § 45 S. 2 Nr. 8 BDSG a. F. und zu dieser Bestimmung unten Fn. 24–26 mit begleitendem Text).

vermerken, Vertragsentwürfen, Literaturrecherchen oder Rechtsprechungsübersichten ihren Niederschlag finden und die – mit geeigneter Software – im PC nicht nur gefertigt und gespeichert, sondern auch bearbeitet, sortiert und ausgewertet werden können.[11] Die Entwicklung mag dahin gehen, daß sich der Schwerpunkt anwaltlicher Tätigkeit insgesamt vom Umgang mit Akten zur Arbeit am PC verlagert. Jedenfalls läßt sich der Anwendbarkeit des BDSG im Anwaltsberuf nicht mehr mit einem Hinweis auf § 27 Abs. 2 BDSG ausweichen, wonach das Gesetz außerhalb der öffentlichen Verwaltung[12] für die aktenmäßige Verarbeitung[13] regelmäßig überhaupt nicht gilt.[14]

Die vorliegende Untersuchung befaßt sich deshalb für Informationsverarbeitung in und aus Dateien[15] mit Fragen der Auslegung und Systematik von Anwaltsrecht und Datenschutzrecht und deren Verhältnis zueinander – Teil B –. Sie konzentriert sich dabei auf zentrale Normen für den Umgang[16] mit Information, insbesondere auf die Regelungen der

---

[11] Ausschlaggebend für die mögliche Anwendbarkeit des BDSG ist in diesem Zusammenhang der Dateibegriff nach § 3 Abs. 2 Nr. 1 BDSG. Die Neufassung der Definition hat für automatisierte Verfahren einen gleichartigen Aufbau – Strukturiertheit der Daten nach bestimmten Kriterien – nicht mehr zum Inhalt. Demgemäß sind auch Dokumente, die in geeigneten Textverarbeitungssystemen gespeichert sind, Dateien i. S. d. Gesetzes: die Abgrenzung ist im einzelnen umstr., vgl. dazu *Gola/Wronka*, RDV 1991, 169; *Goldenbohm/Weise*, CR 1991, 536; *Dörr/Schmidt*, aaO., § 3 Rdnr. 6; *Ordemann/Schomerus/Gola*, 1992, § 3 Anm. 4.2; *Dammann*, in: Simitis u. a., Lfg. 1/92, § 3 Rdnrn. 63, 64, 74–76; *Bergmann/Möhrle/Herb*, Lfg. 2/91, § 3 Rdnr. 32; *Zimmer-Hartmann/Helfrich*, CR 1993, 104. Beachte noch Art. 3 EuDatSch-RiLi (geänd. Vorschlag); danach würde sich die Anwendbarkeit des Datenschutzrechts (insbesondere) „auf die ganz oder teilweise automatisierte Verarbeitung“ überhaupt erstrecken, also ganz losgelöst vom Dateibegriff.

[12] Näheres zu den „öffentlichen Stellen“ in §§ 2 Abs. 1–3, 12 ff. BDSG.

[13] Beachte die Aktendefinition in § 3 Abs. 3, Abs. 2 S. 2 BDSG.

[14] „Anwalts. . .*akten*“ werden so bei *Dammann*, in: Simitis u. a., Lfg. 1/92, § 3 Rdnr. 99, ausdrücklich als Beispiel für § 3 Abs. 3 BDSG genannt (einschränkende Überlegung aaO., Rdnr. 89, wegen § 3 Abs. 2 S. 2 BDSG). Auf der Grundlage der EuDatSch-RiLi (geänd. Vorschlag) würden freilich wegen deren gegenüber dem BDSG unschärferen Dateidefinition (Art. 2 c) Zuordnungsunsicherheiten gerade in bezug auf die Speicherung in Heftern und Ordnern nicht mehr auszuschließen sein; dazu kritisch – aus britischer Sicht – *Skipper*, EuZW 1993, 146.

[15] Legaldefinition der Datei in § 3 Abs. 2 BDSG; vgl. im übrigen oben Fn. 11. Vgl. weiter § 27 Abs. 1 vor Nr. 1, Abs. 2 Hs. 2 BDSG; zu letzterer Bestimmung *Drews*, DuD 1991, 566; *Goldenbohm/Weise*, DuD 1991, 447.

[16] „Umgang mit . . . Daten“ dient als Oberbegriff, vgl. § 1 Abs. 1 BDSG, der sowohl das Erheben (§ 3 Abs. 4) als auch die Verarbeitung (§ 3 Abs. 5) und sonstige Verwendung – letztere Nutzung genannt (§ 3 Abs. 6 BDSG) – umfaßt; vgl.

Datenspeicherung und -übermittlung, der dem Datenverarbeiter erwachsenden Benachrichtigungs- und Auskunftspflichten sowie der aufsichtlichen Kontrolle über die Datenverarbeitung. In den Teilen C und D sind sodann über das Verhältnis zwischen den beiden Rechtsmaterien hinausgehende, insbesondere verfassungsrechtliche Fragen der Anwendbarkeit des BDSG auf die anwaltliche Informationsverarbeitung zu erörtern.

---

dazu *Dörr/Schmidt,* aaO., § 1 Rdnr. 2; *Simitis,* in: Simitis u.a., Lfg. 5/93, § 1 Rdnr. 187.

B. Anwaltsrecht und Datenschutzrecht

I. Zur Subsidiarität des BDSG gegenüber dem Anwaltsrecht

1. Allgemeines zur Subsidiarität des BDSG

Nach der Systematik des BDSG ist der Rechtsanwalt, welcher personenbezogene Daten in Dateien[17] verarbeitet, eine „nicht-öffentliche ... [s]peichernde Stelle" (§§ 2 Abs. 4, 3 Abs. 8 BDSG),[18] deren Datenverarbeitung und -nutzung „als Mittel für die Erfüllung eigener Geschäftszwecke" durch die §§ 28, 33–38 geregelt wird.[19] Nach § 1 Abs. 4 S. 1 gehen indessen andere, auf personenbezogene Daten anwendbare Rechtsvorschriften des Bundes vor.[20] Nach S. 2 „bleibt ... [d]ie Verpflichtung zur Wahrung gesetzlicher Geheimhaltungspflichten oder von Berufs...geheimnissen, die nicht auf gesetzlichen Vorschriften beruhen, ... unberührt."[21] Die Geset-

---

[17] Vgl. dazu o. Fn. 11 und 14.

[18] Zu seiner damit verbundenen Eigenschaft als „Herr der Daten" vgl. unten sub B II 2.

[19] Vgl. *Schaffland/Wiltfang*, Lfg. XI/93, § 27 Rdnr. 42; *Simitis*, in Simitis u.a., 1981, § 22 Rdnrn. 68–71, zur insofern übereinstimmenden Rechtslage nach dem BDSG a.F.; *Schwappach*, in: Gallwas u.a., Lfg. 3/79, § 22 Rdnr. 75; *Becker*, NJW-CoR, 3/1990, 31. Vgl. auch *Demke/Schild*, aaO., § 3 Anm. III b ee (S. 84), welche zu diesem Ergebnis wohl erst nach einigem Schwanken gelangen; ihre Erwägung einer evt. Anwendbarkeit des jeweiligen LDSG – für öffentliche Stellen geltend – auf Rechtsanwälte wegen § 6 BRAO liegt jedoch von vornherein neben der Sache, vgl. dazu auch unten sub C II 1.

[20] § 1 Abs. 4 BDSG n.F. entspricht im wesentlichen § 45 S. 1 BDSG a.F., vgl. *Dörr/Schmidt*, aaO., § 1 Rdnr. 17; zur Entstehungsgeschichte des in ihm festgelegten *Subsidiaritäts*prinzips *Simitis*, in: Simitis u.a., 1981, § 45 Rdnrn. 1ff. Mißverständlich *Walz*, in: Simitis u.a., 4. Aufl., Lfg. 5/93, § 1 Rdnr. 281, insoweit er *Spezialität* der anderen Rechtsvorschrift als Voraussetzung der Vorrangigkeit annimmt; wie die gesetzliche Neufassung noch deutlicher macht, wird auch der Fall bloßen Überschneidens der Anwendungsbereiche der beiden Normen erfaßt; vgl. dazu *Larenz*, aaO., S. 266–269; beachte *BVerwG* vom 4. 9. 90, NJW 1991, 375 (375); *Wiese*, DVBl 1980, 862 unterschätzt die Bedeutung des § 45 S. 1 BDSG a.F.

[21] Satz 2 hat selbständige Bedeutung für Geheimhaltungspflichten, die nicht auf Bundesrecht beruhen, vgl. *Auernhammer*, 1991, § 1 Rdnr. 16; insbesondere werden durch S. 2 von der Rechtsprechung entwickelte Grundsätze sowie standesrechtliche Bestimmungen erfaßt, vgl. Begründung zu § 1 Abs. 5 des Reg.-Entw.,

zeslage, wie sie sich für die anwaltliche Informationsverarbeitung aus eben diesen Vorgaben ableitet, bedarf näherer Untersuchung nicht nur im Hinblick auf das Berufsgeheimnis, sondern auch auf sonstige, den Umgang mit Information betreffende berufsrechtliche Regeln.

Dabei ist eine Klarstellung vorzunehmen. Einer vor kurzem von *Körner-Dammann* geäußerten Auffassung kann nicht gefolgt werden; diese geht dahin, daß die Subsidiaritätsvorschrift des § 1 Abs. 4 BDSG nur das Verhältnis zwischen diesem Gesetz und „anderen ...[,] bereichsspezifische[n] ... *Datenschutz*vorschriften" betreffe.[22] Als solche lassen sich all diejenigen Bestimmungen zusammenfassen, die zum Ziel haben, vom Schutzbedürfnis des „Betroffenen"[23] her eine rechtliche Eingrenzung von Informationsverarbeitung zu bewirken. Eine „andere Rechtsvorschrift" i.S.d. § 1 Abs. 4 kann jedoch auch eine informationsrechtliche Norm sein, deren Gegenstand Rechtsbeziehungen des (potentiellen) Datenverarbeiters zu anders definierten Personen – damit auch zu Dritten i.S.d. § 3 Abs. 9 BDSG – oder zur öffentlichen Hand sind.

Schon der Beispielkatalog für vorrangige „besondere Rechtsvorschriften" nach § 45 BDSG a.F.[24] ergab dies sehr deutlich, insbesondere Nr. 8. Dort wurden die „Vorschriften über die Verpflichtung zur Verarbeitung personenbezogener Daten bei der Rechnungslegung,[25] einschließlich Buchführung und sonstiger Aufzeichnungen, z.B. §§ 38 bis 40, 42 bis 47 ... [HGB a.F.], §§ 140 bis 148 [AO] ..." genannt, also Bestimmungen,

---

BT-Drs. 11/4306 v. 6. 4. 89, S. 39; *Dörr/Schmidt,* aaO., § 1 Rdnr. 22; *Bergmann/Möhrle/Herb,* Lfg. 2/91, § 1 Rdnr. 53; *Schaffland/Wiltfang,* Lfg. IX/93, § 1 Rdnr. 35; *Ordemann/Schomerus/Gola,* 1992, § 4 Anm. 3; wenig überzeugend, aber doch ohne wesentliche Abweichungen im Ergebnis, die andersartige Abschichtung zwischen den beiden Sätzen des § 1 Abs. 4 bei *Walz,* in: Simitis u.a., Lfg. 5/93, § 1 Rdnr. 297. Zum Vorrang des Berufsgeheimnisses nach S. 1 bzw. S. 2 vgl. unten Fn. 96, 98 und 102 m.w.Nw.

[22] NJW 1992, 730 (Hervorhebung hinzugefügt); anders die h.M., vgl. *Auernhammer,* 1981, § 45 Rdnr. 2 mit Fn. 9 m.w.N; *Simitis,* in: Simitis u.a., 1981, § 45 Rdnr. 17; *Liebscher,* aaO., S. 55. Wie Körner-Dammann *Sendler,* DuD 79, 82; mit zwiespältiger Argumentation im Ergebnis wohl auch *Geiger,* in: Gallwas u.a., Lfg. 9/79, § 45 Rdnr. 10; schon die Entstehungsgeschichte des BDSG (a.F.) spricht gegen diese Auffassung, vgl. *Geiger,* aaO.; ausdrücklich gegen Sendler *Ordemann/Schomerus,* 1988, § 45 Anm. 1. Vgl. auch unten Fn. 98.

[23] Vgl. § 3 Abs. 1 BDSG (n.F.); insbesondere auch § 1 Abs. 1 BDSG a.F.

[24] Die Bestimmung ist der Vorläufer des § 1 Abs. 4 n.F.

[25] Vgl. §§ 666, 259 BGB; Rechenschaftsablegung und Rechnungslegung verwendet das BGB als Synonyma, vgl. Palandt/*Heinrichs,* aaO., §§ 260, 261 Rdnrn. 1, 17. Zu § 666 BGB vgl. weiter unten sub B I 3 b aa.

die insbesondere der Klarheit und Korrektheit im Kontext wirtschaftlicher (steuerlicher) Beziehungen dienen; ihre Zielsetzung ist nicht an einem – zumeist auch vorliegenden – Bezug auf informationell betroffene Personen orientiert, worin die datenschutzrechtliche Fragestellung zu finden wäre. An der Rechtslage hat sich durch den Fortfall des Beispielkatalogs in der Neufassung des BDSG vom 20. 12. 1990 nichts geändert.[26]

Im übrigen führen Wortlaut und systematische Stellung des § 1 Abs. 4 BDSG selbst klar zum zuvor genannten Ergebnis. Wenn eine andere Rechtsvorschrift des Bundes z.B. die Speicherung von Information regelt,[27] insbesondere gebietet,[28] so hat sie unabhängig von einem spezifisch datenschutzrechtlichen Charakter Vorrang vor den Regeln des BDSG über die Zulässigkeit von Speicherungen.[29] Ein anderes Verständnis würde in einen Widerspruch innerhalb geltenden Bundesrechts[30] hineinführen,[31] den auszuschließen das Subsidiaritätsprinzip mit zum Inhalt hat.[32]

2. *Anwaltliche Informationsspeicherung*

a) Allgemeines Datenschutzrecht: BDSG

Aus dem BDSG kann sich eine rechtliche Grundlage für die Speicherung vornehmlich aus § 28 Abs. 1 S. 1 Nr. 1, 2 ergeben.

Nr. 1 beschränkt sich auf die Zweckbestimmung von Vertragsverhält-

---

[26] Vgl. hierzu *Walz,* in: Simitis u.a., Lfg. 5/93, § 1 Rdnr. 263; *Schaffland/Wiltfang,* Lfg. IX/93, § 1 Rdnr. 34; Begründung des Reg.-Entw., aaO. (o. Fn. 21).

[27] Vgl. dazu für Anwälte nachfolgend sub 2.

[28] Auf letzteres stellt *Kriependorf,* DuD 1977, 68, ab.

[29] Nicht vor sonstigen Bestimmungen des BDSG, soweit die besondere Rechtsvorschrift über die Speicherung hinaus nichts aussagt; zum Erfordernis der Dekkungsgleichheit oder Tatbestandskonkurrenz vgl. *Simitis,* in: Simitis u.a., 1981, § 45 Rdnrn. 18f.; *Walz,* in: Simitis u.a., Lfg. 5/93, § 1 Rdnr. 281; *Ordemann/Schomerus/Gola,* 1992, § 1 Anm. 7.2.

[30] Anders liegt der Fall bei Verfassungswidrigkeit einer der Normen; dazu konkrete Hinweise bei *Walz,* in: Simitis u.a., Lfg. 5/93, § 1 Rdnr. 282.

[31] Vgl. zu entsprechenden systematischen Problemen beim Berufsgeheimnis unten Fn. 98.

[32] Was die Zulässigkeit der Verarbeitung anlangt, inkorporiert § 4 Abs. 1 BDSG die „anderen Rechtsvorschriften", ohne einen Lösungsweg für Normwidersprüche aufzuweisen. Sitz der Kollisionsregel ist § 1 Abs. 4 BDSG (zuvor § 45 a.F.), vgl. *Simitis,* in: Simitis u.a., 1981, § 3 Rdnr. 4. Soweit ersichtlich, kann der genannten Inkorporation selbständige Bedeutung nur für Vorschriften zukommen, die nicht Bundesrecht sind, vgl. *Ordemann/Schomerus/Gola,* 1992, § 4 Anm. 2.1; *Auernhammer,* BDSG, 1981, § 3 Rdnr. 5.

nissen mit dem Betroffenen (§ 3 Abs. 1 BDSG). Er beinhaltet eine Regelung nur für solche Daten, die sich auf den Vertragspartner beziehen. Von diesem – dem Mandanten – wird der Rechtsanwalt zumeist auch die Einwilligung zur Verarbeitung gemäß § 4 BDSG einholen können, die regelmäßig der Schriftform bedarf.[33]

Nicht erfaßt ist damit der bei anwaltlicher Tätigkeit regelmäßig auftretende Fall einer der Zweckbestimmung des Vertragsverhältnisses mit dem Mandanten entsprechenden Speicherung von Informationen, die sich auf Dritte – Gegner/sonstige Beteiligte – beziehen.[34] Hierfür kann ggfs. die Regelung der Nr. 2 herangezogen werden, deren Anwendung jedoch eine Prüfung nicht nur der sachlichen Angemessenheit, sondern der Erforderlichkeit[35] der Verarbeitung und eine Abwägung mit dem „schutzwürdige(n) Interesse des Betroffenen" (z.B. des Gegners)[36] gebieten würde. Nr. 2 legt außerdem die „Wahrung berechtigter Interessen der speichernden Stelle"[37] zugrunde: Der Anwalt müßte also seine eigenen Interessen, nicht diejenigen, die er für seinen Mandanten wahrzunehmen hat, zum Maßstab seiner Datenverarbeitung nehmen.[38]

Demgegenüber hätte eine andere Rechtsvorschrift i.S.d. § 1 Abs. 4 S. 1

---

[33] Zum diesbezüglichen Verhältnis zwischen §§ 28 und 4 (§§ 23f., 3 a.F.) BDSG vgl. *Simitis,* in: Simitis u.a., 1981, § 23 Rdnrn. 4f.; im Ergebnis ist § 28 Abs. 1 S. 1 Nr. 1 flexibler; vgl. auch *Hund,* Stbg 1993, 64. – Die Unterrichtungspflicht gemäß § 4 Abs. 2 S. 1 dürfte wegen des Inhalts der Mandatsbeziehung keine Rolle spielen.

[34] Darin ist auch ein beträchtlicher Unterschied zur *ärztlichen* Verarbeitung personenbezogener Informationen zu finden, die weit überwiegend – wenn nicht ausschließlich – auf den Patienten bezogene Daten zum Gegenstand hat, also zu Personen, zu denen ein sei es vertragliches, sei es vertragsähnliches Vertrauensverhältnis i.S.d. § 28 Abs. 1 Nr. 1 BDSG besteht; vgl. zum Vertrag zugunsten Dritter *Bergmann/Möhrle/Herb,* Lfg. 9/91, § 28 Rdnrn. 86, 94, und zum „Kassenpatienten" *Laufs,* aaO., Rdnrn. 87ff. Vgl. weiter zum Unterschied zwischen den Professionen unten Fn. 384.

[35] Gemäß strikter Auslegung des Gesetzesbegriffs „erforderlich" hängt die Zulässigkeit der Verarbeitung davon ab, ob die jeweilige Information zur Aufgabenerfüllung unerläßlich – conditio sine qua non – ist. Sachliche Kenntnis über Inhalt und Entwicklung des personellen, betrieblichen, wirtschaftlichen oder lokalen „Umfelds" einer streitigen Angelegenheit sind demgegenüber oft geeignet und nützlich zur schrittweisen Problemlösung, ohne daß die je einzelne Information – zur rechtlichen Subsumtion – unverzichtbar wäre. Vgl. Näheres dazu unten sub B II 3 a bb mit Nachw. insbes. in Fn. 150.

[36] Vgl. dazu unten Fn. 144 mit begleitendem Text.

[37] Vgl. dazu die Legaldefinition in § 3 Abs. 8 BDSG.

[38] Vgl. auch *Späth,* Stbg 1993, 66; weiterhin unten sub B II 3 a aa.

BDSG, die klare Grundsätze[39] für den zulässigen Inhalt und Umfang anwaltlicher Speicherung[40] von Informationen, insbesondere auch solcher mit Bezug auf Nichtmandanten, aufstellen würde, Vorrang vor § 28 Abs. 1 BDSG.

b) Anwaltsrecht

aa) Vorhandene Handaktenregelung. § 50 Abs. 1 BRAO i.d.F. vom 2. 9. 1994 enthält nunmehr eine ausdrückliche Regelung über die Pflicht des Anwalts, Handakten anzulegen;[41] auch § 56 Abs. 1 S. 1 BRAO geht davon aus, daß der Anwalt diese führt. Eine entsprechende Pflicht war in § 36 S. 1 RichtlRA[42] niedergelegt. Dessen S. 2 schrieb zudem vor, daß jene „ein Bild der ... entfalteten Tätigkeit geben ... sollen." Die Frage, ob § 36 S. 1, 2 nach der zu den anwaltlichen Standesrichtlinien ergangenen Rechtsprechung des *BVerfG* deshalb weiterhin rechtserhebliche Bedeutung zukomme, weil Handakten „zur Aufrechterhaltung einer funktionsfähigen Rechtspflege unerläßlich"[43] sind, ist mit der jüngsten BRAO-Novellierung obsolet geworden. (Im übrigen war schon zuvor davon auszugehen, daß der Gehalt der beiden Sätze des § 36 RichtlRA incidenter, aber hinreichend klar in §§ 50 a.F., 56 BRAO enthalten war.[44] Zwar betraf § 50 a.F. 56 BRAO – wie erst recht § 56 – unmittelbar nicht das [erstmalige] Speichern, sondern einige Fragen der Übermittlung bzw. Aufbewahrungsdauer.[45] Da jedoch die Erfüllung dieser Pflichten die In-

---

[39] Zum Gebot der Normenklarheit vgl. *BVerfGE* 65, 1 (44) vom 15. 12. 83 – VolkszählungsG 1983 –, und zwar unter Bezugnahme auf 45, 400 (420) vom 22. 6. 77 – gymnasiale Oberstufe. Zur Bedeutung des Gebots im Kontext der Subsidiarität vgl. weiter unten Fn. 59, 64, 77.

[40] Vgl. zum Speicherbegriff § 3 Abs. 5 Nr. 1 BDSG, dazu grundlegend *Dammann,* in: Simitis u.a., Lfg. 1/92, § 3 Rdnrn. 120–133.

[41] Vgl. auch die Begründung zum Reg.-Entw. eines Gesetzes zur Neuordnung des Berufsrechts der Rechtsanwälte und der Patentanwälte, BT-Drs. 12/4993 v. 19. 5. 93, S. 31; beachte weiterhin die Satzungskompetenz zu einer Berufsordnung gemäß § 59b Abs. 2 Nr. 5d BRAO.

[42] gemäß § 177 Abs. 2 Nr. 2 a.F. BRAO, siehe Abkürzungsverzeichnis zu „RichtlRA".

[43] Vgl. *BVerfGE* 76, 171 (189) vom 14. 7. 87 – RichtlRA I.

[44] Dies ist übereinstimmend angenommen worden von: *Feuerich,* aaO., § 43 Rdnr. 146; *Zuck,* in: Lingenberg u.a., Teil N, Rdnr. 80; Richtlinienausschuß der BRAK, BRAK-Mitt. 1988, 11 (14).

[45] Die Regelung *fortgesetzter* Aufbewahrung – also des Unterbleibens einer Löschung i.S.d. § 3 Abs. 5 Nr. 5 BDSG – ist vom Akt der erstmaligen „Aufbewahrung" i.S.d. § 3 Abs. 5 Nr. 1, Alt. 3 (Empfangnahme bereits aufgezeichneter

anspruchnahme eines Speichermediums [Datenträgers] eindeutig und zwingend voraussetzte, konnte die Vorschrift insoweit gleichermaßen eine geeignete gesetzliche Grundlage in bezug auf das Speichern sein.[46] Auch die Frage einer etwaigen gewohnheitsrechtlichen Normqualität des § 36 RichtlRA bedurfte schon deshalb keiner Vertiefung.[47])

bb) Der Handaktenbegriff. Welche Unterlagen den Handakten zuzurechnen sind, wird von der BRAO – nach wie vor – nicht präzis festgelegt.[48]

Vorsorglich sei festgehalten: (1.) Klargestellt ist durch die einschränkende Bezugnahme in § 50 Abs. 4 auf Abs. 2 und 3, daß der Ausschluß gemäß § 50 Abs. 4 Hs. 2 – ähnlich § 50 Abs. 3 S. 2 a.F. – bezüglich der regelmäßig dem Mandanten ohnehin verfügbaren Informationen nicht allgemein für den Handaktenbegriff gilt.[49] (2.) Die in § 50 vorausgesetzte Pflicht der Handaktenüberlassung versteht sich, wie der *BGH* in seiner Entscheidung vom 30. 11. 89 näher ausgeführt hat,[50] im Kontext mit der sich nach § 667 BGB ergebenden Verpflichtung des Anwalts, dem Mandanten „alles, ... was er aus der Geschäftsbesorgung erlangt, herauszugeben"; dem in diesem Sinn Erlangten – und damit den „Handakten" – zuzurechnen sei der gesamte drittgerichtete Schriftverkehr, regelmäßig auch Gesprächsnotizen,[51] „kurz alles, was bei der Mandatsbearbeitung

---

Daten in der bestehenden Verkörperung), zu unterscheiden, vgl. *Dammann,* in: Simitis u.a., Lfg. 1/92, § 3 Rdnr. 121.

46 (Auch) § 50 a.F. BRAO war selbst schon eine informationsrechtliche Norm, so daß darin nicht etwa ein einfacher Schluß von der gesetzlichen Beschreibung einer Aufgabe auf die Befugnis zur damit einhergehenden Informationsverarbeitung zu finden war; vgl. zu einem solchen *Reh,* in Simitis u.a., 1981, § 3 Rdnr. 4; *Bergmann/Möhrle/Herb,* Lfg. 2/91, § 4 Rdnr. 17.

47 Zur fortbestehenden Bedeutung vorkonstitutionellen Gewohnheitsrechts im anwaltlichen Berufsrecht vgl. BVerfGE 76, 189 (wie o. Fn. 43); dazu kritisch *Pietzcker,* NJW 1988, 519f.; *Jarass,* NJW 1982, 1835f. Die Frage, ob gewohnheitsrechtliche Normen Rechtsvorschriften i.S.d. § 1 Abs. 4 S. 1 BDSG sind, ist nicht abschließend geklärt, vgl. dazu auch die – eher theoretische – Streitfrage zu § 49 Abs. 2 S. 1 Nr. 4 VwVfG; zu letzterem *Kopp,* VwVfG, § 49 Rdnr. 42, einerseits und *Stelkens/Sachs,* in: Stelkens u.a., § 49 Rdnr. 43 i.V.m. § 36 Rdnr. 46, andererseits.

48 Vgl. schon *Isele,* aaO., § 50 Anm. II A.

49 Vgl. zum insofern übereinstimmenden bisherigen Rechtszustand *Feuerich,* aaO., § 56 Rdnr. 21; § 50 Rdnr. 6.

50 BGHZ 109, 260 = NJW 1990, 510 (510f.) vom 30. 11. 89.

51 Vgl. nochmals BGHZ 109, 260 = NJW 1990, 510 (511).

anfällt, also auch Vermerke ... des Anwalts".[52] (3.) Der Begriff der Handakten bzw. der „Schriftstücke" enthält keinerlei Eingrenzung i.S.d. § 3 Abs. 3 BDSG,[53] so daß die §§ 50, 56 BRAO auch auf dateimäßig gespeicherte Informationen anzuwenden sind, vgl. auch § 50 Abs. 5.[54]

cc) Begrenzter Umfang der Speicherpflicht. Über den gebotenen Inhalt der Handakten macht das Anwaltsrecht wenig Aussagen. § 36 RichtlRA war dahin zu verstehen, daß der Anwalt seine Akten ordnungsgemäß zu führen habe;[55] diese müssen, wie es demgemäß verdeutlichend jetzt in § 50 Abs. 1 BRAO heißt, „ein *geordnetes* Bild über die ... entfaltete Tätigkeit geben ...",[56] was sich auch schon den §§ 50 a.F., 56 BRAO entnehmen ließ. Demgegenüber war und ist keine Regelung ersichtlich, aus der sich eine Pflicht des Anwalts dahin ergäbe, die ihm bekanntgewordenen Informationen oder gedanklich/gesprächsweise erarbeiteten Gesichtspunkte, soweit sie für das jeweilige Mandat von Bedeutung sein können, *vollständig* zu speichern. Auch eine gewohnheitsrechtliche Norm dieses Inhalts ist nicht erkennbar. *A.* und *M. Friedlaender* führten dazu im Jahre 1930 aus:

---

52 So *Feuerich,* aaO., § 50 Rdnr. 6. Es mag sich freilich durchaus nahelegen, daß die Neuformulierung in § 50 Abs. 4 Hs. 1 n.F. „*nur* die Schriftstücke ..." – gegenüber § 50 Abs. 3 S. 1 a.F.: „*alle* Schriftstücke ..." – eine partiell restriktivere Interpretation der Herausgabepflicht erheischt; dieser interpretatorischen Frage zur Neufassung der Bestimmung kann hier nicht näher nachgegangen werden.

53 Nur nach der datenschutzrechtlichen Begrifflichkeit ist die „Akte" Gegenbegriff zur „Datei", § 3 Abs. 2, 3 BDSG. Demgegenüber liegt dem anwaltlichen Berufsrecht der materielle Aktenbegriff zugrunde, welcher nicht auf Art bzw. Organisation der Aufbewahrung abstellt. Das ist aus der Funktion der §§ 50, 56, ebenso wie des § 58 BRAO, leicht erkennbar; vgl. zu letzterer Bestimmung *Feuerich,* aaO., § 58 Rdnr. 8; zur Erstreckung des – gleichermaßen materiellen – Personalaktenbegriffs nach § 83 BetrVG auf Dateien vgl. *Wohlgemuth,* 1988, Rdnr. 547 m.w.Nw.; *Gola/Wronka,* 1994, S. 50ff. mit Rspr.-Nw.

54 Gemäß Begründung zum Reg.-Entw. (o. Fn. 41) enthält Abs. 5 – der im Entwurf nicht (nur) auf „Abs. 4" bezogen war – eine Klarstellung im Hinblick auf „elektronische Dateien, derer sich der Rechtsanwalt anstelle überkommener Akten bedient."

55 Vgl. *Zuck,* in: Lingenberg u.a., § 36 Rdnr. 4.

56 Vgl. auch die Begründung zum Reg.-Entw. (o. Fn. 41), wonach die Handakten „die Tätigkeit des Rechtsanwalts in nachprüfbarer Form widerspiegeln müssen."

„Die beste Aktenführung ist ... diejenige, welche es auch anderen Personen ... ermöglicht, aus den Akten ein klares Bild über den Stand der Sache zu gewinnen. Eine *Pflicht* zur Erreichung dieses Ideals besteht aber nicht. Inwieweit der Anwalt durch Aktennotizen jeden Vorgang festlegen oder sich auf sein Gedächtnis verlassen will, wieweit er kurze ... Stichworte einer ausführlichen ... Sachdarstellung vorzieht usw., *ist seine Sache.*“[57]

dd) Weitergehende Speicherberechtigung? Es entspricht jedoch hergebrachter Auffassung, daß einer möglichst vollständigen Aktenführung nichts im Wege steht.[58] Lediglich bestand für das Berufsrecht aus bisheriger Sicht keine Veranlassung, über die begrenzten Speicherpflichten hinaus auch die weitergehenden Speicherberechtigungen des Anwalts einer Reglementierung zu unterwerfen. Diesbezüglich legt sich ein Regelungsbedarf erst vor dem Hintergrund der eingetretenen datenschutzrechtlichen Entwicklung nahe, nämlich angesichts des rechtlichen Konzepts möglicher Betroffenheit Dritter durch die Verarbeitung jedweder auf Personen bezogener Information (§§ 3 Abs. 1, 4 Abs. 1 BDSG). Unter dieser neuen Voraussetzung erweist es sich als angezeigt, zugunsten anwaltlicher Informationsverarbeitung Duldungspflichten anderer normativ festzulegen, zumal insoweit, als sie sich nicht schon aus berufsrechtlich festgelegten Speicherpflichten unmittelbar herleiten lassen.

Zwar könnte man die Frage aufwerfen, ob im Hinblick auf die hergebrachte Auffassung der Zulässigkeit – und Nützlichkeit – umfassender

---

[57] AaO., § 32 – Vorläufer des § 50 BRAO – Rdnr. 4, S. 263, Hervorhebungen im Original; ebenso zuvor schon *RGSt* 48, 406 (407f.) vom 6. 10. 14, und zwar ungeachtet der Pflichten aus § 666 BGB. Auch das in § 36 S. 3 RichtlRA 1973/1987 für den Fall „einer bloßen Rats- oder Auskunftserteilung“ enthaltene Prinzip, „im eigenen Interesse wenigstens eine Aktennotiz [zu] fertigen“, führt – schon wegen seiner systematischen Stellung – schwerlich über S. 1, 2 hinaus, vgl. dazu *Zuck*, in: Lingenberg u.a. § 36 Rdnr. 9. Mehr Gewicht mag haben, daß mehrere Vorläufer des § 36 RichtlRA, wie etwa § 25 der Richtlinien i.d.F. vom 11. 5. 1957 (abgedruckt bei *Kalsbach*, 1960, nach § 43), „ein *möglichst klares* Bild der von ihm entfalteten Tätigkeit“ postulierten. Vgl. insgesamt zur Problematik anwaltsrechtlichen Gewohnheitsrechts im Kontext der Standesrichtlinien *BVerfG* vom 2. 11. 92 (2. K. d. 1. Sen.), NJW 1993, 121f. – Versäumnisurteil, § 23 RichtlRA –, sowie *Hartung*, aaO., S. 44, 58f., 64, 142ff., 180f. m. umfangr. Nw.; auch *BGH* vom 23. 9. 92, NJW 1993, 196 (197f.) – überörtliche Anwaltssozietät.

[58] Vgl. auch dazu die vorangehende Fußnote.

Aktenführung entsprechende Duldungspflichten gewohnheitsrechtlich bestehen.[59] Eine solche Annahme scheitert jedoch eben an der Neuartigkeit der informationsrechtlichen Konfliktlage.[60] Ohne das datenschutzrechtliche Theorem bestand gar kein Raum für eine das tatsächliche Verhalten begleitende Überzeugung der Betroffenen und der Anwälte, einer entsprechenden Rechtsregel unterworfen zu sein bzw. eine solche auszuschöpfen. In diesem Zusammenhang ist weiter zu bedenken, daß, genauso wie die eingetretene informationsrechtliche Entwicklung nichts speziell mit anwaltlicher Tätigkeit zu tun hat, auch die tradierte Nichtbeachtung des jetzt erkennbar gewordenen Konfliktpotentials keineswegs „bereichsspezifisch" gewesen ist.[61] Deshalb würde eine Deutung[62] dieser schlichten, generell feststellbaren Nichtbeachtung als Gewohnheitsrecht – welches § 1 Abs. 4 S. 1 BDSG auszufüllen vermöchte – das allgemeine Datenschutzrecht aus den Angeln heben.

c) Ergebnis

Anwaltsrechtliche Normen, die eine klare und umfassende Regelung der Zulässigkeit mandatsbezogener[63] Informationsspeicherung enthalten, sind also nicht vorhanden. Soweit das Berufsrecht dem Anwalt die Speicherung nicht zur Pflicht macht – deren Grenzen zudem nicht scharf abgesteckt sind[64] –, verbleibt es deshalb nach der datenschutz-

---

[59] Für str. Fragen i. Zshg. der Einschränkung des Art. 2 Abs. 1 GG durch (ggfs. nur vorkonstitutionelles) Gewohnheitsrecht vgl. v. Münch/*Kunig*, aaO., Art. 2 Rdnr. 23; *Jarass*/Pieroth, aaO., Art 2 Rdnr. 17 m. Nw.; *BVerfGE* 65, 44 (wie o. Fn. 39) kann m. E. ein Parlamentsvorbehalt – in Ansehung des „Rechts auf informationelle Selbstbestimmung" – i. S. eines prinzipiellen Ausschlusses gewohnheitsrechtlicher Normen (von hinreichender Bestimmtheit) nicht entnommen werden, vgl. dazu aber Roßnagel, NJW 1989, 2304f.

[60] Vgl. dazu *Simitis*, in: Simitis u. a., 1981, § 45 Rdnr. 18.

[61] Mit besonderer Akzentuierung ist der Wandel im hoheitlichen Bereich hervorgetreten, etwa im Zusammenhang polizeilicher Informationssammlungen; s. dazu die Hinweise unten Fn. 288.

[62] Vgl. zum „deutenden Verstehen ..." regelmäßigen Verhaltens als Gewohnheitsrecht *Larenz*, aaO., S. 356.

[63] D.h.: auf die Wahrnehmung des Mandats gerichteter

[64] Auch insoweit bestehen deshalb – zumal in den Grenzbereichen selbst – wegen des Gebots der Normenklarheit (o. Fn. 39) Probleme, denen hier nicht nachgegangen wird.

rechtlichen Systematik bei § 28 Abs. 1 BDSG als anzuwendender Rechtsvorschrift.[65]

3. *Übermittlungen zwischen Anwalt und Mandant*

a) BDSG

Datenschutzrechtlich unproblematisch ist die innerhalb der Mandatsbeziehung stattfindende wechselseitige Bekanntgabe von Daten, die auf den Mandanten bezogen sind. Denn in beiden Richtungen liegt eine Übermittlung gemäß § 3 Abs. 5 Nr. 3 BDSG gar nicht vor, weil der Mandant in seiner Eigenschaft als Betroffener weder speichernde Stelle nach § 3 Abs. 8[66] noch Dritter i. S. d. § 3 Abs. 9 BDSG[67] ist.[68] Die Frage nach einer Erlaubnisnorm (§§ 4 Abs. 1, 3 Abs. 5 BDSG) ist also überhaupt nicht aufgeworfen.[69]

Als regelmäßige Rechtsgrundlage des allgemeinen Datenschutzrechts für den Austausch der auf Nichtmandanten bezogenen Daten zwischen Anwalt und Mandant können § 28 Abs. 1 S. 1 Nr. 2 und Abs. 2 Nr. 1 a in Betracht kommen, während Abs. 1 S. 1 Nr. 1 für Informationen, die Außenstehende betreffen, ausscheidet. Nr. 1 a des Abs. 2 unterscheidet sich von Abs. 1 S. 1 Nr. 2 insbesondere dadurch, daß nicht die berechtigten Interessen der speichernden Stelle, die übermittelt, sondern diejenigen eines Dritten zugrundegelegt werden. Danach sähe sich der Anwalt – anders als bei der Speicherung – zur Beurteilung der Zulässigkeit, seinen Mandanten zu informieren, jedenfalls nicht gezwungen, sich dafür an seinen eigenen Interessen zu orientieren. Die erwähnte Problematik einer Erforderlichkeitsprüfung[70] und einer Abwägung mit den

---

[65] Für auf den *Mandanten* bezogene Informationen beachte neben § 28 Abs. 1 S. 1 Nr. 1 BDSG nochmals die Bedeutung der Einwilligung, s. o. Fn. 33 mit begleitendem Text.

[66] Vgl *Dammann,* in: Simitis u. a., Lfg. 1/92, § 3 Rdnr. 222; *Ordemann/Schomerus/Gola,* 1992, § 3 Anm. 15.1.

[67] Vgl. *Tinnefeld/Ehmann,* 1992, S. 98, für die Übermittlung solcher Daten an den Mandanten; vgl. auch unten Fn. 139.

[68] Auch die der Bekanntgabe nachfolgende Nutzung (§ 3 Abs. 6 BDSG) ist dementsprechend unproblematisch, vgl. *Dammann,* in: Simitis u. a., Lfg. 1/92, § 3 Rdnr. 199 a. E., auch Rdnr. 222 a. E.

[69] Gleiches gilt für die Frage nach einer (schriftlichen) Einwilligung gemäß § 4 Abs. 1, 2, vgl. o. Fn. 33 mit begleitendem Text.

[70] Vgl. oben sub B I 2 a mit Fn. 35.

schutzwürdigen (auch gegnerischen) Interessen eines Betroffenen[71] bestünde gleichermaßen. Dies gilt übereinstimmend für Übermittlungen seitens des Mandanten, vorausgesetzt, er fällt seinerseits als speichernde Stelle in den Anwendungsbereich des BDSG.[72] – Erneut ist demgegenüber die Vorrangigkeit anderer Rechtsvorschriften i.S.d. § 1 Abs. 4 S. 1 BDSG zu untersuchen.

b) Anwaltsrecht

aa) Übermittlung durch den Anwalt an den Mandanten. Zu den beruflichen Pflichten des Rechtsanwalts gehörte gemäß § 39 RichtlRA die unverzügliche Unterrichtung des Mandanten über die Entwicklung der ihm anvertrauten Sache; Anfragen des Auftraggebers waren alsbald zu beantworten. Die gegenwärtige rechtliche Bedeutung des § 39 RichtlRA – sei es wegen Unerläßlichkeit für die Rechtspflege, sei es als Gewohnheitsrecht – kann dahinstehen, weil §§ 675, 666 BGB zum gleichen Ergebnis führen.[73] Wesentliche Übermittlungsgebote ergeben sich im übrigen, wie bereits erläutert,[74] aus § 50 BRAO bzw. § 667 BGB. Die den Anwalt treffende Pflicht, gespeicherte mandatsbezogene Information mitzuteilen, ist auf entsprechendes Verlangen des Mandanten nahezu umfassend[75] und läßt jenem nur geringen Entscheidungsspielraum.[76] Die genannten Vorschriften beinhalten in ihrer Gesamtheit eine sehr breite Grundlage für die mit den Pflichten korrelierende Berechtigung zur Übermittlung. Sie weisen darüber hinaus große Ähnlichkeit mit der Regelung der Zulässigkeit in § 28 Abs. 1 S. 1 Nr. 1 BDSG auf, indem sie sich an der Zweckbestimmung des Auftrags/Mandats, also des Vertragsverhältnisses, orientieren. Allerdings differenzieren sie nicht danach, ob sich die in Rede stehende Information auf den Vertragspartner oder auf einen Dritten bezieht. Im Ergebnis folgt also aus ihrem Vorrang i.S.d. § 1 Abs. 4 S. 1 BDSG, daß die Datenübermittlung des Anwalts an seinen Mandanten nicht an die komplizierten tatbestandsmäßigen Voraussetzungen gebun-

[71] Vgl. unten Fn. 144 mit begleitendem Text.

[72] Vgl. dazu auch unten sub B II 3b.

[73] Vgl. *Zuck*, in: Lingenberg u.a., § 39 Rdnr. 1, sowie Teil N Rdnr. 83; *Feuerich*, aaO., § 43 Rdnr. 153, m.w.Nw.

[74] Vgl. oben sub B I 2 b aa, bb.

[75] Vgl. für Einzelheiten *Feuerich*, aaO., § 44 Rdnrn. 19ff., 27–32; beachte o. Fn. 52.

[76] Vgl. dazu noch unten sub B I 4a mit Fn. 89 und B II 2b.

den ist, die sich nach dem BDSG innerhalb von Vertragsverhältnissen aus der besonderen Aufspaltung zwischen § 28 Abs. 1 S. 1 Nr. 1 und Nr. 2 ergeben.[77]

bb) Übermittlung durch den Mandanten an den Anwalt. Auch den Mandanten treffen weitgehende Pflichten bzw. Obliegenheiten der Übermittlung, nämlich dahingehend, den Anwalt (vollständig) über all das zu informieren, was für die Bearbeitung des Mandats bedeutsam sein kann. Dieser Rechtsgrundsatz ist im wesentlichen aus der Rechtsprechung ableitbar.[78] In der Literatur wird er als „Grundpflicht des Mandanten" bezeichnet.[79] Es handelt sich um eine Nebenpflicht aus dem Anwaltsvertrag, die eine ausdrückliche Normierung nicht erfahren hat. Ihr die Qualität von Gewohnheitsrecht beizumessen, muß, was die Bildung einer entsprechenden Rechtsüberzeugung anlangt, wegen des diffusen Personenkreises der potentiell Verpflichteten schwerfallen.[80] Insgesamt ist es problematisch, das Vorliegen einer Rechtsvorschrift i.S.d. § 1 Abs. 4 S. 1 BDSG[81] anzunehmen.[82] Bei fehlender Vorrangigkeit des bezeichneten Grundsatzes würden die genannten Kriterien aus § 28 Abs. 1 S. 1 Nr. 2 BDSG Platz greifen. Der Mandant hätte die Erforderlichkeit zu prüfen und entgegenstehende

[77] Durch letztere, nach einem abstrakten Personenbezugsunterschied vorgenommene Aufspaltung gelingt dem BDSG nicht etwa eine *konkretere* Benennung der Informationen, für die die Erlaubnisnorm gelten soll, als dies durch das Berufsrecht geschieht, welches – partiell viel konkreter – Befugnis und Pflicht der Übermittlung aus den Inhalten und Aufgaben der Mandatsführung herleitet. Nicht uneingeschränkt gefolgt werden kann *Ordemann/Schomerus/Gola,* 1992, § 4 Anm. 2.1, nach 3. Spiegelstrich, soweit sie an die *„anderen* Rechtsvorschriften" i.S.d. §§ 4 Abs. 1, 1 Abs. 4 BDSG darüber hinausgehende Konkretisierungsanforderungen stellen wollen (und damit zugleich höhere als an das BDSG selbst, was – dessen Gültigkeit unterstellt – auch verfassungsrechtlich nicht begründbar ist).

[78] Vgl. *BGH* vom 8. 10. 81, NJW 1982, 437 (437); damit korrelieren Grenzen anwaltlicher Nachforschungspflicht, vgl. zu diesen *BGH* vom 20. 6. 60, VersR 1960, 911 = AnwBl 1960, 221, und unten sub B II 3 a bb (1).

[79] Vgl. dazu *Hartstang,* 1991, S. 454ff.; *ders.,* 1986, S. 136, m.w.Nw.

[80] Zur Bildung von Gewohnheitsrecht im Kontext st. Rspr. *Larenz,* aaO., S. 431ff.

[81] Ablehnend für st. Rspr. oder für „bei der Interpretation von Vertragsverhältnissen formulierter Grundsätze" *Simitis,* in: Simitis u.a., 1981, § 45 Rdnr. 12.

[82] Der Annahme einer gewohnheitsrechtlichen Norm spezifisch des Inhalts, daß der Mandant (wenn nicht verpflichtet, so doch) berechtigt sei, den Anwalt im sachlichen Rahmen des Mandats uneingeschränkt zu informieren, steht die oben sub B I 2 b dd angestellte Überlegung entgegen.

Interessen des Betroffenen abzuwägen, bevor er sich dem Anwalt offenbaren dürfte. Solche Barrieren widersprächen allerdings völlig dem Charakter der Vertrauensbeziehung,[83] ebenso der spezifischen Eigenverantwortlichkeit des Berufsträgers, der wegen seiner besonderen Rechtskundigkeit dem ratsuchenden Bürger uneingeschränkt zur Verfügung stehen soll.[84]

4. Pflichten des Anwalts zur Benachrichtigung und Auskunft

a) Pflichten gegenüber Mandanten

Nach § 33 Abs. 1 S. 1 BDSG hätte der Anwalt anläßlich der erstmaligen Speicherung von Daten, die sich auf den Mandanten beziehen, diesen hiervon zu benachrichtigen, soweit letzterer nicht „auf andere Weise Kenntnis von der Speicherung ... erlangt hat" (Abs. 2 Nr. 1). Es legt sich allerdings nahe, daß schon wegen dieser Einschränkung die Benachrichtigungspflicht gegenüber dem Vertragspartner fast regelmäßig entfällt;[85, 86] um so mehr gilt dies im Fall einer nach § 4 BDSG erklärten Einwilligung.[87] Weiterhin hätte der Mandant gemäß § 34 Abs. 1 S. 1 Nr. 1, 2

---

83 Vgl. dazu auch unten Fn. 172 (mit begleitendem Text).

84 Zum „juristischen Beichtvater.." beachte *Gneist,* aaO., S. 61; vgl. im übrigen *Zuck,* in: Lingenberg u.a., § 42 Rdnr. 1.

85 Vgl. *Goldenbohm/Weise,* CR 91, 602; *Schaffland/Wiltfang,* Lfg. XI/93, § 33 Rdnr. 39. Nach überwiegender Auffassung bedarf es zwar nicht nur der Kenntnis vom Speichern überhaupt (diese ist ausreichend nach *Auernhammer,* 1993, § 33 Rdnr. 11; *Schwappach,* in: Gallwas u.a., Lfg. 3/79, § 26 Rdnr. 22; *Ordemann/Schomerus,* bis einschl. 4. Aufl. 1988, § 26 Anm. 2), vielmehr muß diese sich auf den Umstand dateimäßiger Speicherung erstrecken (vgl. *Schaffland/Wiltfang,* aaO., Rdnr. 38; *Dörr/Schmidt,* aaO., § 33 Rdnr. 19; *Ordemann/Schomerus/Gola,* 1992, § 33 Anm. 6.1; *Mallmann,* in: Simitis u.a., 1981, § 26 Rdnr. 18), doch ist unter heutigen Gegebenheiten sehr oft von EDV-mäßiger Speicherung und Auswertbarkeit (vgl. o. bei Fn. 11), auszugehen (so ausdrücklich für auf den Mandanten bezogene Daten in der Anwaltskanzlei *Schaffland/Wiltfang,* aaO., Rdnr. 41).

86 Bedeutsam kann in diesem Kontext insbes. die aus der (Neu-)Fassung des § 33 BDSG entstandene Streitfrage werden, ob sich die Kenntnis nur auf die Speicherung personenbezogener Daten im allgemeinen oder auch auf die je gespeicherte „Art der Daten" (§ 33 Abs. 1 S. 1 BDSG) zu erstrecken habe (im erstgenannten Sinn *Dörr/Schmidt,* aaO., § 33 Rdnr. 19; wohl übereinst. *Schaffland/Wiltfang,* Lfg. XI/93, § 33 Rdnr. 37; a. A. *Ordemann/Schomerus/Gola,* 1992, § 33 Anm. 6.1; *Bergmann/Möhrle/Herb,* Lfg. 9/92, § 33 Rdnr. 88; *Gola/Wronka,* RDV 1991, 170).

87 Vgl. *Bergmann/Möhrle/Herb,* Lfg. 9/92, § 33 Rdnr. 91, s. dazu auch o. Fn. 33 mit begleitendem Text.

BDSG gegenüber seinem Anwalt ein Recht auf Auskunftserteilung,[88] welches sich auf die über ihn gespeicherten Daten, deren Herkunft und Empfänger sowie auf den Zweck der Speicherung erstreckte. Gegenüber diesen Normen genießen die soeben in Abschnitt 3b aa bezeichneten Rechtsvorschriften klaren Vorrang. Auch verbleibt dem Anwalt im Rahmen derselben nach der Rechtsprechung ein seine persönliche Entfaltung abschirmender Freiraum – insbesondere in bezug auf von ihm notierte eigene Eindrücke –, auf den sich die Informationspflicht nicht erstreckt.[89] Das Berufsrecht ist damit in Ansehung der auf die Mandatsführung bezogenen[90] Daten abschließend.[91]

---

[88] Die Pflicht zur Benachrichtigung wie auch zur Auskunft besteht nicht in Ansehung einer Datei, die insgesamt „nur vorübergehend vorgehalten und innerhalb von drei Monaten ... gelöscht wird" (§ 33 Abs. 2 Nr. 5, auch i. V. m. § 34 Abs. 4), was bei Textdateien nicht selten der Fall sein mag. Ob diese Ausnahme bei bestimmungsgemäßer nachfolgender aktenmäßiger Speicherung gilt, ist aber wegen § 27 Abs. 2 Hs. 2 BDSG zumindest zweifelhaft; vgl. dazu auch *Drews,* DuD 91, 567.

[89] Vgl. *BGHZ* 109, 260 vom 30. 11. 89 = NJW 1990, 510 (511 sub bb); zust. *Feuerich,* aaO., § 44 Rdnr. 24. Beachte die entsprechende Rspr. zum Arztrecht, *BGHZ* 85, 339 = NJW 1983, 330 – Krankenunterlagen aus psychiatrischer Behandlung; auch *BGHZ* 85, 327 = NJW 1983, 328; diese Rspr. auf den Anwalt beziehend *Nassall,* KTS 1988, 635. Hinzuweisen ist darauf, daß auch das allgemeine Datenschutzrecht diese Problemstellung aufgreift: Werturteile sowie Planungs- und Prognosedaten können doppelten Personenbezug haben (vgl. dazu schon o. Fn. 10), insofern sie Aussagen über den Bewertenden oder Prognostizierenden machen; daraus ergeben sich Einschränkungen von Benachrichtigung und Auskunft zugunsten dieser Personen – in ihrer Eigenschaft sei es als Speicherer, sei es als Dritte; vgl. *Dammann,* in: Simitis u. a., Lfg. 1/92, § 3 Rdnrn. 12, 42, 49ff.; bezüglich des Speicherers unter diesem Aspekt zu eng *Mallmann,* in: Simitis u. a., 1981, § 26 Rdnr. 110.

[90] Eine andere Beurteilung wäre m. E. am Platz, soweit der Anwalt ausschließlich im eigenen Interesse mandantenbezogene Daten speichert, etwa Bonitätsdaten im Hinblick auf die Sicherheit seiner Honoraransprüche (zu diesen selbst vgl. demgegenüber o. Fn. 10): Das BDSG wäre, soweit ersichtlich, anwendbar; nach §§ 33 Abs. 2 Nr. 6b, 34 Abs. 4 können Benachrichtigungs- und Auskunftpflicht ausgeschlossen sein, s. *Schaffland/Wiltfang,* Lfg. IX/93, § 33 Rdnr. 82., vgl. aber *Mallmann,* in: Simitis u. a., 1981, § 26 Rdnrn. 99, 96.

[91] Das wird sowohl von *Zimmer-Hartmann/Helfrich,* CR 1993, 108, als auch von *Eggersmann/Hoene,* CR 1990, 21 sub III, übersehen, welche § 1 Abs. 4 S. 1 – bzw. § 45 S. 1 a. F. – BDSG nicht erörtern.

b) Pflichten gegenüber Nichtmandanten

Die anwaltliche Speicherung von Daten, die sich auf Nichtmandanten beziehen,[92] würde nach §§ 33 Abs. 1, 34 Abs. 1 BDSG diesen Personen gegenüber die genannten Pflichten auszulösen geeignet sein. Dem stünden jedoch schon § 33 Abs. 2 Nr. 3 (auch Nr. 6b) – i.V.m. § 43a Abs. 2 BRAO, ähnlich § 203 Abs. 1 Nr. 3 StGB[93] – sowie § 34 Abs. 4 BDSG entgegen. Ob letztere Bestimmungen des BDSG, wie *Eggersmann/Hoene* meinen, eng auszulegen seien,[94] kann hier im übrigen dahinstehen.[95]

Denn die in § 43a Abs. 2 BRAO festgelegte Verschwiegenheitspflicht des Anwalts hat gemäß § 1 Abs. 4 BDSG Vorrang[96] und schließt die

---

[92] § 33 Abs. 1 BDSG knüpft – für die Benachrichtigung – durch den Begriff des Betroffenen an die Definition des Personenbezugs in § 3 Abs. 1 BDSG an. § 34 Abs. 1 S. 1 Nr. 1 BDSG, der die Auskunft „über ... die *zu(r) ... Person* [des Betroffenen] *gespeicherten* Daten" vorsieht, könnte demgegenüber eine Einschränkung beinhalten, so *Schaffland/Wiltfang*, Lfg. XI/93, § 33 Rdnrn. 10ff., mit bedenkenswerter Begründung (auch für die Benachrichtigung), in Rdnr. 12 ausdrücklich für den Rechtsanwalt (der in diesem engeren Sinn regelmäßig nur zur Person seines Mandanten speichert); ähnlich *Schwappach*, in: Gallwas u.a., Lfg. 3/79, § 26 Rdnr. 13; anders die h.M., vgl. *BGH* NJW 1981, 1738 (1739) m.w.N.; *Ordemann/Schomerus/Gola*, 1992, § 34 Anm. 2.2.; *Bergmann/Möhrle/Herb*, Lfg. 2/92, § 34 Rdnr. 38. Unabhängig von der begrifflichen Zuordnung mag sich im Einzelfall nicht selten ein doppelter Personenbezug (*auch* auf den Mandanten bezogen) nahelegen, der zur Anwendbarkeit der §§ 33 Abs. 2 Nr. 3, 34 Abs. 4 BDSG führen würde, vgl. dazu auch o. Fn. 89 und 10.

[93] Abwegig die Auffassung bei *Eggersmann/Hoene*, CR 1990, 21, § 203 Abs. 1 Nr. 3 StGB sei keine einschlägige Rechtsvorschrift i.S.d. § 26 Abs. 4 Nr. 3 BDSG a.F. (= § 33 Abs. 2 Nr. 3 n.F.), weil jene Bestimmung nicht „gerade die Geheimhaltung gegenüber dem Betroffenen" zum Inhalt habe. Unrichtig ist die Bezugnahme dieser Autoren auf einen entsprechenden Eingrenzungsversuch bei *Auernhammer*, 1981, § 13 Rdnr. 14 (übereinstimmend *ders.*, 1993, § 19 Rdnr. 31, beachte auch § 33 Rdnr. 15 zu Alt. 2), der sich mit der allgemeinen Pflicht zur Amtsverschwiegenheit aus § 61 BBG befaßte, welche – da es um ein ganz anderes Rechtsgut als in § 203 (auch Abs. 2) StGB geht – nach § 353b StGB strafbewehrt ist. Beachte die deutliche Differenzierung bei *Ordemann/Schomerus/Gola*, 1992, § 19 Anm. 8.4.

[94] CR 1990, 20 m.w.N.; übereinstimmend *Bergmann/Möhrle/Herb*, Lfg. 9/92, § 33 Rdnr. 76; *Eggersmann/Hoene* gehen dabei davon aus, die Rechte auf Benachrichtigung und Auskunft gehörten „zum Kernbereich des Rechts auf informationelle Selbstbestimmung"; *Badura*, Stellungnahme, 1989, S. 42 sub d, hält zutreffend fest, daß „ein grundsätzlich unbeschränktes Auskunftsrecht jedes Betroffenen ... anzunehmen ..., verfassungsrechtlich nicht geboten" ist.

[95] Zur gebotenen verfassungskonformen Auslegung vgl. demgegenüber unten sub D IV 2.

[96] Vgl. dazu *Ordemann/Schomerus/Gola*, 1992, § 4 Anm. 3; *Bergmann/Möhrle/Herb*, Lfg. 2/91, § 1 Rdnr. 53; auch unten Fn. 98 Abs. 2.

Anwendung der §§ 33f. gegenüber Nichtmandanten *vollständig* aus. Dabei bleibt der ungewöhnliche, nach anderen Maßstäben zu beurteilende Fall, daß der Mandant den Anwalt völlig – oder vorbehaltlos gegenüber einem bestimmten Betroffenen – von der Verschwiegenheit entbindet,[97] hier beiseite.

Bundesrechtlich war und ist das Berufsgeheimnis auch in § 203 Abs. 1 Nr. 3 StGB[98] und in den Zeugnisverweigerungsrechten der Prozeßordnungen (§ 53 Abs. 1 Nr. 3 StPO, § 383 Abs. 1 Nr. 6 ZPO) besonders verankert. Die Verschwiegenheitspflicht des § 42 Abs. 1 RichtlRA erstreckte sich „über die gesetzliche Schweigepflicht (§ 203 StGB) hinaus auf alles, was ... ihm anläßlich seiner Berufsausübung bekannt geworden ist ...“ Sie betraf – über Jahrzehnte tradiert – auch solche Tatsachen, welche, ohne offenkundig zu sein, so doch schon mehr als einer beschränkten, überschaubaren Zahl von Personen bekannt waren.[99] Im

---

[97] Vgl. dazu auch unten sub B II 2b.

[98] Die von *Körner-Dammann,* NJW 92, 1543 (1544) – vgl. auch o.Fn. 22 mit begleitendem Text – im Rahmen der Beurteilung von Datenschutzproblemen beim Praxisverkauf geäußerte Auffassung einer i.S.d. § 1 Abs. 4 BDSG fehlenden Vorrangwirkung des § 203 StGB deckt sich nicht mit der Gesetzeslage; zutreffend sehen *BGHZ* 115, 123 vom 10. 7. 91 = NJW 1991, 2955 (2956), *BGH* vom 11. 12. 91, NJW 1992, 737 (739) sowie vom 25. 3. 93, NJW 1993, 1638 (1638), in § 203 StGB eine Verbotsnorm, die die Informationsübermittlung ausschließt (was auch von *Eberle,* in: Kilian/Porth, S. 107f., und *Walz,* in: Simitis u.a., Lfg. 5/93, § 1 Rdnr. 293, nicht zutreffend gewürdigt wird; beachte Art. 103 Abs. 2 GG).

Dementsprechend ist im Fall des Einsatzes von EDV bei bestehender berufsrechtlicher Verschwiegenheitspflicht, auch solange diese primär in § 203 StGB (noch nicht in § 43a BRAO) geregelt war, kein Raum dafür (gewesen), daneben nach BDSG-Grundsätzen eine Abwägung vorzunehmen, aus der sich doch noch die Zulässigkeit der Offenbarung durch Übermittlung/Auskunftserteilung ergeben könnte. Eben dies erlaubt(e) aber der systematische Ansatz bei *Roßnagel,* NJW 1989, 2305, und ähnlich bei *Körner-Dammann,* aaO. Eine damit nicht zu verwechselnde, vom *BGH* miterwogene (hier nicht zu vertiefende) Frage ist, inwieweit in Ermangelung einer berufsrechtlichen Regelung eine Anwendung des § 4 Abs. 2 BDSG auf die Einwilligung zur Offenbarung in Betracht zu ziehen sei; dafür neben den zuvor genannten Autoren *Walz,* aaO., § 1 Rdnr. 300 m.w.Nw.; a.A. Auernhammer, 1993, § 1 Rdnr. 29, § 4 Rdnr. 14. Im übrigen ergibt sich bei *Walz* klar der Vorrang des – stärkeren Schutz gewährenden – Berufsgeheimnisses, auch bezüglich der Weitergabe nach §§ 33, 34 BDSG, vgl. aaO., Rdnrn. 297ff. i.V.m. Rdnr. 268 a.E., in Rdnr. 301 auch kritisch zu *Eggersmann/Hoene.*

[99] Vgl. einerseits zu den Grenzen des Tatbestands des § 203 StGB *Lenckner,* in: Schönke/Schröder, aaO., § 203 Rdnr. 6; *Dreher-Tröndle,* aaO., § 203 Rdnr. 4; andererseits zum Anwaltsrecht *Friedlaender,* aaO., Exkurs zu § 18 Rdnr. 6

Hinblick auf die Rechtsüberzeugung der Berufsträger legte sich insofern gewohnheitsrechtliche Qualität sehr nahe.[100] Das *BVerfG* nannte die Verschwiegenheitspflicht unter den aus den Standesrichtlinien weiterhin ableitbaren Berufspflichten an erster Stelle.[101] Soweit jene vor Inkrafttreten des § 43a BRAO nicht vollinhaltlich durch Rechtsvorschrift des Bundes i.S.d. § 1 Abs. 4 S. 1 BDSG erfaßt gewesen sein sollte, unterfiel sie jedenfalls S. 2 dieser Bestimmung.[102] § 43a Abs. 2 BRAO hat nunmehr den weitergehenden Umfang der Verschwiegenheitspflicht ausdrücklich einbezogen.

5. *Übermittlungen an Nichtmandanten*

Abgesehen von der negativen Übermittlungsvorschrift, die in den Regeln des Berufsgeheimnisses zu finden ist, befaßt sich das anwaltliche Berufsrecht nur partiell mit der Informationsübermittlung an Außenstehende, wie sie im Einvernehmen mit dem Mandanten, aber ohne Zustimmung jeweiliger (anderer) Betroffener i.S.d. § 3 Abs. 1 BDSG, regelmäßig zur Durchführung des Mandats stattfindet. Für die Tätigkeit des Anwalts bedeutsam sind die Übermittlungsbestimmungen der Prozeßordnungen, also z.B. die Substantiierungspflicht gemäß § 253 Abs. 2 Nr. 2 ZPO.[103] Einzelne Aspekte brauchen hier nicht vertieft zu werden. Es ergibt sich, daß weite Bereiche anwaltlichen Redens, Schreibens und Verhandelns – als Tätigkeiten der Weitergabe drittbezogener Informationen an Nichtmandanten – ungere-

---

(S. 155); *Zuck*, in: Lingenberg u.a., § 42 Rdnr. 9; *Feuerich*, aaO., § 43 Rdnr. 159 m.w.Nw.

[100] Schwankend *Zuck*, in: Lingenberg u.a., Teil N, Rdnr. 89.

[101] *BVerfGE* 76, 171 (190) vom 14. 7. 87 – RichtlRA I.

[102] Zum durch S. 2 bewirkten Vorrang vgl. nochmals *Ordemann/Schomerus/Gola*, 1992, § 4 Anm. 3.2, und insgesamt die Nachweise o. Fn. 21; ebenso zu § 45 S. 3 a.F. *Kamlah/Schimmel/Schwan*, aaO., § 45 Rdnr. 27, unter Bezugnahme auf die Begründung des Reg.-Entw. (BT-Drs. 7/1027 vom 21. 9. 73, zu § 37); im Ergebnis übereinstimmend zu § 45 S. 3 a.F. *Steinmüller/Ermer/Schimmel*, aaO., S. 52 mit Fn. 5 und 6. Differenzierend *Walz*, in: Simitis u.a., Lfg. 5/93, § 1 Rdnrn. 298f., wonach jedenfalls „Vollregelungen" zur Priorität führen. Zusammengefaßt galt vor Inkrafttreten des § 43a BRAO für die anwaltliche Verschwiegenheitspflicht, auch soweit sie über § 203 Abs. 1 StGB hinausgeht, mutatis mutandis das o. in Fn. 98 Gesagte (entgegen *Eggersmann/Hoene*, CR 1990, 18).

[103] Vgl. dazu auch o. Fn. 46 sowie Fn. 77, insbes. S. 2.

gelt sind;[104] insoweit verbleibt nach der Systematik des BDSG als Grundlage insbesondere § 28 Abs. 2 Nr. 1 a.[105]

II. Inkongruenzen zwischen dem Regelungsmodell des BDSG und der Sonderbeziehung Anwalt-Mandant

1. Problemstellung

Als Ergebnis der vorangegangenen Untersuchung ist zunächst zweierlei festzuhalten:

(1) Das anwaltliche Berufsrecht enthält zahlreiche Rechtsregeln über Informationsverarbeitung i.S.d. § 3 Abs. 5 BDSG.[106] Dies Resultat ist nicht erstaunlich, macht es doch das Wesen anwaltlicher Tätigkeit aus, sich – als Berater und Vertreter in Rechtsangelegenheiten[107] – der zwischenmenschlichen Verständigung bzw. Konfliktentscheidung in *Wort* und *Schrift* zu widmen, also mit dem Instrumentarium sprachlich gefaßter, zumeist personenbezogener Informationen.

(2) Dennoch gibt es bislang kein umfassendes anwaltsberufliches Informationsrecht. Vielmehr hat sich die rechtliche Regulierung auf die Festlegung einer Reihe informatorischer Pflichten und Verbote beschränkt, vorrangig in bezug auf Erfordernisse des Mandatsverhältnisses. Nur soweit dies hinreichend deutlich geschehen ist, tritt das allgemeine Datenschutzrecht gemäß § 1 Abs. 4 BDSG zurück.

Abgezeichnet hat sich darüber hinaus, daß sich im Fall der Anwendbarkeit der Rechtsgrundsätze des BDSG auf anwaltliche Tätigkeit Schwierigkeiten der sachgerechten Zuordnung im datenschutzrechtlichen Regelungsmodell auftun. Deutlich ist dies vor allem an den Abwägungskriterien des § 28 Abs. 1 S. 1 Nr. 2, Abs. 2 Nr. 1 a BDSG.[108] Die Proble-

---

[104] Im übrigen gelten auch in diesem Zusammenhang die o. sub B I 2 b dd angestellten Überlegungen, auch hinsichtlich des Nichtbestehens von Gewohnheitsrecht.

[105] Vgl. zu dieser Bestimmung schon o. sub B I 3 a; beachte jedoch die vom EuDatSch-RiLi (geänd. Vorschlag) vorgesehene Restriktion und dazu unten Fn. 116 a. E.

[106] Die vorangegangenen Ausführungen sind keineswegs als ein Versuch zu verstehen, solche Regeln vollständig aufzuzählen.

[107] Vgl. § 3 Abs. 1 BRAO.

[108] Vgl o. sub B I 2 a; B I 3 a, 2. Abs.; B I 3 b bb; unten sub B II 3 a.

matik ist generell bedeutsam insoweit, als die Lückenhaftigkeit des Berufsrechts (fort)besteht und deshalb die Subsidiarität des BDSG für ins Gewicht fallende Teilbereiche nicht zum Tragen kommt. Daraus erwachsende Fragen sind Gegenstand der jetzt folgenden Untersuchung. Zunächst greift sie einen zentralen systematischen Punkt auf, der eine Erklärung für die Schwierigkeiten bietet, ohne daß daraus vom vorfindlichen Gesetzesrecht her eine Lösung erwüchse.

2. Der Rechtsanwalt als Datenherr?

a) Anwalt und Mandant im datenschutzrechtlichen Beziehungsdreieck

Die Systematik des Datenschutzrechts wird durch dessen spezifische Schutzziele geprägt.[109] Im Mittelpunkt steht die Regelung der Rechtsstellung der speichernden Stelle einerseits und des Betroffenen andererseits. Die speichernde Stelle wird auch „Herr der Daten" genannt,[110] womit die Position gekennzeichnet ist, die dem Verarbeiter gemäß § 3 Abs. 8 BDSG unabhängig davon zukommt, ob er „für sich selbst speichert oder durch andere im Auftrag speichern läßt." An den Datenherrn richten sich die meisten Gebote und Verbote sowie die diese eingrenzenden Erlaubnistatbestände des Gesetzes; für den Betroffenen ergeben sich entsprechende (Abwehr-) Rechte[111] und Duldungspflichten.[112] Alle übrigen Personen (Stellen)[113] fallen fast unterschiedslos in die Kategorie des „Dritten".[114] Dessen Belange spielen, sofern er nicht als Empfänger von Übermittlungen in Erscheinung tritt,[115] im BDSG eine untergeordnete Rolle.[116]

---

[109] Vgl. § 1 Abs. 1 i.V.m. § 3 Abs. 1; § 1 Abs. 2, vor Nr. 1, i.V.m. § 3 Abs. 4, 5, 6; § 4 Abs. 1.

[110] Vgl. *Ordemann/Schomerus/Gola*, 1992, § 11 Anm. 1.2; *Bergmann/Möhrle/Herb*, Lfg. 2/91, § 11 Rdnr. 14.

[111] Vgl. § 35 BDSG; zum negatorischen Schutz vgl. unten Fn. 298.

[112] Vgl. *Woertge*, aaO., S. 156, 179f.

[113] Mit Ausnahme der inländischen Auftragsdatenverarbeiter, vgl. §§ 3 Abs. 9, 11 BDSG. Ob diese, *ohne* Herren der Daten zu sein, doch – wie *Dammann*, in: Simitis u.a., Lfg. 1/92, § 3 Rdnr. 224, entgegen der h.M. meint – den „speichernde[n] Stelle[n]" i.S.d. § 3 Abs. 8 zuzurechnen sind, kann hier dahinstehen.

[114] Vgl. § 3 Abs. 9 BDSG.

[115] Vgl. dazu §§ 3 Abs. 5 Nr. 3, 28 Abs. 2 Nr. 1a, 29 Abs. 2 Nr. 1 BDSG.

[116] Das Speichern im Drittinteresse ist in § 28 Abs. 1 S. 1 Nr. 2 BDSG überhaupt nicht vorgesehen, vgl. dazu schon o. sub B I 2a. Im Ergebnis berücksichtigt § 29 Abs. 1 S. 1 Nr. 1 die Interessen Dritter, aber nur in Gestalt künftiger Übermittlungsempfänger (§ 29 Abs. 2 S. 1 Nr. 1a), vgl. *BGH* vom 15. 12. 83, NJW

Nach datenschutzrechtlichem Verständnis ist der Anwalt, der zur Mandatsbearbeitung Information speichert, als Herr dieser Daten anzusehen; er ist insbesondere nicht im engen Sinn des § 11 BDSG Auftragnehmer seines Mandanten.[117] Die Voraussetzungen dieser Bestimmung werden nämlich nur dann durch ein Auftrags- bzw. Geschäftsbesorgungsverhältnis erfüllt, wenn es die technische Durchführung der Datenverarbeitung (z.B. durch ein Rechenzentrum) zu seinem Gegenstand hat.[118] Der Mandant überträgt demgegenüber dem Auftragnehmer die inhaltliche Funktion, sich seiner rechtlichen Interessen anzunehmen. Zur Erfüllung dieser Aufgabe in eigener Verantwortung und damit zur Realisierung „eigener Geschäftszwecke"[119] aus §§ 1, 3 Abs. 1 BRAO speichert der Anwalt „für sich selbst".[120]

Dieser systematische Ansatz hat zur Folge, daß der Mandant, soweit er nicht Betroffener i.S.d. § 3 Abs. 1 BDSG ist, gegenüber dem Anwalt lediglich als „Dritter" dasteht.[121] Da an ihn gerichtete Übermittlungen seitens des Anwalts berufsrechtlich geregelt sind,[122] betrifft ihn das BDSG zudem gerade in der noch schwächeren Position eines Dritten, der nicht Empfänger ist.

1984, 1889 (1890); *OLG München* vom 13. 10. 81, NJW 1982, 244 (245). § 28 Abs. 2 Nr. 1a stellt zwar bei der Übermittlung, anders als § 29 Abs. 2 S. 1 Nr. 1a, nicht auf ein Interesse gerade des Empfängers ab, was jedoch, soweit ersichtlich, oft unbeachtet bleibt, vgl. etwa *Ordemann/Schomerus/Gola*, 1992, § 28 Anm. 11; soweit *BGH* vom 19. 9. 85, NJW 1986, 46 (46), und im Anschluß an ihn z.B. *Wohlgemuth*, 1993, Rdnr. 247, die Interessen anderer, der Empfängerin (der Schufa) angeschlossener Kreditinstitute einbeziehen, kommen auch dabei nur potentielle weitere Empfänger der Information in den Blick. Beachte demgegenüber immmerhin die Regelung der Nutzung (vgl. § 3 Abs. 6 BDSG) im Drittinteresse nach § 28 Abs. 2 Nr. 1a BDSG. Art. 7 lit. f EuDatSch-RiLi (geänd. Vorschlag) nimmt insgesamt eine Beschränkung auf das Empfängerinteresse vor, schneidet also die Interessen sonstiger Dritter ab; kritisch dazu *Rüpke*, EuZW 1993, 154 m. Fn. 70.

[117] Vgl. *Ordemann/Schomerus/Gola*, 1992, § 11 Anm. 2.4; *Schaffland/Wiltfang*, Lfg. IX + XI/93, § 27 Rdnrn. 41f.; *Simitis*, in: Simitis u.a., 1981, § 22 Rdnrn. 69, 71; *Schwappach*, in: Gallwas u.a., Lfg. 3/79, § 22 Rdnr. 76.

[118] Zur Abgrenzung gegenüber der im nachfolgenden Satz genannten Funktionsübertragung vgl. *Walz*, in: Simitis u.a., Lfg. 1/92, § 11 Rdnr. 18 m.w.Nw.; *Wächter*, CR 1991, 333; *Schaffland/Wiltfang*, Lfg. 2/94, § 11 Rdnrn. 7f.

[119] Vgl. § 28 Abs. 1 S. 1, vor Nr. 1, BDSG und o. sub B I 1.

[120] Vgl. nochmals § 3 Abs. 8 BDSG.

[121] Auch umgekehrt ist der Anwalt dem Mandanten insoweit ein Dritter; vgl. *Simitis*, in: Simitis u.a., 1981, § 22 Rdnr. 71 m.w.N.; zu daraus erwachsenden Problemen vgl. schon o. sub B I 3 b bb.

[122] Insofern ist das BDSG subsidiär, vgl. o. sub B I 3b aa.

b) Das anwaltsrechtliche Informations-Kondominium

Das zum Datenschutzrecht Gesagte beinhaltet eine beträchtliche Diskrepanz zum Berufsrecht, welches dem Mandanten in zweierlei Hinsicht eine zentrale Stellung in Ansehung anwaltlicher Informationsverarbeitung einräumt. Zum einen ist der Rechtsanwalt gehalten, in Wort und Schrift den Interessen seines Mandanten zu dienen.[123] Zum anderen ist er (i.d.R.) nur diesem gegenüber verpflichtet, verschwiegen zu sein: der Mandant ist – weisungsberechtigter – *Geheimnis*herr.[124]

Allerdings führt die anwaltsrechtliche Sicht nicht dahin, ihn deshalb als *Informations*herrn über seinen Auftragnehmer zu betrachten. Schon hinsichtlich der wechselseitigen Informationspflichten besteht eher ein paritätischer Zustand.[125] Was die Entbindung von der Schweigepflicht anlangt, so stellt sie den Anwalt bezüglich der in Rede stehenden Information nicht rechtlos. Insbesondere bleibt diesem das Recht zu schweigen erhalten, wenn die Befolgung der Weisung, etwas zu offenbaren, zum Konflikt mit den Berufspflichten, etwa dem Sachlichkeitsgebot, führen würde.[126] Ferner kann das Persönlichkeitsrecht des Anwalts sein

---

[123] Arg. §§ 675, 665 BGB, §§ 3 Abs. 3, 43a Abs. 4 BRAO, § 356 StGB; beachte §§ 1 Abs. 1 S. 2, 8, 46 RichtlRA; zu Inhalt und Grenzen vgl. *Friedlaender,* aaO., Exkurs vor § 30, Rdnrn. 29ff., S. 220ff.; § 28 Rdnrn. 2ff., S. 146ff.; zu den Grenzen unten Fn. 128 und 126.

[124] Vgl. *BGHZ* 109, 260 = NJW 1990, 510 (511f.) vom 30. 11. 89 unter Bezugnahme auf den Eid der Reichskammergerichtsadvokaten (1555) sowie auf *Friedlaender,* aaO., Exkurs zu § 28, Rdnrn. 9ff. (S. 155ff.); ausführlich – auch in Auseinandersetzung mit abw. Meinungen *Nassal,* KTS 1988, 641f., 644–646; auch *ders.* (zur soeben genannten Entsch. d. BGH), NJW 1990, 496; auch *Zuck,* in: Lingenberg u.a., § 42 Rdnr. 10; von einer Verschwiegenheitspflicht auch zg. der öffentlichen Hand wg. anwaltlicher Vertretung in Angelegenheiten, die den „dienstlichen Verkehr" (§ 61 BBG) betreffen, geht *BDiszG* NJW 1992, 2107 vom 3. 12. 91 aus; vgl. dazu schon *BVerfGE* 38, 105 (119) vom 8. 10. 74 – Zeuge im Disziplinarverfahren; beachte Näheres unten Fn. 623f.

[125] Vgl. o. sub B I 3 b bb.

[126] Vgl. § 45 Nr. 1 a.F. BRAO, welcher „Selbstverständliches zum Ausdruck ... bringt" und deshalb in § 45 n.F. nicht mit aufgenommen wurde, vgl. Begründung zum Reg.-Entw. der Neufassung (o. Fn. 41), S. 29; auch § 8 RichtlRA, dazu *Feuerich,* aaO., § 43 Rdnr. 80. Zum Sachlichkeitsgebot vgl. § 43a Abs. 3 BRAO, ferner die dort in § 59b Abs. 2 Nr. 1d geregelte Satzungskompetenz sowie § 4 des Entw. einer Berufsordnung für Rechtsanwälte, BRAK-Mitt., Beiheft 8/90, S. 5; vgl. noch §§ 1 Abs. 1 und 2, 3 Abs. 1, 9 Abs. 2, 10 Abs. 2, 18 Abs. 3 RichtlRA und dazu *BVerfGE* 76, 171 vom 14. 7. 87, sowie *Feuerich,* aaO., § 43 Rdnrn. 30ff.; *Kleine-Cosack,* BRAO, § 43 Rdnrn. 47ff.; kritisch zur Eingrenzung *Weigel,* BRAK-Mitt. 1988, 2 (8).

Schweigen begründen, insoweit spezifisch eigene Werturteile impliziert sind.[127] Insgesamt hat der Grundsatz anwaltlicher Unabhängigkeit auch gegenüber dem Mandanten erhebliche Bedeutung.[128] Daß darüber hinaus der tatsächliche anwaltliche Einfluß auf das Gebrauchmachen von gespeicherter Information regelmäßig sehr weit reicht, ergibt sich aus der Abhängigkeit des Mandanten vom rechtskundigen Rat über die nach außen hin zu ergreifenden Schritte und das demgemäß Vorzutragende. Offenkundig ist der Anwalt nicht bloßes Sprachrohr seines Mandanten.[129]

Im Ergebnis ist aus der berufsrechtlichen Sicht die dem Anwalt als speichernder Stelle datenschutzrechtlich zugeordnete „Herrschaft" eingegrenzt, nämlich den Interessen und Weisungsbefugnissen[130] des Mandanten weitgehend unterworfen. Da letztere nicht unwesentlichen rechtlichen Schranken unterliegen, besteht umgekehrt auch keine (solche) Ähnlichkeit zu den in § 11 BDSG geregelten Fällen, daß sich eine analoge Anwendung dieser Bestimmung rechtfertigen ließe. Das informationelle *Kondominium* zwischen Anwalt und Mandant, das mit der aufgegebenen Interessenwahrnehmung korreliert und im Berufsgeheimnis nach außen hin zum Ausdruck kommt, findet also keine Entsprechung in der datenschutzrechtlichen Systematik.[131] Diese geht prinzipiell von *einem* Herrn der Daten aus.

Für die steuerliche Beratung hat *J. Hund*[132] als naheliegend bezeichnet, daß nach dem Recht des BDSG in Ansehung eines Auftrags zur Beratung nichts anderes gelte als für die (technische) Datenverarbeitung im Auftrag. Er gelangt von daher – zugleich im Hinblick auf die Verschwiegenheitspflicht – zu dem Ergebnis der überwiegenden Unanwendbarkeit des

---

[127] Vgl. *BGH* NJW 1990, 512 sub 3 (wie Fn. 124); das zur fehlenden Offenbarungspflicht o. sub B I 4 a nebst Fn. 89 m. w. Nw. Gesagte gilt entsprechend.

[128] Vgl. §§ 1, 3, auch 46 BRAO, und *Hartstang*, 1991, S. 329 ff; zum Schweigerecht *Zuck*, in: Lingenberg u. a., § 42 Rdnr. 15; zur Schweigepflicht zg. Dritter o. Fn. 124, insbes. a. E.; auch *Nassal*, KTS 1988, 646.

[129] Vgl. dazu auch aus soziologischer Sicht *Rüschemeyer*, aaO., S. 121 ff.; vgl. weiterhin unten sub D III 2 c bb.

[130] Zu „Weisungsrecht und -pflicht des Mandanten" vgl. *Hartstang*, 1991, S. 490 ff.

[131] Eine nur entfernt analoge, weil technisch zu verstehende Situation – für Verbunddateien und vernetzte Systeme – ist in § 6 Abs. 2 BDSG Gegenstand der Regelung; vgl. *Dörr/Schmidt*, aaO., § 6 Rdnrn. 6, 7.

[132] DSWR 1977, 68.

Gesetzes auf Beratungsberufe.[133] Dessen begriffliches, sich lückenlos verstehendes Raster steht dem freilich entgegen.

c) Exkurs: Lösung durch Annahme informationsrechtlicher Stellvertretung?

Unerörtert geblieben ist bislang, soweit ersichtlich, die datenschutzrechtliche Bedeutung von Vertretungsmacht. Zwar betreffen die §§ 164ff. BGB nur rechtsgeschäftliches Handeln, dem das Verarbeiten von Daten als solches i. d. R. nicht zuzurechnen ist. Doch ist im Zivilrecht die entsprechende Anwendung des § 166 Abs. 1 BGB – der in Besonderheit auf Wissen des Vertreters abstellt – auf tatsächliches Verhalten im Rahmen der einem Beauftragten zu selbständiger Erledigung übertragenen Angelegenheiten anerkannt.[134] Liegt dem ein allgemeiner Rechtsgedanke möglicher „Wissensvertretung" zugrunde,[135] könnte dieser, auch im Zusammenhalt mit der Regelung der Empfangsvertretung nach § 164 Abs. 3 BGB,[136] Grundlage eines breiteren informationsrechtlichen Konzepts für durch Vollmacht herstellbare vereint-geteilte Datenherrschaft sein. Abs. 1 und Abs. 2 des § 166 BGB mögen darüber hinaus exemplarisch Möglichkeiten der Differenzierung in der Aufteilung bzw. Kombination von Verantwortlichkeiten in einem weisungsgesteuerten Informations-Kondominium beinhalten.

Allein, der Gedanke rechtsgeschäftlicher Vertretung bricht sich an der Systematik des BDSG immer dann, wenn sich die Bevollmächtigung auf die Verarbeitung von nicht auf den Vollmachtgeber bezogenen Informationen erstrecken soll. Nach § 4 BDSG kann eine wirksame Einwilligung nur durch den Betroffenen gegeben werden. Die Verarbeitungsvollmacht durch einen Dritten (§ 3 Abs. 9 BDSG) wäre geeignet, dieses Prinzip zu unterlaufen. Zwar zieht das BDSG nicht die Konsequenz, daß die nach dem Gesetz, z.B. nach § 28, legitimierten Personen bzw. deren Organe

---

[133] *Hund* bezieht sich aaO. auch auf gemeinsame Stellungnahmen der Steuerberater-, Wirtschaftsprüfer- und Bundesrechtsanwaltskammer im Gesetzgebungsverfahren, welche sich gegen die Einbeziehung dieser Beratungsberufe in den Geltungsbereich des BDSG aussprachen.

[134] Vgl. Palandt/*Heinrichs*, aaO., § 166 Rdnr. 6; Erman/*Brox*, aaO., § 166 Rdnr. 5.

[135] Vgl. dazu insbes. *Richardi*, AcP 169 (1969), 386; auch Erman/*Brox*, aaO., vor § 164 Rdnr. 27.

[136] Vgl. auch für diesen Zusammenhang *Richardi*, AcP 169 (1969), 398–403.

nur höchstpersönlich zu verarbeiten berechtigt seien. Sie können sich sowohl der von ihnen beschäftigten Mitarbeiter (arg. § 5 BDSG) als auch eines Auftragsverarbeiters – eines Rechenzentrums – bedienen. Damit dürften jedoch nach der bestehenden Gesetzeslage – in Übereinstimmung mit den gesetzlichen Grenzen *einer* speichernden Stelle (§ 3 Abs. 8)[137] – die Möglichkeiten des (gänzlichen oder teilweisen) Rückbezugs der Verarbeitung auf einen weisungsbefugten Datenherrn erschöpft sein,[138] jedenfalls in Ansehung von nicht auf diesen bezogenen Daten.[139]

3. *Anwendungsprobleme*

Nach der bestehenden Gesetzeslage ist also, soweit das BDSG nicht als subsidiär weicht, von alleiniger Datenherrschaft des Anwalts als speichernder Stelle auszugehen, während umgekehrt vorrangiges Spezialrecht, wo es vorhanden ist, wie etwa im Regelungsbereich der §§ 33f. BDSG,[140] der Unangemessenheit einer solchen Annahme bereits Rechnung trägt. Das verbleibende Regelungsdefizit wird in zwei Punkten verdeutlicht. Der erste ist von zentraler, genereller Bedeutung, der zweite betrifft einen speziellen Sektor.

a) Gewichtungen nach § 28 BDSG

aa) Interessenabwägung durch den Anwalt. Die Anwendung des § 28 Abs. 1, 2 BDSG (in Ansehung von nicht auf den Mandanten bezogenen Daten) stellt den Anwalt vor schwer zu lösende Aufgaben. Der „eigene Geschäftszweck“ – die Führung von Mandaten – besteht in der (weisungsgebundenen) Wahrnehmung fremder Interessen. Die dabei stattfin-

---

137 Beachte dazu noch o. Fn. 113 S. 2.

138 Dementsprechend hat die Weitergabe von Kundenbestelldaten durch den Handelsvertreter an den vertretenen Lieferanten Übermittlungscharakter, ist also nicht interne Kenntnisvermittlung innerhalb einer speichernden Stelle, vgl. *Schaffland/Wiltfang*, Lfg. VI/91, § 28 Rdnr. 59.

139 Für auf den Mandanten bezogene Daten gehen *Tinnefeld/Ehmann*, 1992, S. 98, davon aus, daß der Anwalt, dem Information offenbart wird, Empfangsvertreter sei. Demgegenüber geht es vorliegend im Hinblick auf die problematische Rolle des Mandanten als Dritter i.S.d. § 3 Abs. 9 eben um die nicht auf diesen bezogenen Daten.

140 Vgl o. sub B I 4.

dende Informationsverwendung[141] ist, was ihren sachlichen Gehalt angeht, von der Berater- und Vertreterfunktion des Rechtsanwalts (§ 3 BRAO) nicht abtrennbar. Sie ist deshalb ebenfalls nach Inhalt und Umfang an den Interessen, auch an den Weisungen, des Mandanten auszurichten. Demgegenüber erlaubt § 28 Abs. 1 S. 1 Nr. 2 BDSG seinem Wortlaut nach die Speicherung nur zur „Wahrung der berechtigten Interessen der *speichernden* Stelle"; vertretene Drittinteressen bleiben unerwähnt.[142] Letztere mag man freilich vom „Geschäftszweck" des Rechtsanwalts her dessen berechtigten Interessen als quasi-treuhänderische zuordnen,[143] womit jedoch nur eine formale interpretatorische Hürde genommen wäre. Denn das Kernproblem stellt sich im nächsten Schritt: ein Berufsträger, der gebunden ist, fremde Interessen im Rahmen von Weisungen zu verfolgen, darf nicht gehalten sein, jene durchweg gegen Interessen Dritter (hier: der Betroffenen) abzuwägen[144] und je nach dem dabei erzielten Ergebnis auch hintanzusetzen. Eben dies in eigener Verantwortung zu tun, dazu wird der Anwalt als Datenherr sowohl nach § 28 Abs. 1 S. 1 Nr. 2 als auch nach Abs. 2 Nr. 1 a[145] verpflichtet. Der ihm damit zugemutete Loyalitätskonflikt ist nicht akzeptabel.

Man könnte deshalb nach einem Weg suchen, die Verantwortlichkeiten im „Kondominium" anders zu verteilen. Die Lösung kann allerdings auch de lege ferenda offenkundig nicht darin gefunden werden, daß der Mandant zum Herrn der Daten i.S. des Datenschutzrechts zu erheben wäre. Unter entsprechender Anwendung des § 11 BDSG hätte er dann jedwedes informatorische Handeln des Anwalts – insbesondere im Hinblick auf die mögliche Beeinträchtigung Betroffener – durch konkrete

---

141 „Verwendung" ist Oberbegriff für Verarbeiten und Nutzen – auf beides bezieht sich § 28 Abs. 1, 2 –, vgl. § 3 Abs. 5, 6 BDSG und o. Fn. 16.

142 Vgl. dazu *Simitis,* in: Simitis u.a., 1981, § 23 Rdnr. 54.

143 Vgl. schon o. sub B I 2 a mit Fn. 38.

144 Das Gesetz stellt (nur) die Voraussetzung auf, daß „kein *Grund zu der Annahme* besteht", ein Betroffeneninteresse überwöge, § 28 Abs. 1 S. 1 Nr. 2. Deshalb ist, wie *Dörr/Schmidt,* aaO., § 28 Rdnr. 22, ausführen, „eine eher pauschale Prüfung ... (a)usreichend"; übereinstimmend *Ordemann/Schomerus/Gola,* 1992, § 28 Anm. 7.5; *Simitis,* in: Simitis u.a., 1981, § 23 Rdnr. 64 (zum insoweit wortgleichen § 23 a.F.); ganz anders die Akzentuierung bei *Bergmann/Möhrle/Herb,* Lfg. 9/91, § 28 Rdnr. 110, unter Bezugnahme auf *BGH* vom 15. 12. 83, NJW 1984, 1889 (1890), wo – für den insoweit wortgleichen § 32 Abs. 1 S. 1 a.F. – die konkrete Einzelfallprüfung akzentuiert wird.

145 Zur Abwägung nach dieser Bestimmung vgl. die Nachweise bei *Rüpke,* EuZW 93, 154 Fn. 69.

Weisung vorab festzulegen[146] und dafür die Verantwortung zu übernehmen. Ein so dichtes Netz von Einzelweisungen vorzuschreiben, widerspräche völlig der berufsrechtlichen Unabhängigkeit des Anwalts.[147]

bb) Erforderlichkeit der Verarbeitung? Bei konsequenter Weiterentwicklung des Anwaltsrechts findet sich eine Problemlösung auf anderer Ebene. Den eigenverantwortlichen Umgang mit Information durch den Anwalt zu ermöglichen, ohne daß dieser deshalb den ihm aufgegebenen Mandanteninteressen untreu werden müßte, ist eine Frage der angemessenen Ausgestaltung der materiell-rechtlichen Kriterien zulässiger Datenverarbeitung. Die Maßstäbe, die § 28 BDSG im Beziehungsdreieck zwischen Betroffenem, Verarbeiter und Drittem aufstellt, sind dem spezielleren normativen Gefüge (und den Rechtstatsachen) zwischen Anwalt, Mandant und Gegenseite nicht adäquat, wenn immer die letztere – oder ein „Vierter" – der Betroffene ist. Hierbei läßt sich im Hinblick auf das berufs- wie prozeßrechtlich zugrundegelegte Spannungsfeld gegenläufiger Interessenpositionen schon im Ausgangspunkt die Frage aufwerfen, wieweit der Anwalt überhaupt auf das *Berechtigt*sein[148] der Interessen seines Mandanten abzustellen habe. Allerdings wird der Begriff des berechtigten Interesses gemeinhin weit ausgelegt, nämlich alle sachlich-vernünftigen Belange umfassend.[149] Andererseits findet sich in der datenschutzrechtlichen Literatur die Annahme, daß er (im Ergebnis) durch die ihm im BDSG zugewiesene Funktion eines Maßstabs für die Erforderlichkeit/Notwendigkeit der zu verarbeitenden Information eine inhaltliche Eingrenzung erfährt.[150] Die Unangemessen-

---

146 Vgl. *Walz,* in Simits u.a., Lfg. 1/92, § 11 Rdnrn. 55–57; o. Fn. 117–120 mit begleitendem Text.

147 Vgl. o. Fn. 125–128 mit begleitendem Text; *Hartstang,* 1991, S. 490f.; beachte unten sub D III 2c bb.

148 Vgl. § 28 Abs. 1 S. 1 Nr. 2, Abs. 2 Nr. 1a BDSG.

149 Vgl. etwa *Kopp,* VwGO, § 43 Rdnrn. 23f. m.w.Nw.; *ders.,* VwVfG, § 9 Rdnr. 12; *Ordemann/Schomerus/Gola,* 1992, § 28 Anm. 7.1.

150 Ausdrücklich für diesen Zusammenhang *Bergmann/Möhrle/Herb,* Lfg. 9/91, § 28 Rdnr. 142; ähnlich *Simitis,* in: Simitis u.a., 1981, § 23 Rdnr. 53; *Mallmann,* in Simitis u.a., Lfg. 1/92, § 29 Rdnr. 87; zum strengen Verständnis der Erforderlichkeit vgl. weiterhin *Auernhammer,* 1993, § 13 Rdnr. 6, und *ders.,* 1981, § 23 Rdnr. 8: „Daten ... für die Erfüllung einer Aufgabe ... im Sinne von conditiones sine quibus non"; *Dammann,* in: Simitis u.a., 1981, § 9 Rdnr. 17: „unerläßliche(s) Minimum"; vgl. schon o. Fn. 35. Demgegenüber findet sich ein flexibleres Verständnis bei *Ordemann/Schomerus/Gola,* 1992, § 28 Anm. 7.2; *Schaffland/Wiltfang,* Lfg. 3/94, § 28 Rdnr. 110; *Dörr/Schmidt,* aaO., § 28 Rdnr. 20: „geeignet und zweckmäßig"; *Schweinoch,* in: Gallwas u.a., Lfg. 6/78, § 9 Rdnr. 11; *Tiedemann,* NJW 1981, 948f.

heit dieser Restriktion in bezug auf anwaltliche Tätigkeit wird im folgenden unter drei Aspekten verdeutlicht werden. De lege lata ist die Problematik wegen des Tatbestandsmerkmals „erforderlich" in § 28 Abs. 1 S. 1 Nr. 2, Abs. 2 Nr. 1a BDSG – im Gegensatz zur Formulierung in Abs. 1 S. 1 Nr. 1[151] – kaum zu überwinden.[152]

(1) Zur Beurteilung der tatsächlichen Grundlagen der „berechtigten Interessen" – und ihnen entsprechender Erforderlichkeit von Informationsverarbeitung – ist der Anwalt überwiegend auf die ihm vom Mandanten gegebene Sachverhaltsschilderung angewiesen.[153] Nach Berufsrecht hat er nur bei besonderem Anlaß eine Überprüfungspflicht.[154]

Im Ergebnis trifft sich dies mit der im Datenschutzrecht vertretenen Auffassung, die speichernde Stelle sei bezüglich der tatsächlichen Erforderlichkeit von Übermittlungen im Interesse des die Daten empfangenden Dritten nach § 28 Abs. 2 Nr. 1a BDSG nur zu einer Plausibilitätskontrolle verpflichtet.[155] Diese Eingrenzung geht darauf zu-

---

151 Wobei dem Versuch bei *Ordemann/Schomerus/Gola,* 1992, § 28 Anm. 5.1, und bei *Simitis,* in: Simitis u.a., 1981, § 23 Rdnr. 29, umgekehrt auch in § 28 Abs. 1 S. 1 Nr. 1 (bzw. in die entsprechende Regelung nach § 23 a.F.) den Erforderlichkeitsmaßstab hineinzuprojizieren, aus inhaltlichen und systematischen Gründen klar zu widersprechen ist; vgl. dazu *Dörr/Schmidt,* aaO., § 28 Rdnrn. 11ff.; *Schaffland/Wiltfang,* Lfg. XI/93, § 28 Rdnrn. 18ff. Zur Kritik am Erforderlichkeitsmaßstab in der entsprechenden Bestimmung des EuDatSch-RiLi (geänd. Vorschlag), Art. 7 lit. b, vgl. *Rüpke,* EuZW 1993, 153f.

152 Vgl. zur Frage extensiver verfassungskonformer Auslegung des Erforderlichkeitsbegriffs unten sub C III 4c bb (mit Fn. 529).

153 Vgl. zur den Mandanten treffenden Informationspflicht o. sub B I 3b bb m.w.Nw.

154 Vgl. *BGH* vom 20. 6. 60, VersR 1960, 911 = AnwBl 1960, 221; bestätigt durch *BGH* vom 21. 11. 60, NJW 1961, 601 (602) und *BGH* vom 15. 1. 85, NJW 1985, 1154 (1155); weiterhin *BGH* vom 24. 11. 61, NJW 1962, 243 = JZ 1962, 486 (487 r.Sp.); *Hartstang,* 1991, S. 454f. m.w.N.; *ders.,* 1986, S. 136; *R. Schneider,* NJW 1977, 877 m.w.Nw.; stärker akzentuiert wird die Prüfungspflicht des Verteidigers bei *Hummel,* in: Lingenberg u.a., § 68 Rdnrn. 11ff.; zum reduzierten Umfang der Überprüfungspflicht bei ehrenrührigen Äußerungen vgl. *Lenckner,* in: Schönke/Schröder, § 193 Rdnr. 22; beachte *BGH* vom 14. 5. 92, NJW 1992, 2821ff.; *Henssler,* JZ 1994, 178f.

155 Vgl. *Simitis,* in: Simitis u.a., 1981, § 24 Rdnr. 43. Beachte § 15 Abs. 2 S. 2, 3 BDSG, auch § 7 Abs. 2 VwVfG; ferner die ähnliche Fragestellung zur Interpretation des § 29 Abs. 2 S. 1 Nr. 1a BDSG, wo die glaubhafte Darlegung des berechtigten Drittinteresses vorausgesetzt wird; dazu *Mallmann,* in: Simitis u.a., Lfg. 1/92, § 29 Rdnrn. 90ff., welcher eine „überwiegende Wahrscheinlichkeit" des Vorliegens verlangt.

rück, daß regelmäßig für den Übermittler zwar der Aufgabenkreis des Dritten, nicht jedoch die Problemstellung des Einzelfalls, der die Übermittlung dienen soll, erfaßbar bzw. nachprüfbar ist.[156] Eben daraus ergibt sich eine qualitative Abschichtung handhabbarer Prüfungskriterien. Während sich Sachlichkeit und Geeignetheit der Verwendung einer Information zumeist generell nach dem Aufgabenbereich des Empfängers beurteilen lassen, ist der erforderliche Bedarf – insbesondere an Zusatzinformationen über Glaubwürdigkeit, Verläßlichkeit oder Bonität beteiligter Personen[157] – jeweils von der konkreten Situation abhängig, die der Übermittler nicht zuverlässig kennt.[158]

Dessen Lage ist derjenigen, die insgesamt bei anwaltlicher Informationsverwendung besteht, ähnlich. Nicht nur verarbeitet der Anwalt im Drittinteresse; er ist auch, wie erwähnt, in beträchtlichem Umfang auf die konkrete Darstellung des Sachverhalts durch diesen Dritten angewiesen. Demgemäß kann er zwar die Sachlichkeit und Geeignetheit, nicht jedoch die Erforderlichkeit der jeweiligen Information in eigener Verantwortung zum Maßstab nehmen.

(2) Unter dem Aspekt tunlichst vollständiger Aktenführung[159] ist es Angelegenheit des Rechtsanwalts, im Rahmen der Sachlichkeit ihm bekannt gewordene, der Mandatswahrnehmung zugehörige Information zu speichern. Ein entsprechender Zusammenhang stellt sich u.a. her durch (vergangene) Ereignisse bzw. geschehene Mitteilungen, die den zu bearbeitenden Sachverhalt betreffen, oder durch die sachlich-vernünftige Annahme des Anwalts, daß bestimmte Daten jetzt oder in Zukunft für die Beratung und Vertretung des Mandanten von Belang – geeignet – sein können. Gerade weil der Gang einer Auseinandersetzung normalerweise im einzelnen nicht vorhersehbar ist, bedarf der Anwalt als Informationsverarbeiter retro- und

---

156 Vgl. zu § 15 Abs. 2 S. 2, 3 BDSG *Ordemann/Schomerus/Gola,* 1992, § 15 Anm. 4.2, Abs. 2.

157 Vgl. die von *C. Mallmann,* aaO., S. 107ff., im Rahmen einer „Theorie des Informationsbedarfs" getroffene Unterscheidung zwischen Subsumtionsinformationen und Hilfsinformationen; dazu auch *Dammann,* in: Simitis u.a., 1981, § 9 Rdnr. 28.

158 Vgl. *Auernhammer,* 1993, § 15 Rdnr. 18; *Dammann,* in: Simitis u.a., 1981, § 10 Rdnrn. 12b, 85. Beachte § 7 Abs. 2 VwVfG; auch die hierzu bei *Schlink,* aaO., S. 255ff. (sub 8.5.2), aufgeworfenen Fragen.

159 Vgl. o. sub B I 2 b cc, dd sowie Fn. 57.

prospektiv großer informationeller Aufnahmebereitschaft und Flexibilität.[160]

Damit weist der vom Rechtsanwalt anzustrebende Datenumgang in zweifacher Weise über das rigide Erforderlichkeitsprinzip hinaus. Zum einen widerspricht es der anwaltlichen Arbeitsweise, den für das Mandat relevanten Lebenssachverhalt von vornherein – nämlich schon für die Entscheidung über die Speicherung – danach aufzugliedern, welche der in diesem enthaltenen Informationen für die weitere Bearbeitung benötigt werden. Zum anderen speichert der Anwalt zugunsten seines Mandanten auch bewußt „auf Vorrat",[161] also z.B. für den Fall, daß der Zeuge, auf den er sich zu stützen beabsichtigt, lügt, daß der Gegner in Konkurs fällt oder stirbt oder daß der Mandant nach unerwartetem Konjunktureinbruch für seinen Betrieb eine veränderte Genehmigung erlangen möchte.

(3) Der Rechtsanwalt bedarf der Möglichkeit, Daten zu verarbeiten, auf die es nach seiner eigenen rechtlichen Beurteilung nicht ankommt. Denn er soll sich in der Auseinandersetzung mit dem Gegner auf alle seinem Mandanten günstigen Rechtsmeinungen stützen (können), ohne diese unbedingt selbst teilen zu müssen.[162] Objektiv „unnötigen" rechtlichen Aspekten nachzugehen und zum Gegenstand eines sachlich vertretbaren Vortrags zu machen, entspricht vom zu beurteilenden Sachverhalt her die Verwendung zusätzlicher, hierfür geeigneter Informationen.

Alles zu (1)–(3) Gesagte steht, wie sich ergeben hat, nicht dem Recht bzw. einer Pflicht des Anwalts entgegen, die Frage nach dem Berechtigtsein der Mandanteninteressen hinsichtlich der Informationsverwendung aufzuwerfen, sofern es dabei um das Vorliegen sachlich-vernünftiger Be-

---

160 Hierin liegt eine Ähnlichkeit zum Pressewesen, für das das Erforderlichkeitsprinzip gleichermaßen untauglich ist, vgl. dazu *Eberle*, CR 1992, 760, der insofern gegen „bürokratische Informationsverarbeitung" abschichtet (aaO. S. 758).

161 Zur Unverträglichkeit der Vorratsspeicherung mit dem Erforderlichkeitsgrundsatz vgl. *Dammann*, in: Simitis u.a., 1981, § 9 Rdnrn. 21ff. m.w.N.; *Mallmann*, in: Simitis u.a., Lfg. 1/92, § 29 Rdnr. 30; *Ordemann/Schomerus/Gola*, 1992, § 13 Anm. 3.3; nachdrücklich a.A. für den nicht-öffentlichen Bereich *Dörr/Schmidt*, aaO., § 28 Rdnr. 20.

162 Vgl. *Friedlaender*, aaO., § 28 Rdnr. 6 (S. 149); *Hummel*, in: Lingenberg u.a., § 68 Rdnr. 38; vgl. auch § 138 Abs. 1 ZPO. Zu den durch das Sachlichkeitsgebot gezogenen Grenzen vgl. *Zuck*, in: Lingenberg u.a., § 1 Rdnr. 14.

lange sowie um den willkürfreien, sachgerecht-geeigneten Einsatz von Information geht. Schon bislang hat das Anwaltsrecht mit dem Unabhängigkeitsprinzip, mit dem Gebot der Sachlichkeit[163] und des wahrheitsgemäßen Tatsachenvortrags[164] verwandte Grundsätze aufgestellt, welche – in engen Grenzen – eine Abwägung zwischen den Belangen des Mandanten und anderer, durch anwaltliches Reden und Handeln betroffener Personen implizieren.[165] Freilich sind für die Zukunft deutlichere Festlegungen spezifisch für die Informationsverarbeitung anzustreben. Aus diesen sollte sich u.a. klar ergeben, daß der Anwalt sich nicht am Maßstab (strikter) Erforderlichkeit, wie er aus § 28 Abs. 1 S. 1 Nr. 2, Abs. 2 Nr. 1a BDSG abgeleitet wird, zu legitimieren haben wird. Insgesamt dürften sich die Probleme, die die datenschutzrechtliche Abstraktion der (monistischen) Datenherrschaft für die Anwalt-Mandant-Beziehung aufwirft, durch berufsspezifische Regelungen auflösen lassen. Zwar weist (auch) das Anwaltsrecht vornehmlich dem Berufsträger hohe *Eigen*verantwortlichkeit zu. Andererseits ist es darauf angelegt, ein Höchstmaß an Durchlässigkeit gegenüber den Belangen des Mandanten zu gewährleisten. Es gibt einen vom Anwalt strikt zu beachtenden rechtlichen Rahmen vor – der beträchtliche Unabhängigkeit gegenüber dem Mandanten vermittelt[166] –, um ihm andererseits die Orientierung an dessen Vorstellungen und Weisungen aufzuerlegen. Eben dieses Strukturmodell korreliert mit dem dargelegten „Kondominium". Es bedarf der weiteren Ausarbeitung im informationsrechtlichen Bereich.

---

[163] Vgl. zu diesen beiden Prinzipien o. Fn. 128 bzw. 126.

[164] Vgl. § 43a Abs. 3 S. 2 BRAO; § 138 Abs. 1 ZPO; § 68 RichtlRA, zu dessen Fortgeltung *Feuerich,* aaO., § 43 Rdnr. 239, sowie *Zuck,* in: Lingenberg u.a., Teil N, Rdnr. 137; §§ 3 Abs. 3, 4 S. 2 Hs. 2 des Entw. einer Berufsordnung für Rechtsanwälte (o. Fn. 126); *BVerfGE* 66, 337 (366) vom 4. 4. 84; 38, 35 (40) vom 2. 7. 74; *Friedlaender,* aaO., § 28 Rdnrn. 3f. (S. 146ff.); *Kalsbach,* 1956, S. 298ff.; *Isele,* aaO., Anh. zu § 43, Stichw. „Wahrheit" (S. 781ff.); *Hummel,* in: Lingenberg u.a., § 68 passim; *Dahs,* aaO., Rdnrn. 39, auch 44 Abs. 1; w.Nw. bei *Feuerich,* aaO., § 43 Rdnrn. 240ff.

[165] Vgl. zur Problematik der Persönlichkeitsgefährdung durch Daten sehr sensiblen Charakters, die in einen Zivilprozeß eingeführt werden, auch *Liebscher,* aaO., S. 224, 229ff.; zu dieser Arbeit noch unten Fn. 325.

[166] Vgl. dazu o. sub B II 2b m. Nw.

b) Verarbeitungen, die den privaten Lebensbereich des Mandanten betreffen

Wenn natürliche Personen auf andere Personen bezogene Daten ausschließlich für private Zwecke und zum persönlichen Gebrauch verwenden, findet das BDSG keine Anwendung.[167] Andererseits mag es durchaus dem Raster der vorfindlichen Gesetzeslage entsprechen, die Bestimmungen der §§ 27ff. BDSG, soweit sie nicht im einzelnen als subsidiär weichen,[168] auf anwaltliche Informationsverarbeitung auch dann anzuwenden, wenn der Sachverhalt in den privat-persönlichen Lebensbereich des Mandanten gehört, wie das insbesondere in Ehe- und Familiensachen oft der Fall ist.

Abgesehen von den an dieser Stelle nicht zu behandelnden verfassungsrechtlichen Implikationen zeigt sich dabei erneut, daß (monistische) Datenherrschaft ein zu rigider Zuordnungsbegriff ist. Einerseits also ist der (zukünftige) Mandant selbst als speichernde Stelle in dem genannten Bereich dem Regime des BDSG entzogen; ein etwaiger Betroffener bleibt auf die Regeln des allgemeinen Ehren- und Persönlichkeitsschutzes verwiesen.[169] Wendet sich ersterer andererseits an einen Anwalt, wird dieser vermöge entsprechender Aufzeichnungen[170] speichernde Stelle und Datenherr, welcher deshalb, weil er dabei berufliche Zwecke verfolgt, gemäß § 27 Abs. 1 S. 1 BDSG in den Anwendungsbereich des Gesetzes fallen soll. Bei dieser Konklusion kommt überhaupt nicht zum Tragen, daß der Mandant sich gerade (nur) an eine Person wendet, in bezug auf die ihm die Rechtsordnung die Möglichkeit der Verhinderung jedweder

---

167 Vgl. §§ 1 Abs. 2 Nr. 3, 27 Abs. 1 S. 1 Hs. 2, vor 1, BDSG; dazu *v. Sponeck*, CR 1991, 534f. sub II; *Dammann*, in: Simitis u.a., Lfg. 5/93, § 1 Rdnr. 228; beide mit umfangr. Nw. über die Interpretation dieser Bestimmungen hinsichtlich des darüber hinausgehenden Bereichs der Unanwendbarkeit des BDSG; *Tinnefeld/Ehmann*, aaO., S. 76. Beachte noch die – gegenüber der bestehenden Rechtslage enger gefaßte – Ausschlußklausel gemäß § 1 Abs. 4 Nr. 1 des Reg.-Entw. zur BDSG-Novellierung, BT-Drs. 11/4306 vom 6. 4. 89, wonach die Unanwendbarkeit des Gesetzes in bezug auf die Verarbeitung „ausschließlich für private Zwecke und zum persönlichen Gebrauch" vorgesehen war.

168 Vgl. oben sub B I.

169 Ähnlich wie allgemein in den Fällen der Verarbeitung in Akten i.S.d. § 3 Abs. 3 BDSG durch nicht-öffentliche Stellen. Vgl. aber auch – ggfs. weiter einschränkend – unten Fn. 172.

170 Vgl. zu diesen insgesamt o. sub B I 2.

Weiterübermittlung gewährleistet.[171] Das vertrauliche Sich-Beraten mit einem Anwalt als solches hindert den Ratsuchenden nicht daran, die Information auch fürderhin ausschließlich für private Zwecke und zum persönlichen Gebrauch zu verwenden. Wenngleich § 1 Abs. 4 BDSG das Berufsgeheimnis berücksichtigt, enthält das Gesetz nichts für den besonderen Fall stabiler Zugehörigkeit der Information zum privat-persönlichen Lebensbereich eines „Kondominium"-Partners.[172] Das Bedürfnis spezifisch berufsrechtlicher Normierung erweist sich auch an diesem Regelungsdefizit.

III. Aufsicht über anwaltliche Informationsverarbeitung insbesondere

1. Eckpunkte des § 38 BDSG

Ein besonderer Konflikt zwischen Berufs- und Datenschutzrecht ergibt sich im Hinblick auf die im BDSG vorgesehene hoheitliche Kontrolle über den Datenverarbeiter. Das Gesetz bringt ihn selbst zum Ausdruck, indem es insofern seine Subsidiarität zu suspendieren sucht.[173] Während nämlich gemäß § 1 Abs. 4 S. 1 BDSG bundesrechtliche Vorschriften des Berufsgeheimnisses vorrangig sind, letzteres nach S. 2 auch im übrigen unberührt bleiben soll,[174] erstreckt § 24 Abs. 2 S. 1 BDSG im ersten Schritt die Kontrolle des Bundesdatenschutzbeauftragten in bezug auf öffentliche Stellen des Bundes „auch auf ... Daten, die einem Berufs...geheimnis ... unterliegen." Diese Regelung wird sodann über § 38 Abs. 4 S. 3 i.V.m. § 24 Abs. 6 BDSG gleichermaßen auf die aufsichtsbehördliche Kontrolle über nicht-öffentliche Datenverarbeiter anwendbar gemacht. Eine Ausnahme kennt das Gesetz nur für das Arztgeheimnis, „wenn der Betrof-

---

171 Zur Verschwiegenheitspflicht und zur Geheimnisherrschaft Nw. o. sub B I 4b bzw. B II 2b; vgl. weiterhin unten sub D II 1, 2b, III 2c.

172 Vgl. demgegenüber zur Beurteilung von ehrverletzenden Äußerungen die Annahme von „beleidigungsfreien Sphären" u.a. in bezug auf das Anwaltsgespräch (ähnlich auch für den engsten Familienkreis): *E. Helle,* aaO., 132ff.; weiterhin dazu *Lenckner,* in: Schönke/Schröder, Rdnr. 9 vor § 185 m. umfangr. Nw.; *OLG Düsseldorf* vom 13. 2. 74, NJW 1974, 1250f.; *OLG Hamburg* vom 23. 1. 90, NJW 1990, 1246 (einschränkend bezügl. Formalbeleidigung).

173 Vgl. *Auernhammer,* 1993, § 24 Rdnr. 8.

174 Vgl. o. Fn. 21, 102.

fene der Kontrolle der auf ihn bezogenen Daten im Einzelfall ... widerspricht."[175]

Die Kontrolle gemäß § 38 BDSG wird in den Ländern[176] überwiegend von den Innenministerien (Senatoren des Innern) bzw. Regierungspräsidien ausgeübt. Soweit sie davon abweichend den Landesdatenschutzbeauftragten übertragen ist,[177] sind letztere in Ansehung dieser Aufgabe der Hierarchie der Exekutive zuzuordnen.[178] Andererseits sind rechtliche Gründe dagegen, daß die Landesregierungen nach § 38 Abs. 6 BDSG den Rechtsanwaltskammern als Selbstverwaltungskörperschaften[179] die datenschutzrechtliche Aufsicht über die Kammerangehörigen übertragen würden, nicht erkennbar.[180] Jedoch ist dieser – auf der Grundlage des allgemeinen Datenschutzrechts einschlagbare – Weg, soweit ersichtlich, bislang noch nicht in die Diskussion eingegangen.

Die Aufsichtsbehörde „überprüft im Einzelfall" die Ausführung datenschutzrechtlicher Vorschriften, wenn ihr „hinreichende Anhaltspunkte" für eine Rechtsverletzung vorliegen, „insbesondere wenn es der Betroffe-

---

[175] So § 24 Abs. 2 S. 4 Nr. 2b BDSG; das Arztgeheimnis wird gegenüber allen anderen Berufsgeheimnissen herausgehoben, vgl. *Auernhammer,* 1993, § 24 Rdnr. 13.

[176] Vgl. dazu § 38 Abs. 6 BDSG.

[177] In Bremen, Hamburg und im Saarland sind die Landesdatenschutzbeauftragten zugleich Aufsichtsbehörde und Oberste Aufsichtsbehörde, in Niedersachsen nur Aufsichtsbehörde (unter dem Minister des Innern); vgl. die Übersicht bei *Auernhammer,* 1993, § 38 Rdnrn. 39ff.

[178] Vgl. dazu *Simitis,* in Simitis u. a., 1981, § 30 Rdnr. 89; die dortigen Ausführungen zu § 30 a. F. haben im Hinblick auf die Befugnisse aus § 38 Abs. 5 n. F. um so mehr Gewicht. Verfassungsrechtlich geht es dabei um die Problematik, die durch ministerialfreie Räume – hier bedingt durch die im übrigen bestehende Weisungsunabhängigkeit der Datenschutzbeauftragten (vgl. dazu unten Fn. 192f.) – aufgeworfen wird, sofern für eine solche Gestaltung keine besonderen Gründe ins Feld geführt werden können; vgl. dazu *Böckenförde,* HdbStR I, § 22 Rdnr. 24; *Loschelder,* HdbStR III, § 68 Rdnrn. 22, 58f.; *Ehlers,* in: Erichsen/ Martens, § 3 Rdnr. 43.

[179] § 38 Abs. 6 schränkt die Landesregierungen bei der Auswahl nicht ein. In Anlehnung an § 1 Abs. 4 VwVfG wird davon auszugehen sein, daß eine Stelle ausgewählt werden muß, die öffentlich-rechtliche Verwaltungstätigkeit wahrnimmt, was für die Körperschaft des öffentlichen Rechts zutrifft; zum Behördenbegriff vgl. noch *Maurer,* aaO., § 21 Rdnrn. 30ff.

[180] Eben das Selbstverwaltungsprinzip erlaubt die weitergehende Entkoppelung aus der Hierarchie der Exekutive – hierzu allgemein o. Fn. 178 – ; vgl. *Loschelder,* Rdnrn. 21f., 53ff., 59; *Böckenförde,* Rdnrn. 24f., 33ff.; *Ehlers,* Rdnrn. 44, 46; alle wie o. Fn. 178; *Lerche,* in: Maunz/Dürig, Art. 86 Rdnrn. 70ff. m. Fn. 168; *Bull,* in: AK-GG, Art. 86 Rdnrn. 26ff., 30; grundsätzlich *BVerfGE* 9, 268 (278ff.) vom 27. 4. 59 – Brem. PersonalvertretungsG.

ne selbst begründet darlegt".[181] Diese Voraussetzungen exekutivischen Einschreitens mögen relativ leicht von der Behörde als vorliegend angenommen werden.[182] Die Aufsichtsbeschwerde eines Betroffenen könnte z.B. auch vom Prozeßgegner – oder aus dessen Interessenkreis – herrühren.

Bei der Durchführung der Kontrolle sind vom Datenverarbeiter „auf Verlangen die ... erforderlichen Auskünfte unverzüglich zu erteilen".[183] Ein Auskunftsverweigerungsrecht ist für den Fall der Gefahr einer straf- oder bußgeldrechtlichen Selbstbelastung bzw. einer Belastung des in § 383 Abs. 1 Nr. 1–3 ZPO erfaßten Personenkreises ausdrücklich vorgesehen,[184] nicht jedoch zugunsten der Träger von Berufsgeheimnissen i.S. von §§ 383 Abs. 1 Nr. 4–6 ZPO, 53 StPO.[185] Die Behörde hat außerdem das Recht, „geschäftliche Unterlagen" einzusehen. Als Beispiele hierfür zählt das Gesetz die dem betrieblichen Datenschutzbeauftragten[186] vom Verarbeiter zur Verfügung gestellte „Übersicht" (betreffend Verarbeitungsanlagen, Art der Dateien und Daten, Geschäftszwecke, regelmäßige Empfänger, Zugriffsberechtigte[187]) „sowie die gespeicherten ... Daten und die Datenverarbeitungsprogramme" auf.[188] Der Aufsichtsbehörde steht das Betretungsrecht während der Geschäftszeiten zu, um ihre „Prüfungen und Besichtigungen" vorzunehmen.

2. *Berufsrechtliche Kontrolle*

a) Subsidiaritätsfragen zu § 38 BDSG

Der Zugriff der allgemeinen Datenschutzkontrolle findet freilich – wegen § 1 Abs. 4 S. 1 BDSG – insoweit nicht statt, als das Bundesrecht eine

---

[181] § 38 Abs. 1; dies ist eine – gegenüber § 30 BDSG a.F. modifizierte – *Anlaß*-kontrolle, während Abs. 2 routinemäßige Kontrollen vorsieht, vgl. *Auernhammer*, 1993, § 38 Rdnr. 5.

[182] Vgl. *Dörr/Schmidt*, aaO., § 38 Rdnr. 3.

[183] § 38 Abs. 3 S. 1 BDSG. Zu Bedeutung und Umfang der Auskunftspflicht vgl. – mit unterschiedlichen Akzentsetzungen – *Ordemann/Schomerus/Gola*, 1992, Anm. 4; *Auernhammer*, 1993, Rdnrn. 15–18; *Bergmann/Möhrle/Herb*, Lfg. 9/91, Rdnr. 33 m.Nw. aus der Rspr; alle zu § 38.

[184] Vgl. dazu §§ 384 Nr. 2 Hs. 2 ZPO, 55 StPO.

[185] § 38 Abs. 3 S. 2 BDSG.

[186] Vgl. § 36 BDSG.

[187] Vgl. Näheres in § 37 Abs. 2 BDSG.

[188] § 38 Abs. 4 S. 2 BDSG; vgl. dazu AG Trier vom 24. 11. 87, RDV 88, 154.

auf Informationsverarbeitung ausgerichtete Überprüfung durch eine andere Einrichtung regelt.[189] Nicht gefolgt werden kann der Auffassung, dies gelte nur dann, „wenn die Kontrolltätigkeit der nach dem BDSG zuständigen Kontrollinstanz durch eine *eigens darauf abzielende Bestimmung untersagt* wird."[190] Eine solche Restriktion widerspräche § 1 Abs. 4 S. 1 schon deshalb, weil damit die Anwendung des Subsidiaritätsprinzips in bezug auf dem BDSG vorangegangene Normen ausgeschlossen wäre.[191] Umgekehrt führt keineswegs jede gesetzlich anderweit vorgesehene (Rechts-) Aufsicht zum Ausschluß der vom BDSG vorgesehenen Kontrollinstanzen. So tritt im öffentlichen Bereich die von spezifischem know-how der Datenverarbeitung geleitete und durch Unabhängigkeit geprägte[192] Kontrolle des jeweiligen Landesdatenschutzbeauftragten *neben* die Ausübung z.B. der Kommunalaufsicht.[193] Daß Ähnliches für die – wenn auch nicht als ministerialfreie Verwaltung ausgestaltete – Tätigkeit der Aufsichtsbehörde des § 38 BDSG gilt, wird durch den Hinweis in Abs. 7 auf die *parallele* Anwendung des Gewerberechts verdeutlicht, welche seitens der hierfür zuständigen Behörden zu erfolgen hat.[194]

b) Aufgabe und Befugnisse der Rechtsanwaltskammer

Rechtsanwälte unterliegen einer ihrer unabhängigen Stellung entsprechenden, spezifisch auf Selbstverwaltung beruhenden beruflichen Kontrolle.[195] Gemäß § 73 Abs. 2 Nr. 4 BRAO ist es Aufgabe des Vorstandes der Rechtsanwaltskammer, „die Erfüllung der den Mitgliedern der Kammer obliegenden Pflichten zu überwachen und das Recht der Rüge zu handhaben". Die Aufsicht erstreckt sich auf den gesamten Pflichtenkreis

---

[189] Vgl. allgemein zu jener Bestimmung oben sub B I 1.

[190] So *Simitis,* in Simitis u.a., 1981, § 45 Rdnr. 21 (meine Hervorhebung).

[191] Vgl. dazu den Vorschriftenkatalog in § 45 S. 2 BDSG a.F. sowie o. Fn. 20, 24 und 26; weiterhin *Auernhammer,* 1993, § 1 Rdnr. 27.

[192] Vgl. § 22 Abs. 4 S. 2 BDSG sowie die entsprechenden Bestimmungen der Landesdatenschutzgesetze, z.B § 22 HDSG, § 21 Abs. 3 S. 2 DSG NW; BVerfGE 65, 1 (46) v. 15. 12. 83; beachte die nachfolgende Fn.

[193] Vgl. Näheres zur besonderen Institutionalisierung der Datenschutzkontrolle im öffentlichen Bereich bei *Dammann,* 1977, S. 72ff., 101ff., 131ff.; *Tinnefeld/Ehmann,* CR 1989, 637ff. (beachte 641f.).

[194] Vgl. *Ordemann/Schomerus/Gola,* 1992, Anm. 8; *Dörr/Schmidt,* aaO., Rdnr. 24; *Auernhammer,* 1993, Rdnrn. 36ff.; jeweils zu § 38.

[195] Vgl. *Hartstang,* 1991, S. 719ff.

des Anwalts,[196] also auch auf die Beachtung der für dessen berufliche Tätigkeit ggfs. einschlägigen Bestimmungen des allgemeinen Datenschutzrechts.[197]

Der Rechtsanwalt hat nach § 56 Abs. 1 BRAO in „Aufsichts- und Beschwerdesachen ... dem Vorstand ... Auskunft zu geben sowie ... seine Handakten vorzulegen", es sei denn, daß er dadurch (insbesondere) „seine Verpflichtung zur Verschwiegenheit verletzen ... würde."[198] Ein Betretungs-, Besichtigungs- und Prüfungsrecht in den Räumen der Kanzlei – damit am Ort der Datenverarbeitung – ist in der BRAO nicht vorgesehen, worin u.a. ein Unterschied zur Ausgestaltung der (routinemäßigen) Notarprüfung nach § 93 Abs. 2 BNotO[199] gefunden werden kann. Weitere Eingriffsmöglichkeiten eröffnen sich ggfs. gegenüber dem Anwalt bei Ermittlungen im ehrengerichtlichen Verfahren, wenn auch nur unter den von der StPO aufgestellten Voraussetzungen.[200]

c) *Gewicht und spezifische Bedeutung des Berufsrechts in Relation zu § 38 BDSG*

Die Mittel zu einer datenschutzrechtlichen Kontrolle durch die Rechtsanwaltskammer im Rahmen der Aufsichts- und Beschwerdesachen sind also stark eingegrenzt. Ob § 56 BRAO eine Grundlage zu effektiver Suche nach unzulässigen Speicherungen bietet, ist zumindest offen.[201] Es

---

[196] Vgl. *Feuerich,* aaO., § 73 Rdnr. 31; *Kleine-Cosack,* BRAO, § 113 Rdnrn. 5f., § 43 Rdnr. 5.

[197] Vgl. dazu auch *BGH* v. 30. 7. 90, NJW 1991, 568 (569 sub 3.) – zur notariellen Dienstaufsicht.

[198] Zur Relativierung dieser Einschränkung vgl. *Feuerich,* aaO., § 56 Rdnrn. 28ff. m.Nw., sowie *Hartstang,* 1986, S. 180f., jedoch hat im Endergebnis der Rechtsanwalt selbst die Abwägung eigenverantwortlich zu treffen, ob ein Rechtfertigungsgrund für den Bruch der Schweigepflicht gegeben ist, vgl. *Feuerich,* aaO., Rdnr. 32; weiterhin *Kleine-Cosack,* BRAO, § 57 Rdnr. 6.

[199] i.V.m. §§ 32 Abs. 2, 33 S. 1 DNotO; beachte auch § 74 Abs. 1 S. 1 BNotO.

[200] Vgl. §§ 116 S. 2, 120 BRAO, §§ 160, 94ff. StPO und dazu *Feuerich,* aaO., § 116 Rdnrn. 20ff. Umgekehrt eröffnet sich dieser Ermittlungsweg entsprechend bei strafverfolgender Tätigkeit wegen Verletzung allgemeinen Datenschutzrechs (vgl. §§ 43, auch 44 BDSG). Beide Möglichkeiten sind nicht Gegenstand der Untersuchung und bleiben im folgenden außer Betracht.

[201] Auch die Klarstellung oben sub B I 2b bb (3) – unter Bezugnahme auf § 50 Abs. 5 BRAO (vgl. o. Fn. 54) –, derzufolge sich die Vorlagepflicht nach § 56 auch auf solche Handakten bezieht, zu deren Führung sich der Anwalt der EDV bedient, dürfte in concreto wenig weiter helfen, wenn der Anwalt (lediglich) einschlägige Disketten oder Computerausdrucke vorlegt.

legt sich nahe, daß Überprüfungen von Verarbeitungssystemen und -verfahren[202] sowie der zur Datensicherheit[203] getroffenen Vorkehrungen wirksam oft nur vor Ort durchführbar sind. Der Umstand, daß die Aufsicht nach §§ 73, 56 BRAO insofern „weniger Datenschutz" zugunsten des Betroffenen gewährleisten mag, als diejenige nach § 38 BDSG beinhalten würde,[204] führt freilich als solcher nicht etwa zur Unanwendbarkeit des Subsidiaritätsprinzips des § 1 Abs. 4 S. 1 BDSG.[205]

Was andererseits eine etwaige Doppelkontrolle (arg. § 38 Abs. 7 BDSG) angeht,[206] so ergeben sich wesentliche Unterschiede zur zuvor erwähnten staatlichen Gewerbeaufsicht. Anders als diese eignet sich die anwaltsrechtliche Aufsicht aus zwei – voneinander unterscheidbaren – Gründen sehr wenig dazu, mit einer staatlichen Kontrolle nach § 38 BDSG parallelgeschaltet zu werden. Zum einen respektiert § 56 Abs. 1 BRAO die Verschwiegenheitspflicht zugunsten des Mandanten.[207] Zum anderen schützt das die anwaltliche Kontrolle prägende Selbstverwaltungsprinzip die Unabhängigkeit des Rechtsanwalts vom Staat.[208] Auch wenn man – voraussetzungsgemäß – zunächst davon ausgeht, daß der Bundesgesetzgeber wegen § 38 i. V. m. § 24 BDSG das Subsidiaritätsprinzip in Ansehung des Berufsgeheimnisses nicht gelten lasse, ergibt sich also gegenüber allgemeiner Datenschutz- sowie Gewerbeaufsicht immer noch die in der Selbstverwaltung der Kontrolle liegende, unübersehbare Besonderheit.[209]

---

[202] Vgl. zu Problemen der Systemprüfung – in anderem Zusammenhang – auch *Dammann,* in: Simitis u. a., Lfg. 1/92, § 24 Rdnrn. 27, 29.

[203] Vgl. § 9 BDSG nebst Anlage zu § 9 S. 1; dazu unten sub C III 5 c aa mit Fn. 569.

[204] Daß dieser Vergleich zugunsten des § 38 BDSG zutreffend ist, ist wegen der sich für diese Vorschrift aus Art. 13 (insbes. Abs. 2) GG möglicherweise ergebenden Probleme keineswegs sicher, vgl. dazu Näheres unten sub B III 3 b cc.

[205] Vgl. *Simitis,* in: Simitis u. a., 1981, § 45 Rdnr. 17; *Ordemann/Schomerus/Gola,* 1992, § 1 Anm. 7.2; *Liebscher,* aaO., S. 55; im Kern übereinstimmend auch *Walz,* in: Simitis u. a., Lfg. 5/93, § 1 Rdnr. 283 – mit explizitem verfassungsrechtlichem Vorbehalt, vgl. zu diesem oben Fn. 30, dazu auch unten Fn. 215 sowie Text bei Fn. 210–215.

[206] Vgl. oben im vorangehenden Abschn. a).

[207] Daneben ist das Berufsgeheimnis durch die besondere Verschwiegenheitspflicht des Kammervorstands gemäß § 76 BRAO geschützt. Vgl. im übrigen o. Fn. 198.

[208] Vgl. *Hartstang,* 1991, S. 306 ff.

[209] Diese Besonderheit gilt übrigens nicht nur im Vergleich zu den Gewerbebehörden, sondern sondern auch zur staatlichen Kommunalaufsicht, wobei im öf-

Es bleibt allerdings eine Frage offen. Diese stellt sich aus der sich nahelegenden Korrelation zwischen dem begrenzten Kontrollinstrumentarium der Rechtsanwaltskammer und dem bisherigen berufs- und informationsrechtlichen Verständnis, nach dem es einer – über die Begründung von Speicherpflichten hinausgehenden – Reglementierung von Speicher*berechtigungen* des Anwalts nicht bedurfte.[210] Das insofern für die Datenspeicherung oben zunächst ermittelte Ergebnis beträchtlicher Lückenhaftigkeit des Berufsrechts[211] hätte somit paradigmatischen Charakter: Die berufsrechtliche Aufsichtsregelung wäre ihrerseits als mit einer (unbeabsichtigten) *Lücke*[212] behaftet anzusehen, eben weil sie nicht darauf eingerichtet ist, die Einhaltung der vom Datenschutzrecht gesetzten Grenzen befugter Speicherung unter Kontrolle zu nehmen. Diese Lücke hätte ggfs. § 38 BDSG zu schließen.

Einer solchen Annahme ist jedoch schon[213] entgegenzusetzen, daß die große Zurückhaltung des Berufsrechts, den Anwalt zu kontrollieren, zugleich immer als strukturell fundiert anzusehen (gewesen) ist, nämlich zur Schonung sowohl anwaltlicher Unabhängigkeit[214] als auch der Sonderbeziehung zum Mandanten. Ob dessen ungeachtet die durch EDV erschlossenen Möglichkeiten der Informationsverarbeitung weiterreichende Kontrollinstrumente erheischen als bisher, beinhaltet daher einen spezifisch vom Berufsrecht her zu erfassenden und aufzulösenden Konfliktstoff.

Im Ergebnis wird also dem Subsidiaritätsprinzip zufolge § 38 BDSG durch das anwaltsrechtliche Kontrollrecht nach der bestehenden

---

fentlichen Bereich (umgekehrt!) die Kontrollinstanz des allgemeinen Datenschutzrechts sich *größerer* Unabhängigkeit erfreut, vgl. o. Fn. 192f.

210 S. oben sub B I 2 b dd.

211 S. oben sub B I 2c, andererseits aber auch die kritischen Überlegungen zur diesbezüglichen Anwendung des § 28 BDSG oben sub B II 3a.

212 d.h. mit einem vom Gesetzgeber der BRAO nicht intendierten Regelungsdefizit, das nur daraus folgt, daß dieser das informationsrechtliche Verständnis, wie es sich aus der datenschutzrechtlichen Entwicklung ergeben hat (oben sub B I 2 b dd), nicht im Blick gehabt hat; vgl. auch umgekehrt zu gezielter/expliziter Beschränkung durch das Spezialgesetz *Walz,* in: Simitis u.a., Lfg. 5/93, § 1 Rdnr. 285.

213 Die übrigen – gravierenden – Einwände gegen eine etwaige Lückenschließungsfunktion durch § 38 BDSG ergeben sich aus dem im unmittelbar nachfolgenden Teil 3 Dargelegten.

214 §§ 1 und 3 Abs. 1 BRAO und oben Fn. 208.

Gesetzeslage verdrängt, mag diese auch der Verbesserung würdig sein.[215]

3. Durch § 38 BDSG aufgeworfene Anwendungsprobleme

Käme man – umgekehrt – zu dem Ergebnis, § 38 BDSG sei gegenüber den Vorschriften der BRAO nicht als subsidiär anzusehen, folgten daraus etliche rechts- und grundrechtssystematische Interpretationsprobleme, die von der datenschutzrechtlichen Diskussion jedoch bislang kaum erörtert worden sind. Sie sollen im folgenden (vorsorglich) behandelt werden. Demgegenüber bleibt die Frage, welche Bedeutung dem anwaltlichen Berufsgeheimnis selbst gegenüber § 38 BDSG verfassungsrechtlich zukommt, späterer Untersuchung vorbehalten.[216]

a) Erteilung „erforderlicher Auskünfte"[217]

Wie bereits erwähnt wurde, regelt § 38 *Abs. 3* S. 2 BDSG zwar ein Auskunftsverweigerungsrecht zur Vermeidung von Selbst- und Angehörigenbezichtigung, nicht jedoch zum Schutz von Berufsgeheimnissen. Ob der Gesetzgeber damit – in Parallelität zur Ausgestaltung der Prüfungs- und Einsichtsrechte nach §§ 38 *Abs. 4* i.V.m. 24 Abs. 6 und 2 BDSG – den Berufsträger auch zwingen[218] möchte, durch eigene Tätigkeit, nämlich die Beantwortung von Auskunftsverlangen,[219]

---

[215] Eine diesbezügliche Weiterentwicklung des Berufsrechts kann auch aus verfassungsrechtlichen Gründen – zum Schutz des Persönlichkeitsrechts gem. Artt. 2 Abs. 1, 1 Abs. 1 GG – geboten sein. Zu entsprechenden verfassungsrechtlichen Fragen im breiteren Zusammenhang des Berufsgeheimnisses vgl. unten sub D.

[216] Vgl. dazu unten sub D.

[217] Zum erforderlichen Umfang vgl. o. Fn. 183.

[218] Der Anwalt könnte, wenn § 38 BDSG uneingeschränkt für ihn gälte, mit Zwangs- und Bußgeldern belegt werden, vgl. dazu *Auernhammer,* 1993, § 38 Rdnr. 14.

[219] Ein so breit angelegter Einbruch in das Berufsgeheimnis unterschiede sich qualitativ von den – nur z.T. problematischen – „punktuellen" Offenbarungspflichten z.B. des Arztes nach §§ 3, 8 BSeuchenG, 12 GeschlechtskrankheitenG (vgl. dazu *BVerfGE* 32, 373 [380f.] vom 8. 3. 72; *Laufs,* aaO., Rdnr. 429), des Notars (vgl. Näheres bei *Bohrer,* aaO., Rdnrn. 123–126), neuestens auch des Anwalts nach § 8 GwG bei Eröffnung eines Anderkontos. Zu letzterem vgl. *Johnigk,* BRAK-Mitt. 1994, 64f. m.w.Nw.; beachte auch *Henssler,* NJW 1994, 1821, zu § 12 GwG; a.A. dazu *Johnigk,* aaO., S. 64.

seine Verschwiegenheit zu durchbrechen, ergibt sich daraus nicht.[220]

§ 38 Abs. 3 S. 2 n.F. ist mit § 30 Abs. 2 S. 2 a.F. identisch. Die alte Fassung des Gesetzes entbehrte allerdings einer dem § 24 Abs. 2 (i.V.m. Abs. 6, 38 Abs. 4 S. 3) n.F. entsprechenden Regelung, erstreckte also schon die Kontrolle der Aufsichtsbehörde als solche nicht ausdrücklich[221] auf die dem Berufsgeheimnis unterliegenden Daten. Damit eröffnete sich leicht der Weg, aus § 45 S. 3 a.F. (wonach die Berufsgeheimnisse unberührt blieben[222]) ein entsprechendes, § 30 a.F. ergänzendes Aussageverweigerungsrecht zu entnehmen.[223] Eine analoge Ergänzung des § 38 Abs. 3 S. 2 n.F. aus § 1 Abs. 4 S. 2 n.F. widerspricht ihrerseits nicht dem Wortlaut des § 38 Abs. 3 n.F.; doch ist nunmehr eine systematische Spannung zum vorgesehenen Kontrollumfang (§§ 38 Abs. 4, 24 n.F.) deutlich ausmachbar.

Ungeachtet dieser Differenz zum alten Recht gilt unverändert auch für § 38 Abs. 3 S. 2 neuer Fassung, daß diese Bestimmung „entsprechenden

---

220 Zwischen Aussageverpflichtung – § 38 Abs. 3 – einerseits und der behördlichen Ausschöpfung übriger Erkenntnismittel – Abs. 4 – durch Besichtigung, Einsichtnahme, ggfs. Beschlagnahme und Prüfung andererseits differenziert das Verfahrensrecht auch sonst deutlich. Zur unterschiedlichen verfassungsrechtlichen Bewertung in Fällen potentieller Selbstbezichtigung vgl. *BVerfGE* 55, 144 (150f.) vom 22. 10. 80 – dazu *Lupberger,* aaO., S. 21–23 –; *BVerfGE* 56, 37 (42f.) vom 13. 1. 81. Für die entsprechende strafprozessuale Abstufung beim Berufsgeheimnis vgl. §§ 53 Abs. 1, auch 136 Abs. 1 S. 2, 163a Abs. 3 S. 2 und Abs. 4 S. 2, 243 Abs. 4 S. 1, einerseits und 97 Abs. 1 und 2, 110 StPO andererseits. Für behördliche Befugnisse der Wirtschaftsüberwachung vgl. *Gröschner,* aaO., S. 321; *Scholl,* aaO., S. 123f. mit umfangr. Nw.

221 Nach Auffassung *Dammanns,* in: Simitis u.a., 1981, § 19 Rdnr. 43, implizierten die Kontrollrechte des Bundesdatenschutzbeauftragten schon nach BDSG a.F. die Nachrangigkeit der Berufs- und besonderen Amtsgeheimnisse. Dabei berief er sich auf *Auernhammer,* 1977, § 19 Rdnr. 5, welcher freilich in der nachfolgenden Auflage, 1981, für die Zulässigkeit der Kontrolle auf eine ggfs. incidenter vorliegende Einwilligung des Betroffenen abstellen wollte, vgl. dazu unten Fn. 223.

222 Jetzt in § 1 Abs. 4 S. 2 BDSG n.F. geregelt, vgl. oben sub B I 1 und 4 b.

223 Vgl. für den je nach Sachlage bestehenden Vorrang des Berufsgeheimnisses gegenüber den Rechten der Aufsichtsbehörde nach BDSG a.F. *Auernhammer,* 1981, § 30 Rdnr. 8, § 19 Rdnr. 5 (3. Abs.). Offenbar von diesem Verständnis der früheren Rechtslage abweichend meint *Büllesbach,* NJW 1991, 2599, umgekehrt, § 24 Abs. 2 BDSG n.F. habe wegen der (sehr begrenzten) Einführung der Widerspruchslösung (vgl. o. Fn. 175) „die Stellung des Bundesbeauftragten geschwächt“; aus ähnlicher Perspektive sind wohl auch die kritischen Bemerkungen zur Widerspruchslösung bei *Walz,* CR 1991, 368, zu verstehen; s. weiterhin oben Fn. 221. Näheres dazu noch unten sub D I.

gewerberechtlichen Vorschriften weitgehend angeglichen"[224] ist: Zahlreiche, die Auskunftsverpflichtung regelnde Bestimmungen des Wirtschafts- und Umweltrechts haben (fast) übereinstimmenden Wortlaut und enthalten ebenfalls den rechtstechnischen Verweis auf § 383 Abs. 1 Nr. 1–3 ZPO,[225] ohne sich mit den ebenda in Nr. 4–6 enthaltenen Zeugnisverweigerungsfällen zu befassen. Solche Offenbarungspflichten berühren (i. d. R.) das Berufsgeheimnis schon deshalb nicht, weil sie sich an die Gewerbetreibenden, nicht etwa an deren freiberufliche Berater richten.[226] Eine allgemeine gesetzgeberische Zielsetzung dahingehend, den behördlichen Auskunftsrechten Vorrang vor den Berufsgeheimnissen einzuräumen, ist von daher also keineswegs herleitbar.

Vielmehr ist aus einschlägigen Vorschriften der Landespolizeigesetze,[227] aus den Verwaltungsverfahrensgesetzen[228] und aus § 102 AO[229] der Grundsatz ableitbar, daß gegenüber der Exekutive (zumindest) nichts anderes gilt als das, was im Verhältnis zur Judikative zum Schutz der Verschwiegenheitspflicht aus dem Prozeßrecht folgt.[230] Nur ein solches

---

[224] Zitat aus der Begründung des Regierungsentwurfs zum BDSG a. F., BT-Drs. 7/1027 vom 21. 9. 73, S. 31 (zu § 31).

[225] Vgl. die Aufzählung bei *Stelkens,* in: Stelkens u. a., aaO., § 26 Rdnr. 40.

[226] Vgl. *Scholl,* aaO., S. 26, 37. Bedenklich wegen fehlender Eingrenzung des Adressatenkreises mögen freilich §§ 23 Abs. 1 BNatSchG, 73 Abs. 2 TierseuchenG, 38 Abs. 1 PflanzenschutzG, § 21 Abs. 3 ChemikalienG sein; zur erstgenannten Vorschrift vgl. *Kolodziejcok u. a.,* Lfg. X/91, § 23 BNatSchG Rdnr. 3; zur zuletzt genannten Vorschrift nehmen *Rehbinder u. a.,* aaO., § 21 Rdnr. 14, in der Tat die Auskunftspflichtigkeit von Rechtsanwälten an; dazu ablehnend *Scholl,* aaO., S. 37.

[227] Vgl. dazu § 12 Abs. 2 HSOG, § 11 Abs. 1 S[aar]PolG, § 14 Abs. 2 SOG LSA, § 180 Abs. 2 LVwG SH. Das Aussageverweigerungsrecht steht auch dem Störer zu.

[228] § 65 VwVfG ist „Ausdruck allgemeiner rechtsstaatlicher Grundsätze"; so *Kopp,* VwVfG, § 26 Rdnr. 47, im Kontext seiner Kommentierung zu § 26 Abs. 2 S. 2 (Beteiligte) und Abs. 3 S. 1 (Zeugen und Sachverständige). Vgl. weiter § 54 Abs. 2 GWB (neben § 46 Abs. 5 GWB), eine aus den oben – begleitender Text zu Fn. 226 – bezeichneten Gründen nicht auf Beteiligte zugeschnittene Bestimmung; vgl. dazu *Immenga/Mestmäcker,* aaO., § 46 Rdnr. 36.

[229] Das Aussageverweigerungsrecht gilt für Beteiligte – den Steuerpflichtigen – und für Dritte, vgl. *Klein/Orlopp,* aaO., § 102 Anm. 1, § 104 Anm. 1; *Tipke/Kruse,* aaO., § 102 Rdnr. 1, auch § 200 Rdnr. 11 a; vgl. zu dieser Vorschrift auch – gegenüber der Steuerfahndung – *BVerfG* vom 6. 4. 89, NJW 90, 701 (r. Sp.); zum Geltungsumfang der Regelung noch *Söhn,* in: Hübschmann/Hepp/Spitaler, Lfg. 11/93, § 102 Rdnrn. 2 a und 3.

[230] Vgl. nochmals §§ 53 Abs. 1, auch 136 Abs. 1 S. 2, 163 a Abs. 3 S. 2 und Abs. 4 S. 2, 243 Abs. 4 S. 1, StPO, §§ 383 Abs. 1 Nr. 4–6, auch 446, ZPO. Zum

Ergebnis vermag zudem korrekter rechtsstaatlicher Gewichtung der Rechte des Bürgers gegenüber den beiden Staatsgewalten zu entsprechen, wie sie exemplarisch daraus deutlich wird, daß Verfassungs- und Prozeßrecht zur Eingrenzung exekutivischer Eingriffsmöglichkeiten nicht selten zu Lasten der Behörden *Richter*vorbehalte vorsehen.[231] Es kann nicht angenommen werden, daß den Aufsichtsbehörden gemäß § 38 BDSG, wenn sie vom Träger des Berufsgeheimnisses Auskunft verlangen, umgekehrt sogar größere Macht zustünde, als sie bei gerichtlicher Sachverhaltsermittlung dem Geheimnisträger gegenüber besteht.[232]

Es ergibt sich also, daß der Rechtsanwalt auch dann, wenn § 38 BDSG im Grundsatz auf seine Tätigkeit anwendbar wäre, die Beantwortung eines auf Abs. 3 gestützten Auskunftsverlangens in dem Umfang verweigern dürfte, in dem es die Verschwiegenheitspflicht zugunsten des Mandanten gebietet.

b) Betretungs-, Prüfungs- und Besichtigungsrechte

aa) Verfassungsrechtliche Ausgangsfragen zur Interpretation des § 38 Abs. 4 BDSG. Anders gelagerte Fragen würden sich in bezug auf § 38 Abs. 4 BDSG stellen. Sie rühren von der komplizierten Systematik des in diesem Zusammenhang zu berücksichtigenden Art. 13 GG her.[233] Bei dessen Anwendung bereiten Unterscheidung und Relation zwischen den von der Rechtsprechung entwickelten drei Stufen staatlicher Eingrenzungsmöglichkeit der in Abs. 1 festgelegten Unverletzlichkeit der „Wohnung" beträchtliche Schwierigkeiten.

Dabei geht es zum einen – systematisch vorrangig – um das Verhältnis zwischen Art. 13 Abs. 2 und Abs. 3 GG, also zwischen einer Durchsuchung, das ist das „ziel- und zweckgerichtete Suchen ..., um ... etwas

---

Verhältnis gegenüber der Legislative vgl. *BVerfGE* 76, 363 (387) vom 1. 10. 87 – Lappas.

231 Vgl. Artt. 13 Abs. 2, 104 Abs. 2 GG; §§ 81a Abs. 2, 81c Abs. 5, 98 Abs. 1, 100 Abs. 1, 100b Abs. 1, 100d Abs. 1, 105 Abs. 1 StPO ...; zur richterlichen Filterfunktion gegenüber parlamentarischen Untersuchungsausschüssen vgl. *BVerfGE* 77, 1 (51 ff.) vom 1. 10. 87 – BGAG.

232 Vgl. dazu die Frage *Fiedlers,* CR 89, 136 f.: „Kontrolle und ihre Instanzen – auf dem Weg zu einer vierten Staatsgewalt?"

233 Der Verfassungsgeber hatte, wie *Dagtoglou,* JuS 1975, 761, es ausdrückt, in der Tat bei der Formulierung des Art. 13 „keine glückliche Hand"; vgl. weiter *Herdegen,* in: BK, Lfg. 10/93, Art. 13 Rdnr. 23 m.w.Nw.

nicht klar zutage Liegendes ... aufzudecken",[234] und „Eingriffe[n] und Beschränkungen ... im übrigen". Diese Grenzziehung ist ausschlaggebend für den Umfang des Richtervorbehalts des Art. 13 Abs. 2 GG,[235] worauf zurückzukommen sein wird.[236]

Für das Verständnis des § 38 Abs. 4 BDSG ist freilich, wie sich zeigen wird, das zweite mit Art. 13 verbundene Abstufungsproblem von direkterer Bedeutung. Bei ihm handelt es sich um die angemessene Zuordnung behördlicher Rechte der „Nachschau", d.h. der Betretung, Besichtigung und Prüfung, wie sie in bezug auf Geschäfts- und Betriebsräume im Wirtschafts-, Umwelt-, Arbeits- und Steuerrecht[237] üblich sind; sie werden – oft routinemäßig – unabhängig davon ausgeübt, ob dies, wie es Art. 13 Abs. 3 entspräche, „zur Verhütung dringender Gefahren für die öffentliche Sicherheit und Ordnung" geboten ist.[238]

Um dieser Situation gerecht zu werden, hat das *BVerfG* eine Abstufung der Schutzintensität innerhalb der insgesamt von Art. 13 GG um-

[234] Vgl. *BVerwGE* 47, 31 (37) vom 6. 9. 74 – TU Berlin; *BVerfGE* 51,97 (107) vom 3. 4. 79 – § 758 ZPO; 75, 318 (327) vom 5. 5. 87 – Schallmessungen. Zur Problematik Näheres noch unten sub cc.

[235] Vgl. zunächst für das allgemeine Polizeirecht *BVerwGE* 28, 285 (286ff.) vom 12. 12. 67 – Bund für Gotteserkenntnis – einerseits und die in der vorrangegangenen Fn. genannte Entscheidung vom 6. 9. 74 andererseits; h.M., vgl. jüngstens die umfangreichen Nachweise bei *Guttenberg,* NJW 1993, 570 sub 2b mit Fn. 35–38; übereinstimmend *Berkemann,* in AK-GG, Art. 13 Rdnrn. 44f., 68f., (nur) in bezug auf Art. 13 Abs. 3 *Alt. 2*; abw. insbesondere die Auffassung *Dagtoglous,* in: BK, Lfg. 10/66, Art. 13 Rdnrn. 71–73, der Durchsuchungen auch nach Abs. 3 für zulässig erachtete, vorausgesetzt, die dort festgelegten Zwecke liegen vor; hieran hielt *Dagtoglou,* JuS 1975, 756f., 759, ungeachtet der zwischenzeitlich ergangenen höchstrichtl. Rspr. fest; übereinstimmend *Scholl,* aaO., S. 168f.; ablehnend zu Dagtoglou jetzt im BK, Lfg. 10/93, Art. 13 Rdnr. 48, *Herdegen.*

[236] Unten sub cc.

[237] Vgl. § 46 Abs. 1 Nr. 2 i.V.m. Abs. 2, 3 GWB, § 44 Abs. 1 Nr. 1 KWG, § 139b Abs. 4 GewO, § 22 Abs. 2 GaststättenG, § 17 Abs. 2 HandwO, § 31 Abs. 2 S. 1, 1. Alt., SprengG, § 52 Abs. 2 S. 1, 1. Alt., BImSchG, § 11 Abs. 4 S. 2 AbfG, § 23 Abs. 2 BNatSchG, §§ 99 Abs. 1 S. 1, 2, 200 Abs. 3 AO.

[238] Vgl. zunächst die – extensive – Interpretation des Verhütungsbegriffs in *BVerfGE* 17, 232 (251f.) vom 13. 2. 64 – Apothekenmehrbetriebsverbot –, und sodann *BVerfGE* 32, 54 (74) vom 13. 10. 71 – Schnellreinigung –, wo das Gericht „eine nicht mehr vertretbare Überdehnung des Anwendungsbereichs des Abs. 3" vermeiden will. Demgegenüber hielt *Dagtoglou* (vgl. zu diesem schon o. Fn. 235) in JuS 75, 761 ungeachtet der zweitgenannten Entscheidung daran fest, die Nachschaurechte vom Verhütungsbegriff her verfassungsrechtlich zu rechtfertigen, vgl. schon *Dagtoglou,* in: BK, Lfg. 10/66, Art. 13 Rdnrn. 149ff., 158.

faßten Räumlichkeiten vorgesehen.[239] Als maßgebliche Kriterien für geminderten Schutz von Geschäfts- und Betriebsräumen benennt das *BVerfG* deren „größere Offenheit ‚nach außen'... zur Aufnahme sozialer Kontakte".[240] Damit korreliere erhöhte Konfliktmöglichkeit mit Interessen anderer und ein Bedürfnis, zu deren Schutz Kontrollen „in gewissem Rahmen ... auch an Ort und Stelle" vorzunehmen. Es handele sich um einen „zweckbestimmten Vorgang", der „nicht eigentlich eine Störung des Hausfriedens" darstelle, so daß das Betreten der Räume vom Betriebsinhaber i.d.R. „nicht als ein ... Eingriff in sein Hausrecht" empfunden werde, mag auch die dabei stattfindende behördliche Prüfung selbst unwillkommen sein.[241] Voraussetzung sei dabei, daß die Kontrollrechte nur zu Zeiten ausgeübt werden dürfen, in denen die Räume normalerweise für die jeweilige Nutzung zur Verfügung stehen. Im Ergebnis liege damit bei der behördlichen Nachschau eine Beeinträchtigung des Rechts der Unverletzlichkeit der Wohnung i.S. des Abs. 3 überhaupt nicht vor. Die in Rede stehende gesetzliche Bestimmung sei deshalb grundrechtlich nur nach Art. 2 Abs. 1 GG zu beurteilen,[242] auch das Zitiergebot des Art. 19 Abs. 1 S. 2 GG[243] werde nicht ausgelöst.[244]

Die in § 38 Abs. 4 S. 1, 2 und 4 BDSG geregelten Behördenrechte des Betretens, Prüfens, der Besichtigung und Einsichtnahme wurden aus § 30 Abs. 3 BDSG a.F. übernommen, allerdings mit dem Zusatz, daß sie nur „während der Betriebs- und Geschäftszeiten" ausgeübt werden dürfen. Zugleich entfiel der in § 30 Abs. 3 S. 3 a.F. enthaltene Hinweis darauf, daß Art. 13 GG eingeschränkt werde.[245] Der Gesetzgeber hatte bei

---

239 Vgl. dazu v. Münch/*Kunig*, aaO., § 13 Rdnrn. 37ff.; *Jarass*/Pieroth, aaO., § 13 Rdnr. 5.

240 Vgl. *BVerfGE* 32, 75 (wie Fn. 238).

241 Vgl. *BVerfGE* 32, 76.

242 Vgl. *BVerfGE* 32, 76f.; vom 11. 11. 86, SozR 4100 § 132a AFG, S. 2; übereinstimmend *BVerwGE* 78, 251 (254f.) vom 5. 11. 87 – Kontrolle nach LMBG; *BFH* vom 20. 10. 88, NJW 89, 1183 (1184).

243 Zu dessen Anwendungsbereich vgl. allgemein *Jarass*/Pieroth, aaO., Art. 19 Rdnr. 3.

244 Vgl. dazu die in Fn. 242 genannten Entscheidungen vom 11. 11. 86 und vom 5. 11. 87.

245 *Beide* Änderungen waren im Referentenentwurf des BMI per 5. 11. 87, abgedruckt in DuD 1987, 577ff., noch nicht enthalten; sie wurden in den neuen Referentenentwurf vom Sept. 1988, abgedruckt in RDV 1988, 275, aufgenommen, um von daher schließlich in § 38 Abs. 4 BDSG n.F. einzugehen.

der Novellierung die Absicht, in § 38 Abs. 4 n.F. ein bloßes Nachschaurecht im zuvor gekennzeichneten Sinne festzulegen.[246]

bb) Die Anwaltskanzlei als Gegenstand von Nachschaurechten? Nach der höchstrichterlichen Rechtsprechung gilt das zu den Nachschaurechten entwickelte verfassungsrechtliche Konzept nur bei „reinen Geschäfts- und Betriebsräumen“,[247] also weder bei Wohnräumen i.e.S. noch bei gemischt genutzten Flächen.[248] Sein Anwendungsbereich wird also restriktiv verstanden.

Für eine eher einschränkende Anwendung des Konzepts, dessen Praktikabilität in Ansehung von Routinekontrollen des gewerblichen Bereichs nicht in Frage gestellt werden soll,[249] spricht auch der Umstand, daß es auf einer nicht leicht nachvollziehbaren Interpretation des Art. 13 GG beruht, welche deshalb in der Literatur beträchtliche Kritik erfahren hat. Die eher psychologische Argumentation des *BVerfG* dahingehend, der Überprüfte empfinde bei einer behördlichen Nachschau das Betreten durch Staatsbedienstete nicht als Beeinträchtigung seiner Grundrechtssphäre, überzeugt, wenn immer die in Rede stehenden Räume definitionsgemäß dem Art. 13 Abs. 1 unterfallen, zumeist wenig.[250]

---

246 Vgl. Begründung zum Reg.-Entw., BT-Drs 11/4306 vom 6. 4. 89, S. 53; übereinstimmend zur Interpretation der Bestimmung *Dörr/Schmidt*, aaO., § 38 Rdnr. 12; *Auernhammer*, 1993, § 38 Rdnr. 20.

247 Vgl. *BVerfGE* 32, 75f. sowie die nachfolgende Fn.

248 Vgl. dazu *BVerwG* vom 5. 5. 86, NVwZ 1986, 831 – zu § 11 Abs. 2 AbsatzfondsG; kritisch *Scholl*, aaO., S. 145f.

249 Im Hinblick auf die jeweils zu wahrende Verhältnismäßigkeit ist das Konzept, soweit ersichtlich, i.d.R. geeignet, zu rechtsstaatlich befriedigenden Ergebnissen zu führen; vgl. *Herdegen*, in: BK, Lfg. 10/93, Art. 13 Rdnrn. 71f.; auch *Pappermann*, in: v. Münch, 3. Aufl., Art. 13 Rdnr. 31; *Jarass*/Pieroth, aaO., Art. 2 Rdnr. 21. Damit verbundene Fragen des Zeitpunkts einer möglichen verwaltungsgerichtlichen Überprüfung eines die Duldung der Nachschau verfügenden Verwaltungsakts können hier nicht vertieft werden; vgl. hierzu auch die Ausführungen des *BayVGH* vom 10. 4. 86, BayVBl 1987, 21 (22) für den Fall der Betretung von Wohnräumen auf baurechtlicher Grundlage im Rahmen des Art. 13 Abs. 3 GG; beachte unten Fn. 254.

250 Vgl. dazu *Schwan*, DÖV 1975, 662; *Stober*, aaO., § 42 II 2: *Scholl*, aaO., S. 154. *Dagtoglou*, JuS 1975, 761, hält die Argumentation des BVerfG für „schon rechtslogisch bedenklich“; zu recht weist er auch darauf hin, daß die praktischen Schwierigkeiten bei der Abgrenzung von Wohnraum i.e.S. und sonstigen Räumen (auch gemischt genutzten), die durch die weite Interpretation des Art. 13 Abs. 1 zunächst vermieden werden (*BVerfGE* 32, 70), in der Tat jetzt über die nach Abs. 3 erforderlich werdende Abschichtung fortbestehen.

Ob die vom *BVerfG* für rein gewerblich genutzte Flächen entwickelten Kriterien überhaupt auf eine Anwaltskanzlei zuzutreffen vermögen, ist mit beträchtlichen Zweifeln behaftet. Zwar eröffnet auch der Anwalt soziale Kontakte nach außen, jedoch ist dies mit Einschränkungen verbunden, die ihn von einem Gewerbetreibenden deutlich unterscheiden,[251] wie der Umfang erlaubter Werbung zeigt.[252] Zu beachten ist auch, daß die Tatsache anwaltlicher Beratung einer bestimmten Person schon für sich genommen der Verschwiegenheitspflicht unterliegt;[253] damit korreliert ein Diskretionsbedarf für die Räumlichkeiten, in denen der Anwalt die Mandanten empfängt. Wenn letztere während der „Betriebs- und Geschäftszeiten" von staatlichen Kontrolleuren angetroffen würden,[254] wäre das ein sehr empfindlicher Informationseingriff. Besonders ausgeprägt wäre dieser in den Fällen, in denen das jeweilige Mandat einen privaten Lebensbereich betrifft.[255] Insgesamt hat das Hausrecht des Anwalts eine spezifische Funktion für das Vertrauen, das er bei seinen Mandanten genießen soll. Wegen der sich daraus ergebenden Schutzbedürftigkeit legt es sich zumindest sehr nahe,[256] die Anwaltskanzlei im Rahmen des von der Rechtsprechung verfolgten Zwecks abgestuften Schut-

---

251 Zur Freiberuflichkeit vgl. *Tettinger*, 1985, S. 118ff. – Davon zu unterscheiden ist das Problem der Vereinbarkeit mit einer (anderen) gewerblichen Tätigkeit, welches spezifische informationsrechtliche Fragen aufwerfen kann, vgl. *BVerfGE* 87, 287 (328ff.) vom 4. 11. 92 – Zweitberuf; 21, 173 (182) – Steuerberater.

252 Vgl. *BVerfGE* 76, 196 (205ff.) vom 14. 7. 87; vom 17. bzw. 18. 2. 92: drei Entscheidungen der 2. K. des 1. Sen., NJW 1992, 1613f.; *BGH* vom 21. 1. 93, JZ 1993, 522; *Kleine-Cosack*, BRAO, § 43 Rdnrn. 20ff.; jetzt § 43b BRAO.

253 Vgl. *Zuck*, in: Lingenberg u.a., aaO., § 42 Rdnr. 9. Da im vorliegenden Zusammenhang nicht auf den Verfassungsrang der Verschwiegenheitspflicht selbst abgestellt wird, kommt es nicht darauf an, ob der oben hervorgehobene Aspekt derselben (auch) grundrechtlich abgeschirmt ist, was *BVerfGE* 32, 373 (386) vom 8. 3. 72 in bezug auf ärztliche Behandlung offen ließ.

254 Die nach der höchstrichterlicher Rechtsprechung Art. 13 GG nicht einschränkenden Nachschaurechte schließen – im Rahmen der Verhältnismäßigkeit – auch überraschende Kontrollen nicht aus, vgl. nochmals *BVerfG* vom 11. 11. 86 und *BVerwGE* 78, 256 (s. für beide Entsch. o. Fn. 242); *Kunig*, in: Kunig u.a., aaO., § 11 Rdnr. 24 m. Nw.

255 Vgl. o. sub B II 3b, unten sub D II 1; *Berkemann*, in: AK-GG, Art. 13 Rdnr. 10.

256 Vgl. – auch im Blick auf den nachfolgenden Text – zur Korrelation zwischen Funktionsbestimmung und Schutzbedürftigkeit die von v. Münch/*Kunig*, aaO., Art. 13 Rdnr. 39, eingenommene abwägende Position; auf allgemeinerer Ebene dazu *Herdegen*, in: BK, Art. 13 Rdnr. 34, und mit Akzentsetzung zu Freiberuflern *EGMR* vom 16. 12. 92, NJW 1993, 718f. – Niemitz/Deutschl. –; zu den Räumen freiberuflich Tätiger beachte auch § 13 BauNVO.

zes nach Art. 13 GG den Wohn-, nicht den „reinen Geschäfts- und Betriebsräumen" zuzuordnen.[257]

Bevor aus diesen Überlegungen Konsequenzen für ein entsprechendes Verständnis des § 38 Abs. 4 BDSG gezogen werden, ist es angezeigt, noch einem weiteren, wichtigen Aspekt nachzugehen, der aus jener Verfassungsbestimmung folgt.

cc) § 38 Abs. 4 BDSG: Nachschau oder Durchsuchung? Weiter oben wurde bereits die – in der Systematik des Grundrechtsartikels angelegte – Schwierigkeit der Abgrenzung zwischen Art. 13 Abs. 2 und Abs. 3 GG angesprochen.[258] Nicht zu unrecht ist vor diesem Hintergrund in der Literatur beklagt worden, daß die Rechtsprechung zu den Nachschaufällen keine Grundlage dafür anbiete, dieselben, welche nicht einmal dem Abs. 3 unterfallen sollen, wenigstens eindeutig von dem Anwendungsbereich des *Abs. 2* abzugrenzen.[259]

Dieser Einwand kann auch die Regelung der datenschutzrechtlichen Kontrolle betreffen und ist an dieser zu verdeutlichen. Ob das Vorgehen der Aufsichtsbehörde im Rahmen des § 38 Abs. 4 BDSG je nach Sachlage (nicht sogar) als ein zweckgerichtetes *Suchen* zu qualifizieren ist, und zwar als Tätigkeit mit dem Ziel, in Räumlichkeiten oder in sich hier befindenden Behältnissen etwas nicht klar zutage Liegendes aufzudekken,[260] ist nämlich keine leichthin zu beantwortende Frage. Gerade die

---

[257] Beachte auch *BFH* vom 20. 10. 88, NJW 1989, 1183 (1184): Zulässigkeit der Außenprüfung in den „Geschäftsräumen" eines Rechtsanwalts nach § 200 Abs. 2 – unter Einschluß des Betretens nach Abs. 3 – AO. Das Gericht entschied nur, daß der Steuerpflichtige für die Außenprüfung einen „geeigneten Raum oder Arbeitsplatz zur Verfügung zu stellen hat". Nicht etwa ging es um eine auf § 200 Abs. 3 gestützte Besichtigung von Kanzleiräumen (erst recht nicht um eine Besichtigung ohne vorherige Ankündigung, vgl. dazu o. Fn. 254). Im Hinblick auf den geringeren Umfang des vom BFH behandelten Eingriffs beschränkt sich das Gericht sogar auf die Argumentation, der vom Gesetz vorgesehene Weg sei am „zweckmäßigsten" (um von daher vereinfachend auf dessen Erforderlichkeit zu schließen).

[258] Vgl. oben sub aa, 2. Abs., mit Fn. 234f.

[259] Zur Kritik an der Rspr. vgl. *Sachs,* NVwZ 1987, 561f.; *Dagtoglou,* JuS 1975, 756; *Schwan,* DÖV 1975, 668; *Berkemann,* in: AK-GG, Art. 13 Rdnr. 52; *Scholl,* aaO., S. 166f. Besonders unscharf ist die Abgrenzung in *BVerwGE* 37, 283 (insbes. 288f.) vom 2. 3. 71 – Pfandleiher –.

[260] Vgl. diesbezüglich zum Durchsuchungsbegriff bei der Vollstreckung in bewegliche Sachen *BVerfGE* 51, 97 (105ff.) vom 3. 4. 79; 57, 346 (354f.) vom 16. 6. 81; 76, 83 (89ff.) vom 16. 6. 87.

„Suche" im Computer[261] selbst – der Versuch, Information aufzufinden[262] – müßte begrifflich genauer erfaßt und subsumiert werden,[263] als dies bislang in der datenschutzrechtlichen Literatur geschehen ist. Der Sache nach handelt es sich um eine technikgestützte Informationsgewinnung aus Wohnungen i.S.d. Art. 13 Abs. 1.[264] Die Problemstellung ist damit derjenigen beim Lauscheingriff – trotz unterschiedlicher Elemen-

---

[261] Zum Umfang von Einsichtnahme und Prüfung gespeicherter Daten vgl. *Auernhammer*, 1993, § 38 Rdnr. 21; *Simitis*, in: Simitis u.a., 1981, § 30 Rdnr. 60; *Herb*, CR 92, 112; *Schaffland/Wiltfang*, Lfg. 2/94, § 38 Rdnr. 21.

[262] *BVerfGE* 51, 107 (wie Fn. 260) bezieht sich für den Durchsuchungsbegriff nicht nur auf das „Suchen ... nach Personen oder Sachen", sondern auch auf das „Suchen ... zur Ermittlung eines Sachverhalts"; beachte *BVerfGE* 42, 212 (219ff.) vom 26. 5. 76 – Quick – zur Bedeutung des richterlichen Durchsuchungsbefehls für die Präzision der im konkreten Fall relevanten (Art der) Information, die es zu erforschen gilt. Vgl. weiter *Herdegen*, in: BK, Lfg. 2/94, Art. 13 Rdnr. 51.

[263] Die Einsichtnahme in die gespeicherten Daten und Programme – die im Grundsatz nach § 38 Abs. 4 S. 4 nur zu *dulden* ist (vgl. aber auch *Auernhammer* und *Herb*, beide wie in Fn. 261, die eine partielle Pflicht zu aktivem Handeln annehmen) – mag je nach Sachlage einen sehr viel stärkeren *Such*charakter haben als die – im Rahmen von Nachschaubestimmungen (o. Fn. 237) herkömmliche – Einsichtnahme in pflichtgemäß vorgelegte manuelle Unterlagen (Geschäftsbücher usw.). Das muß insbesondere dann gelten, wenn sich die Kontrolle zum Ziel nähme, mit kryptografischen Methoden unsichtbar gemachte Information festzustellen und zu entschlüsseln. Die Situation, der sich die Aufsichtsbehörde dabei gegenübersieht, ist, was die gesuchten Informationsinhalte anlangt, derjenigen vergleichbar, die besteht, wenn der Verarbeiter Datenträger (Disketten usw.) versteckt hält, um sie der Besichtigung und Einsichtnahme insgesamt zu entziehen.

Eben dieser Fall entspricht, übrigens gerade wenn man mit *Auernhammer* und *Herb* § 38 Abs. 4 BDSG auch eine Pflicht zum Herbeischaffen solcher Unterlagen entnimmt, sonstigen Nachschaufällen, in denen der Pflichtige entgegen der gesetzlichen Forderung Unterlagen nicht vorgelegt. Aus einer Pflichtverletzung dieser Art erwächst der Behörde ohne Erfüllung der Voraussetzungen des Art. 13 Abs. 2 GG kein Recht, im Wege „unmittelbaren Zwangs" Behältnisse, die sich in den Räumlichkeiten für sie erkennbar befinden, nach (einschlägigen) Unterlagen zu durchsuchen, um diese aufzuspüren; vgl. dazu *BVerfGE* 51, 107 oben, 75, 327 sub 2a; *Herdegen*, aaO. (wie in der vorangehenden Fn.); auch (zur „Suche") *Scholl*, aaO., S. 136f., 160ff., 164–167; vgl. weiterhin zur Gegenüberstellung von Einsichtnahme und Durchsuchen § 46 Abs. 2 GWB einerseits und Abs. 4 andererseits; §§ 97, 99 Abs. 2, 200 AO einerseits und §§ 210 Abs. 2, 208 i.V.m. 404, 399 AO andererseits; dazu *Tipke/Kruse*, aaO., § 97 Rdnr. 10, § 99 Rdnr. 6, § 200 Rdnr. 3; zur Abgrenzung des § 11 Abs. 4 AbfG vgl. *Kunig*, in: Kunig u.a., § 11 Rdnr. 25; zu § 52 Abs. 2 S. 1 BImSchG auch *Mösbauer*, VerwA 72 (1981), 27; zu den durch Art. 13 Abs. 2 GG gesetzten Grenzen unmittelbaren Zwangs nach § 12 VwVG vgl. *Sadler*, § 12 Rdnrn. 5, 20, 26.

[264] Vgl. auch *BVerfGE* 65, 1 (40) vom 15. 12. 83.

te – strukturell ähnlich. Dessen Subsumtion unter Abs. 3 oder Abs. 2 ist (ebenfalls) umstritten.[265]

dd) Folgerungen

(1) Soweit davon auszugehen ist, daß die von § 38 Abs. 4 BDSG umschriebene aufsichtsbehördliche Vorgehensweise von ihrem Gegenstand her auch dem Art. 13 Abs. 2 GG unterfallende Maßnahmen beinhaltet, wären diese zwar gemäß ständiger Rechtsprechung nicht schon deshalb ausgeschlossen, weil das BDSG die Vorabentscheidung durch den Richter nicht selbst vorsieht. Vielmehr enthält Art. 13 Abs. 2, was den Richtervorbehalt angeht, substituierendes, unmittelbar anwendbares Recht.[266] Allein, Art. 13 Abs. 2 ersetzt nicht die im übrigen einwandfreie gesetzliche Grundlage für die Durchsuchung.[267] Da letztere eine Einschränkung des Grundrechts aus Art. 13 Abs. 1 beinhalten würde, bedürfte es in der gesetzlichen Vorschrift wegen Art. 19 Abs. 1 S. 2 GG der Zitierung des Art. 13 GG.[268] Zwar wird

---

[265] Die Lit. nimmt beim Lauscheingriff weit überwiegend einen Fall des Abs. 3 an; vgl. *Schwabe*, JZ 1993, 872 sub 4a, obwohl dieser zuvor (871 sub 2) gerade die Rechtsähnlichkeit zur Durchsuchung zum Ausdruck bringt (wobei das heimliche Vorgehen noch einschneidender ist) ; übereinstimmend *Herdegen*, in: BK, Lfg. 10/93, Art. 13 Rdnr. 52 (der dabei ausdrücklich – m.E. keineswegs überzeugend – auf „die Offenheit des staatlichen Eingriffs" als Voraussetzung des Durchsuchungsbegriffs abstellt, beachte noch Rdnr. 69 a.E.); *Eisenberg*, NJW 1993, 1038 m.w.Nw.; a.A. mit beachtlichen Gründen *Guttenberg*, NJW 1993, 569f.; weiterhin *Schenke*, in: Steiner, aaO., Kap. II Rdnrn. 147, 63, 70c; *Schatzschneider*, aaO., S. 236; *M. Deutsch*, aaO., S. 123f., nimmt bezüglich des Lauscheingriffs eine verfassungsrechtliche Regelungslücke an, die durch Art. 13 Abs. 2 GG zu schließen sei; insgesamt zum Stand der Diskussion nochmals *Guttenberg*, aaO.

[266] Vgl. *BVerfGE* 51, 97 (114f.) vom 3. 4. 79; *BVerwGE* 28, 285 (290) vom 12. 12. 67; v. Münch/*Kunig*, Art. 13 Rdnr. 31; *Berkemann*, in: AK-GG, Art. 13 Rdnr. 78. Diese Substitution des einfachen Rechts durch Art. 13 Abs. 2 GG ist nicht auf vorkonstitutionelle Normen beschränkt. – Es ergäbe sich wegen des allgemein öffentlich-rechtlichen Charakters der Aufsichtsmaßnahmen die Zuständigkeit des – von der Behörde anzurufenden – Verwaltungsgerichts (§ 40 Abs. 1 VwGO), vgl. zur entsprechenden Rechtswegfrage bei fehlendem Richtervorbehalt in den Polizeigesetzen *Drews/Wacke/Vogel/Martens*, aaO., S. 208 m. Nw.

[267] Vgl. dazu nochmals *Berkemann*, in: AK-GG, Art. 13 Rdnrn. 54, 78.

[268] Vgl. zur Anwendung des Art. 19 Abs. 1 S. 2 GG auf den Fall des Art. 13 Abs. 2 ausdrücklich *Jarass*/Pieroth, aaO., Art. 13 Rdnr. 7, ebenso Art. 19 Rdnr. 3; *Menger*, in: BK, Lfg. 6/79, Art. 19 Abs. 1 S. 2 Rdnr. 185; zur Rechtsfolge der Nichtigkeit *Jarass*/Pieroth, Art. 19 Rdnr. 2 m. Nw.

das Zitiergebot in vielfältiger – umstrittener – Weise einschränkend ausgelegt.[269] Dies würde jedoch, ohne daß hier auf Einzelheiten einzugehen wäre, im Fall des § 38 Abs. 4 BDSG schon deshalb nicht weiterhelfen, weil durch den *Fortfall* der Zitierung gegenüber der alten Fassung des Gesetzes objektiv klar ausmachbar zum Ausdruck gebracht worden ist, daß eine Ermächtigung zur Durchsuchung vom Gesetz nicht vorgesehen ist.[270]

(2) Ferner ist aus dem zu Art. 19 Abs. 1 S. 2 und dem zu Art. 13 *Abs. 3* GG Gesagten[271] zu folgern, daß in anderen als reinen Geschäfts- und Betriebsräumen schon die reine Nachschau keinerlei Rechtsgrundlage in § 38 Abs. 4 BDSG findet. Dies gilt auch dann, wenn die in Rede stehende Datenverarbeitung selbst in den Anwendungsbereich des dritten Abschnitts des BDSG fällt, also insbesondere nicht nur für private Zwecke und zum persönlichen Gebrauch stattfindet.[272] Eine entsprechende Situation mag nicht selten in gemischt genutzten Räumen bestehen.[273]

Zwar würden der Kontrollbefugnis insoweit nicht durchweg die materiell-rechtlichen Voraussetzungen des Art. 13 Abs. 3 GG entgegenstehen. Vielmehr können in diesem Bereich durchaus Fälle erforderlicher Verhütung dringender Gefahren – i. S. der Gefährdung hochwertiger Rechtsgüter[274] – vorliegen, zumal dann, wenn besonders sensible Information über den Betroffenen (§ 3 Abs. 1 BDSG)

---

269 Vgl. dazu (krit.) *Denninger,* in: AK-GG, Art. 19 Abs. 1 Rdnrn. 17f.; sehr kritisch *Herzog,* in: Maunz/Dürig, Lfg. 9/81, Art. 19 Abs. 1 Rdnrn. 57ff.

270 Vgl. dazu auch *Krebs,* in: v. Münch/Kunig, Art. 19 Rdnr. 18 a. E.; Herzog, in: Maunz/Dürig, Lfg. 9/81, Art. 19 Abs. 1 Rdnr. 60; beachte *BVerfGE* 85, 386 (403f.) vom 25. 3. 92 – Fangschaltung.

271 Vgl. o. sub aa, bb einerseits und soeben sub (1) andererseits.

272 Vgl. zu letzterem o. Fn. 167.

273 *Simitis,* in: Simitis u. a., 1981, § 30 Rdnrn. 64f., nahm zu § 30 Abs. 3 a. F. – ohne die Voraussetzungen des Art. 13 Abs. 2 und 3 GG im einzelnen zu diskutieren – in bezug auf gemischt genutzte Räume an, es sei nicht auf „die abstrakte Unterscheidung zwischen Geschäfts- und Wohnräumen, sondern die konkrete Nutzung der jeweiligen Räumlichkeiten" abzustellen; übereinstimmend *Schaffland/Wiltfang,* Lfg. IV/78, § 30 (a. F.) Rdnr. 19. Für § 38 n. F. kann eine solche Aussage nach der Rspr. von *BVerfG* und *BVerwG* keinesfalls zutreffen. Dies wird sowohl von *Schaffland/Wiltfang,* Lfg. 2/94, § 38 Rdnr. 19, als auch von *Herb,* CR 1992, 112, übersehen; vgl. demgegenüber *Walz,* in: Simitis u. a., Lfg. 7/94, § 38 Rdnr. 31.

274 Vgl. *BVerwGE* 47, 31 (40) vom 6. 9. 74; *Jarass*/Pieroth, aaO., Art. 13 Rdnr. 13; v. Münch/*Kunig,* Art. 13 Rdnr. 46; BayVGH vom 5. 9. 90, NVwZ 1991, 688 (689f.) – Wasserüberwachung nach BSeuchenG.

involviert ist.[275] Insofern würde eine den Umfang zulässiger Prüfungsanlässe nach § 38 Abs. 1[276] i.V.m. Abs. 4 einschränkende (verfassungskonforme) Interpretation des BDSG zu helfen vermögen.[277] Ein solcher Weg bloß reduzierter Kontrollmöglichkeit ist jedoch durch die Entscheidung des Gesetzgebers selbst, keinerlei Einschränkung des Art. 13 zuzulassen und diesen daher nicht zu zitieren, verschlossen worden.

(3) Die zuvor[278] getroffene Feststellung, daß die Anwaltskanzlei von ihrem Schutzbedürfnis her zumindest sehr viel eher den Wohn- als den reinen Geschäfts- und Betriebsräumen zuzuordnen ist, erlangt im Spektrum der unter (1) und (2) dargelegten nachhaltigen Restriktionen, die sich aus der Interpretation des § 38 Abs. 4 BDSG im Licht des Art. 13 GG für die Kontrollpraxis der Aufsichtsbehörden ergeben, besonderes Gewicht. Keineswegs kann aus § 38 Abs. 4 eine breitflächige, generelle oder gar (fast) ausnahmslose Kontrollbefugnis hergeleitet werden. Um so weniger läßt sich deshalb aus dieser Bestimmung die Zulässigkeit erzwingbarer „Nachschau" in den Räumen von beruflichen Geheimnisträgern begründen. Vielmehr führt der reduziert-selektive Gesamtcharakter des § 38 Abs. 4 schon aus Gleichheitserwägungen heraus zum Ergebnis der Unanwendbarkeit auf die informationell spezifisch sensiblen anwaltlichen Praxisräume.[279] Sehr deutlich folgt das z.B. aus einem Vergleich mit dem Büro eines Kleingewerbetreibenden, insofern dieses wegen – nicht selten

---

[275] Im übrigen könnten nach vorwiegender Auffassung ggfs. die spezifischen Grenzen des Art. 13 Abs. 3, an die der Richter bei einer Anordnung nach Abs. 2 inhaltlich nicht gebunden ist (vgl. dazu v. Münch/*Kunig*, Art. 13 Rdnr. 28 m. Nw.), auch im Falle einer Einschränkung i.S. des Abs. 3 eben durch die Herbeiführung eines richterlichen Beschlusses überwunden werden, vgl. *Berkemann*, in: AK-GG, Art. 13 Rdnrn. 46, 76; *Jarass*/Pieroth, aaO., Art. 13 Rdnr. 14 a.E., jeweils mit Hinweisen auf sich in dieser Richtung abzeichnende Rechtsprechung; a.A. *Herdegen*, in: BK, Lfg. 10/93, Art. 13 Rdnrn. 49, 69, auch 85.

[276] Vgl. zum Umfang des Prüfungsanlasses i.S. des Abs. 1 oben Fn. 181f. mit begleitendem Text.

[277] Vgl. *BVerwG* 47, 40 (wie Fn. 274) zur polizeilichen Generalklausel; zust. *Jarass*/Pieroth, aaO., Art. 13 Rdnr. 12; v. Münch/*Kunig*, Art. 13 Rdnr. 47; mit beachtlichen Gründen kritisch *Berkemann*, in: AK-GG, Art. 13 Rdnrn. 72f.; schwankend *HessVGH* vom 26. 10. 90, NVwZ-RR 1991, 526 (527 l.Sp.) – zu § 111 HBO.

[278] Soeben sub bb.

[279] Vgl. dazu insbesondere die bereits oben in Fn. 256 erwähnte Entscheidung des *EGMR*, NJW 1993, 718f., sub Nrn. 29, 30.

anzutreffender – Verknüpfung mit wohnlicher, also von *daher* informationell sensibler Benutzung von der Prüfung völlig ausgenommen ist.

c) Weitergehende – verfassungsrechtliche – Fragestellungen

Die Feststellung der Unanwendbarkeit des § 38 Abs. 4 BDSG auf die Anwaltskanzlei – von eigener Bedeutung, wenn man entgegen vorangegangenen Ausführungen annähme, § 38 schiede nicht ohnehin als subsidiär gegenüber der BRAO aus[280] – ist (zunächst) das Ergebnis von durch Art. 13 GG geleiteter verfassungskonformer Interpretation.[281] Das Resultat gereicht freilich zu einer besonderen gesetzessystematischen Spannung, wie sie im Ansatz schon bei der Interpretation des § 38 Abs. 3 festzustellen war, und zwar im Hinblick auf die Erstreckung des aufsichtsbehördlichen Kontrollumfangs auf die Berufsgeheimnisse gemäß § 38 Abs. 4 *S. 3*. Letztere Bestimmung dürfte wegen der nach Art. 13 GG erforderlichen Einschränkungen des § 38 Abs. 4 *S. 1, 2* in beträchtlichem Umfang leerlaufen. Darin zeigt sich ein zumindest partieller Widerspruch innerhalb des BDSG, der sich jedoch im Rahmen des Gesetzeswortlauts kaum wird auflösen lassen. Er findet seinen Grund sehr wahrscheinlich darin, daß das BDSG das Postulat durchgängigen – weil grundrechtlich gebotenen – Schutzes der Berufsgeheimnisse unerfüllt läßt.

Damit legt sich eine vertiefte Argumentation auf der (rein) verfassungsrechtlichen Ebene nahe. Sie ist allerdings wegen der Besonderheiten gerade anwaltlicher Berufsentfaltung und wegen des Rangs, der dem Umgang mit Information im Anwaltsberuf zukommt, breiter anzulegen.

Das Bedürfnis zu einer solchen Untersuchung ergibt sich um so mehr aus den vorausgegangenen Abschnitten B I und II, deren Überlegungen und Ergebnisse nicht nur rechtspolitisch – de lege ferenda – auswertbar sind, sondern – systematisch vorrangig – Anlaß zur Überprüfung des BDSG in Anwendung auf anwaltliche Informationsverarbeitung anhand der bestehenden Verfassungsrechtslage geben. Entsprechend der bisheri-

---

280 Vgl. dazu oben sub B III 2, auch 3 vor a.

281 Zu den Grenzen verfassungskonformer Auslegung vgl. unten sub C III 4c. *Aus der Perspektive des Art. 13 GG* ist ein unüberwindlicher Widerspruch zum Konzept des § 38 BDSG n. F., der Art. 13 *nicht mehr* zitiert und damit die harmonisierende Interpretation objektiv gerade voraussetzt, nicht erkennbar; vgl. noch unten Fn. 542 a. E. Beachte freilich nachfolgend oben im Text.

gen Abfolge der Darstellung werden dabei zunächst die die Datenverarbeitung selbst regelnden Vorschriften in den Blick zu nehmen sein. Auf die Fragen datenschutzrechtlicher Aufsicht ist im Anschluß daran noch einmal zurückzukommen.

C. Verfassungsrechtliche Untersuchung

I. Rechtssystematische Vorüberlegungen

1. Gesetzlicher Geltungsausschluß allgemeinen Datenschutzrechts (statt Subsidiarität)

Die Liste der Probleme, die sich beim Versuch der Anwendung des BDSG auf anwaltliche Informationsverarbeitung ergibt, ist lang und enthält gravierende systematische und verfassungsrechtliche Punkte. Freilich ist die Erkenntnis, daß das allgemeine Datenschutzrecht nicht in der Lage ist, aus sich heraus für alle je besonderen Lebensverhältnisse sachgerechte und klare Lösungen anzubieten, nicht neu. Für den vorliegenden Zusammenhang ist indessen wichtig, daß sich daraus zwei sehr unterschiedliche Konsequenzen ziehen lassen.

(1) Teilweise erklärt sich das Datenschutzgesetz inwoweit für *unanwendbar*. Dies ist im BDSG, wie erwähnt, für die privat-persönliche Datenverarbeitung durch die Eingrenzungen in §§ 1 Abs. 2 Nr. 3, 27 Abs. 1 geschehen.[282] Das gleiche gilt – mit begrenzten Ausnahmen – für die journalistisch-redaktionelle Tätigkeit der Medien gemäß §§ 41 f. BDSG.[283] Im einen wie im anderen Fall sind verfassungsrecht-

---

[282] Vgl. o. Fn. 167.

[283] Näheres ergibt die Kommentarliteratur zu diesen Vorschriften. Zugunsten der Rundfunkanstalten der Länder finden sich entsprechende Vorschriften in den Landesdatenschutzgesetzen, vgl. §§ 31 f. bw. LDSG; §§ 3 Abs. 6, 37 HDSG; §§ 2 Abs. 4, 31 HmbDSG. Für private Rundfunkunternehmen finden sich Regelungen in den Landesmedien- bzw. Landesrundfunkgesetzen, vgl. dazu die Übersicht bei *Klee*, aaO., S. 83–85; beachte § 28 des Staatsvertrags über den Rundfunk in einem vereinten Deutschland vom 31. 8. 91 (s. GVBl Nordrhein-Westfalen S. 405 oder GVBl Hessen S. 370); der Auffassung *Auernhammers*, 1993, § 41 Rdnrn. 3, 12, private Rundfunk- und Fernsehunternehmen nähmen, da sie – anders als deren Hilfsunternehmen! – in § 41 BDSG nicht geregelt sind, am allgemeinen Medienprivileg nicht teil und fielen unter den 3. Abschn. des Gesetzes, könnte schon aus Gleichheitsgründen nicht gefolgt werden; zutreffend demgegenüber *Dörr/Schmidt*, aaO., § 41 Rdnr. 2, welche die Nichteinbeziehung der Unternehmen des Rundfunks in das Privileg des § 41 Abs. 1 – anders § 1 Abs. 3 BDSG a.F. – auf die Erkenntnis mangelnder Gesetzgebungskompetenz des Bundes zurückführen;

liche Kriterien involviert, die den Schutz des Datenverarbeiters sei es aus Art. 2 Abs. 1 i.V.m. Art. 1 Abs. 1,[284] sei es aus Art. 5 Abs. 1 S. 2 GG[285] betreffen.

(2) Im übrigen besteht weitgehende Einigkeit in der Auffassung, daß „bereichsspezifische" Regelungen, die zur Unanwendbarkeit der allgemeinen Vorschriften wegen deren Subsidiarität führen, oft wünschenswert sind, insofern sie *geeigneter* sein können, besonderen Schutzbedürfnissen und Interessenkonstellationen gerecht zu werden, als das BDSG bzw. das jeweilige Landesdatenschutzgesetz (LDSG).[286] Dementsprechend ist der Gesetzgeber bereits vielfältig tätig geworden, vorrangig in bezug auf die Verarbeitung im öffentlichen Bereich,[287] wo in jüngerer Zeit die Entwicklung von Bestimmungen für die Sicherheitsbehörden im Mittelpunkt gestanden hat.[288] Als Beispiel für die Umgestaltung – Anpassung – einer bereits aus früheren Zeiten überkommenen detaillierten Informationsvorschrift

---

übereinstimmend *Hein,* NJW 1991, 2615; schwankend *Demke/Schild,* Lfg. 12/93, 5/90, § 37 Anm. IVa, e, § 3 Anm. VIa, (insbes.) zu §§ 50, 54 HPRG; § 50 (vom 30. 11. 88) verwies (jedenfalls zunächst, vgl. aber BVerfGE 47, 285 [311ff.] vom 1. 3. 78 – Ermäßigung von Notargebühren) auf das BDSG a.F.; jetzt klarstellend zum Medienprivileg § 52 Abs. 1 HPRG i.d.F. vom 10. 10. 94, GVBl S. 576. – Beachte insgesamt *Eberle,* CR 1992, 759f.; *Hubert,* aaO., S. 299ff. und passim; unten Fn. 304.

284 Zum verfassungsrechtlichen Schutz des Privatbereichs vgl. die Analyse der „informationsorientierten Teilsequenz" der Entscheidungen des BVerfG zu Art. 2 Abs. 1 i.V.m. Art. 1 Abs. 1 GG bei *Podlech,* in: AK-GG, Art. 2 Abs. 1 Rdnr. 20. Für „Konzepte des Privatheitsschutzes" vgl. *M. Deutsch,* aaO., S. 38ff. Zu Fragen der Grundrechtskonkurrenz insbesondere im Verhältnis zu Art. 5 Abs. 1 S. 1 GG beachte die unten in Fn. 349 zitierte Rechtsprechung.

285 Vgl. *Bergmann/Möhrle/Herb,* Lfg. 9/92, § 41 Rdnrn. 4f., 73; *Auernhammer,* 1993, § 41 Rdnr. 2; *Ordemann/Schomerus/Gola,* 1992, § 41 Anm. „1.2" [richtig: 2.1]; *Simitis,* in: Simitis u.a., 1981, § 1 Rdnr. 44.

286 Vgl. *Simitis,* in: Simitis u.a., Lfg. 1/92, § 1 Rdnrn. 32f. m.w.Nw.

287 Vgl. z.B. das Melderechtsrahmengesetz sowie die Meldegesetze der Länder; §§ 67ff. SGB X; zum Entwurf eines Justizmitteilungsgesetzes – Reg.-Entw. in BT-Drs. 12/3199 vom 31. 8. 92 – vgl. *Krumsiek,* DVBl 1993, 1229ff.

288 Vgl. z.B. BVerfassungsschutzG, G. ü.d. Militär. Abschirmdienst, G. ü.d. Bundesnachrichtendienst, alle vom 20. 12. 90 und geändert durch G. vom 20. 4. 94; informationsrechtliche Vorschriften – verabschiedet seit 1989 – zu den Polizeigesetzen der Länder: §§ 19ff. bw. PolG; Artt. 30ff. bayr. PAG; §§ 12ff. HSOG; §§ 9ff. PolG NW; §§ 14ff. SOG LSA ...; Näheres (kritisch) zu diesen bei *Gusy,* aaO., Rdnrn. 180ff.; zur entsprechenden – zeitgleichen, partiellen – Entwicklung des Strafprozeßrechts vgl. den 14. Tätigkeitsbericht des Bundesbeauftragten für den Datenschutz vom 27. 4. 93, BT-Drs. 12/4805, Abschn. 5.1.4.

sei die Novellierung des § 915 ZPO genannt.[289] Bei solchen Gesetzgebungsakten geht es nach datenschutzrechtlichem Verständnis um die Weiterentwicklung, Spezialisierung, Verfeinerung der allgemeinen Regelungsmuster nach BDSG bzw. LDSG,[290] die ansonsten anwendbar wären, also nicht um die Ausfüllung einer Regelungslücke, die wegen Unanwendbarkeit des BDSG bzw. LDSG betehen würde.

Vor diesem Hintergrund kann das Dilemma des gegenwärtigen Regelungszustands für anwaltliche Informationsverarbeitung dahingehend gekennzeichnet werden, daß der Gesetzgeber es verabsäumt habe, für diese entsprechend der Lösungsalternative 1 die Unanwendbarkeit des BDSG vorzusehen. Im Hinblick auf die gezeigten Inkongruenzen wäre dies der bessere Weg (gewesen).

Doch ist dies (lediglich) eine rechtspolitische Bemerkung. Auf gleicher Ebene liegt die Feststellung, daß das Dilemma durch eine abschließende berufsrechtliche Spezialregelung ausgeräumt werden könnte, ohne daß es sodann vom praktischen Ergebnis her wesentlich darauf ankäme, ob dieser Weg auf dem Boden der Lösungsalternative Nr. 2 oder Nr. 1 einzuschlagen war; nur insoweit, als das Berufsrecht weiterhin Lücken enthielte, würde die Frage noch relevant sein.

De lege lata ist mangels vorliegenden gesetzlichen Geltungsausschlusses in Ansehung anwaltlicher Informationsverarbeitung der Frage der Vereinbarkeit des BDSG mit höherrangigem Recht nicht auszuweichen.[291] Allerdings ist die Untersuchung auch insoweit von rechtspolitischer Relevanz. Denn es geht zugleich darum, anhand der verfassungsrechtlichen Kriterien die Bedeutung der aufgezeigten Inkongruenzen zu gewichten, um von daher eine zusätzliche Orientierung für die anzustrebende (weitere) Novellierung der BRAO zu gewinnen. Kann es hierbei – vereinfachend gefragt – überhaupt um die Ausgestaltung und Verfeinerung von Prinzipien des geltenden allgemeinen Datenschutzrechts gehen

[289] Vgl. jetzt §§ 915 bis 915h ZPO. Es handelt sich um ein Lösungsmodell von sehr hoher Komplexität; zur Problematik vgl. *Mallmann,* in: Simitis u.a., Lfg. 1/92, § 29 Rdnr. 67; *Abel,* RDV 1991, 233ff.; *Liebscher,* aaO., S. 144ff., 155ff.

[290] Vgl. *Auernhammer,* 1993, Einführung Rdnrn. 33ff.; *Simitis,* NJW 1984, 400; *Eberle,* CR 1992, 758 sub II 1; beachte die Darstellung „Bereichsspezifischer Datenschutz in Bund und Ländern im Verhältnis zum BDSG" bei *Bergmann/Möhrle/Herb,* Lfg. 3/94, Systematik 4. Teil; s. auch o. Fn. 22f. m. begleitendem Text.

[291] Zur Einschränkung und Gefährdung von Grundrechten durch „Datenschutz" vgl. schon *Kloepfer,* 1980, S. 12f.

oder sind in diesem Bereich qualitativ andere Regelungsgrundsätze zur Anwendung zu bringen, um angesichts möglicher Betroffenheit des Persönlichkeitsrechts ausgewogene Lösungen zu erzielen?[292]

2. *Konzeptionell bedingte Grenzen*

Im Kontext der beiden Fälle gesetzlichen Geltungsausschlusses ist vor Eintritt in die verfassungsrechtliche Untersuchung noch ein datenschutzrechtlich-systematischer Überlegungsgang angezeigt, der die Bedeutung des gesetzlichen Privilegs für privat-persönliche Datenverarbeitung und für diejenige der Medien klarer hervortreten läßt und damit eine breitere informationsrechtliche Perspektive eröffnet.

a) Zwei systematische Prämissen des BDSG

Die Datenschutzgesetze des Bundes und der Länder haben den Weg des Datenverarbeitungsverbots mit gesetzlichem Erlaubnisvorbehalt gewählt (vgl. § 4 Abs. 1 BDSG; übereinstimmend § 3 S. 1 Nr. 1 a.F.)[293] – und zwar auch für den nicht-öffentlichen Bereich[294] –. Diese Regelungstechnik hat materiell-rechtliche Konsequenz. Im Konflikt zwischen Betroffenem und Informationsverarbeiter bedarf dessen Tätigkeit zunächst, und zwar ganz unabhängig von jedwedem Gewicht der Betroffenheit des anderen, der Legitimation anhand einer Erlaubnisnorm.[295] Vorrangiges

---

[292] Dabei geht es vorliegend nicht um eine Kritik an den Prinzipien des Datenschutzrechts im Hinblick auf die Anwendung auf den nicht-öffentlichen Bereich (§§ 27ff. BDSG) *insgesamt*; vgl. hierzu *Brossette,* aaO., pass., zum BDSG n.F. S. 269–271; weiterhin die nachfolgenden Fn. 293–295; zur thematischen Abgrenzung ausführlicher unten sub C III 1.

[293] Dies ist der für die deutschen Datenschutzgesetze kennzeichnende „*Prinzipienwechsel* bei der notwendigen Grenzziehung zwischen Informationsschutz und Informationsfreiheit", vgl. *H. Ehmann,* AcP 188 (1988), 259ff., 262; *M. Langer,* aaO., S. 59ff.

[294] Kritisch hierzu *Zöllner,* RDV 1991, 5; zur entsprechenden Regelung in der EuDatSch-RiLi (geänd. Vorschlag) in Abweichung vom Recht der meisten Mitgliedstaaten vgl. *Rüpke,* EuZW 1993, 151 mit Fn. 33.

[295] Vgl. *Ehmann,* AcP 188 (1988), 264; *Breitfeld,* aaO., S. 49; beachte die ausführlichen Erörterungen zu „Bagatelldaten", „belanglosen Daten" oder „Verkehrsdaten" im Verhältnis zum Schutzbereich des Persönlichkeitsrechts des Betroffenen (§ 3 Abs. 1 BDSG) bei *Vogelgesang,* Grundrecht..., S. 148f., 159f., 162, 170f., 181f.; zum Datum „verheiratet" *BVerfGE* 78, 38 (51) vom 8. 3. 88 – zu § 1355 Abs. 1 BGB.

Leitprinzip für die Gesetzmäßigkeit der Verarbeitung ist dabei deren Erforderlichkeit für eine rechtmäßige Aufgabenwahrnehmung bzw. für eine Wahrung berechtigter Interessen seitens der speichernden Stelle, vgl. etwa § 14 Abs. 1 S. 1 Hs. 2, 1. Alt., § 28 Abs. 1 S. 1 Nr. 2 Hs. 1 BDSG.[296]

Dieser Regelungsansatz hat zwei ungeschriebene Prämissen. Zum einen legt er eine Präponderanz der Position des Betroffenen zugrunde;[297] denn für dessen Recht, die Verarbeitung auf ihn bezogener Daten zu verhindern,[298] wird umgekehrt die *Erforderlichkeit* solcher Abwehr für die Wahrung seiner konkreten berechtigten Interessen nicht zur Voraussetzung gemacht.[299] Von daher wird dieser Person überwiegende informatorische Steuerungsmacht zuerkannt. Zum anderen setzt das Gesetz voraus, daß die Tätigkeit des Verarbeiters einer Zweck-Mittel-Relation unterworfen ist,[300] in deren Rahmen die Erforderlichkeit zu messen sei.[301]

b) Folgerungen für den Anwendungsbereich des BDSG

Um mit der zweiten Prämisse zu beginnen, so ist rasch erkennbar, daß diese Voraussetzung bei Informationsverarbeitung durch die Medien nicht gegeben ist. Für Presseorgane ist die Sammlung und Verbreitung von – verläßlicher – Information Selbstzweck, also keineswegs als Mittel

[296] Vgl. zur Systematik des Datenschutzrechts auch schon o. Fn. 109–116 mit begleitendem Text.

[297] Sehr ausgeprägt bei *Simitis,* in: Simitis u.a., Lfg. 5/93, § 1 Rdnr. 192, wo die vom BDSG (schon i.d.F. von 1977) konzipierte Präponderanz in eine verfassungsrechtliche Priorität gegenüber anderen Inhabern von Grundrechtspositionen umgemünzt wird; beachte dazu auch den Hinweis o. in Fn. 293.

[298] Die subjektiv-rechtliche Abwehrposition des Betroffenen ergibt sich (jedenfalls) aus der Verletzung der jeweiligen datenschutzrechtlichen Norm i.V.m. §§ 823, 1004 BGB, vgl. *BGH* vom 7. 7. 83, NJW 1984, 436; vom 22. 5. 84, NJW 1984, 1886f.; Erman/*H. Ehmann,* aaO., Anh. zu § 12 Rdnr. 57; *Schwerdtner,* in: Münchener Kommentar, § 12 Rdnr. 224.

[299] *Eberle,* CR 1992, 758, sieht hierin richtig die Verkörperung des Grundsatzes „In dubio pro securitate" (!) zugunsten des Betroffenen und zu Lasten des Verarbeiters. Aus verfassungsrechtlicher Sicht besteht die Frage, wieweit das Erforderlichkeitskriterium – das Übermaßverbot – zur Abgrenzung von Freiheitsräumen der Bürger gegen- und untereinander geeignet ist, vgl. *Ossenbühl,* FS für Lerche, S. 160. Näheres in speziellerem Zusammenhang unten sub C III 3c mit Fn. 477.

[300] Einer breiter angelegten sozialwissenschaftlichen Kritik an dieser Prämisse kann hier nicht nachgegangen werden; vgl. dazu etwa *Luhmann,* Zweck – Herrschaft – System, aaO.

[301] Zum Erforderlichkeitsprinzip vgl. bereits o. Fn. 35 sowie in Abschn. B II 3 a bb – insbes. sub (2) mit Fn. 161.

anderen Zwecken unterzuordnen.[302] Hierin ist ein gravierender Unterschied zu sonstiger kaufmännischer, handwerklicher oder industrieller Tätigkeit zu finden, für die personenbezogene Daten regelmäßig *notwendige Hilfs*mittel sind.[303] Für diese Bereiche läßt sich deshalb der Umfang personenbezogener Informationsverarbeitung anhand legitimer ökonomischer Bedürfnisse definieren, denen sie dient und im Hinblick auf die sie zumindest geeignet und sachgerecht zu sein hat. Eine entsprechende Festlegung in bezug auf vorgeformte publizistische Zwecke widerspräche der freiheitlichen Rolle der Presse im – pluralistischen – politischen System.[304]

Was die datenschutzrechtliche Präponderanz der Stellung des Betroffenen anlangt, so kann sie leicht erkennbar zumindest dann nicht Platz greifen, wenn auf der Seite des Datenverarbeiters eben die gleiche – grundrechtliche – Rechtsposition, diejenige des Persönlichkeitsrechts, involviert ist. Rein privat-persönliche kommunikative Entfaltung darf also keinesfalls insoweit Legitimationszwängen ausgesetzt werden, als dies nicht im Hinblick auf Belange des Betroffenen geboten – erforderlich – ist.[305]

Es ergibt sich somit, daß die vom BDSG festgelegte Unanwendbarkeit

---

302 Vgl. zunächst *BVerfGE* 20, 162 (175) vom 5. 8. 66 – Durchsuchung im Spiegel-Verlag: „In ihr [der Presse] artikuliert sich die öffentliche Meinung; die Argumente klären sich in Rede und Gegenrede…" Öffentliche Meinung(sbildung) ist ihrerseits gerade dadurch unerläßlicher Bestandteil des demokratischen politischen Systems, daß sie nicht inhaltlich-zweckhaft auf Themen und/oder Meinungsinhalte festgelegt (festlegbar) ist; vgl. dazu auch *Luhmann,* Öffentliche Meinung, aaO., insbes. Teil II, IV, VII.

303 Diese Unterscheidung gilt cum grano salis auch für das Verhältnis zwischen den Medien einerseits und den Auskunfteien, Einrichtungen der Werbewirtschaft u. ä., welche i. S. d. § 29 BDSG „zum Zwecke der Übermittlung" speichern, andererseits. Zu der in dieser Vorschrift enthaltenen (gebotenen) Orientierung an den berechtigten Interessen – Zwecken – potentieller Übermittlungsempfänger vgl. o. Fn. 116 m. Nw.; beachte *Mallmann,* in: Simitis u. a., Lfg. 1/92, § 29 Rdnrn. 30, 87; *Ordemann/Schomerus/Gola,* 1992, § 29 Anm. 4.3; *Auernhammer,* 1993, § 29 Rdnrn. 9f. (mit anderer Akzentsetzung); auch *Bergmann/Möhrle/Herb,* Lfg. 9/92, § 29 Rdnr. 35. Die Orientierung an ökonomischen Zielen – das Vorliegen eines Zweckprogramms – ist auch in den Fällen des § 29 deutlich.

304 Vgl. dazu z. B. *Löffler,* aaO., § 1 LPG Rdnrn. 23–31, 54. In Relation zum Datenschutzrecht *Eberle,* CR 1992, 760: „Rechtfertigungszwang und Zweckbindungsgebot sind der journalistischen Recherche fremd und würden sie unzumutbar beeinträchtigen"; insoweit übereinstimmend *Klee,* aaO., S. 120; *Seibel-Schwiedernoch,* CR 1988, 864.

305 Vgl. zum umgekehrten Ansatz des BDSG nochmals o. Fn. 296 und 299, jeweils mit begleitendem Text.

desselben, sei es auf die Verarbeitung bei den Medien, sei es auf diejenige im Privatbereich, aufs engste mit dem aufgezeigten gesetzlichen Regelungsansatz und den in diesem involvierten Prämissen zusammenhängt. Damit zeigt sich zugleich, daß das „allgemeine Datenschutzrecht" (des BDSG) eben wegen seines – insofern spezifischen – Ansatzes keineswegs als Recht höchster Generalität zur Regulierung von Konflikten bei der Verarbeitung personenbezogener Informationen interpretiert und angewandt werden kann. Die Verknüpfung eines solchen Geltungsanspruchs mit dem BDSG würde verfassungsrechtliche Grenzen empfindlich tangieren.

Von hieraus sind weitere Überlegungen möglich, die jedoch an dieser Stelle nur angedeutet werden können. Die Vermutung legt sich nahe, daß jenes Gesetz prinzipiell an den funktionalen Gegebenheiten der Informationsverarbeitung in Verwaltung und Wirtschaft ausgerichtet ist,[306] während es den informationellen Strukturen anderer, von kommunikativer Entfaltung und Auseinandersetzung geprägter Bereiche kaum gerecht zu werden vermag. Dies könnte u. U. beträchtliche Auswirkung für das Verständnis und die Regulierung von informationellem Persönlichkeitsschutz im Gesamtbereich der Dritten Gewalt haben.[307] Die vorliegende Untersuchung beschränkt sich insofern jedoch auf den durch das Rechts(pflege)system besonders geprägten *Grundrechts*träger, nämlich den Rechtsanwalt als „Organ der Rechtspflege" (§ 1 BRAO).

II. Die freie Advokatur. Verfassungsrechtliche Gewährleistungen

1. Freiberufler im System der Rechtspflege

Im Grundgesetz wird der Rechtsanwalt – genauer: „die Rechtsanwaltschaft" – nur an einer Stelle genannt, nämlich im Kompetenzkatalog des Art. 74 unter der Nr. 1. Trotz dieser eher marginalen Behandlung besteht kein Zweifel daran, daß der Anwaltsberuf ein wesentlicher, unerläßlicher

---

306 *Eberle,* CR 1992, 758, spricht in ähnlichem Zusammenhang davon, daß Vorschriften des BDSG eine „Antwort auf bürokratische Informationsverarbeitung" seien.

307 Die Überlegung kann auch für die Problematik des Datenschutzes in Notariaten von Bedeutung sein; vgl. zu diesem *Bohrer,* aaO., Rdnrn. 135 ff.; *Weingärtner/Schöttler,* aaO., Rdnr. 101 a.

Bestandteil des rechtsstaatlichen Systems ist, Artt. 20, 19 Abs. 4, 92 ff. GG.[308] Für die Annahme einer institutionellen Garantie aus Art. 103 Abs. 1 GG besteht nach der Rechtsprechung des *BVerfG* freilich keine Grundlage.[309]

Der Anwalt übt einen freien Beruf aus (§ 2 Abs. 1 BRAO). Eben die Herauslösung aus allen beamtenrechtlichen oder -ähnlichen Bindungen kennzeichnet die seit mehr als hundert Jahren in Deutschland bestehende freie Advokatur.[310] Die Freiheit, diesen Beruf zu wählen und auszuüben, ist in Art. 12 Abs. 1 GG gewährleistet.[311]

---

308 Vgl. *BVerfGE* 15, 226 (234) vom 19. 12. 62: „... die fundamentale objektive Bedeutung der seit fast einem Jahrhundert durchgesetzten ‚freien Advokatur'."; übereinstimmend *BVerfGE* 22, 114 (122) vom 28. 6. 67; 37, 67 (78) vom 2. 4. 74; grundlegend – in bezug auf Rechtsstaatsprinzip und das Prinzip fairen Verfahrens – *BVerfGE* 38, 105 (111 ff.) vom 8. 10. 74 – Zeuge im Disziplinarverfahren; ebenso 39, 156 (163 ff.) vom 11. 3. 75; 39, 238 (242 f.) vom 8. 4. 75. Aus der Lit: *Stern*, Anwaltschaft, S. 11 f. und passim; *Hartstang*, 1991, S. 253–297 m. umfangr. Nw.; *Degenhart*, HdbStR III, § 76 Rdnrn. 36 ff.

309 Nach dieser Rechtsprechung „gewährleistet ... Art. 103 Abs. 1 GG ... nur das rechtliche Gehör als solches, nicht rechtliches Gehör gerade durch die Vermittlung eines Anwalts.", vgl. *BVerfGE* 9, 124 (132) vom 22. 1. 59; 31, 297 (301) vom 20. 7. 71; 38, 105 (118) vom 8. 10. 74. Beachte demgegenüber BDiszG vom 3. 12. 91, NJW 1992, 2107 (2108 r. Sp.). Für eine institutionelle Gewährleistung der Anwaltschaft aus Art. 103 Abs. 1 GG *Arndt*, NJW 1967, 1331 f., wobei er diese Bestimmung als „Amtsrecht" versteht; *ders.*, NJW 1964, 2146 f. (m. E. bedeutend ausgewogener), NJW 1960, 2040 und NJW 1959, 1300; im Anschluß an diesen *Rolf Schneider*, 1976, 52 ff., im Abschnitt „Der Rechtsanwalt als Institution"; *ders.*, NJW 1977, 873 ff. (bei starker Abschwächung der institutionellen Komponente). *Hartstang*, 1991, S. 289 ff., tritt – kritisch zum BVerfG – für eine aus Art. 103 Abs. 1 GG herzuleitende Befugnis des Rechtssuchenden ein, sich in Rechtsangelegenheiten zur Wahrnehmung des Gehörs eines Anwalts zu bedienen; in eben diesem Sinn *Schmidt-Aßmann*, in: Maunz/Dürig, Lfg. 11/88, Art. 103 Rdnrn. 103 f., und zwar bei ausdrücklicher Ablehnung der Ableitung einer „institutionelle[n] Garantie der Anwaltschaft in ihren überkommenen Erscheinungsformen", aaO., Rdnr. 106; differenzierend *Kunig*, in: v. Münch, Art. 103 Rdnr. 15, Stichwort „Rechtsanwalt". Vgl. weiter zur Anwendung des Art. 103 Abs. 1 GG *Zuck*, JZ 1989, 354 m. w. Nw., wobei die Abweichung vom BVerfG – vom Ergebnis her gesehen – überzeichnet ist.

310 Grundlegend *Gneist*, aaO., S. 49 ff. und passim; aus der Rechtsprechung des BVerfG vgl. zunächst die Nw. o. Fn. 308 sowie *BVerfGE* 34, 293 (302) vom 14. 2. 73: „... daß d..er Anwalt einen freien Beruf ausübt, der staatliche Kontrolle und Bevormundung prinzipiell ausschließt."; übereinstimmend *BVerfGE* 50, 16 (29) vom 8. 11. 78. Beachte insbes. *BVerfGE* 63, 266 (283–286) vom 8. 3. 83 – „KBW"; 87, 287 (316 ff., 321, 324) vom 4. 11. 92 – Zweitberuf des Anwalts.

311 Vgl. u. a. *BVerfGE* 15, 226 vom 19. 12. 62; 16, 214 vom 11. 6. 63; 22, 114 vom 28. 6. 67; 34, 293 vom 14. 2. 73; 37, 67 vom 2. 4. 74; 63, 266 vom 8. 3. 83; 66, 337 vom 4. 4. 84; 72, 26 vom 12. 2. 86; 87, 287 vom 4. 11. 92; w. Nw. o. Fn. 252;

Die Berufsaufsicht – vorrangig durch Organe der Selbstverwaltung – zur Einhaltung aufgabenbedingter Pflichten steht nicht im Gegensatz zur Freiberuflichkeit, entspricht ihr vielmehr.[312] Für den Anwalt mögen sich allerdings – etwa im Vergleich zum Arzt – besondere, weitergehende rechtliche Bindungen zunächst nahelegen. Er ist nämlich Träger einer Rolle, die der Dritten Gewalt des Staats fest zugeordnet ist. Gemäß § 1 BRAO ist er „ein unabhängiges Organ der Rechtspflege"[313] (wobei der Organbegriff untechnisch zu verstehen ist[314]). Dieser Aufgabenbezug weist eine Ähnlichkeit zum Beruf des Notars auf, welcher „auf dem Gebiete der vorsorgenden Rechtspflege"[315] tätig ist. Der Notar hat – „[a]ls unabhängige[r] Träger eines öffentlichen Amtes"[316] – einen „staatlich gebundenen Beruf" i.S.d. verfassungsgerichtlichen Rechtsprechung, dessen Schutz zwar auch Art. 12 GG unterfällt, aber mit beträchtlichen Einschränkungen.[317] In einem früheren obiter dictum hatte das *BVerfG*

beachte *Leibholz/Rinck/Hesselberger,* aaO., Art. 12 Rdnrn. 141ff. m. umfangr. Nw.

312 Vgl. dazu *BVerfGE* 50, 16 (29ff.) vom 8. 11. 78; 76, 171 (184ff.) – RichtlRA I – und 76, 196 (205ff.) – RichtlRA II –, beide vom 14. 7. 87; *Hartstang,* 1991, S. 719ff.; unten sub D III 3d bb mit Fn. 759f.

313 Woraus zwar besondere Pflichten erwachsen, vgl. *BVerfGE* 26, 186 (194) vom 11. 6. 69; 66, 337 (354, 356) vom 4. 4. 84; beide im Kontext ehrengerichtlicher Maßnahmen. Andererseits bietet „die Einordnung des Rechtsanwalts als Organ der Rechtspflege keinen Eingriffstatbestand für Fälle [an]..., in denen der Anwalt dem Leitbild nicht entspricht": *BVerfGE* 63, 266 (285) vom 8. 3. 83 – KBW; 22, 114 (120) vom 28. 6. 67 – SED-Mitglied; 34, 293 (299f.) vom 14. 2. 73 – Ensslin-Kassiber; vgl. dazu ausführlich *Hartstang,* 1991, 279ff. Zur Geschichte und Auslegung des Begriffs „Organ der Rechtspflege" vgl. *Rolf Schneider,* 1976, S. 63ff.; *Stern,* Anwaltschaft, S. 8f., 12ff. Sehr kritisch zu diesem Begriff *Reifner,* NJW 1984, 1151ff., zugleich in Auseinandersetzung mit *BVerfGE* 63, 266 (s. dazu noch unten Fn. 320). Die Mißverständlichkeit des Begriffs rügt *Kleine-Cosack,* BRAO, § 1 Rdnrn. 13f.

314 Denn die „Rechtspflege" kann nicht Organträger sein, vgl. dazu *Herzog,* in: Maunz/Dürig, Lfg. 8/71, Art. 92 Rdnr. 98; *Rolf Schneider,* 1976, S. 65.

315 Zitat aus § 1 BNotO.

316 Zitat aus § 1 BNotO.

317 Vgl. allgemein *BVerfGE* 7, 377 (398) vom 11. 6. 58 – Apotheke I. Zum Notar: *BVerfGE* 16, 6 (21ff.) vom 2. 4. 63; grundlegend 17, 371 (376ff.) vom 5. 5. 64, und zwar in deutlicher Abschichtung vom Anwaltsberuf (380f.); weiterhin 54, 237 (246ff.) vom 1. 7. 80 – Sozietät Anwaltsnotar/Wirtschaftsprüfer; 73, 280 (292ff.) vom 18. 6. 86 – Zahl der Notarstellen; w. Nw. bei *Leibholz/Rinck/Hesselberger,* Art. 12 Rdnrn. 126ff. Die Literatur steht der Rspr. zum „staatlich gebundenen Beruf" überwiegend kritisch gegenüber, vgl. *Scholz,* in: Maunz/Dürig, Lfg. 9/81, Art. 12 Rdnrn. 220ff., 260f.; *Breuer,* HdbStR VI, § 147 Rdnrn. 49ff.: „Zirkelschluß"; *Jarass*/Pieroth, aaO., Art. 12 Rdnr. 43 b.

auch den Anwaltsberuf als einen „staatlich gebundene[n]" mit „amtsähnliche[r] Stellung" bezeichnet,[318] womit es auf heftige Kritik stieß;[319] inzwischen hat es sich von dieser Bemerkung im wesentlichen distanziert, sie der Sache nach zurückgenommen.[320]

Die spezifische – auch verfassungsrechtliche – Eigenart des Anwaltsberufs erkennt man erst daraus, daß der Rechtsanwalt trotz, zugleich aber wegen[321] seiner Einbindung in das System der Rechtspflege eines besonderen Maßes an Freiheit, vor allem an Unabhängigkeit von staatlicher Lenkung und Intervention, bedarf. Nicht selten ist etwas pathetisch von seiner Aufgabe im „Kampf ums Recht" die Rede.[322] Dabei geht es einerseits um die Förderung der Rechtsfindung gerade durch eine Verfahrensgestaltung, die auf kontroverse Auseinandersetzung vor einer neutralen Instanz hin angelegt ist, andererseits um das Erfordernis fachkundiger

---

318 *BVerfGE* 38, 105 (119) vom 8. 10. 74 – Zeuge im Disziplinarverfahren; zu den historischen Wurzeln dieser Formulierungen vgl. *Stern*, Anwaltschaft, S. 7f., m. Nw.; *Breuer*, aaO. (o. Fn. 317).

319 Vgl. *Krämer*, NJW 1975, 849ff.; *Schneider*, 1976, S. 76ff.; *Hartstang*, 1986, S. 65f.

320 Vgl. nochmals *BVerfGE* 63, 266 (284f.) – bereits o. Fn. 310 besonders hervorgehoben –; dazu *Hartung*, aaO., S. 234f.; *Schier*, AnwBl 1984, 414; auch *Krämer*, BRAK-Mitt. 1988, 68, hält fest, daß das Gericht die Qualifizierung „‚staatlich gebundener Vertrauensberuf' … in der Folge [nach BVerfGE 38, 119] nicht mehr aufgegriffen" hat; vgl. weiter *Jarass*, aaO. (o. Fn. 317). Unzutreffend wird der Bedeutungsgehalt der zuerst genannten Entsch. demgegenüber von *Reifner*, NJW 1984, 1151f., eingeschätzt; auch der Auffassung von *Zuck*, in: 25 Jahre BRAK, S. 88 Fn. 19, die Entscheidung „verharmlost das Problem", kann wegen deren klaren Aussagegehalts nicht gefolgt werden, wie von *Hartstang*, 1991, S. 278f., deutlich herausgearbeitet wird. Nach alledem kann jedenfalls heute nicht mehr – wie *Stern*, Anwaltschaft, S. 8, im Anschluß an *Rolf Schneider*, 1976, S. 76, im Jahre 1979 noch meinte – davon die Rede sein, für die h. M. sei Rechtsanwalt ein „staatlich gebundener Beruf"; insofern kritisch zu Stern *Schier*, aaO.; vgl. weiter *Scholz*, in: Maunz/Dürig, Lfg. 9/81, Art. 12 Rdnr. 221; *Breuer*, HdbStR VI, § 147 Rdnr. 51; *Tettinger*, 1985, 79f., 118ff., 122f., 136 (abw., nämlich schwankend, noch *ders.*, AöR 108 [1983], 103 m. Fn. 36).

321 Vgl. dazu *BGHSt* 35, 200 (203) vom 8. 2. 88 = NJW 1988, 1099 (1100 l. Sp.), in einem ehrengerichtlichen Verfahren bezüglich des Sachlichkeitsgebots: „als Organ der Rechtspflege … ist er dem Gericht gleichgeordnet", woraus vom BGH spezifische Grenzen der Überprüfbarkeit seiner Äußerungen abgeleitet werden. Beachte o. Fn. 313.

322 Vgl. *BVerfGE* 26, 186 (205) vom 11. 6. 69; 63, 266 (284) vom 8. 3. 83 „KBW"; *BVerfG* vom 12. 3. 90 (2. K. des I. Sen.), NJW 1991, 2274; vom 22. 8. 90, NJW 1991, 1045; auch vom 11. 4. 91 (2. K. des II. Sen.), NJW 1991, 2074 (2075 r. Sp.); beachte schon den Titel des Werks *Rudolf v. Jherings*, Der Kampf um's Recht, 3. Aufl., Wien 1873.

Betreuung und Vertretung der Partikularinteressen des einzelnen Rechtssubjekts. Das Rechts(pflege)system[323] der freiheitlichen Gesellschaft ist – ähnlich dem politischen System[324] – pluralistisch konzipiert; einseitige, interessengeleitete Verteidigung von Positionen ist ihm adäquat.[325] Zugleich ermöglicht das Vertrauensverhältnis, das auf der Verpflichtung zur Interessenwahrnehmung für den Mandanten gründet, besonders verständiges Eingehen auf dessen Belange im Innenverhältnis, verbunden mit verantwortlicher – z. T. berufsrechtlich gebotener – Steuerung der sodann nach außen hin einzunehmenden Position.[326] Der Anwalt ist also gleichermaßen „Kämpfer" und Moderator. In beiderlei Funktion dient er – vornehmlich im Zusammenspiel mit anderen Rollenträgern des Systems[327] – der Förderung des Rechtsfriedens. Umgekehrt müßte er, hätte er in eigener Person die Belange seines Mandanten staatlichen Interessen nachzuordnen,[328] aus seiner von pluraler Gegensätzlichkeit her konzipierten Rolle fallen.

2. Die Relevanz des Art. 5 Abs. 1 S. 1 GG. Grundrechtskonkurrenzen

Aus diesen Überlegungen ergibt sich zugleich grundrechtssystematisch Näheres über die *Art* der Freiheit,[329] welche Grundlage der gekennzeich-

---

[323] Vgl. dazu aus soziologischer Sicht, vorrangig auf stattfindende Kommunikationen abstellend, *Luhmann,* 1981, insbes. Kap. 2, S. 35ff. m. umfangr. Nw.; vgl. zu diesem die zusammenfassende Darstellung bei *Röhl,* aaO., insbes. S. 400–408.

[324] Vgl. dazu z.B. *Fraenkel,* aaO.; Gesamtüberblick bei *Steffani,* aaO., S. 13ff.

[325] Vgl. *BVerfGE* 16, 214 (216) vom 11. 6. 63 – Schmidt-Leichner; *Luhmann,* 1981, Kap. 5 (S. 92ff.): „Konflikt und Recht" (beachte S. 100 zur „falsch angelegte[n] Kontroverse, die Konflikttheorie gegen Systemtheorie ... auszuspielen versuchte"); *Henke,* aaO., § 22 (S. 181ff.): „Streit um Gerechtigkeit".

Anders ist demgegenüber die Aufgabe des Rechts(pflege)systems aus der Perspektive des Gerichts und damit insbesondere dessen Umgang mit (personenbezogener) Information zu verstehen; datenschutzrechtlich kommt diese Perspektive (bereichs)spezifisch wegen Verhandlungs- und Registeröffentlichkeit zum Tragen; vgl. für die Zivilgerichte die Untersuchung von *Liebscher,* aaO., passim, zusammengefaßt S. 223ff., 230ff.

[326] Vgl. zu diesen Grundsätzen in Anwendung auf die Führung von Zivilprozessen *Schmalz,* FS für Schiedermair, S. 481ff.

[327] *Stern,* Anwaltschaft, S. 14, spricht vom „Parallelogramm der Kräfte" innerhalb der „funktional aufgegliederte[n] Rechtspflege".

[328] Vgl. dazu in historischer Perspektive die Kritik *Gneists* insbes. an den Assistenzräthen friderizianischer Prägung, aaO., S. 5ff., 11ff., 49f.

[329] Vgl. allgemein zur Bestimmung des grundrechtlichen Schutzbereichs *von Münch*/Kunig, aaO., Vorb. Art. 1–19 Rdnrn. 48ff.; *F. Müller,* aaO., S. 87ff., 91ff., 98ff.; *Ramsauer,* VerwA 72 (1981), 89ff., 103ff; auch *Grimm,* 1982, S. 45ff.

neten Individualität und Pluralität ist. Offenkundig steht in diesem Kontext nicht der Erhalt und Nutzen *ökonomischer* Interessengegensätze (unter fairen Wettbewerbsbedingungen) in Rede. Mit Wirtschafts- oder Erwerbsfreiheit (Artt. 2 Abs. 1, 12, 14 GG)[330] ließe sich keineswegs der besondere Denk-, Sprech- und Handlungsspielraum angeben, in dem Anwälte ihre Tätigkeit entfalten, da und insoweit sie nicht um ein Mandat (gewissermaßen als Erwerbsquelle),[331] sondern um den Vortrag der überzeugenderen Argumente zugunsten ihres jeweiligen, von ihnen vertretenen Mandanten miteinander konkurrieren. Kennzeichnend dafür ist nicht das Vorliegen eines Marktes angebotener Dienstleistungen als solcher. Ebenso wenig geht es umgekehrt um einen bloßen Wettbewerb in Vortrags*kunst* (Art. 5 Abs. 3 GG?)[332] oder um die – mögliche – Pluralität

---

330 Vgl. z.B. *Badura,* Staatsrecht, Rdnr. C 77ff.

331 Diesem ökonomischen Aspekt läßt sich die Werbung zuordnen, deren Subsumtion unter die Gewährleistung des Art. 5 Abs. 1 GG in der Rechtsprechung des BVerfG nur zögerlich vollzogen wird; vgl. zunächst zur Prüfung von Wirtschaftswerbung allein anhand des Art. 12 GG *BVerfGE* 40, 371 (382f.) vom 10. 12. 75; ausdrücklich modifizierend *BVerfGE* 71, 162 (175) vom 19. 11. 85 – in abgestufter Beurteilung des Werbeverbots für Ärzte; diesbezüglich ähnlich *BVerfGE* 76, 196 (205ff.) vom 14. 7. 87 – RichtlRA II – und 85, 248 (256ff., 263f.) – Hackethal; in diesen drei Fällen kam es neben Art. 12 zur Akzentuierung der Meinungsfreiheit insbesondere deshalb, weil eine spezifisch von der Teilnahme an öffentlicher Diskussion durch Bücher und Presse ausgehende werberische Wirkung zum Gegenstand der (berufs)gerichtlichen Prüfung geworden war; ähnlich *BVerfG* vom 17. 9. 93 (3. Kammer des I. Sen.), NJW 1994, 123f., wo eine „gegen Art. 12 Abs. 1 i.V.m. Art. 5 Abs. 1 GG verstoßende Auslegung des anwaltlichen Werbeverbots" festgestellt wird. Demgegenüber bleibt Art. 12 auch in jüngeren Entscheidungen des Gerichts in Ansehung von bloßen Ankündigungen, Umschreibungen und Anpreisungen beruflicher Tätigkeit der allein in Erscheinung tretende grundrechtliche Prüfungsmaßstab; vgl. zur anwaltlichen Werbung die drei Kammerbeschlüsse in NJW 1992, 1613f. (s.o. Fn. 252) sowie *BVerfGE* 82, 18 (26ff.) vom 4. 4. 90 – „Architekt und Rechtsbeistand"; vom 3. 9. 93, NJW 1993, 3129 (3. Kammer des I. Sen.). Beachte zum Verhältnis zwischen Artt. 12 und 5 GG bei der Beurteilung des Verbots der Außenwerbung für apothekenübliche Waren *BVerwG* vom 5. 9. 91, DÖV 1992, 531 (533 r. Sp.). Die Lit. bezieht fast einhellig die Wirtschaftswerbung in den Schutzbereich des Art. 5 ein; vgl. für Näheres *Wendt,* in: v. Münch/Kunig, Art. 5 Rdnr. 11; *Degenhart,* in: BK, Lfg. 9/87, Art. 5 Rdnrn. 153f.; *Jarass*/Pieroth, aaO., Art. 5 Rdnr. 2 m.w.Nw.; *Schmidt-Jortzig,* HdbStR VI, § 141 Rdnrn. 21f.; *Hoffmann-Riem,* in: AK-GG, Art. 5 Abs. 1, 2, Rdnr. 23; im Ergebnis deutlich a.A. *v. Münch,* in: v. Münch u.a., 3. Aufl., Art. 5 Rdnr. 7; für das Anwaltsrecht insbesondere *Zuck,* NJW 1979, 1121 (1126), vgl. zu diesem auch unten Fn. 338.

332 Vgl. grundsätzlich zur Abgrenzung zwischen Kunstfreiheit und Art. 5 Abs. 1 GG *BVerfGE* 30, 173 (190f.) vom 24. 2. 71 – Mephisto; v. Mangoldt/Klein/*Starck,* aaO., Art. 5 Rdnrn. 186, 191.

weltanschaulicher Überzeugungen (Art. 4 Abs. 1 GG).[333] Ausschlaggebend ist vielmehr die Vielfalt und die offene Konkurrenz von Rechts*meinungen* respektive von Darstellungen und Beurteilungen rechtsrelevanter tatsächlicher Verhältnisse.[334]

Im Grundrechtskatalog des GG wird die Äußerung und Verbreitung von Meinungen – unter Einschluß von (meinungsbildenden) Tatsachenbehauptungen[335] – „in Wort, Schrift und Bild" durch Art. 5 Abs. 1 S. 1 geschützt. Für Rechtsmeinungen besteht keine Sonderregelung.[336] Dementsprechend hat das *BVerfG* mehrfach – in Übereinstimmung mit der Rechtsprechung des *BGH* – die große Bedeutung dieser Bestimmung für den Schutz der Argumentation des Rechtsanwalts, „für den Wort und Schrift die wichtigsten ‚Berufswaffen' sind", hervorgehoben.[337] Die bis-

---

[333] Zur Abgrenzung zwischen Art. 4 Abs. 1 und 2 einerseits und Art. 5 Abs. 1 GG andererseits vgl. *BVerfGE* 32, 98 (106f.) vom 19. 10. 71 – Bluttransfusion; v. Mangoldt/Klein/*Starck*, aaO., Art. 4 Rdnr. 86; *v. Campenhausen*, HdbStR VI § 136 Rdnr. 87.

[334] Dem liegt der Charakter juristischer Argumentation zugrunde, vgl. dazu u.a. *Luhmann*, 1993, Kap. 8, S. 338ff., insbes. 366–370, 375, 406; vgl. zu diesem weiterhin o. Fn. 323 und 325; für die verfassungsrechtliche Argumentation *Häberle*, AöR 102 (1977), 29ff.: „Möglichkeitsdenken ... pluralistisches Alternativendenken"; zum gerichtlichen Prozeß *Kriele*, JZ 1994, 1897; s. auch o. Fn. 324.

[335] Vgl. *BVerfGE* 61, 1 (7ff.) vom 22. 6. 82 – „NPD von Europa"; vom 12. 4. 91, NJW 1991, 2339 – Chefarztbrief; *BVerfGE* 85, 1 (14ff.) vom 9. 10. 91 – Bayer-Flugblatt; 85, 23 (30ff.) – Altenheim-Fragenkatalog; vom 11. 11. 92 (3.K. des I. Sen.), NJW 1993, 1845f. – Kreiskrankenhaus „heruntergewirtschaftet"; *BGH* vom 18. 10. 77, NJW 1978, 751ff. – Sachverständigengutachten; grundlegend *Herzog*, in: Maunz/Dürig, Lfg. 12/92, Art. 5 I, II, Rdnrn. 50ff., 55, zugleich unter Bezugnahme auf Art. 10 Abs. 1 EMRK; v. Mangoldt/Klein/*Starck*, aaO., Art. 5 Rdnr. 19; *Hoffmann-Riem*, in: AK-GG, Art. 5 I, II, Rdnr. 21; *Schmidt-Jortzig*, HdbStR VI, § 141 Rdnrn. 19f.; *Badura*, aaO., Rdnr. C 60; *Jarass*/Pieroth, aaO., Art. 5 Rdnrn. 2f.; *Wendt*, in: v. Münch/Kunig, Art. 5 Rdnr. 9; auch unten Fn. 649.

[336] Für eine solche ist auch kein spezifischer Bedarf erkennbar, denn Rechtsauffassungen – oft voneinander abweichend und von subjektiver Wertung geprägt (vgl. zu diesen Kriterien z.B. v. Mangoldt/Klein/*Starck*, aaO., Art. 5 Rdnr. 16) – sind typischer Fall von Meinung i.S.d. Art. 5 Abs. 1 GG. Sie liegen zudem im Schwerpunkt der Gewährleistung, insofern als die Interpretation des Rechts – insgesamt die Rechtspflege – eine Angelegenheit von öffentlicher Bedeutung ist; vgl. zu diesem Kriterium unten C III 3a.

[337] Vgl. *BVerfGE* 76, 171 (192f.) vom 14. 7. 87 – RichtlRA I; 26, 186 (205) vom 11. 6. 69 – „Roland Freisler"; *BVerfG* vom 11. 4. 91 (2. K. des II. Sen.), NJW 1991, 2074 (2075 r. Sp.), zu „schriftsätzlichen Ausführungen", deren Verfasser freilich nicht Anwalt war; *BGHSt* 21, 206 = NJW 1967, 891f., vom 16. 1. 67; auch *BVerfGE* 76, 196 (207, 208ff.) vom 14. 7. 87 – RichtlRA II; vgl. *Odersky*, aaO., S. 15, 16. Beachte ferner die ausdrückliche Bezugnahme auf Art. 5 Abs. 1

herige diesbezügliche Zurückhaltung in der Literatur[338] ist durch nichts gerechtfertigt.

Dabei geht es nicht um eine ausschließliche Orientierung an Art. 5 Abs. 1 GG. Grundrechtliche Schutzbereiche überschneiden sich häufig. Dem wesentlichen Instrumentarium[339] zur Erfüllung anwaltlicher Berufsaufgaben kommt jedenfalls, soviel hat sich ergeben, die „stärkere sachliche Beziehung"[340] zur genannten Grundrechtsbe-

---

GG, wenn auch im Rahmen einer Prüfung der Verletzung des Art. 12 Abs. 1, in *BVerfG* vom 22. 8. 90, NJW 1991, 1045 (l.Sp.) – Sachlichkeitsgebot/Patentanwalt; zur damit angesprochenen grundrechtssystematischen Problematik vgl. noch die Nachweise unten Fn. 355ff. (mit begleitendem Text).

338 Keine besondere Berücksichtigung findet Art. 5 GG bei *Stern,* Anwaltschaft (vgl. S. 11); *Rolf Schneider,* 1976, S. 44ff.; *Hartstang,* 1991, S. 253ff.; *Krämer,* BRAK-Mitt. 1988, 67ff.; *Friese,* AnwBl 1985, 602. *Zuck,* in: 25 Jahre BRAK, erörtert S. 92ff. Art. 5 zunächst im Zusammenhang von Werbeverboten – was nicht Gegenstand der vorliegenden Argumentation ist (s. im übrigen o. Fn. 331) – und sodann (S. 94f.) im Kontext des Sachlichkeitsgebots, plädiert insoweit jedoch in Abweichung von der höchstrichterlichen Rechtsprechung für die Spezialität des Art. 12 Abs. 1 GG, vgl. dazu weiter unten sub C II 2 b, c. *Arndt,* NJW 1967, 1331f. (Anmerkung zu BGHSt 21, 206), lehnt die Anwendung des Art. 5 Abs. 1 auf den Vortrag des Anwalts strikt ab, da er „als Organ der Rechtspflege in Ausübung öffentlich-rechtlicher Befugnisse" handele, um statt dessen eine institutionelle Gewährleistung aus Art. 103 Abs. 1 GG abzuleiten, vgl. dazu o. Fn. 309 und unten Fn. 387ff.; allerdings hatte *Arndt* in NJW 1964, 2146 deutlich auch solche Akzente gesetzt, die der Zuordnung zu individueller freiheitlicher Meinungsäußerung des Anwalts entsprechen. Deutlich über den Regelungsgehalt des Art. 12 GG hinaus weisen die Überlegungen bei *Schier,* AnwBl 1984, 414–416, unter Bezugnahme auf den Grundsatz der freien Advokatur, ohne daß der Schritt zu Art. 5 GG vollzogen würde; vgl. auch allgemein zur Relevanz des Art. 5 GG für Freiberufler *Jarass,* NJW 1982, 1833ff. Eindeutig ist die Bezugnahme auf Art. 5 Abs. 1 GG – im Zusammenhang der Grenzen des Sachlichkeitsgebots – bei *Kleine-Cosack,* AnwBl 1986, 508; *ders.,* 1985, S. 180f.

339 Zum Gewicht solchen „Instrumentariums" – insbesondere des Eigentums – bei der Bestimmung des Schutzbereichs bzw. bei der Beurteilung von Konkurrenzen vgl. auch *BVerfGE* 70, 191 (214) vom 19. 6. 85 – Fischereigenossenschaft; *BVerwGE* 5, 171 (174) vom 4. 7. 57 – Weinrebenanbauverordnung –, dazu kritisch W. *Berg,* aaO., S. 148ff; beachte die Darstellung bei *Beckmann/Wiethoff,* DÖV 1991, 728f. Vgl. im übrigen unten Fn. 373.

340 Dieses Kriterium hat das *BVerfG* mehrfach zur Bestimmung des grundrechtlichen Prüfungsmaßstabs in Fällen herangezogen, in denen das allgemeine Freiheitsrecht des Art. 2 Abs. 1 bzw. der allgemeine Gleichheitssatz des Art. 3 Abs. 1 GG involviert waren; vgl. *BVerfGE* 13, 290 (296) vom 24. 1. 62 – Ehegatten-Arbeitsverhältnis; 64, 229 (238f.) vom 15. 6. 83 – Sparkassen-Grundbucheinsicht; 65, 104 (112) vom 4. 10. 83 – Mutterschaftsgeld; 67, 186 (195) vom 10. 7. 84 – Arbeitslosenhilfe; beachte 19, 206 (225) vom 14. 12. 65 – badische Kirchenbausteuer.

stimmung zu. Näheres gehört zum Problemkreis der Grundrechtskonkurrenzen.[341]

Rechtsprechung und Literatur zeigen, daß damit aufgeworfene Fragen selten auf rein abstrakter Ebene befriedigend zu beantworten sind.[342] Eher ist eine schrittweise, je situationsbezogene Erörterung angezeigt. Dazu sind, bevor im weiteren Gang der Untersuchung die Einschränkung der grundrechtlich geschützten Sphäre(n) durch Datenschutzrecht näher zu analysieren sein wird, noch die folgenden Betrachtungen am Platz.

a) Parallele: Parteivortrag im Verfahren

Was den Vortrag durch eine (nicht anwaltlich vertretene) Partei in einem „gesetzlich geregelten Verfahren ... der Rechtspflege" anlangt, so hat sich das *BVerfG* in den Entscheidungen vom 25. 2. 87 und vom 23. 6. 90 auf „Art. 2 Abs. 1 GG i. V. mit dem Rechtsstaatsprinzip" gestützt.[343] Es hat damit zugleich den Bezug zur verfassungsrechtlichen Beurteilung einer Fülle anderer prozeßrechtlicher Fragen hergestellt (z. B. der Inanspruchnahme bzw. Beiordnung eines Verteidigers,[344] der Verwendung eines Beweismittels,[345] der Übersetzung für Ausländer[346]), die nicht unmittelbar den Inhalt von Kommunikation betreffen, oft auch nicht Art. 103 GG zugeordnet werden (können).

Andererseits hat das *BVerfG*, wie erwähnt, die Bedeutung des Art. 5 für die juristische Argumentation des Anwalts – inner- und außerhalb eines Verfahrens – klar herausgestellt. Soweit die Partei selbst innerhalb

---

[341] Vgl. von Mangoldt/Klein/*Starck*, aaO., Art. 1 Rdnrn. 185f.; *Rüfner*, Festschr. BVerfG, Bd. II, S. 474ff.

[342] Zum Meinungsstand vgl. *von Münch*/Kunig, Vorb. Art. 1–19 Rdnrn. 42f.; s. auch die bei *Bleckmann/Wiethoff*, DÖV 1991, 723ff., vorgenommene Aufgliederung in „Abstrakte und konkrete Konkurrenz".

[343] *BVerfGE* 74, 257 (259ff.) – Schülerin-Strafanzeige –, Beschl. des I. Sen.; und NJW 1991, 29 (2. K. des II. Sen.).

[344] Vgl. *BVerfGE* 38, 111 (o. Fn. 318); 39, 238 (242f.) vom 8. 4. 75; 46, 202 (209ff.) vom 19. 10. 77 – Revisionshauptverhandlung; 63, 380 (390–393) vom 12. 4. 83 – Beschuldigter im Privatklageverfahren. Zur Anwesenheit des Angeklagten selbst in der Hauptverhandlung vgl. *BVerfGE* 41, 246 (249) vom 21. 1. 76.

[345] Vgl. *BVerfGE* 57, 250 (274ff.) vom 26. 5. 81 – Zeugen vom Hörensagen.

[346] Vgl. *BVerfGE* 64, 135 (143–145) vom 17. 5. 83, bei ausdrücklichem Ausschluß der Anwendung des Art. 103 Abs. 1 GG, und zwar mit restriktiver Wirkung im Ergebnis (für den im Revisionsverfahren anwaltlich vertretenen Angeklagten).

des „Verfahrens der Rechtspflege" vorträgt, ist aus der Perspektive schutzwürdiger Meinungsäußerung ein Unterschied zum anwaltlichen Vortrag schwerlich ausmachbar. Eine gegenüber den Entscheidungen vom 25. 2. 87 und 23. 6. 90 konsequentere Lösung enthält deshalb der Beschluß vom 11. 4. 91, in dem die 2. Kammer des II. Senats ein Strafurteil wegen übler Nachrede gegen eine Prozeßpartei, die vor dem Zivilgericht selbst vorgetragen hatte, sowohl nach Art. 5 Abs. 1 S. 1 GG als auch nach Art. 2 Abs. 1 GG i. V. m. dem Rechtsstaatsprinzip überprüfte.[347]

Damit wurde ein Verhältnis grundrechtlicher Idealkonkurrenz zugrundegelegt.[348] Im Anschluß an *Scholz* kann in Ansehung des Art. 2 Abs. 1 – i. V. m. dem Rechtsstaatsprinzip – von einer *supplementären* Geltung dieser generelleren Vorschrift zur Verstärkung der sich aus der spezielleren ergebenden Grundrechtsposition gesprochen werden.[349]

Die zivilgerichtliche Rechtsprechung zur Eingrenzung des Ehren- und Persönlichkeitsschutzes gegenüber dem Vortrag in Gerichts- und Verwaltungsverfahren führt regelmäßig zu noch darüber hinausgehender Redefreiheit, ohne daß dies, soweit ersichtlich, eine spezifische Rückwirkung auf die Qualität des verfassungsrechtlichen Mindeststandards hätte.[350]

---

347 *BVerfG* NJW 1991, 2074; zur Idealkonkurrenz zwischen Art. 5 Abs. 1 und Art. 2 Abs. 1 i. V. m. dem Rechtsstaatsprinzip vgl. auch – in anderem Zusammenhang – *BVerfG* vom 10. 7. 92 (3. K. des II. Sen.), NJW 1992, 2750f.

348 Vgl. dazu *Herzog*, in: Maunz/Dürig, Lfg. 1/87, Art. 5 Abs. I, II Rdnr. 35; *Schwabe*, 1977, S. 332f.

349 Vgl. dazu *Scholz*, AöR 100 (1975), 117, 119ff. (rechtsobjektive externe Supplementarität), bezüglich des Verhältnisses zu Art. 5 Abs. 1 GG insbes. im Anschluß an *BVerfGE* 35, 35 (39f.) vom 11. 4. 73 – U-Haft-Briefkontrolle bei Ehegatten; übereinstimmend *BVerfGE* 42, 234 (236f.) vom 16. 6. 76, während *BVerfGE* 34, 384 (401) vom 14. 3. 73 bezüglich der Beschränkung des Briefverkehrs mit Nichtangehörigen allein auf Art. 5 Abs. 1 abstellte; *BVerfGE* 57, 170 (177ff.) vom 5. 2. 81 vernachlässigt Art. 5 Abs. 1 GG – nicht ganz folgerichtig –, anders die abw. Meinung des Richters *Wand*, aaO., 204 (212); kritisch zum BVerfG v. Mangoldt/Klein/*Starck*, aaO., Art. 2 Rdnr. 48; insgesamt kritisch zur supplementären Geltung des Art. 2 Abs. 1 GG *Erichsen*, HdbStR VI, § 152 Rdnr. 28, auch Rdnr. 29.

350 *BVerfGE* 74, 260, 262 unten (wie Fn. 343) nimmt auf die von der Rechtsprechung des BGH gesetzten Maßstäbe, die den verfassungsrechtlichen Anforderungen gerecht werden, ausdrücklich Bezug. – Ohne weiteres anerkannt war und ist, daß für den Prozeßvortrag der Grundsatz der Wahrnehmung berechtigter Interessen (§ 193 StGB) besonderes Gewicht hat (vgl. *Dreher/Tröndle*, aaO., § 193 Rdnr. 15; *Weitnauer*, JZ 1962, 489f.; zu diesem *BGH* vom 24. 11. 70, NJW 1971, 284f.; *OLG Hamm* vom 30. 9. 91, NJW 1992, 1329 [1330]; *E. Helle*, aaO., S. 122ff.; auch *J. Helle*, NJW 1987, 233f.), was im Zusammenhang mit der Ausprägung, die

b) Anwaltlicher Vortrag insbesondere

Die dargestellte supplementäre Geltung des Art. 2 Abs. 1 i.V.m. dem Rechtsstaatsprinzip ist an dem den Beteiligten zukommenden Recht auf ein faires Verfahren orientiert. Demgegenüber versteht das *BVerfG* die korrelierende Position des Anwalts als dessen berufsspezifische Verfahrensrolle, die es als solche in Art. 12 Abs. 1 GG verankert.[351] Somit geht es entsprechend um Idealkonkurrenz zwischen dieser Bestimmung und Art. 5 Abs. 1 GG. Mit der Anwendbarkeit beider Grundrechte auf die Rede des Anwalts – sei es im förmlichen Verfahren, sei es außerhalb desselben – kommt zum Tragen, daß diese immer auch Teil seiner auf Dauer berechneten Tätigkeit „zu Grundlage seiner Lebensführung",[352] also der nach Art. 12 Abs. 1 geschützten Berufsausübung ist .[353]

Allerdings haben in jüngerer Zeit vier Entscheidungen des I. Senats (bzw. dessen 2. Kammer) des *BVerfG*, die in Anlehnung an den ersten der zwei Standesrechtsrichtlinien-Beschlüsse des Senats vom 14. 7. 87[354] ergingen, zur verfassungsrechtlichen Beurteilung von Disziplinarmaßnahmen, die wegen Verletzung des Sachlichkeitsgebots durch verfahrens-

---

§ 193 StGB durch Art. 5 Abs. 1 GG gefunden hat (vgl. *Lenckner,* in: Schönke/Schröder, § 193 Rdnr. 1 m. umfangr. Nw. aus der Rspr.), gesehen werden muß. Die richterrechtliche Weiterentwicklung zu einem Verfahrensprivileg ist durch zwei Stufen gekennzeichnet. Zum einen hat der BGH den Anspruch auf Widerruf bzw. Unterlassung auch für den Fall, daß der Beweis der Unwahrheit gelänge, versagt; so zuerst *BGH* vom 24. 11. 61, NJW 1962, 243 = JZ 1962, 486 mit krit. Anm. von *Weitnauer.* Zum anderen ist nach der jüngeren Rechtsprechung ein Rechtsschutzbedürfnis für jedwede Rechtsverfolgung solange nicht anzuerkennen, wie das Ausgangsverfahren, in dem die Äußerung getan wurde, noch anhängig ist; vgl. *BGH* vom 10. 6. 86, NJW 1986, 2502 (2503); vom 9. 4. 87, NJW 1987, 3138 (3139); vom 17. 12. 91, NJW 1992, 1314 (1315 r.Sp.); *OLG Hamm,* aaO. In Ansehung der ersten Stufe bezieht sich letzteres für das „Gebot der Rechtsstaatlichkeit" eigens auf BVerfG NJW 1991, 2074f. (o. Fn. 347). – Insgesamt spiegelt diese Rechtsprechung die verfassungsrechtlichen Kriterien in ihrer spezifischen Anwendung auf die prozessuale Praxis. – Vgl. zusammenfassend Erman/*H. Ehmann,* BGB, Anh. zu § 12 Rdnrn. 192ff.

[351] Paradigmatisch die Gegenüberstellung in *BVerfGE* 39, 238 (241f. einerseits und 242ff. andererseits) vom 8. 4. 75 – Widerruf der Bestellung eines Pflichtverteidigers wegen Verdachts der Tatbeteiligung; vgl. im übrigen aus der umfangreichen Rechtsprechung des Gerichts, wie sie o. Fn. 311, ähnlich unten Fn. 364, nachgewiesen ist.

[352] Vgl. zum Begriff „Beruf" *BVerfGE* 7, 377 (397) vom 11. 6. 58 – Apotheke I.

[353] Vgl. dazu schon oben Fn. 311 m. begleitendem Text.

[354] *BVerfGE* 76, 171; vgl. zu dieser Entscheidung bereits o. Fn. 337 mit begleitendem Text.

bezogene anwaltliche Erklärungen verhängt worden waren, allein Art. 12 Abs. 1 GG zum Prüfungs*ansatz* gewählt. In zwei von ihnen erklärte die 2. Kammer nach Darlegung eines Verstoßes gegen Art. 12 abschließend, der „ebenfalls als verletzt gerügte Art. 5 GG tritt als selbständiger Prüfungsmaßstab hinter Art. 12 GG zurück".[355] Der weitere Kammerbeschluß[356] und sodann der Senatsbeschluß vom 22. 8. 90[357] enthalten diese Formulierung nicht mehr. Beide stellen darüber hinaus für die interne Prüfung nach Art. 12 Abs. 1 GG – auf dem Wege der verfassungskonformen Auslegung der die Berufsfreiheit eingrenzenden gesetzlichen Generalklausel[358] – ausdrücklich auf Art. 5 Abs. 1 GG ab, insbesondere auf die „Bedeutung der Meinungsäußerung für die anwaltliche Berufsausübung wie auch für die freie Kommunikation in der Gesellschaft insgesamt".[359]

Dieses gewissermaßen nach innen gewendete Verfahren,[360] bei dem Art. 12 Abs. 1 den äußeren Rahmen stellt, findet seine Erklärung vor allem in der Orientierung an jenen Grundsatzbeschlüssen vom 14. 7. 87, in denen es im Ausgangspunkt um den Verbindlichkeitscharakter der „festgestellten" Grundsätze des anwaltlichen Standesrechts ging. Diese betrafen in ihrer Gesamtheit wegen ihres (gezielt) berufsregelnden Inhalts[361] die

---

355 *BVerfG* vom 15. 3. 89, NJW 1989, 3148 – „Dextro Energen"; vom 12. 3. 90, NJW 1991, 2274 (2275) – BDSG-Verletzung durch StA.

356 *BVerfG* vom 18. 6. 90, AnwBl 1990, 519 (520) [mit Druckversehen beim Datum].

357 *BVerfG* NJW 1991, 1045 – Patentanwalt.

358 § 43 BRAO bzw. § 39 PAO.

359 Vgl. o. Fn. 356.

360 Vgl. für ein entsprechendes Prüfungsverfahren mit Bezug auf Art. 2 Abs. 1 GG die Diskussion der Rechtsprechung des BVerfG bei *Scholz,* AöR 100 (1975), 120: rechtsobjektive *interne* Supplementarität – in Gegenüberstellung zur externen (zu dieser s. o. Fn. 349 mit begleitendem Text).

361 wobei dieses Kriterium umgekehrt nicht conditio sine qua non für die Anwendbarkeit des Art. 12 Abs. 1 ist, vgl. dazu *Rittstieg,* in: AK-GG, Art. 12 Rdnr. 84; *Jarass*/Pieroth, aaO., Art. 12 Rdnr. 11; *BVerfGE* 61, 291 (308) vom 3. 11. 82 – Tierpräparatoren; 46, 120 (137) vom 12. 10. 77 – Direktruf; jeweils m. w. Nw. – Sehr restriktiv im Ansatz demgegenüber *BVerfGE* 49, 24 (47f.) vom 1. 8. 78 – Kontaktsperregesetz – im Hinblick auf die berührte anwaltliche Tätigkeit; an dieser Entscheidung übt *Zuck,* in: 25 Jahre BRAK, S. 91 Fn. 31 scharfe Kritik. Einengend hinsichtlich des Schutzbereichs des Art. 12 Abs. 1 insofern auch *BVerfGE* 41, 231 (241) vom 21. 1. 76 sowie 52, 42 (53f.) vom 18. 7. 79 – beachte hier aber die abw. Meinung des Richters *Rottmann,* aaO., S. 58f., mit entsprechenden Nw. aus der Rechtsprechung des Gerichts –; beide zum kommunalrechtlichen Vertretungsverbot (jeweils Rechtsanwälte betreffend).

Berufsausübung i.S. des Art. 12 Abs. 1 S. 2. Da das *BVerfG* zu dem Ergebnis gelangte, es fehle „bereits“ die nach dieser Vorschrift erforderliche gesetzliche Grundlage,[362] erübrigt(e) sich die auf je einzelne Standesgrundsätze zu beziehende Prüfung der Verletzung anderer Grundrechte. Die Bemerkung in den beiden Beschlüssen der 2. Kammer des I. Senats, Art. 5 trete als selbständiger Prüfungsmaßstab zurück, würde also mißverstanden – respektive wäre im Licht vorangegangener Rechtsprechung zum Inhalt anwaltlicher Kommunikation[363] unzutreffend –, wollte man sie im Sinne eines angenommenen Vorrangs bzw. größeren Gewichts der Schutzrichtung aus Art. 12 Abs. 1 (S. 2) GG interpretieren.[364]

---

362 *BVerfGE* 76, 184; 205.

363 Vgl. dazu nochmals die spezifische Akzentuierung der Meinungsfreiheit in *BVerfGE* 76, 192, 193, 207, 210 – RichtlRA I und II.

364 Demgegenüber entspricht es der bisherigen Rechtsprechung des *BVerfG*, Fragen der Teilhabe an anwaltlicher Kommunikation überhaupt, über die durch Zulassung zur Anwaltschaft (vgl. z.B. *BVerfGE* 63, 266 vom 8. 3. 83; 87, 287 vom 11. 11. 92) bzw. Ausschluß aus ihr (vgl. z.B. *BVerfGE* 44, 105 vom 2. 3. 77; 66, 337 vom 4. 4. 84; 72, 51 vom 26. 2. 86) oder durch Ausschluß von der jeweiligen Vertretung im Prozeß (vgl. z.B. *BVerfGE* 15, 226 vom 19. 12. 62; 16, 214 vom 11. 6. 63; 22, 114 vom 28. 6. 67; 37, 67 vom 2. 4. 74) entschieden wird, allein nach Art. 12 Abs. 1 GG zu beurteilen. Allerdings hat das Gericht auch in diesen Zusammenhängen oft darauf abgestellt, es fehle schon an der erforderlichen rechtsklaren gesetzlichen Grundlage gemäß Art. 12 Abs. 1, so daß sich die Prüfung anhand weiterer Grundrechtsbestimmungen erübrigen konnte (vgl. z.B. *BVerfGE* 63, 297). Im übrigen bedarf diese Rechtsprechung für die Zwecke der vorliegenden Untersuchung nicht der kritischen Vertiefung. Es genüge der Hinweis, daß Art. 5 Abs. 1 GG nicht jedermann das Recht einräumt, seine Meinung in der Rolle des Anwalts zu äußern; letztere eröffnet ein besonderes, wegen seiner spezifischen Qualität nicht ohne weiteres zugängliches Forum im System der Rechtspflege. Diesen Ausschluß allgemeiner Zugänglichkeit („Exklusivität“) vorausgesetzt, ist der Grundsatz anwendbar, daß zum Schutzgegenstand des Art. 5 Abs. 1 nicht die *Verschaffung* von Zuhörern, von „Podien“ oder eines Forums zur Meinungsverbreitung gehört; vgl. dazu von Mangoldt/Klein/*Starck*, aaO., Art. 5 Rdnr. 24; *Herzog*, in: Maunz/Dürig, Lfg. 12/92, Art. 5 Abs. I, II Rdnrn. 60ff. Die Frage stellt sich freilich anders, wenn die Verschaffung des Forums gerade (auch) wegen vom Betroffenen vertretener Meinungen versagt würde, ein meinungsregelnder Charakter sich also nicht ausschließen läßt bzw. nahelegt. Dies mag in den einschlägigen Zulassungs- und Ausschlußfällen nicht hinreichend zum Tragen gekommen sein, vgl. dazu etwa die abw. Meinung des Richters *Simon*, *BVerfGE* 63, 266/298 (304). – Wie immer das Problem der Forums-Verschaffung (-Zugänglichmachung) zu beurteilen ist, vorliegendenfalls geht es darum, daß demjenigen, der sich auf dem Forum befindet, die Redefreiheit aus Art. 5 Abs. 1 GG zusteht.

c) „Idealkonkurrenz" zwischen Art. 5 Abs. 1 S. 1 und Art. 12 Abs. 1 GG

Die Quintessenz der angestellten Überlegungen ist dahin zusammenzufassen, daß der grundrechtliche Schutz anwaltlicher Meinungs(äußerungs)freiheit keineswegs durch die Gewährleistung der Berufsfreiheit irgendwie verdrängt oder beeinträchtigt würde. Beide Verfassungsbestimmungen sind – der Idealkonkurrenz entsprechend – auf die anwaltliche Tätigkeit anwendbar. Es geht im Grundsatz um kumulativen, nicht alternativen Schutz.

Die Anwendbarkeit beider Grundrechtsartikel liegt dabei nicht allgemein fest, sondern hängt davon ab, ob die konkrete Situation sowohl berufliche Entfaltung als auch die Kreation/Äußerung von Meinung zum Gegenstand (der Regulierung) hat; letzteres ist z.B. in bezug auf eine Regel über Pünktlichkeit[365] oder über die Beantragung von Versäumnisurteilen[366] nicht anzunehmen.

Darüber hinaus läßt sich festhalten, daß den beiden Grundrechtsbestimmungen bei gleichzeitiger Anwendbarkeit je nach Sachverhalt – und je nach dem Regelungsansatz der freiheitsbeschränkenden Vorschrift – unterschiedliches Gewicht zukommen kann,[367] zumal im Hinblick auf die Bedeutung (die Interpretation) der entsprechenden Grundrechtsschranke.[368] Daraus erklärt sich leicht die vom *BVerfG* praktizierte Prüfung des Werbeverbots – in bezug auf bloße Hinweise respektive Anpreisungen – allein anhand des Art. 12 Abs. 1 GG.[369] Auch das vom Gericht in anderem Kontext herangezogene, oben schon erwähnte Kriterium dahingehend, welche von mehreren Grundrechtsnormen als primär verletzt anzusehen sei, hänge davon ab, welche von ihnen „die stärkere sachliche Beziehung zu dem zu prüfenden Sachverhalt" habe,[370] dient der Verdeutlichung des hier Gemeinten.

---

[365] Vgl. § 22 RichtlRA; § 26 des Entw. einer BerufsO (o. Fn. 126).

[366] Vgl. § 23 RichtlRA und dazu *BVerfG* vom 2. 11. 92, NJW 1993, 121; *Hartung*, aaO., S. 236–246; auch § 27 des Entw. einer BerufsO (o. Fn. 126).

[367] Vgl. dazu die Präferenz, die *BVerfGE* 85, 248 (256, 258f.) vom 11. 2. 92 – Hackethal – der Anwendung des Art. 12 Abs. 1 deshalb gibt, weil es nicht um „eigene.. Äußerungen" des Arztes, sondern um dessen Duldung eines von ihm unüberprüft gebliebenen Illustriertenberichts ging; dessen ungeachtet schließt das Gericht die Prüfung des Art. 5 an, aaO., S. 263ff.

[368] Vgl. zu diesem Aspekt insbesondere *Herzog*, in: Maunz/Dürig, Lfg. 1/87, Art. 5 Abs. I, II Rdnrn. 37f.; *BVerwG* vom 5. 9. 91, DÖV 1992, 531 (533 r.Sp.).

[369] Vgl. o. Fn. 331 und 252.

[370] Vgl. *BVerfGE* 13, 296; Näheres o. Fn. 340 m.w.Nw.; zu beachten ist der ebenda bezeichnete Zusammenhang in den einschlägigen vier Entscheidungen,

Eine (partielle) grundrechtssystematische Analogie mag in dem häufig erörterten Verhältnis zwischen Meinungs- und Demonstrationsfreiheit zu finden sein. Die Rede in der Versammlung unter freiem Himmel genießt den Schutz sowohl nach Art. 5 Abs. 1 S. 1 als auch nach Art. 8 (Abs. 2) GG. Letztere Bestimmung betrifft dabei die Modalität – die äußere Form – der Kundgabe, während die den kommunikativen Inhalten zukommende Gewährleistung im wesentlichen Art. 5 zuzuordnen ist.[371] Ähnlich bezieht sich die umfangreiche verfassungsgerichtliche Rechtsprechung zu Art. 12 Abs. 1 GG im Zusammenhang des Anwaltsberufs – bis hin zu Fragen der Residenzpflicht und der Zulässigkeit des Zweitberufs – vorrangig auf den institutionellen Rahmen, sehr viel weniger auf die kommunikativ-informationellen Gehalte anwaltlicher Tätigkeit.[372] Je mehr diese in den Vordergrund der Betrachtung treten[373] – und beim Gebot der Sachlichkeit anwaltlichen Vortrags ist dies der Fall –, um so mehr ist die klare (vorrangige) grundrechtliche Prüfung an den Kriterien des Art. 5 Abs. 1, 2 GG geboten.[374]

---

was eine gewisse Generalisierung des Gedankens nicht ausschließt. Für *Jarass*/Pieroth, aaO., vor Art. 1 Rdnr. 18, leitet diese freilich zu der allgemeinen, weitergehenden Annahme hin, das Vorliegen einer „stärkeren sachlichen Beziehung" führe zum Ausschluß der Idealkonkurrenz; für die spezifischen Gehalte des verdrängten Grundrechts verbliebe die Berücksichtigung im Rahmen der anhand des dominierenden Grundrechts durchzuführenden Prüfung. Das entspräche der oben erörterten, quasi nach innen gewendeten Verfahrensweise – interne Supplementarität i.S. von *Scholz*, vgl. o. Fn. 360 mit begleitendem Text. Der Vorschlag *Jarass'* entspricht nicht ohne Vorbehalt der h.L.; in ihm spiegeln sich jedoch, wie die obige Darlegung der Rechtsprechung zum Sachlichkeitsgebot erweist, z.T. mißverständliche Tendenzen der Praxis.

371 Vgl. *Rüfner*, Festgabe BVerfG, Bd. II, S. 478; von Mangoldt/Klein/*Starck*, aaO., Art. 5 Rdnr. 171, auch Art. 1 Rdnr. 186; *Herzog*, in: Maunz/Dürig, Art. 5 Abs. I, II Rdnr. 39; von Münch/*Kunig*, aaO., Art. 8 Rdnr. 37; *K. Hesse*, aaO., Rdnr. 404; *Hoffmann-Riem*, in: AK-GG, Art. 8 Rdnr. 15; *Kloepfer*, HdbStR VI, § 143 Rdnr. 72; *BVerfGE* 82, 236 (258) vom 26. 6. 90 – Startbahn West; 69, 315 (343, auch 345) vom 14. 5. 85 – Brokdorf; auch vom 15. 7. 87 (2. Kamm. des I. Sen.), NJW 1988, 328 (329) – Anachronistischer Zug 1979.

372 Vgl. zu dieser Rechtsprechung ausführlich o. Fn. 364.

373 Oben – bei Fn. 339 – wurden sie als „Instrumentarium" anwaltlicher Tätigkeit bezeichnet; das impliziert nicht etwa per se eine minderen „Status" gegenüber einem „höheren Zweck" anwaltlicher Tätigkeit; eine solche Zweckhierarchie wäre aus dem Grundrechtskatalog in keiner Weise ableitbar. Systemtheoretisch gesprochen erledigt sich der „Widerspruch" im Hinblick auf die (systemerhaltende) Austauschrelation zwischen Zweck und Funktion, vgl. dazu *Luhmann*, Funktion und Kausalität, aaO.

374 In einer älteren Stellungnahme der Bundesrechtsanwaltskammer zu „Sachlichkeitsgebot und Verfassungsrecht", BRAK-Mitt. 1983, 175, wurde dieser

Dieses Grundrecht vermittelt im Grundsatz höheren Schutz. Art. 5 Abs. 1 S. 1 steht unter dem Vorbehalt der „allgemeinen Gesetze" gemäß Abs. 2; die Voraussetzungen, die damit gemäß ständiger verfassungsgerichtlicher Rechtsprechung in Anwendung der Wechselwirkungstheorie,[375] auf die zurückzukommen sein wird, für Grundrechtseinschränkungen gelten, sind regelmäßig schwieriger zu erfüllen als diejenigen für Berufsausübungsregelungen nach Art. 12 Abs. 1 S. 2 GG.[376] Eben darin findet der besondere Rang, den die Verfassung meinungsbildender Kommunikation als solcher zukommen läßt, seinen förmlichen Ausdruck.

Noch prägnanter ist dies in Art. 5 Abs. 1 S. 2 GG durch die explizite Gewährleistung der Pressefreiheit geschehen. Teilweise wird hierzu angenommen, daß die Bestimmung in Ansehung des Presseberufs lex specialis gegenüber Art. 12 Abs. 1 GG sei, diesen also völlig verdränge;[377] die heutige h. L. geht – auch hier – von Idealkonkurrenz aus.[378] Insgesamt erweist sich von dieser Seite in besonderer Weise die dominierende Rolle

---

grundrechtssystematische Bezug nicht hinreichend deutlich. Die Erörterung, wieweit die „allgemeinen Gesetze" i.S. des Art. 5 Abs. 2 GG Beschränkungen der Meinungsfreiheit zugunsten der Sachlichkeit beinhalten (können), wurde dort nicht zuende geführt, um statt dessen die verfassungsrechtliche Begründung für mit dem Sachlichkeitsgebot gesetzte Schranken aus Art. 12 Abs. 1 S. 2 GG abzuleiten. Dessen ungeachtet wurde die Bedeutung der „seit einem Jahrhundert durchgesetzten freien Advokatur" deutlich hervorgehoben. – Demgegenüber klar der systematische Ansatz bei von Mangoldt/Klein/*Starck*, aaO., Art. 5 Rdnr. 148: Berufsbezogene Äußerungen unterliegen einer gesteigerten Pflicht im Hinblick auf die jeweilige besondere Verantwortlichkeit des Freiberuflers; doch müssen entsprechende Berufsausübungsregelungen immer auch von Art. 5 Abs. 2 GG gedeckt sein. Vgl. auch *Jarass*, NJW 1982, 1837; *Kleine-Cosack*, 1985, S. 180f.

375 Zuerst in *BVerfGE* 7, 198 (208f.) vom 15. 1. 58 – Lüth; Näheres dazu unten sub C III 3c.

376 Vgl. etwa *Scholz*, 1978, S. 121; *Jarass*, NJW 1982, 1837; *Rüfner*, Festg. BVerfG, Bd. II, S. 476; h.M.; zur Qualität der „allgemeinen Gesetze" von Mangoldt/Klein/*Starck*, aaO., Art. 5 Rdnrn. 120ff.; Näheres dazu unten in Teil C III 3 m.w.Nw.; beachte auch *Scholz*, 1971, S. 291ff., 304ff., 346f., zur Abschichtung zwischen unmittelbaren und mittelbaren Kommunikationswirkungen der Grundrechte bzw. echten und unechten Kommunikationsgrundrechten.

377 So v. Mangoldt/Klein/*Starck*, aaO., Art. 5 Rdnrn. 45, 173, Art. 1 Rdnr. 186 (beachte dazu Art. 5 Fn. 593); *Degenhart*, in: BK, Lfg. 11/88, Art. 5 Abs. 1 u. 2 Rdnr. 758; früher ebenso *Herzog* (s. unten Fn. 378); *von Münch*, 3. Aufl., Art. 5 Rdnr. 78.

378 Vgl. *Scholz*, in Maunz/Dürig, Lfg. 9/81, Art. 12 Rdnr. 161; *ders.*, Arbeitsverfassung, S. 83f., 128; *Wendt*, in: von Münch/Kunig, Art. 5 Rdnr. 115; *Jarass*/Pieroth, aaO., Art. 5 Rdnr. 19; in jüngerer Zeit auch *Herzog*, in: Maunz/Dürig, Lfg. 12/92, Art. 5 Abs. I, II Rdnr. 142; ähnlich *Degen*, aaO., passim.

des in Art. 5 GG verkörperten Kommunikationsgrundrechts,[379] und zwar gerade auch bei dessen Wahrnehmung durch Berufsträger.

d) Ergebnis

(1) Die dargestellte – (gegenüber strafrechtlicher Begriffsbildung) modifizierte[380] – Idealkonkurrenz bedeutet im Ausgangspunkt, daß gesetzliche Einschränkungen anwaltlicher (beruflicher) Kommunikation nur dann verfassungsgemäß sind, wenn sie sowohl der Schranke nach Art. 5 Abs. 2 als auch nach Art. 12 Abs. 1 S. 2 GG entsprechen.[381] Ein so geartetes Konkurrenzverhältnis führt oft dazu, daß im Blick auf das Endergebnis die Prüfung anhand desjenigen Grundrechts, dessen Schranken vom Gesetzgeber am schwierigsten zu realisieren sind – hier also i.d.R. diejenigen des Art. 5 Abs. 1 i.V.m. Abs. 2 –, Priorität erlangt.[382] Was die gesetzliche Steuerung kommunikativer Inhalte anlangt, so kommt die aus verschiedenen Aspekten hervorgetretene stärkere sachliche Beziehung zur Gewährleistung des Art. 5 Abs. 1 S. 1 GG hinzu. Dies wurde am Sachlichkeitsgebot aufgezeigt. Im nachfolgenden Untersuchungsabschnitt erweist sich für die datenschutzrechtliche Regulierung anwaltlicher Informationsverarbeitung Entsprechendes. Deshalb wird als verfassungsrechtlicher Prüfungsmaßstab Art. 5 Abs. 1, 2 GG ganz im Vordergrund stehen.

(2) Das Ergebnis ist im Hinblick auf den spezifischen Charakter anwaltlicher beruflicher Tätigkeit entwickelt und begründet worden. Darin liegt (vermutlich) auch die Grenze des Konzepts. Der Rechtsanwalt ist, um es noch einmal hervorzuheben, ein – von den möglichen Inhalten her weit ausgreifender – Informationsverarbeiter par excellence,

---

379 Vgl. *Hoffmann-Riem*, in: AK-GG, Art. 5 Abs. 1, 2 Rdnrn. 3ff.; *Scholz*, 1978, S. 139ff.

380 Zur Differenz gegenüber dem strafrechtlichen Begriff vgl. *Herzog*, in: Maunz/Dürig, Lfg. 1/87, Art. 5 Abs. I, II Rdnrn. 35f. Zur Relativität des Begriffs in der Grundrechtslehre vgl. o. Fn. 370 (mit begleitendem Text).

381 Vgl. *Rüfner*, Festg. BVerfG, Bd. II, S. 476f.; v. Mangoldt/Klein/*Starck*, Art. 1 Rdnr. 186 sub (2); *Bleckmann*, aaO., S. 393 sub 2; *Pieroth/Schlink*, aaO., Rdnr. 391; *Stein*, aaO., § 25 III.

382 Als Faustregel – aber nur als solche, vgl. schon o. Fn. 367f. mit begleitendem Text – gilt, daß „das ‚stärkere' Grundrecht das Maß möglicher Beschränkungen ... bestimmt.", so *Rüfner*, Festg. BVerfG, Bd. II, S. 477; vgl. weiter *Starck* und *Pieroth/Schlink* (beide o. Fn. 381); *Lepa*, DVBl 1972, 164f.

ein typischer Produzent von Meinungen,[383] mit denen er Einfluß auf andere zu nehmen, sie zu überzeugen versucht. Er unterscheidet sich darin von den meisten anderen Berufs(geheimnis)trägern. Für den Arzt[384] etwa ist es eine zumindest untypische Beschäftigung, nach außen hin Meinungen – etwa über seinen Patienten oder über dritte Personen, die zu diesem in Beziehung stehen – zu vertreten. Die kommunikativen Elemente seiner Tätigkeit gehören fast ausschließlich in die Beziehung zum Kranken, sind auch inhaltlich zumeist auf eben diesen bezogen. Ihr Schutzbedürfnis ist demgemäß im wesentlichen dem Persönlichkeitsbereich zugeordnet, welcher – vorrangig – den grundrechtlichen Schutz aus Art. 2 Abs. 1 i.V.m. Art. 1 Abs. 1 GG genießt.[385]

(3) Andererseits weist das entwickelte Konzept in Ansehung der Anwaltschaft wahrscheinlich beträchtlich über die Fragen kommunikativ-informatorischen Verhaltens im einzelnen hinaus.[386] Die Frage, ob zugunsten der anwaltlichen Berufsrolle eine institutionelle Garantie[387] – insofern ähnlich der Presse[388]– aus der Verfassung abgeleitet werden kann, bleibt dabei dahingestellt.[389] Unabhängig davon ist es

---

[383] Auch soweit er im Einzelfall ganz ohne eigene Auswahl/Bewertung/Akzentuierung die Meinung seines Mandanten reproduzieren sollte, ist seine Äußerung durch sein Recht aus Art. 5 Abs. 1 S. 1 umfaßt; denn dieses gewährleistet auch die Freiheit zur Kundgabe (zum „[V]erbreiten") fremder Meinungen, vgl. *Wendt,* in: v. Münch/Kunig, aaO., Art. 5 Rdnr. 17; *Hoffmann-Riem,* in: AK-GG, Art. 5 Abs. 1, 2 Rdnr. 24; *Herzog,* in: Maunz/Dürig, Art. 5 Abs. I, II Rdnr. 54.

[384] Von Interesse ist im vorliegenden Zusammenhang, daß offenbar in der Professionssoziologie bislang ähnlich wie in der Jurisprudenz vorwiegend die *Ähnlichkeit* der beiden Berufe zum Ausgangspunkt der Untersuchung/Qualifizierung gemacht wird; vgl. dazu kritisch *Wernet,* aaO., Teil I, S. 1ff.; informationsrechtlich ist von beträchtlichen Unterschieden auszugehen, vgl. schon oben Fn. 34.

[385] Vgl. dazu noch Näheres unten sub D II, insbes. 1.

[386] Dies ist für die Zwecke der vorliegenden Untersuchung nicht weiter zu vertiefen und kann nur angedeutet werden.

[387] Zum Vorrang der subjektiv-rechtlichen Seite der Grundrechte und kritisch zur „institutionellen Garantie" von Mangoldt/Klein/*Starck,* aaO., Art. 1 Rdnrn. 124, 128, Art. 5 Rdnrn. 6f.

[388] Vgl. zu diesem Problemkreis *Lerche,* Ev. Staatslexikon, Bd. II, Sp. 2627ff.; *Bullinger,* HdbStR VI, § 142 Rdnrn. 34ff. m. w. Nw.; *Stern,* Staatsrecht, Bd. III/1, § 68 V 2; *Kübler,* FS für Lerche, S. 658ff.; beachte die Abschichtung zwischen Meinungs- und Pressefreiheit in *BVerfGE* 85, 1 (11–13) vom 9. 10. 91 – Bayer-Flugblatt – und dazu *Herzog,* in: Maunz/Dürig, Lfg. 12/92, Art. 5 Abs. I, II Rdnr. 154a.

[389] Gegen eine solche Ableitung aus *Art. 12 Abs. 1* GG *Scholz,* in: Maunz/Dürig, Lfg. 9/81, Art. 12 Rdnrn. 256f.

gerade die Fundierung anwaltlicher Tätigkeit in Art. 5 Abs. 1 S. 1 GG, durch welche Bedeutung und verfassungsrechtlicher Status der freien Advokatur grundrechtlich in schärferem Profil hervortreten.[390] Die vom *BVerfG* herausgestellte Rolle des Rechtsanwalts im „Kampf ums Recht", als im interessengeleiteten Meinungspluralismus gegründet, läßt insbesondere keinerlei Raum mehr dafür, daß dieser Beruf vielleicht doch als ein „‚[s]taatlich gebundene[r]'...an den ‚öffentlichen Dienst' herangeführt"[391] werden könnte. Während die Rechtsprechung des *BVerfG* letztere Möglichkeit zu Lasten anderer (freier) Berufe im Rahmen des Art. 12 Abs. 1 prinzipiell als offen ansehen mag – freilich ein sehr umstrittenes Konzept[392] –, schiebt zugunsten des Anwalts die weitgehende/vorrangige Anwendbarkeit des Art. 5 Abs. 1 wegen dessen strukturellen Bezugs zum offenen Markt der Meinungen[393] einem solchen Vorhaben einen Riegel vor.[394] Diesen darf der Gesetzgeber schon wegen der nach Art. 5 Abs. 2 jeweils spezifisch durchzuführenden Abwägung, auf die zurückzukommen ist,[395] keinesfalls mit allgemeiner, statusverändernder Wirkung beiseiteschieben.

---

390 Die vorliegende Argumentation beruht auf dem Verständnis der Grundrechtsposition des Anwalts als eines subjektiven Rechts aus Art. 5 Abs. 1 S. 1 GG, dessen er in unabhängiger Stellung im „Kampf ums Recht" bedarf. Es ist der besondere materielle Gehalt dieses Grundrechts, welcher – ggfs. anders als im Kontext des Art. 12 Abs. 1 GG – institutionelle Postulate, die den normativen Gehalt ausweiten (oder auch verengen) mögen, entbehrlich zu machen geeignet ist.

391 Vgl. nochmals *BVerfGE* 7, 377 (398) und o. Fn. 317–320.

392 Nachweise dazu oben im zweiten Teil der Fn. 317.

393 Vgl. dazu die Umschreibung bei *Holmes,* dissenting in Abrams v. United States, 250 US 616 (1919): „the power of the thought to get itself accepted in the competition of the market"; dazu vertiefend und kritisch *Kübler,* FS für Ridder, 119ff.

394 Das Ergebnis korreliert mit demjenigen zugunsten der Medienfreiheit aus Art. 5 Abs. 1 S. 2 GG, nämlich dem Grundsatz der Staatsfreiheit, vgl. *BVerfGE* 12, 205 (260ff.) vom 28. 2. 61 – 1. Fernsehurteil; *Hoffmann-Riem,* in: AK-GG, Art. 5 Abs. 1, 2 Rdnr. 120; *Jarass*/Pieroth, aaO., Art. 5 Rdnr. 18 m. w. Nw. Zu mit dem Berufsbild des Anwalts nicht zu vereinbarender Staatsnähe vgl. noch unten im Kontext des Art. 12 Abs. 1 GG sub D III 3c, d.

395 Vgl. dazu unten sub C III 3c.

III. Verfassungsrechtliche Gewährleistung anwaltlicher Informationsverarbeitung und BDSG

1. Allgemeine verfassungsrechtliche Bedenken gegen die durch Datenschutzrecht bewirkte Einschränkung von Grundrechten im Bereich von Wirtschaft und Beruf

Die verfassungsrechtliche Diskussion um die Regelung des Datenschutzes im Bereich von Wirtschaft und Beruf ist unabgeschlossen.[396] Sie erlangte besondere Aktualität in der Auseinandersetzung um die Novellierung des BDSG, als es darum ging, ob der Datenverarbeiter in der Privatwirtschaft in gleichem Umfang datenschutzrechtlich gebunden werden solle und dürfe wie die öffentliche Verwaltung.[397] Die Erkenntnis, daß der datenverarbeitende Bürger – anders als die öffentliche Hand – seinerseits Grundrechtsträger ist, von daher also Grundrechtskollisionen zwischen ihm und dem Betroffenen zu bedenken sind, hat sich dabei in erheblichem Umfang ausgewirkt.[398] Demgemäß bestehen hinsichtlich der Intensität datenschutzrechtlicher Einschränkungen des Umgangs mit Information beträchtliche Unterschiede zwischen dem zweiten und dritten Abschnitt des BDSG,[399] vor allem in bezug auf die Datenerhebung,[400] die Einbe-

---

[396] Vgl. *Zöllner,* 1982, 18ff.; *Kloepfer,* 1980, S. 12–14; *Schmitt Glaeser,* HdbStR VI, § 129 Rdnrn. 91ff.; auch *Gallwas,* NJW 1992, 2785ff.; für zivilrechtliche Grundsatzfragen insbesondere *Ehmann,* AcP 188 (1988), 230ff.; zum „Recht auf informationelle Selbstbestimmung" *Vogelgesang,* Grundrecht..., passim; *Rogall,* aaO., S. 41ff.; *Hubert,* aaO., S. 149ff.

[397] Vgl. *Zöllner,* RDV 1985, 3ff.; *Badura,* Stellungnahme, S. 46ff.; *O. Mallmann,* CR 1988, 93ff.; beachte schon die Kritik am BDSG a.F. bei *v. Uckermann,* DuD 1979, 165f.

[398] Vgl. *Zöllner,* RDV 1991, 11; *Gola/Wronka,* RDV 1991, 165; *Blens,* RDV 1990, 219.

[399] Kritisch zu den zugunsten des Datenverarbeiters im nicht-öffentlichen Bereich im BDSG n.F. bestehenden Differenzierungen *Walz,* CR 1991, 365f.; *Dammann,* NVwZ 1991, 641–643; *Simitis,* in: Simitis u.a., Lfg. 5/93, § 1 Rdnrn. 177ff. (insofern auf die Verfassungswidrigkeit des BDSG n.F. schließend in Rdnr. 185); auch *Penner,* RDV 1990, 221ff.

[400] Vgl. § 13 BDSG einerseits und § 28 Abs. 1 S. 2 BDSG andererseits.

ziehung von Akten (i.S.d. § 3 Abs. 3 BDSG)[401] und die Zweckbindung von Daten.[402]

Ob diese Differenzierungen zwischen Datenschutz bei öffentlichen und bei nicht-öffentlichen Stellen ausreichen, um der je unterschiedlichen verfassungsrechtlichen Lage gerecht zu werden, ist nicht Gegenstand der vorliegenden Untersuchung. Teilweise wird angenommen, daß allein schon die beschriebene Regelungstechnik des BDSG, die eine Präponderanz der Stellung des Betroffenen gegenüber derjenigen des Verarbeiters zugrundelegt bzw. bewirkt,[403] im privatwirtschaftlichen Bereich insgesamt verfassungsrechtlich unzulässig sei.[404] Obwohl gerade diese Frage im Hinblick auf die Entwicklung der EU-Datenschutzrichtlinie von größter Aktualität ist, da die Bundesrepublik Deutschland auf dieser Ebene ebenfalls – entgegen den Vorstellungen der meisten anderen Mitgliedstaaten – das Verbot mit legislativem Erlaubnisvorbehalt zu Lasten auch der nicht-öffentlichen Datenverarbeitung realisieren möchte,[405] kann ihr hier nicht nachgegangen werden.

Ob die nachfolgenden verfassungsrechtlichen Aussagen zur Anwendung des BDSG auf anwaltliche Informationsverarbeitung dessen ungeachtet auch als ein Beitrag zu jener generelleren Diskussion verstanden werden können, kann dahingestellt bleiben. Jedenfalls handelt es sich um die Durchführung eines anderen Untersuchungsansatzes. Ausgangspunkt ist das dargelegte Spannungsverhältnis zwischen Anwaltsrecht und Datenschutzrecht – deren inhaltliche und systematische Inkongruenz – gewesen.[406] Auch die verfassungsrechtliche Prüfung konzentriert sich auf die involvierten anwaltsspezifischen Vorgaben des Informationsum-

---

[401] Vgl. § 1 Abs. 2 Nr. 1 und 2 BDSG einerseits und Nr. 3 – i.V.m. § 27 Abs. 2 BDSG – andererseits. Zum datenschutzrechtlichen und zum anwaltsrechtlichen Aktenbegriff vgl. o. Fn. 53.

[402] Vgl. §§ 14 Abs. 1, 2, 15 Abs. 1 Nr. 2 BDSG einerseits und §§ 28, 29 andererseits.

[403] Vgl. o. sub C I 2a.

[404] Vgl. *Langer,* aaO., S. 163ff., 198ff.; *Brossette,* aaO., S. 184ff., welcher die „grundlegend falsche Denkweise" (S. 225) durch verfassungskonforme Interpretation zu überwinden sucht, S. 242ff.; beachte S. 269ff. zum BDSG n.F.; mit (im wesentlichen) übereinstimmendem Ausgangspunkt – und ihrerseits überwiegend für eine Lösung durch verfassungskonforme Interpretation des BDSG eintretend – *Breitfeld,* aaO., S. 49ff., 124ff.; beachte die differenzierende Kritik an Brossette in der Besprechung *Bulls*, AöR 118 (1993), 475ff.

[405] Vgl. zur Problemstellung *Rüpke,* EuZW 1993, 150f. mit Fn. 33.

[406] o. sub B.

gangs. Eine entsprechende Grundlage hat sich gerade im vorangegangenen Untersuchungsteil[407] ergeben, wonach für anwaltliche Tätigkeit eine spezielle Relevanz des Art. 5 Abs. 1, 2 GG besteht, ähnlich der expliziten Bedeutung dieser Vorschrift für das Pressewesen. Dieses Resultat wird im folgenden zunächst auf die jeweiligen Phasen von Informationsverarbeitung[408] zu beziehen sein. Sodann ist zu erörtern, ob die einschlägigen Vorschriften des BDSG als Schranken anwaltlicher Informationsverarbeitung den von Art. 5 Abs. 2 GG aufgestellten Anforderungen genügen.

2. *Vom BDSG geregeltes anwaltliches Speichern, Verändern, Nutzen und Übermitteln von Daten im Schutzbereich des Art. 5 Abs. 1 S. 1 GG*

a) Übermittlungen i. S. d. § 3 Abs. 5 Nr. 3 BDSG

Art. 5 Abs. 1 S. 1 GG garantiert das Recht, die Meinung „frei zu äußern und zu verbreiten".[409] Die Vorschrift umfaßt mit dieser Formulierung gerade (auch) die Wirkung freier Rede nach außen, insbesondere zugunsten möglicher Einflußnahme auf die Meinungsbildung bei anderen. Das *BVerfG* beschreibt dies so:

> „Der Sinn einer *Meinungs*äußerung ist es gerade, ‚geistige Wirkung auf die Umwelt' ausgehen zu lassen, ‚meinungsbildend und überzeugend ... zu wirken'."[410]

Eben diese Zielsetzung ist für anwaltliche Tätigkeit in „Wort [und] Schrift"[411] kennzeichnend.[412] Anwaltliche Übermittlungen i. S. d. BDSG,

---

[407] o. sub C II 2.

[408] i. S. d. § 3 Abs. 5, auch 6 BDSG.

[409] Zu möglichen Differenzierungen zwischen „äußern" und „verbreiten", auf die hier nicht eingegangen und nicht abgestellt wird, vgl. *Herzog*, in: Maunz/Dürig, Lfg. 12/92, Art. 5 I, II Rdnrn. 56ff.; *Schmidt-Jortzig*, HdbStR VI, § 141 Rdnr. 24. Andere Autoren behandeln die beiden Begriffe nicht als getrennte Tatbestandsmerkmale, vgl. *Wendt*, in: v. Münch/Kunig, Art. 5 Rdnr. 17 m. umfangr. Nw.

[410] *BVerfGE* 7, 198 (210) vom 15. 1. 58 – Lüth – (Hervorhebung im Original), unter Bezugnahme auf *Häntzschel*, HdbDStR II, S. 655; übereinstimmend *BVerfGE* 61, 1 (7) vom 22. 6. 82 – „NPD von Europa"; vgl. *Schmidt-Jortzig*, HdbStR VI, § 141 Rdnr. 24; v. Mangoldt/Klein/*Starck*, aaO., Art. 5 Rdnr. 23.

[411] Wortlaut des Art. 5 Abs. 1 GG

[412] Vgl. nochmals o. sub C II 2, insbes. d (2) und vor a.

also die Bekanntgabe „gespeicherter oder durch Datenverarbeitung gewonnener" personenbezogener Inhalte[413]/Ansichten an den Mandanten, den Gegner, das Gericht oder sonstige Nichtbetroffene,[414] sind deshalb regelmäßig nach Art. 5 Abs. 1 S. 1 GG geschützte Meinungsäußerung. Vom Schutz ausgenommen ist gemäß *BVerfG* nur die „bewußte Behauptung unwahrer Tatsachen",[415] vorausgesetzt, eine Abgrenzung zwischen Tatsachenbehauptung und Werturteil ist im Einzelfall möglich.[416] Der Ausschluß betrifft somit nur Fälle,[417] die zugleich eine Verletzung der berufsrechtlichen Wahrheitspflicht beinhalten.[418]

Anders als das zuvor im Kontext von Idealkonkurrenz zwischen Art. 5 Abs. 1 und Art. 12 Abs. 1 GG erörterte Sachlichkeitsgebot[419] richten sich die einschlägigen Normen des BDSG, die die Datenübermittlung einschränken, nicht nur an Anwälte, sondern an alle Datenverarbeiter im Bereich von Beruf und Wirtschaft. Doch beeinträchtigen sie deswegen die Meinungsäußerungsfreiheit des Anwalts nicht etwa nur am Rande oder – in der Sprache der Grundrechtslehre – bloß „zufällig".[420] Zwar enthält das Datenschutzrecht, was Artt. 12 und 14 GG anlangt, mit seinen Vorschriften über die Verarbeitung durch nicht-öffentliche Stellen sowohl eine „berufsregelnde Tendenz"[421] als auch Einschränkungen des

---

413 Zu (meinungsbildenden) Tatsachenbehauptungen im Schutzbereich des Art. 5 Abs. 1 GG vgl. schon o. Fn. 335.

414 also jeweils an Dritte i.S.d. § 3 Abs. 9 BDSG; demgegenüber ist die Bekanntgabe an den Betroffenen i.S.d. § 3 Abs. 1 BDSG überhaupt kein Fall der Übermittlung; vgl. für auf den Mandanten bezogene Informationen o. sub B I 3a, 1. Abs., mit Fn. 67f.

415 Vgl. *BVerfGE* 61, 1 (8) vom 22. 6. 82 – „NPD von Europa"; 54, 208 (219) vom 3. 6. 80 – Böll; v. Mangoldt/Klein/*Starck*, Art. 5 Rdnr. 20. Für den Schutz von Tatsachenbehauptungen als solchen nach Art. 5 Abs. 1 S. 1 vgl. o. Fn. 335.

416 Vgl. *BVerfGE* 85, 1 (15f.) vom 9. 10. 91 – Bayer-Flugblatt; vom 11. 11. 92, NJW 1993, 1845 (3. K. des I. Sen.); ähnlich die Problematik in *BVerfGE* 85, 23 (31f.) vom 9. 10. 91 – Altenheim-Fragenkatalog; beachte Erman/*H. Ehmann*, BGB, Anh. zu § 12 Rdnr. 135 m.Nw. zur „Substanzarmut" einer Behauptung.

417 und zwar wohl nur einen Teil derselben.

418 Vgl. o. Fn. 164.

419 Oben sub C II 2b, c, d (1).

420 Vgl. zu diesem Kriterium v. Mangoldt/Klein/*Starck*, aaO., Art. 1 Rdnr. 186 sub (4); *Rüfner*, in: Festgabe BVerfG, Bd. II, S. 474f.; *Denninger*, in: AK-GG, vor Art. 1 Rdnr. 43.

421 Vgl. dazu ausführlich *Breitfeld*, aaO., S. 16ff., 75ff., insbes. 76f. m.Nw. aus der Rspr. des BVerfG; vgl. im übrigen o. Fn. 361 m.Nw.

Eigentums.[422] Dessen ungeachtet ist es insbesondere *Informations*recht[423] und betrifft von daher – zumal hinsichtlich der Übermittlung personenbezogener Angaben – gerade den mit Art. 5 Abs. 1 GG erfaßten sozialen Lebensbereich. Zudem befindet sich die Zielsetzung des Datenschutzrechts – Schutz des Persönlichkeitsrechts[424] – ausweislich jahrzehntelanger Rechtsprechung in typischer Konfliktsituation eben (auch) mit der Freiheit der Meinungsäußerung.[425]

b) Speichern, Verändern und Nutzen i. S. d. § 3 Abs. 5 Nr. 1 und 2, Abs. 6 BDSG

Anwaltliches Speichern von Information[426] und deren interne Bearbeitung – Umgestaltung bzw. Nutzung[427] – sind als solche nicht Bekanntgabe und (noch) nicht Meinungsäußerung gegenüber der Mandantschaft oder sonstigen Personen. Diese Phasen der Informationsverarbeitung dienen freilich der Information und Meinungs*bildung* auf Seiten des Anwalts. Sie können von daher unter Aspekten des Art. 5 Abs. 1 S. 1 GG Schutz genießen.

aa) Die zentrale Bedeutung freier – individueller und öffentlicher – Meinungsbildung innerhalb der Garantien des Art. 5 Abs. 1 GG hat das *BVerfG* mehrfach in bezug auf die dieser „dienende[n] ... Rundfunkfreiheit" hervorgehoben.[428] Deutlich korreliert damit die Feststellung in sei-

---

422 Vgl. die Hinweise bei *Bull,* NJW 1979, 1181, *Kloepfer,* 1980, S. 12, und *Zöllner,* RDV 1985, 11; *H. Ehmann,* RDV 1988, 231; eingehender *Breitfeld,* aaO., S. 31 ff; zu Artt. 12 und 14 insgesamt *Brossette,* aaO., S. 201 ff.

423 Diese Feststellung gilt ganz unabhängig vom – umstrittenen Begriff einer „Informationsordnung", vgl. dazu die – divergenten – Beiträge von *Garstka, Zöllner* und *Eberle,* in: Wilhelm, aaO., S. 28 ff., 36 ff., 113 ff.

424 Vgl. § 1 BDSG; kritisch dazu, allerdings in Abweichung von der st. Rspr. des BVerfG, *Simitis,* in: Simitis u. a., Lfg. 5/93, § 1 Rdnrn. 163, 168, 183.

425 Vgl. *BVerfGE* 54, 208 ff. vom 3. 6. 80 – Böll; 54, 148 ff. (beachte S. 158) vom 3. 6. 80 – Eppler; weitere Nw. aus der Rspr. des Gerichts z. B. bei *Jarass*/Pieroth, aaO., Art. 5 Rdnr. 55; *BGH* vom 26. 1. 65, JZ 1965, 411 – Gretna Green; ausführliche Zusammenstellung zivilgerichtlicher Rechtsprechung bei *E. Helle,* aaO., S. 229 ff.

426 Dazu ausführlich o. sub B I 2.

427 Zur Abgrenzung zwischen diesen beiden Vorgängen vgl. *Dammann,* in: Simitis u. a., Lfg. 1/92, § 3 Rdnrn. 135 ff., insbes. 141–144, einerseits und § 3 Rdnrn. 194 ff. andererseits.

428 Vgl. *BVerfGE* 57, 295 (320) vom 16. 6. 81 – Saarl. Rundfunk; 73, 118 (152) vom 4. 11. 86 – Nieders. Rundfunk; 74, 297 (323) vom 24. 3. 87 – LMedienG BW; 59, 231 (257) vom 13. 1. 82; allein auf die *öffentliche* Meinungsbildung hinwei-

ner Grundsatzentscheidung zur Informationsfreiheit, daß das in Art. 5 Abs. 1 S. 1 Hs. 2 gewährleistete Recht, sich aus allgemein zugänglichen Quellen zu unterrichten, „die Voraussetzung der der Meinungsäußerung vorausgehenden Meinungsbildung" sei.[429] Aus diesen Aussagen läßt sich schließen, daß der Schutzbereich des Art. 5 Abs. 1 S. 1 Hs. 2 sich auch auf die jeweilige Meinungsbildung erstrecke, welche im Zusammenhang mit der in ihrem Dienst stehenden Informationsgewinnung erfolgt, gewissermaßen als fortgesetzter Akt des Sich-Unterrichtens aus jenen Quellen.[430] Doch vermag eine solche Annahme in bezug auf Datenverarbeiter, die ihre – meinungsbildende – Tätigkeit nicht auf aus allgemein zugänglichen Quellen erlangbare[431] Informationen beschränken, schwerlich weiterzuführen.[432] Für die seitens eines Rechtsanwalts bestehenden Informationserfordernisse liegt das klar zutage.

---

send: 12, 205 (260) vom 28. 2. 61 – 1. Fernsehurteil; 31, 314 (326) vom 27. 7. 71 – Mehrwertsteuer; 35, 202 (222) vom 5. 6. 73 – Lebach.

429 *BVerfGE* 27, 71 (81) vom 3. 10. 69 – Leipziger Volkszeitung.

430 Soweit ersichtlich, wird der Akt des Speicherns allgemein als dem Sich-Unterrichten i. S. d. Art. 5 Abs. 1 S. 1 Hs. 2 zugehörig angesehen, vgl. *Hoffmann-Riem,* in: AK-GG, Art. 5 Abs. 1, 2 Rdnr. 94; *Degenhart,* in: BK, Lfg. 9/87, Art. 5 Abs. 1 u. 2, Rdnr. 271; v. Mangoldt/Klein/*Starck,* aaO., Art. 5 Rdnr. 34, welcher auch Tatbestände einbezieht, die dem Begriff des Nutzens i. S. d. § 3 Abs. 6 BDSG unterfallen, z. B. „Exzerpieren"; ausdrücklich die Datenveränderung und -nutzung einbeziehend *Langer,* aaO., S. 125 ff. Zum sehr engen Zusammenhang zwischen Informationsempfang (-erzeugung) und Speicherung vgl. weiter *Zöllner,* 1990, S. 16 f., 18 f.; Informationsgewinnung ohne jede Speicherung ist, sieht man von Fällen möglicher/angezeigter Spontanreaktion ab, zumeist wertlos.

431 Vgl. hierzu das Verarbeitungsprivileg in § 28 Abs. 1 S. 1 Nr. 3 BDSG; zu dessen verfassungsrechtlicher Bedeutung *Rüpke,* EuZW 1993, 153, sub 3 a, m. w. Nw.

432 Folgerichtig untersuchen *Langer,* aaO., S. 128–148, und *Brossette,* aaO., S. 192 ff., im Zusammenhang verfassungsrechtlicher Grenzen des Datenschutzrechts die Frage einer extensiven Interpretation des Art. 5 Abs. 1 S. 1 Hs. 2 GG; auf dem Wege entstehungsgeschichtlicher und teleologischer Interpretation gelangen sie zu dem Ergebnis, daß die Informationsfreiheit des Art. 5 Abs. 1 *nicht* auf *allgemein* zugängliche Quellen zu beschränken sei; ähnlich *Bleckmann,* aaO., S. 684; *Hoffmann-Riem,* in: AK-GG, Art. 5 Abs. 1, 2 Rdnr. 91 gelangt zum gleichen Ergebnis auf dem Weg eines „argumentum a maiore ad minus". Diese Überlegungen sind bedenkenswert, zumal im Hinblick auf das Fehlen einer dem Wortlaut des Art. 5 Abs. 1 S. 1 Hs. 2 GG entsprechenden Eingrenzung der Informationsfreiheit in Art. 10 Abs. 1 S. 2 EMRK, in Art. 19 Allgemeine Erklärung der Menschenrechte der UN, in Art. 19 Abs. 2 Hs. 2 Internationaler Pakt über bürgerliche und politische Rechte (UN), auch in einigen Verfassungen der Bundesländer (vgl. Bremen, Art. 15 Abs. 5; Hessen, Art. 13). Dessen ungeachtet wird den genannten Überlegungen hier im Hinblick auf den klaren Wortlaut des Art. 5 GG (von daher wenig überzeugend der Versuch extensiver Interpretation bei *Windsheimer,* aaO., S. 133 f.) und das daran anknüpfende systematische Verständnis

bb) Insofern die Gewährleistungen des Art. 5 Abs. 1 S. 1 Hs. 1 und 2 „selbständig.. [und] gleichwertig" nebeneinanderstehen,[433] ist deshalb (vorrangig) der Bedeutung des ersten Halbsatzes in Relation zur Meinungsbildung nachzugehen.

Meinungsbildung ist nicht unmittelbar zum Gegenstand der Gewährleistung des Art. 5 Abs. 1 S. 1 GG geworden, weil sie – als individuelle – primär dem forum internum zugeordnet wurde, zu dem die Staatsmacht keinen direkten Zugang hat.[434] Andererseits ist sie regelmäßige – und erwünschte[435] – Voraussetzung von Meinungsäußerung. Nach richtiger Auffassung wird sie deshalb als Vorbereitung von Meinungsäußerung von deren grundrechtlicher Garantie umfaßt,[436] zumal im Hinblick auf mit ihr verbundene, nicht rein gedankliche Tätigkeiten des Notierens, des (Zu)ordnens usw.[437] In einer jüngeren Entscheidung ist das *BVerfG* deutlich noch einen Schritt weitergegangen. Es hat auch Informationserlangung ihrerseits als Voraussetzung der Meinungsbildung in den Schutzbereich des Art. 5 Abs. 1 S. 1 Hs. 1 einbezogen:

> „Die freie Meinungsäußerung wird vom Grundgesetz garantiert... Für den Meinungsbildungsprozeß spielen *Fragen* aber eine wichtige Rolle. Indem sie die Aufmerksamkeit auf Probleme lenken und Antworten hervorrufen, tragen sie zur Bildung von Meinungen bei, die

---

durch das *BVerfG* – vgl. dazu auch nachfolgend im Text sub bb – nicht gefolgt. Zur h.M. vgl. v. Mangoldt/Klein/*Starck*, aaO., Art. 5 Rdnrn. 29ff.; *Schmitt Glaeser*, Jura 1987, 570f.; beide m. umfangr. Nw.; auch *Däubler*, aaO., Rdnr. 112, zum Arbeitnehmerdatenschutz.

433 Vgl. *BVerfGE* 27, 80f. (wie Fn. 429).

434 Vgl. dazu *Ridder*, aaO., S. 245f.; v. Mangoldt/Klein/*Starck*, aaO., Art. 5 Rdnr. 25; *Hoffmann-Riem*, in: AK-GG, Art. 5 Abs. 1, 2 Rdnr. 16.

435 Vgl. *BVerfGE* 27, 81 (wie Fn. 429); vgl. zur Meinungsbildung auch oben Fn. 302.

436 Vgl. *Kloepfer*, 1970, S. 57ff.; *Bleckmann*, aaO., S. 676; auch *BVerfGE* 61, 8 (wie Fn. 415); teilweise abw. *Hoffmann-Riem*, in: AK-GG, Art. 5 Abs. 1, 2 Rdnr. 16; kritisch (nur) zum systematischen Ansatz bei Kloepfer *Stern*, Staatsrecht, Bd. III/1, § 66 II 5 (S. 670f.); vgl. weiter die nachfolgende Fn.

437 Vgl. nochmals *Starck* (wie Fn. 434). Eine abw. Auffassung mag man der Darstellung bei *Herzog*, in: Maunz/Dürig, Lfg. 12/92, Art. 5 Abs. I, II Rdnr. 154, entnehmen, insofern er zur besonderen Bedeutung der Pressefreiheit im Verhältnis zur Meinungsäußerungsfreiheit herausstellt, daß erstere „auch die *vorbereitenden* Tätigkeiten des Recherchierens, Ausarbeitens, Druckens usw." umfasse; immerhin dürfte *Herzog* über die Einbeziehung des Schutzes gegen Beseitigung „*faktisch* bestehende[r] [Meinungs-]Äußerungsmöglichkeiten", z.B. „Entziehung von Schreibmöglichkeiten", vgl. aaO., Rdnr. 75, der Auffassung Starcks zumindest im Ergebnis relativ nahe stehen.

dann ihrerseits wieder geäußert werden können. Das ist um so wichtiger, als in vielen Bereichen, die die Öffentlichkeit wesentlich angehen oder berühren, der Einzelne nicht über die *für seine Meinungsbildung erforderlichen Informationen* verfügt, so daß ihm nur die Möglichkeit kritischer oder nachforschender Fragen bleibt. Fehlte der Grundrechtsschutz für Fragen, so wäre der Kommunikationsprozeß, den Art. 5 Abs. 1 GG in seiner Gesamtheit schützen will, nur unzureichend gesichert."[438]

Ausdrücklich geschützt ist danach – unabhängig von allgemeiner Zugänglichkeit der Quelle[439] – das Erfragen von Information, und zwar auch insoweit, als die gestellte Frage nicht schon selbst ein Werturteil (respektive eine Tatsachenbehauptung) beinhaltet.[440] Das Sich-äußern zum Zweck der Informationserlangung wird als Anstoß bzw. Voraussetzung zu nachfolgender Meinungsbildung und -äußerung verstanden und *insofern* in deren Schutzbereich einbezogen.

Das extensive Verständnis des Art. 5 Abs. 1 S. 1 Hs. 1 GG reicht im Hinblick auf die Vorstufen der Meinungsäußerung also noch über die Meinungsbildung hinaus.[441] Diese befindet sich damit wiederum – ähnlich wie aus der Perspektive der Informationsfreiheit nach Hs. 2 – in (funktional) zentraler Stellung zwischen Erlangung und Weitergabe von Information/Meinung. Ihre Gewährleistung ist dabei losgelöst von den spezifischen Bedingungen des Hs. 2,[442] aber dafür um so mehr dem Ziel des Kommunikationsprozesses zugeordnet, also der Meinungsäußerung und -verbreitung, insbesondere jener „geistige[n] Wirkung auf die Umwelt..., meinungsbildend und überzeugend", die der beruflichen Aufgabe des Rechtsanwalts besonders entspricht.[443]

---

[438] *BVerfGE* 85, 23 (31f.) vom 9. 10. 91 – Altenheim-Fragenkatolog – (Hervorhebungen hinzugefügt); zu dieser Entscheidung *Herzog*, in: Maunz/Dürig, Lfg. 12/92, Art. 5 Abs. I, II Rdnrn. 55bff.

[439] Nach *Herzog* (wie Fn. 438), Rdnr. 93f., bedient sich (demoskopische) Meinungsbefragung allgemein zugänglicher Quellen – der öffentlichen Meinung bzw. des „Manns auf der Straße"; ähnlich v. Mangoldt/Klein/*Starck*, aaO., Art. 5 Rdnr. 32; a.A. *Schmitt Glaeser*, Jura 1987, 571.

[440] Vgl. nochmals *BVerfGE* 85, 32f. (wie Fn. 438) zur Abgrenzung zwischen echten und rhetorischen Fragen.

[441] Übereinstimmend *Zöllner*, 1982, S. 24f.

[442] also davon, daß die Verarbeitung Information aus allgemein zugänglichen Quellen zum Gegenstand habe.

[443] Vgl. nochmals *BVerfGE* 61, 7; oben Fn. 410 mit begleitendem Text; oben sub C II 2, vor a, und d.

Im Ergebnis besteht also kein Zweifel, daß die anwaltlichen Informationsverarbeitungsphasen des Speicherns, Veränderns und (internen) Nutzens – in gleicher Weise wie diejenige des Übermittelns – den grundrechtlichen Schutz gemäß Art. 5 Abs. 1, 2 GG genießen.[444]

3. § 4 Abs. 1 BDSG als Schranke i.S.d. Art. 5 Abs. 2 GG

a) Die Freiheitsvermutung nach Art. 5 Abs. 1, 2 GG

Die Meinungsfreiheit nimmt unter den Grundrechten einen hohen Rang ein.[445] Das *BVerfG* legte dazu in der *Lüth*-Entscheidung die wesentlichen Fundamente für seine nachfolgende Rechtsprechung. Insbesondere schutzwürdig ist ihm der „Beitrag zum geistigen Meinungskampf in einer die Öffentlichkeit wesentlich berührenden Frage durch einen dazu Legitimierten"; insoweit postuliert es „die Vermutung für die Zulässigkeit der freien Rede".[446]

Dieser Vorrang, dessen Bedeutung im folgenden näher hervortreten wird, besteht gemäß *BVerfG* nicht gleichermaßen für jedwede unter Art. 5 Abs. 1 GG subsumierbare Kommunikation, sondern ist abhängig von Art bzw. Kontext der in Rede stehenden Meinungsäußerung. Freilich sind Voraussetzungen und Umfang des Vorrang-Konzepts vom Gericht nur unscharf beschrieben worden. Die wiedergegebene Formulierung aus dem *Lüth*-Urteil vermittelte zunächst den Eindruck einer weni-

---

[444] Dabei bleibt offen – und (zunächst) zweifelhaft –, ob und inwieweit die hier zu Art. 5 Abs. 1 S. 1 GG angestellten Überlegungen auf andere Informationsverarbeiter übertragbar sind, vgl. dazu *Langer*, aaO., S. 82ff., 117ff., und *Brossette*, aaO., S. 185ff., sowie oben sub C II 2d und C III 1. Zwar mag Datenverarbeitung weit überwiegend mit interner Meinungsbildung verknüpft sein. Die Teilnahme am Kommunikationsprozeß, um dessentwillen das *BVerfG* der Meinungsbildung die zentrale Stellung einräumt, gestaltet sich jedoch je nach Geschäftszweck sehr unterschiedlich; schon die vom BDSG vorgenommene Abschichtung zwischen einer Verarbeitung für eigene Zwecke und einer solchen zum Zwecke der Übermittlung (vgl. §§ 28f.) verdeutlicht dies.

[445] Vgl. *BVerfGE* 7, 198 (208) vom 15. 1. 58 – Lüth –: „als unmittelbarster Ausdruck der menschlichen Persönlichkeit in der Gesellschaft eines der vornehmsten Menschenrechte überhaupt ... Für eine freiheitlich-demokratische Staatsordnung ... schlechthin konstituierend ..."

[446] Vgl. *BVerfGE* 7, 212 (wie Fn. 445); wörtlich übereinstimmend 61, 1 (11) vom 22. 6. 82 – „NPD von Europa"; vgl. weiter *BVerfG* vom 5. 3. 92 (3. Kammer des I. Sen.), NJW 1992, 2815 (2816) – „Gestapo-Methoden"; kritisch *Kiesel*, NVwZ 1992, 1130.

ger freiheitlichen als elitären Eingrenzung.[447] Dem entspricht jedoch die nachfolgende jahrzehntelange verfassungsgerichtliche Praxis zugunsten sehr freier Rede keineswegs.[448] Immerhin sind Abstufungen erkennbar geworden. In einer jüngeren Entscheidung heißt es dazu:

> „Beiträge zur Auseinandersetzung in einer die Öffentlichkeit wesentlich berührenden Frage genießen stärkeren Schutz als Äußerungen, die lediglich der Verfolgung privater Interessen dienen... Bei ersteren spricht eine Vermutung zugunsten der freien Rede..."[449]

Ähnlich, aber mit etwas anderer Akzentuierung formuliert das *BVerfG* kurze Zeit später dahingehend, daß

> „gerade, wenn es um Beiträge zum geistigen Meinungskampf in einer die Öffentlichkeit wesentlich berührenden Frage geht, die Vermutung für die Zulässigkeit der freien Rede... spricht..."[450]

Ebenfalls in einer Entscheidung aus jüngerer Zeit hat das Gericht – bei der Beurteilung staatlicher Förderungsmaßnahmen für die Presse – abgeschichtet gegenüber „Presseorgane(n), bei denen die Meinungsäußerung... außerpublizistischen Geschäftszwecken untergeordnet wird..."[451] Unterscheidungen sind weiterhin, wie schon weiter oben beobachtet,[452] wirksam geworden bei der verfassungsgerichtlichen Prüfung von Werbeverboten für Freiberufler, wo das Spektrum von die

---

447 (Auch) in diesem Sinne kritisch *Schmitt Glaeser,* AöR 97 (1972), 290–295; 113 (1988), 54f.; v. Mangoldt/Klein/*Starck,* aaO., Art. 5 Rdnr. 124 mit Fn. 434; zur Kritik an der Rspr. vgl. im übrigen unten Fn. 490.

448 Der Schutz wird nicht am „Niveau" der Rede festgemacht, vgl. z.B. *BVerfGE* 82, 43 (50ff.) vom 19. 4. 90 – „Faschistenfreund"; 82, 272 (280ff.) vom 26. 6. 90 – „Zwangsdemokrat"; 86, 1 (8ff.) vom 25. 3. 92 – „geb. Mörder" (kritisch dazu *Hillgruber/Schemmer,* JZ 1992, 950f.); ausdrücklich gegen die Voraussetzung einer „gewisse[n] ethische[n] Qualität" *BVerfGE* 33, 1 (14f.) vom 14. 3. 72 – Strafvollzug; *Degenhart,* in: BK, Lfg. 9/87, Art. 5 Rdnr. 43; beachte die krit. Analyse der Rspr. bei *Zippelius,* in: FS für Hubmann, S. 515ff. sub II 2b, c. Vgl. zu den nachfolgend im Text behandelten Abstufungen den Überblick bei *Degenhart,* aaO., Rdnrn. 43–49.

449 *BVerfGE* 82, 272 (281f.) vom 26. 6. 90 – „Zwangsdemokrat"; übereinstimmend 60, 234 (240) vom 20. 4. 82 – „Kredithaie".

450 *BVerfGE* 85, 1 (16) vom 9. 10. 91 – Bayer-Flugblatt; ähnlich 66, 116 (139) vom 25. 1. 84 – Wallraff –: „... *je mehr* es sich ... um einen Beitrag zum geistigen Meinungskampf in einer die Öffentlichkeit wesentlich berührenden Frage handelt..." – Hervorhebung hinzugefügt.

451 *BVerfGE* 80, 124 (135) vom 6. 6. 89 – Postzeitungsdienst.

452 Vgl. ausführlich o. Fn. 331.

berufliche Tätigkeit betreffender Literatur[453] über Illustriertenreporte[454] bis hin zur „kommerzielle[n] Reklame“[455] reicht.

Für die vorliegende Untersuchung erübrigt es sich jedoch, Einzelheiten nachzugehen. Die Zuordnung anwaltlicher Argumentation zum „geistigen Meinungskampf“, und zwar mit hoher Bedeutung für das Rechtssystem der Gemeinschaft, wurde gezeigt. Daß der Anwalt nicht im Rampenlicht der Öffentlichkeit steht wie etwa die Presse, ist für die Gewichtung nicht ausschlaggebend. Freie Rede und Kontroverse sind einerseits geeignet, der Verwirklichung von Demokratie im politischen System zu dienen, andererseits – beim Rechtsanwalt – entsprechen sie essentiellen rechtsstaatlichen Zielsetzungen. In deutlicher Parallelität wird denn auch in der höchstrichterlichen Rechtsprechung sowohl für Presseorgane als auch für Anwälte die freie, ggfs. auch härtere Auseinandersetzung als besonders kennzeichnend und rechtlich gewährleistet angesehen.[456] Dies gilt ganz unabhängig von der (spezielleren) Frage, wieweit (auch) anwaltlicher Umgang mit Information bis an umstrittene äußerste Grenzen gegenüber gebotenem Schutz der persönlichen Ehre heranführen darf.[457]

---

453 Vgl. *BVerfGE* 71, 162 (178ff.) vom 19. 11. 85 – „Sieg über das Altern“.

454 Vgl. *BVerfGE* 71, 177f., 175 (wie Fn. 453); 85, 248 (263f.) vom 11. 2. 92 – Hackethal; auch 76, 196 (205ff.) vom 14. 7. 87 – RichtlRA II; vom 17. 9. 93 (3. Kammer des I. Sen.), NJW 1994, 123f.; *EGMR* vom 25. 3. 85, NJW 1985, 2885 (2887) – *Barthold.*

455 *BVerfGE* 85, 257 (wie Fn. 454); dazu *BVerfG* vom 18. 2. 92, NJW 1992, 1614 r. Sp. (2. Kammer des I. Sen.); auch *BVerfGE* 64, 108 (114ff., 119f.) vom 10. 5. 83.

456 Vgl. für die Presse *BVerfGE* 54, 129 (139) vom 13. 5. 80 – Römerberg-Gespräche –, m. w. Nw.: „Die Spontaneität freier Rede ... ist Voraussetzung der Kraft und der Vielfalt der öffentlichen Diskussion ... Soll[en] diese ... generell erhalten bleiben, dann müssen ... Schärfen und Übersteigerungen des öffentlichen Meinungskampfes ... in Kauf genommen werden ...“; ähnlich *BVerfGE* 60, 234 (241) vom 20. 4. 82 – „Kredithaie“; für den Anwalt *BVerfGE* 76, 171 (192) vom 14. 7. 87 – RichtlRA I –: „Die Wahrnehmung dieser Aufgaben erlaubt es ... nicht, immer so schonend mit den Verfahrensbeteiligten umzugehen, daß diese sich nicht in ihrer Persönlichkeit beeinträchtigt fühlen. Nach allgemeiner Auffassung darf er im ‚Kampf um das Recht‘ auch starke, eindringliche Ausdrücke und sinnfällige Schlagworte benutzen, ferner Urteilsschelte üben oder ‚ad personam‘ argumentieren ...“; *RGZ* 140, 392 (397ff.) vom 6. 4. 32; *BGHSt* 35, 200 (204f.) vom 8. 2. 88.

457 Zur diese Grenzziehung betreffenden Rechtsprechung des *BVerfG* vgl. *Stürner,* JZ 1994, 865ff.; *Sendler,* ZRP 1994, 343ff.; beide m. w. Nw.; *Grimm,* ZRP 1994, 276ff.; oben Fn. 446 und unten Fn. 479, jeweils a. E. Zum anwaltlichen Sachlichkeitsgebot Näheres o. Fn. 126 und bei Fn. 163, auch unten sub C III 4 c bb und in Fn. 778.

b) Verarbeitungsverbot mit legislativem Erlaubnisvorbehalt nach BDSG

Das BDSG läßt sich auf eine Freiheitsvermutung zugunsten des Datenverarbeiters nicht ein. Nach § 4 Abs. 1 BDSG ist – umgekehrt – die Verarbeitung personenbezogener Daten *verboten, es sei denn*, die speichernde Stelle kann sich auf (gesetzliche) Erlaubnistatbestände berufen,[458] insbesondere auf ein „berechtigte[s] Interesse..." i.S. des hier spezifisch relevanten § 28 Abs. 1 S. 1 Nr. 2, Abs. 2 Nr. 1a BDSG.[459]

Eine solche gesetzessystematische Gestaltung – mag sie zu beträchtlicher Minderung von Grundrechtspositionen führen oder nicht – ist per se keineswegs verfassungswidrig. So schließt § 564b BGB die Kündigungsmöglichkeit durch den Eigentümer als Vermieter von Wohnräumen regelmäßig aus, es sei denn, dieser kann ein berechtigtes Interesse an der Beendigung des Mietverhältnisses geltend machen. Diese Regelung ist, wie das *BVerfG* festgestellt hat, durch den gesetzgeberischen Auftrag, Inhalt und Schranken des Eigentums zu bestimmen (Art. 14 Abs. 1 S. 2 GG), gedeckt und entspricht der „Richtschnur des Art. 14 Abs. 2 GG".[460] Dessen ungeachtet kann davon ausgegangen werden, daß der Schutzbereich des Art. 14 GG der „grundsätzlichen Freiheitsvermutung" – in dubio pro libertate –, die das *BVerfG* aus Art. 2 Abs. 1 GG ableitet,[461] nicht entzogen ist.[462]

Daß allerdings die „Vermutung für die Zulässigkeit der freien Rede" eine über die „grundsätzliche", allgemeine Freiheitsvermutung hinausgehende Bedeutung hat, ist schon aus dem Verbot der Vorzensur – in Art. 5 Abs. 1 S. 3 GG – ablesbar. Denn während die generelle Freiheitsvermutung sich auch mit einem verwaltungsrechtlichen Verbot „mit Erlaubnisvorbehalt" verträgt,[463] vorausgesetzt, die Erlaubnis darf nur bei Vorlie-

---

[458] Vgl. zum Verbotsprinzip schon oben sub C I 2a, zur „speichernden Stelle" oben sub B II 2a.

[459] Vgl. dazu oben sub B I 2a, 3a, II 3a.

[460] Vgl. *BVerfGE* 68, 361 (367ff.) vom 8. 1. 85; 79, 292 (302f.) vom 14. 2. 89; 81, 29 (32f.) vom 3. 10. 89.

[461] Vgl. *BVerfGE* 6, 32 (42) vom 16. 1. 57 – Elfes; in Anwendung auf Art. 13 GG *BVerfGE* 32, 54 (72) vom 13. 10. 71 – Schnellreinigung. Einwände gegen die Freiheitsvermutung (den „prima facie-Vorrang des Prinzips der rechtlichen Freiheit") widerlegt *Alexy*, aaO., S. 517f.

[462] Vgl. *Leisner*, HdbStR VI, § 149 Rdnrn. 54ff.

[463] Obwohl diese rechtliche Gestaltung nach überwiegender Auffassung im Prozeß zur Umkehr der materiellen Beweislast führt, vgl. *Redeker/v. Oertzen*, aaO., § 108 Rdnr. 13; *Eyermann/Fröhler*, aaO., § 86 Rdnr. 6; *Badura*, in: Erich-

gen gesetzlich fixierter Voraussetzungen versagt werden,[464] scheitert die gesetzliche Einführung solcher Kontrollerlaubnisse im Bereich der Meinungsäußerung insgesamt am Zensurverbot.[465]

Diese Überlegung gibt für sich genommen noch keine Antwort auf das zu lösende Problem. Denn das Verbotsprinzip des § 4 Abs. 1 BDSG enthält kein Verbot mit Erlaubnisvorbehalt im soeben bezeichneten Sinn.[466] Die Vorschrift hat nicht die Funktion, ein behördliches Genehmigungsverfahren für die Zulassung zur Datenverarbeitung einzuführen; ein solches ist dem BDSG unbekannt.[467] Die in § 4 enthaltene Einschränkung ist also nicht darin zu finden, daß die Meinungsäußerung vom Erlaß eines begünstigenden Verwaltungsakts abhängig gemacht würde.[468] Vielmehr kann der Datenverarbeiter die Zulassungsgründe für seine Tätigkeit unmittelbar und selbständig dem Gesetz entnehmen, z.B. dem § 28 Abs. 1 S. 1 Nr. 2 BDSG.[469]

Ausschlaggebend für die verfassungsrechtliche Beurteilung ist zunächst, daß er solcher Legitimationsgründe bedarf. Die materiell-rechtli-

---

sen/Martens, § 40 Rdnr. 10; Näheres bei *Kopp*, VwGO, § 108 Rdnr. 14; abw. zur „Kontrollerlaubnis" *Maurer*, aaO., § 9 Rdnrn. 51–53.

464 Vgl. nochmals die Elfes-Entscheidung (wie Fn. 461); beachte dazu *BVerfGE* 20, 150 (154ff.) vom 5. 8. 66 – Genehmigungspflicht im Sammlungswesen.

465 Vgl. *Herzog*, in: Maunz/Dürig, Lfg. 11/82, Art. 5 I, II, Rdnr. 299; v. Mangoldt/Klein/*Starck*, Art. 5 Rdnr. 102.

466 Gegen insofern irreführende Terminologie in der datenschutzrechtlichen Literatur wendet sich zu recht schon *Woertge*, aaO., S. 153.

467 § 32 BDSG schreibt lediglich für „Datenspeicherung zum Zwecke der Übermittlung" u.ä. (betr. Verarbeiter, die nicht § 28, sondern §§ 29, 30, 11 BDSG unterfallen, z.B. Auskunfteien, Adressenverlage, Servicerechenzentren) die *Anmeldung* vor. Beachte aber Art. 18 Abs. 4, 5 EuDatSch-RiLi (geänd. Vorschlag).

468 Das Zensurverbot richtet sich – andererseits – nach seinem historischen und gegenwärtigen verfassungsrechtlichen Inhalt nur gegen *exekutivische Vorab*kontrolle; vgl. nochmals *Herzog* (wie Fn. 465), Rdnrn. 298–300; *Degenhart*, in: BK, Lfg. 11/88, Art. 5 Rdnrn. 743–745; *BVerfGE* 33, 52 (71ff.; 88–90) vom 25. 4. 72 – Verbringungsverbot; 47, 198 (236f.) vom 14. 2. 78 – Wahlsendungen im Rundfunk; 73, 118 (166) vom 4. 11. 86 – Nds. LandesrundfunkG. Auch die ausdehnende Auslegung des Zensurbegriffs bei *Hoffmann-Riem*, in AK-GG, Art. 5 Abs. 1, 2 Rdnrn. 78ff., bleibt auf exekutivische Kontrollen ausgerichtet; vgl. dazu weiterhin *BVerfGE* 87, 209 (230ff.) vom 20. 10. 92 – Horrorfilm.

469 Probleme wegen Art. 5 Abs. 1 S. 3 GG können sich allerdings in bezug auf aufsichtsbehördliche Kontrollen nach § 38 BDSG ergeben, insofern es dabei um vom Verarbeiter noch nicht durch Übermittlung nach außen kundgegebene Informationen geht. Auf die Verfassungsmäßigkeit dieser Bestimmung ist später insgesamt zurückzukommen, vgl. unten sub D. Der Regelungsgehalt des § 4 ist hiervon zunächst nicht unmittelbar betroffen.

chen Maßstäbe, die er – sich selbst gegenüber – zur Anwendung zu bringen hat,[470] sind dabei im Prinzip sogar nachteiliger, als das bei der administrativen Kontrollerlaubnis regelmäßig der Fall ist. Der Rechtsanspruch auf diese – im Rahmen gesetzlicher Voraussetzungen/Versagungsgründe – leitet sich aus allgemeiner Handlungsfreiheit, Berufsfreiheit, Eigentum usw. ab, aus Rechtsgütern, die – von Legislative und Exekutive[471] – nur im Rahmen der Verhältnismäßigkeit eingeschränkt werden dürfen. Eben letzteres stellt § 4 Abs. 1 BDSG nicht sicher. Er versäumt es, ein Recht zur Datenverarbeitung immer dann zu gewährleisten, wenn deren Verbot sich nicht nach Grundsätzen der Verhältnismäßigkeit zum Schutz anderer Rechtsgüter rechtfertigt.[472]

Hieran erkennt man, daß es um mehr geht als nur die formale Ausgestaltung eines Regel-Ausnahme-Verhältnisses (in der einen oder anderen Richtung).[473] § 4 Abs. 1 BDSG – wie § 3 S. 1 BDSG a.F. – enthält eine inhaltliche Entscheidung des Gesetzgebers zur Gewichtung, und die – seit Anfang der 70er Jahre geführte – Diskussion zur Entwicklung eines Rechts auf informationelle Selbstbestimmung[474] bestä-

---

470 Auch diese gesetzliche Gestaltung ist – insofern der Kontrollerlaubnis vergleichbar, s.o. Fn. 463 – in Ansehung der Voraussetzungen rechtswidriger Beeinträchtigung durch (unzulässige) Datenverarbeitung geeignete Grundlage zur *Umkehr der Beweislast* im Prozeß; vgl. dazu *Auernhammer*, 1993, § 20 Rdnr. 9, § 35 Rdnr. 6; *Schaffland/Wiltfang*, Lfg. IX/93, § 35 Rdnr. 12, Lfg. 2/94 + X/92, § 20 Rdnrn. 19, 21; Erman/*H.Ehmann*, BGB, Anh. zu § 12 Rdnr. 30; *Langer*, aaO., S. 199f.; *Schmitt Glaeser*, HdbStR VI, § 129 Rdnr. 93; *Breitfeld*, aaO., S. 49. Beachte weiterhin unten Fn. 498.

471 Vgl. *BVerfGE* 26, 215 (226ff., 228) vom 19. 6. 69 – Genehmigung nach GrundstücksverkehrsG; 59, 336 (355ff.) vom 9. 2. 82 – Ladenschlußsonderregelung für Friseure; *Stern*, Staatsrecht, Bd. I, § 20 IV 7 (S. 861ff.); *Grabitz*, AöR 98 (1973), 610–613; *Jakobs*, DVBl 1985, 100f.; *Hirschberg*, aaO., S. 179ff.

472 Vgl. dazu schon oben sub C I 2a; ähnlich *H. Ehmann*, AcP 1988, 264; Erman/*H. Ehmann*, BGB, Anh. zu § 12 Rdnr. 415.

473 Auch der verwaltungsrechtliche Begriff des repressiven Verbots mit Befreiungsvorbehalt wäre eine unzutreffende Beschreibung. Insofern ist *Bull*, AöR 118 (1993), 479, zuzustimmen; auch *Brossette*, aaO., S. 171, hat ein solches Verständnis des Verarbeitungsverbots, anders als man es der Rezension *Bulls* entnehmen mag, nur als ein mögliches Mißverständnis in den Raum gestellt. Umgekehrt läßt sich das Problem nicht mit der folgenden Aussage *Bulls* erledigen: „das Verhältnis von Regel und Ausnahme ist in Wahrheit umgekehrt, nur ganz ausnahmsweise ist die Datenverarbeitung auf der Grundlage des BDSG unzulässig."

474 Vgl. *Steinmüller u.a.*, BT-Drs. VI/3826, S. 87f.; *C. Mallmann*, aaO., S. 47ff.; *Schwan*, VerwA 66 (1975), 127ff.; *Denninger*, KJ 1985, 215ff.; *BVerfGE* 65, 1 (41ff.) vom 15. 12. 83 – VolkszählungsG 1983; 78, 77 (84ff.) vom 9. 3. 88 – Entmündigung; kritisch *Vogelgesang*, Grundrecht ..., passim, m. umfangr. Nw.

tigt dies. Primär orientiert sich das Gesetz an der Rechtsposition des Betroffenen (§ 3 Abs. 1 BDSG) und dessen Beeinträchtigung durch – gesetzlich zugelassene – Datenverarbeitung. *Diesem* Eingriff will es angemessen Rechnung tragen, insbesondere auch durch *dessen* (strenge) Bindung an den Verhältnismäßigkeitsgrundsatz (vgl. § 28 BDSG). Daß umgekehrt die Rechtsstellung des Datenverarbeiters nach verfassungsrechtlichen Grundsätzen gleichermaßen zu schonen ist, gerät durch den rechtstechnischen Kunstgriff des § 4 Abs. 1 leicht ins Hintertreffen.

c) Wechselwirkung. Abwägung

Die Schwierigkeit der Ausbalancierung verschiedener Grundrechtspositionen ist aus der Diskussion um die Drittwirkung von Grundrechten bekannt.[475] Die Gebundenheit an diese ist für den Privatrechtsgesetzgeber zugrundezulegen,[476] jedoch, was den Grundsatz der Verhältnismäßigkeit anlangt, mit beträchtlichen Modifikationen, die sich aus dichotomischen Abwehr- und Schutzberechtigungen ergeben.[477] Letzteres gilt zwangsläufig auch für das in-dubio-pro-libertate-Prinzip.[478] Es ist jedoch festzuhalten, daß das *BVerfG* die „Vermutung für die Zulässigkeit der freien Rede" gerade im Kontext so gearteter Konfliktsituationen ausgesprochen und praktiziert hat, vorwiegend bei

---

[475] Vgl. *BVerfGE* 81, 242 (insbes. 254–256, 260–263) vom 7. 2. 90 – Handelsvertreter-Wettbewerbsabrede; *Rüfner*, HdbStR V, § 117 Rdnrn. 65–71 m. umfangr. Nw.

[476] Vgl. *Canaris*, AcP 1984, 212f., 245 sub 2; *Stern*, Staatsrecht, Bd. III/1, § 76 IV 3 (S. 1565ff.); *Pietzker*, FS für Dürig, S. 350–353; *Hager*, JZ 1994, 374–376 m. umfangr. Nw. aus der jüngeren Rspr. des *BVerfG* in Fn. 14.

[477] Vgl. zur Bedeutung der Grundrechte als Schutzgebote und zum „Untermaßverbot" *Canaris*, AcP 1984, 225ff., 228. Die Problematik ist, wie das öffentliche Nachbar(umwelt)recht zeigt, keineswegs auf Zivilrechtsnormen beschränkt, wie *Hager*, JZ 1994, 375, richtig betont; zu kollidierenden Rechtsgütern und Untermaßverbot *BVerfGE* 88, 203 (254) vom 28. 5. 93 – Schwangerschaftsabbruch III; zum Zusammenwirken von Über- und Untermaßverbot *Starck*, JZ 1993, 817; zum diesbezüglichen „Strukturwandel" beim Übermaßverbot *Lerche*, HdbStR V, § 122 Rdnr. 17; o. Fn. 299 Satz 2; zur Bedeutung für Art. 5 Abs. 2 GG auch *Hillgruber/Schemmer*, JZ 1992, 948f.

[478] Vgl. *Rüfner*, HdbStR V, § 117 Rdnr. 70.

der Abwägung zwischen Meinungsfreiheit und Persönlichkeitsrecht (Ehre[479]).[480]

Art. 5 Abs. 1 GG ist – weitergehend – als einer der „preferred freedoms"[481] eine Vorrangstellung eingeräumt worden, vergleicht man ihn mit den grundrechtlichen Gewährleistungen für den wirtschaftlichen Bereich, für welchen insbesondere dem Gesetzgeber große Gestaltungsfreiheit zugesprochen wird.[482] Von der Systematik des Grundrechtskatalogs her betrachtet wurde das durch ein besonders restriktives Verständnis der Schranke „allgemeine.. Gesetze" in Art. 5 Abs. 2 GG bewirkt.[483] Da die Meinungsfreiheit überwiegend durch generalklauselartige

---

[479] Die in Art. 5 Abs. 2 GG bezeichnete Schranke des „Recht[s] der persönlichen Ehre" steht in engem systematischen Zusammenhang mit der Schranke der „allgemeinen Gesetze" und unterliegt ebenso wie die letztere der nachfolgend im Text erörterten „Wechselwirkung"; vgl. *BVerfGE* 86, 10f. (wie Fn. 448); *Degenhart,* in: BK, Lfg. 9/87, Art. 5 Rdnr. 118; *Jarass*/Pieroth, aaO., Art. 5 Rdnr. 51; *Herzog,* in: Maunz/Dürig, Lfg. 11/82, Art. 5 I, II Rdnr. 292; v. Mangoldt/Klein/*Starck,* aaO., Art. 5 Rdnr. 133; kritisch *Kriele,* NJW 1994, 1898f.; vgl. schon o. Fn. 457.

[480] Nach alledem kann die eher formale – partiell für die Gesetzgebungskompetenz des Bundes wichtige – Frage, wieweit der 3. Abschnitt des BDSG Privatrecht bzw. öffentliches Recht beinhaltet, hier dahingestellt bleiben; vgl. zu dieser Problematik kritisch *Wochner,* DVBl 1982, 233f.; *v. Münch,* aaO., Art. 74 Rdnr. 5 a.E.

[481] Vgl. dazu *Kriele,* HdbStR V, § 110 Rdnrn. 14, 37ff., 61ff.; Darstellung der entsprechenden Rspr. des US Supreme Court bei *Ehmke,* aaO., S. 437ff.; Übersicht zur weiteren Entwicklung dieser Rspr. bei *Feeley/Krislov,* aaO., S. 464ff.

[482] Vgl. schon *BVerfGE* 4, 7 (17f.) vom 20. 7. 54; dazu *Badura,* Staatsrecht, C 87; ferner *Kriele,* HdbStR V, § 110 Rdnrn. 44ff, zur „Beweislastverteilung zwischen Gesetzgeber und Bürger".

[483] respektive durch richterrechtliche Hinzufügung einer neben das Erfordernis der Allgemeinheit tretenden Voraussetzung (nämlich der oben im Text anschließend erörterten Wechselwirkung, die zum Erfordernis der Einzelfallabwägung führt); so z.B. *Wendt,* in: v. Münch/Kunig, Art. 5 Rdnrn. 76f.; *Degenhart,* in: BK, Lfg. 9/87, Art. 5 Rdnr. 105. Die zugrundeliegende Mehrdeutigkeit des Begriffs der „allgemeinen Gesetze" erklärt sich historisch, vgl. v. Mangoldt/Klein/*Starck,* aaO., Art. 5 Rdnr. 121; *Herzog,* in: Maunz/Dürig, Lfg. 11/82, Art. 5 I, II Rdnrn. 250f. – Vom Wortlaut her geht es zunächst um die Unzulässigkeit von Gesetzen, die sich gegen bestimmte Meinungsinhalte richten bzw. die Einschränkung des „Prozess[es] freier Meinungsbildung und... freie[r] Information als solche" zum Ziel haben, vgl. *BVerfGE* 71, 206 (215) vom 3. 12. 85 – zu § 353d Nr. 3 StGB; *Wendt,* aaO., Rdnr. 71; insofern begegnet § 4 BDSG, soweit ersichtlich, keinen Bedenken, vgl. *Langer,* aaO., S. 161–163. – Beim *BVerfG* dominiert die Tendenz, das besondere Abwägungserfordernis im Begriff der Allgemeinheit verankert zu sehen (beachte den Begriff der „materiale[n] Allgemeinheit der Aufklärung" bei *Smend,* VVDStRL 4 [1928],

Rechtsvorschriften (des Zivil- und Strafrechts) eingeschränkt wird,[484] konnte dies im wesentlichen durch die Entwicklung eines – primär an die Judikative gerichteten[485] – Interpretationsgrundsatzes geschehen, der die „Wechselwirkung" postuliert: Das einschränkende (allgemeine) Gesetz ist „im Lichte der Bedeutung dieses Grundrechts" auszulegen.[486] Später wurde das Wechselwirkungsprinzip auch im Zusammenhang anderer (Kommunikations-)Grundrechte zur Anwendung gebracht,[487] was an seiner originären und spezifischen Rolle für Art. 5 Abs. 1 nichts ändert.[488] Denn für dieses Grundrecht ist es dem *BVerfG* darum gegangen, eine Interpretation des einschränkenden Gesetzes gerade im Licht der besonderen Bedeutung von *Meinungsfreiheit* einzufordern. Diesbezüglich schließt die Wechselwirkung insbesondere aus, dem Schutzgut, dem das „allgemeine Gesetz" zu dienen bestimmt ist, *generell* Präferenz einzuräumen; ausdrücklich verlangt das *BVerfG* statt dessen in ständiger Rechtsprechung zur Meinungsfreiheit die Abwägung im Einzelfall.[489]

Diese von Verfassungs wegen auf Einzelfallgerechtigkeit abzielende

---

51 ff., und das diesbezügliche Zitat in *BVerfGE* 7, 210), doch ist seine Rspr. nicht einheitlich; vgl. dazu *Schmitt Glaeser*, AöR 97 (1972), 279 ff.; 113 (1988), 90; *Langer*, aaO., S. 154 ff. Diese dogmatische Zuordnungsfrage bleibt vorliegend dahingestellt.

[484] Insbesondere durch §§ 823 ff. BGB, § 1 UWG, §§ 185 ff. StGB.

[485] Vgl. zur Konkretisierungsaufgabe des Richters allgemein in bezug auf „Drittwirkung" von Grundrechten *Pietzker*, FS für Dürig, S. 351; *Alexy*, aaO., S. 480 ff., 488 ff.

[486] Zunächst in *BVerfGE* 7, 198 (208 f.) vom 15. 1. 58 – *Lüth*; für umfassende Nw. aus der Rspr. des Gerichts vgl. *Leibholz/Rinck/Hesselberger*, Lfg. 10/93, Art. 5 Rdnrn. 681, 981.

[487] Vgl. *Lerche*, HdbStR V, § 122 Rdnr. 4, § 121 Rdnr. 25, m. w. Nw.

[488] Der Auffassung *Rüfners*, HdbStR V, § 117 Rdnr. 67, das *BVerfG* habe mit der Mephisto-Entsch., *BVerfGE* 30, 173 (199) vom 24. 2. 71, einen nachhaltigen Wandel vollzogen, kann nicht gefolgt werden. Zutreffend wurde in den beiden abweichenden Mephisto-Meinungen, aaO., S. 202 und 219, ein Bruch in der Mehrheitsbegründung mit der durch das Lüth-Urteil eingeleiteten Rspr. festgestellt; vgl. auch die Kritik an der Entscheidung bei *Häberle*, HdbStR I, § 20 Rdnr. 9, unter Hinweis auf das Erfordernis „einzelfallbezogene[r] Abwägung in beiderseits ‚schonendstem Ausgleich'". Die nachfolgende Rspr. steht wieder in der Tradition des seit dem Lüth-Urteil entwickelten Ansatzes, vgl. etwa *BVerfGE* 86, 1 (10 f.) vom 25. 3. 92 – „geb. Mörder"; dazu auch Erman/*H. Ehmann*, BGB, Anh. zu § 12 Rdnr. 158 a. E.

[489] Vgl. u. a. *BVerfGE* 35, 202 (224 ff.) vom 5. 6. 73 – Lebach; 42, 143 (152) vom 11. 5. 76 – Deutschland-Magazin; 86, 11 (wie Fn. 488); vom 11. 11. 92 (3. Kammer des I. Sen.), NJW 1993, 1845 (1846 l. Sp.); vom 31. 3. 93 (1. Kammer des I. Sen.), NJW 1993, 2925 (2926).

Rechtsprechung hat teilweise Kritik gefunden,[490] ohne daß – zur Erzielung höherer Berechenbarkeit der Ergebnisse – Alternativen deutlich geworden wären.[491] Soweit ersichtlich, handelt es sich bei der in Rede stehenden Schwierigkeit um ein Strukturproblem für verfassungsrechtliche Gewährleistungen von freier Kommunikation als solcher,[492] auf welches bereits hingewiesen wurde. Diese entzieht sich der Stringenz von Zweck-Mittel-Relationen und damit dem Erforderlichkeitsprinzip als eines Kernstücks des Verhältnismäßigkeitsgrundsatzes.[493] Bei der Ermittlung eines angemessenen Ausgleichs mit konfligierenden Rechtspositionen – des Privatbereichs, des persönlichen oder geschäftlichen Rufs, der beruflichen, künstlerischen oder politischen Betätigung – können zugunsten des „Kommunikators", der keiner seine Rede legitimierenden Gründe bedarf, oftmals bestimmte *Erfordernisse* für sein Verhalten gar nicht ins Feld geführt werden (welche ähnlich wie in anderen Lebensbereichen anhand beschreibbarer Ziele generalisierbar/typisierbar wären[494]). Dementsprechend ist umgekehrt die Verhältnismäßigkeit i.e.S.

---

490 Vgl. *Herzog*, in: Maunz/Dürig, Lfg. 11/92, Art. 5 I, II Rdnrn. 259f. (beachte aber auch Rdnr. 267); v. Mangoldt/Klein/*Starck*, aaO., Art. 5 Rdnrn. 124, 133; *Schmidt-Jortzig*, HdbStR VI, § 141 Rdnr. 43; zurückhaltende Kritik bei *Lerche*, HdbStR V, § 121 Rdnrn. 25, 44, § 122 Rdnrn. 21, 4, 18, 24.

491 Deshalb der verfassungsgerichtlichen Rspr. zustimmend *Hoffmann-Riem*, in: AK-GG, Art. 5 Abs. 1, 2 Rdnrn. 39ff., 45f.; *Wendt*, in: v. Münch/Kunig, Art. 5 Rdnr. 76; *Degenhart*, in: BK, Lfg, 9/87, Art. 5 Rdnrn. 107, 110; *Jarass*/Pieroth, aaO., Art. 5 Rdnr. 48. Die von *Schmidt-Jortzig* (wie o. Fn. 490), Fn. 110, gegebenen Beispiele für eine „abstrakte.. Abwägung der beiderseitigen Rechtsgüter" – fünf vom *BVerfG* entschiedene Fälle – vermögen als alternativer Lösungsweg nicht zu überzeugen, weil sie nicht Kommunikationsfreiheit, sondern Probleme der Wirtschaftslenkung betrafen.

492 Zumal wenn die Abwägung mit einem Rechtsgut zu erfolgen hat, welches seinerseits durch kommunikative Elemente stark geprägt ist, wie das bei Privatheit, Vertraulichkeit, Ehre, persönlicher Identität und Selbstdarstellung der Fall ist; Näheres dazu bei *Berka*, aaO., 199ff., 286ff., 300ff., 364ff.; zur Rspr. des *BVerfG* vgl. *Zippelius*, FS für Hubmann, S. 514ff.; vgl. weiterhin unten Fn. 496.

493 Vgl. oben sub C I 2b für die Pressefreiheit.

494 Zur Problematik der Generalisierbarkeit von Erforderlichkeit im Informationsbereich allgemein vgl. schon o. Fn. 156–158 – insbes. 157 – m. begleitendem Text; zur Generalisierung/Typisierung des Kriteriums im übrigen vgl. – für den Bereich der Wirtschaftslenkung – etwa die von *Schmidt-Jortzig* (s.o. Fn. 491) bezeichneten Beispiele, u.a. *BVerfGE* 25, 1 (18ff.) vom 18. 12. 68 – MühlenG; 30, 292 (316, 318ff., beachte 327ff.) vom 16. 3. 71 – Mineralölbevorratungspflicht; 40, 196 (223, beachte 224ff.) vom 14. 10. 75 – Güterfernverkehr; beachte auch – zur „Individualisierungstendenz des Erforderlichkeitsprinzips" – *Lerche*, HdbStR V, § 122 Rdnr. 18.

(Proportionalität/Zumutbarkeit) einer vorgesehenen Einschränkung solcher Kommunikation schwerlich anhand von ableitbaren, (generell) definierbaren Bedürfnissen der ihre Meinung äußernden Personen(kreise) meßbar. Nur wenn einerseits die Beschränkung ein „geringe[s] Ausmaß" hat, also die Freiheiten des Art. 5 Abs. 1 GG „nicht wesentlich beeinträchtigt" werden, andererseits ein gegenüberstehendes Rechtsgut vom (allgemeinen) Gesetz in klar abgegrenztem erforderlichen Ausmaß geschützt wird, kann eine Gewichtung der Einzelfallkonstellation unbedenklich ausgeschlossen werden.[495] Konflikte mit dem Persönlichkeitsrecht erfüllen auch wegen *dessen* amorpher Struktur diese Voraussetzungen regelmäßig nicht. Die (öffentliche) Bedeutung des *konkreten* „Meinungskampfes" ist von daher zumeist von Relevanz für die verfassungsrechtliche Beurteilung, wobei immerhin auf vom *BVerfG* entwickelte Maßstäbe zurückgegriffen werden kann.[496]

d) Verfassungsrechtliches Ergebnis

Das Dilemma, in das §§ 4, 1 Abs. 1 BDSG für solche Datenverarbeitung hineinführen, die dem gesteigerten[497] Schutz des Art. 5 Abs. 1 GG unterfällt, könnte nach alledem kaum größer sein:

(1) Das BDSG weist dem Persönlichkeitsschutz einen generellen Vorrang gegenüber der Kommunikationsfreiheit zu. Dies widerspricht Art. 5 Abs. 1, 2 GG, zumal in der Interpretation, die diese Bestimmung in ständiger Rechtsprechung durch das *BVerfG* gefunden hat.[498]

---

[495] Vgl. dazu *BVerfGE* 71, 206 (215–221, Zitate: 220) vom 3. 12. 85 – zu § 353d Nr. 3 StGB.

[496] Dies wird – trotz Kritik an der Rspr., vgl. o. Fn. 490 – von *Lerche*, HdbStR V, § 122 Rdnr. 21, besonders hervorgehoben. Vgl. ausführlich – in Ansehung des allgemeinen Persönlichkeitsrechts – zur konkreten Abwägung einerseits und zur „normativen Leitung der Rechtsfindung" auf der Grundlage der „Typizität ... der geschützten Interessen und Gegeninteressen" andererseits Erman/*H. Ehmann*, BGB, Anh. zu § 12 Rdnrn. 52, 61–63. Zur verfassungsrechtlichen Lage in den USA vgl. *Tribe*, aaO., S. 631 ff., 648 ff.; Entscheidungen des Supreme Court zum Recht auf *Privacy* werden von *Wollenteit*, aaO., S. 130 ff., dikutiert.

[497] Vgl. dazu soeben sub a zur „Freiheitsvermutung nach Art. 5 Abs. 1, 2 GG" in Ansehung der besonders schutzwürdigen Beiträge zum „geistigen Meinungskampf". Die Frage, wieweit man für anderweit einzustufende Meinungsäußerungen zu anderen verfassungsrechtlichen Ergebnissen gelangen würde, ist nicht Gegenstand der vorliegenden Untersuchung.

[498] Dieser Widerspruch erstreckt sich auch auf die Auswirkungen für die Beweislast; vgl. zu § 4 BDSG o. Fn. 470. Vgl. demgegenüber zum allgemeinen Persönlichkeitsrecht (bei nicht indizierter Rechtswidrigkeit) Erman/*H. Ehmann*,

(2) Indem das BDSG *alle* personenbezogenen Daten seinem Schutz unterstellt, also die Grundregel des § 4 Abs. 1 eingreift, ohne daß auf die Relevanz der jeweiligen Information für den Persönlichkeitsschutz – deren Sensibilität[499] bzw. besonderer Kontext[500] – irgendwie abgestellt wird, enthält es eine (entstehungsgeschichtlich nachvollziehbare[501]) starke Generalisierung seiner Schutzziele.[502] Nach Art. 5 Abs. 2 GG wäre, dem Verständnis des *BVerfG* folgend, um so mehr[503] eine

---

BGB, Anh. zu § 12 Rdnrn. 54, 66, 72 a.E.; *BVerfGE* 54, 148 (157f.) vom 3. 6. 80 – Eppler; zu dieser Entscheidung *W. Schmidt,* NJW 1980, 2067. Die Freiheitsvermutung im Rahmen des Art. 5 Abs. 1 GG findet darüber hinaus ihre gesetzliche Ausprägung in § 193 StGB, vgl. *BVerfGE* 12, 113 (125f.) vom 25. 1. 61 – Spiegel ./. Schmid; 42, 143 (152) vom 11. 5. 76 – Deutschland-Magazin; *Lenckner,* in: Schönke/Schröder, § 193 Rdnr. 1; Erman/*H.Ehmann,* aaO., Rdnrn. 65, 157; *Degenhart,* in: BK, Lfg. 9/92, Art. 5 Rdnrn. 129f.; den Angegriffenen (Betroffenen) trifft insofern regelmäßig – wie nach § 824 BGB – die Beweislast für die Unrichtigkeit der Information, vgl. Erman/*H.Ehmann,* aaO., Rdnr. 155; auch v. Mangoldt/Klein/*Starck,* aaO., Art. 5 Rdnr. 134 a.E. m.Nw.; vgl. noch *BVerfGE* 43, 130 (139) vom 7. 12. 76.

499 Zum besonderen Schutz sensibler Daten vgl. Art. 6 der Datenschutzkonvention des Europarates – Konvention Nr. 108 vom 28. 1. 81, abgedruckt bei Simitis/*Dammann,* Dokumentation, Teil D 3.3; Art. 8 EuDatSch-RiLi (geänd. Vorschlag); zu dieser Bestimmung *Rüpke,* EuZW 1993, 154 sub d; beachte *BVerfGE* 78, 77 (87) vom 9. 3. 88 – Entmündigung; 84, 192 (194ff.) vom 11. 6. 91 – Entmündigung/Mietvertragsabschluß; zum Schutz sensibler Daten im Zivilprozeß *Liebscher,* aaO., S. 224, 231. Kritisch *Simitis,* FS für Pedrazzini, S. 469ff.; *ders.,* in: Simitis u.a., Lfg. 5/93, § 1 Rdnr. 181. Zu Verkehrsdaten/belanglosen Daten vgl. *Vogelgesang* (wie o. Fn. 295).

500 Vgl. zu dieser Problemstellung Überlegungen bei *Simitis,* FS für Coing, Bd. II, S. 495ff, 516f.; auch *ders.,* aaO. (wie Fn. 499), und NJW 1977, 732. Nicht gefolgt werden kann Simitis – de lege ferenda – in der von ihm angenommenen *Alternativität* der Berücksichtigung der Sensibilität einerseits und des Verwendungszusammenhangs andererseits. Regelmäßig bedingt höhere Sensibilität größere Kontextgebundenheit; Überlegungsansätze dazu bei *Rüpke,* 1976, S. 117ff.; ausführlich – und im Anschluß an das Volkszählungsurteil des *BVerfG* – zur Sensibilität von Daten einerseits und Verwendungszusammenhang andererseits *Vogelgesang,* Grundrecht…, § 21 (S. 62ff.); für entsprechend abgestufte Maßnahmen der Datensicherheit *Abel/Schmölz,* aaO., S. 29–31.

501 Vgl. etwa *Steinmüller u.a.,* BT-Drs. VI/3826, S. 48ff. und passim; *Simitis,* DVR 2 (1972/73), 143ff; weiter Nw. auch o. Fn. 474.

502 Kritisch Erman/*Ehmann,* BGB, Anh. zu § 12 Rdnrn. 28ff., 414ff.; zur Ausprägung im Recht auf informationelle Selbstbestimmung vgl. schon o. Fn. 474; hierzu weiter Kritik bei *Rogall,* aaO., S. 41ff., 53ff.; *Krause,* JuS 1984, 269ff.; *Brossette,* aaO., S. 214ff.; *M. Deutsch,* aaO., S. 76ff.; *Geis,* JZ 1991, 112ff.; *Langer,* aaO., S. 177ff.; *Breitfeld,* aaO., S. 105ff.; weitere Nw. o. Fn. 294 und 396.

503 Vgl. dazu die Überlegungen bei *Herzog,* in: Maunz/Dürig, Lfg. 11/82, Art. 5 I, II Rdnrn. 273–275, dahingehend, daß – umgekehrt – eine Norm sich um so eher als ein „allgemeines Gesetz" i.S.d. Art. 5 Abs. 2 GG qualifiziere, je kon-

Interpretation jener *General*klausel im Licht der Bedeutung der Meinungsfreiheit und unter Berücksichtigung der jeweiligen Einzelfallkonstellation durchzuführen. Dafür bietet § 4 Abs. 1 BDSG, der strukturell durch (partiellen) Weiterverweis auf andere Vorschriften auf einen numerus clausus von Zulässigkeitstatbeständen hin angelegt ist, jedoch keinen Ansatzpunkt. Ist Grundgedanke der Wechselwirkung, die konkreten Abwehrbedürfnisse für das vom einschränkenden Gesetz geschützte Rechtsgut zu gewichten und ggfs. gegenüber der Bedeutung der Meinungsäußerung zu relativieren, so wird umgekehrt gemäß § 4 Abs. 1 BDSG die Frage nach dem Gewicht einer Rechtsgutbeeinträchtigung beim Betroffenen überhaupt nicht aufgeworfen, solange nicht ein Erlaubnistatbestand für die Datenverarbeitung aufweisbar ist. Die Erforderlichkeit des Schutzes anderer Rechtsgüter ist damit, wie schon hervorgehoben wurde, unter Anwendung des BDSG keineswegs unerläßliche Voraussetzung für Einschränkungen von Meinungsfreiheit, geschweige denn, daß die bezeichnete Wechselwirkung ohne wesentliche Lücken zum Tragen kommen könnte. Beides widerspricht Art. 5 Abs. 1, 2 GG.

Diese Feststellung gilt auch unabhängig von Inhalt und Rang eines Rechts auf informationelle Selbstbestimmung, welches sich auf alle personenbezogene Daten erstreckt.[504] Es ist auf der Grundlage von Art. 2 Abs. 1 i.V.m. Art. 1 Abs. 1 GG Ausfluß des allgemeinen Persönlichkeitsrechts.[505] Wegen der starken Sozialbezogenheit zahlreicher personenbezogener Informationen besteht ein weitgehender Gesetzesvorbehalt.[506] Das informationelle Selbstbestimmungsrecht ist von daher stärker einschränkbar als das Persönlichkeitsrecht i.e.S.

---

kreter/differenzierter die von ihr zu schützenden Güter erfaßt und formuliert werden, je vitaler die zu schützenden Interessen sind und je größer die Verletzungswahrscheinlichkeit ist. § 4 Abs. 1 BDSG ist demgegenüber so breit angelegt, daß er – überwiegend – keine dieser Voraussetzungen erfüllt.

504 Eine eingrenzende Tendenz ist freilich in der jüngeren Rspr. des *BVerfG* durch die Entsch. des II. Sen. vom 27. 6. 91, *BVerfGE* 84, 239 (280) – Besteuerung von Zinseinkünften –, sichtbar geworden. Das Gericht läßt es dahingestellt, „ob der Informationszugriff auf privates Finanzkapital und seine Erträge als Vorgang des marktoffenbaren Erwerbs ohne besonderen persönlichkeitsgeprägten Gehalt überhaupt vom Gewährleistungsinhalt des verfassungsrechtlichen Datenschutzes erfaßt wird". Vgl. im übrigen zur Kritik am Recht auf informationelle Selbstbestimmung o. Fn. 502.

505 Dazu ausführlich *BVerfGE* 65, 41–43; 78, 84; (beide wie Fn. 474).

506 Vgl. *BVerfGE* 78, 85 unter Bezugn. auf die Rspr. zu Art. 12 Abs. 1 S. 2 GG.

Ihm kann deshalb gegenüber Art. 5 Abs. 1 GG kein größeres Gewicht zukommen als jenem. § 41 BDSG – das Medienprivileg – entspricht dieser Erkenntnis.

(3) Die Zulässigkeitstatbestände, auf die § 4 Abs. 1 BDSG verweist, enthalten nicht etwa das Erforderlichkeitsgebot in bezug auf Einschränkungen der Datenverarbeitung zum Schutz der Persönlichkeit, sondern – systematisch konsequent – (überwiegend) die Erforderlichkeit der Meinungsäußerung als Voraussetzung für deren Zulässigkeit. Im Hinblick darauf, daß Äußerungen zumal im „Meinungskampf" sich i. d. R. keineswegs in eine Zweck-Mittel-Relation einfügen lassen, ist diese Regelung geeignet, den Datenverarbeiter „mundtot" zu machen.[507] Die im nächsten Schritt – als weitere Zulässigkeitsvoraussetzung – noch vorgesehene konkrete Interessenabwägung (vgl. etwa § 28 Abs. 1 S. 1 Nr. 2 BDSG) ist kaum geeignet, lädierte respektive verunsicherte Kommunikationsfreiheit wiederherzustellen.[508]

Es ergibt sich also, daß § 4 Abs. 1 BDSG – im durch ihn angelegten systematischen Zusammenhang des Gesetzes – für gesteigert[509] durch Art. 5 Abs. 1 GG geschützte Datenverarbeitung zu verfassungswidrigen Ergebnissen führt. Die Bestimmung ist insoweit durch Art. 5 Abs. 2 GG *nicht* gedeckt.[510]

Ihre – unmodifizierte – Anwendung auf anwaltliche Informationsverarbeitung muß deshalb aus verfassungsrechtlichen Gründen ausscheiden.

---

[507] Eine zugespitzte, aber nicht unzutreffende Formulierung, wenn man daran denkt, wie eine Meinungsäußerung, weil nicht „erforderlich", als *überflüssig* und deshalb unzulässig erachtet werden könnte.

[508] Schon deshalb führt – in Ansehung des Art. 5 Abs. 1, 2 GG – die Änderung der Abwägungsklausel in § 28 Abs. 1 S. 1 Nr. 2 BDSG n. F. gegenüber §§ 23 S. 1, auch 24 Abs. 1 S. 1 BDSG a. F. dahingehend, daß nach der Neufassung die Verarbeitung zulässig ist, wenn kein Grund zu der Annahme besteht, daß das schutzwürdige Interesse des Betroffenen *„überwiegt"* (statt: „beeinträchtigt" wird), zu keiner anderen Beurteilung. Beachte Erman/*H. Ehmann,* BGB, Anh. zu § 12 Rdnrn. 76, 422, auch *H.Ehmann,* RDV 1989, 72 f., welcher der „Veränderung der Gewichtung der Interessen" durch die Neufassung der Bestimmung(en) aus verfassungsrechtlicher Sicht erhebliches Gewicht beimißt; demgegenüber zur Frage der Offenheit/Relativität der Bedeutung unterschiedlich formulierter Abwägungsklauseln des BDSG auch *Rüpke,* EuZW 1993, 154 mit Fn. 69, m. w. Nw.; vgl. noch o. Fn. 144.

[509] Vgl. o. Fn. 497.

[510] Im Ergebnis übereinstimmend *Langer,* aaO., S. 149 ff.; ähnlich *Brossette,* aaO., S. 185 ff.

4. § 28 i. V. m. § 4 BDSG als Schranke i. S. d. Art. 5 Abs. 2 GG

a) Die weitere Fragestellung

Was das Verhältnis zwischen § 4 Abs. 1 und § 28 BDSG anlangt, so ist letzterer leicht erkennbar ein Pendant zu ersterem. Die gesetzessystematische Gestaltung des Verbots mit legislativem Erlaubnisvorbehalt im BDSG ist nur äußerlich von derjenigen z. B. des oben diskutierten § 564 b BGB verschieden,[511] nämlich insofern, als im BDSG das Verbot einerseits und die dazugehörigen Erlaubnistatbestände andererseits in separaten Gesetzesbestimmungen – zudem in unterschiedlichen Abschnitten des Gesetzes – zu finden sind. Inhaltlich ist die für die anwaltliche Informationsverarbeitung spezifisch relevante Erlaubnisvorschrift des § 28 – insbesondere Abs. 1 S. 1 Nr. 2, Abs. 2 Nr. 1 a – auf engste mit dem Verbot des § 4 Abs. 1 BDSG verknüpft und bildet mit diesem zusammen das vom Gesetz insoweit vorgesehene Regelungssystem.

Auf eben dies hat sich die verfassungsrechtliche Prüfung im vorangegangenen Untersuchungsteil der Sache nach erstreckt. Die zu § 4 BDSG aufgezeigte Problematik hat sich nicht in Unabhängigkeit von im Gesetz vorhandenen Erlaubnistatbeständen ergeben, sondern vor deren Hintergrund.[512] Insbesondere wurde gezeigt, daß das *einseitig* zur Legitimation und damit zu Lasten des Datenverarbeiters aufgestellte Erforderlichkeitspostulat systematisch bereits in § 4 angelegt ist, um sodann in § 28 Abs. 1 S. 1 Nr. 2, Abs. 2 Nr. 1 a konkret Gestalt zu gewinnen. Nach diesem Resultat ist Skepsis angebracht, ob man die erstgenannte Vorschrift aufgrund einer von § 28 ausgehenden, harmonisierenden Interpretation letztlich doch auf anwaltliche Informationsverarbeitung wird anwenden können. Näher liegt die umgekehrte Annahme, daß § 28 Abs. 1 S. 1 Nr. 2, Abs. 2 Nr. 1 a das Verdikt der Unvereinbarkeit mit Art. 5 Abs. 1, 2 GG in gleichem Umfang trifft wie § 4 Abs. 1 BDSG.

b) Verfassungsrechtliche Beurteilung rechtstechnisch-systematischen bzw. inhaltlichen Regelungszusammenhangs

Die Bedeutung eines engen sei es gesetzessystematischen, sei es sachlichen Regelungszusammenhangs zwischen einer mit dem GG nicht zu

---

511 Oben sub C III 3 b.
512 Oben sub C III 3 b, c, d.

vereinbarenden und einer anderen Bestimmung desselben Gesetzes ist Gegenstand einer Vielzahl von Entscheidungen des *BVerfG* gewesen.[513] Die von Verfassungs wegen gegebene Rechtsfolge (das ist im Regelfall die Nichtigkeit[514]) erstreckt sich nach dieser Rechtsprechung auch auf die andere Bestimmung – bzw. auf das Gesetz als Ganzes –, wenn entweder (1.) letztere keine selbständige Bedeutung hat, also ohne die verfassungswidrige Vorschrift gegenstandslos ist,[515] oder wenn (2.) die in Rede stehenden Vorschriften „Teil einer Gesamtregelung ... [sind], die ihren Sinn und ihre Rechtfertigung verlöre, nähme man einen ihrer Bestandteile heraus".[516]

Das Vorliegen des zu (1.) genannten Kriteriums hat das Gericht u. a. zu Lasten von inhaltlichen oder organisatorischen Genehmigungsvoraussetzungen angenommen, wenn schon die die Genehmigung vorschreibende Norm als solche verfassungsrechtlich zu beanstanden war.[517] Diese formale Konstellation kommt derjenigen, die – für anwaltliche Informationsverarbeitung – zwischen § 4 Abs. 1 und § 28 BDSG besteht, nahe. Wichtiger ist indessen, daß hier (auch) das genannte Kriterium zu (2.) erfüllt ist. §§ 4 Abs. 1, 28 BDSG sind, wie das *BVerfG* auch formuliert, Bestandteile einer „normative[n] Sinneinheit",[518] die „nicht ... zerlegt werden kann."[519] Diese erweist sich vor allem in der gemeinsamen inhaltlichen Zielsetzung, die durch die generelle Einräumung eines Vorrangs der Rechtsposition des Betroffenen gegenüber derjenigen des Datenver-

---

513 Vgl. zu dieser Rechtsprechung *Stern,* in: BK, Lfg. 3/82, Art. 93 Rdnrn. 300f.; *Benda/Klein,* aaO., Rdnr. 677; *Maunz/Schmidt-Bleibtreu u. a.,* Lfg. 10/76, § 78 Rdnr. 24; *Skouris,* aaO., S. 30ff.

514 Zur (Teil-)Nichtigkeit der Norm wegen ihrer Unvereinbarkeit mit dem GG vgl. Näheres unten sub E I; beachte unten Fn. 566.

515 Vgl. *BVerfGE* 2, 380 (384f., 406) vom 1. 7. 53 – BeanstandungG; 8, 274 (301) vom 12. 11. 58 – PreisG; 53, 1 (23f.) vom 4. 12. 79 – Schulbuch-Mengenrabatt; 65, 325 (357ff.) vom 6. 12. 83 – Zweitwohnungssteuer; 74, 33 (43) vom 18. 11. 86 – § 1934c BGB; auch 82, 159 (188f.) vom 31. 5. 90 – AbsatzfondsG.

516 Vgl. *BVerfGE* 8, 301 (wie Fn. 515); 1, 264 (272) vom 30. 4. 52 – Schornsteinfeger; 9, 305 (333) vom 16. 6. 59 – TilgungsG; 10, 200 (220) vom 17. 11. 59 – Friedensgerichte; 15, 1 (24f.) vom 30. 10. 62 – WasserstraßenreinhaltungsG; 26, 246 (258) vom 25. 6. 69 – IngenieurG; 48, 127 (177) vom 13. 4. 78 – WehrpflichtG; 61, 149 (206ff.) vom 19. 10. 82 – StaatshaftungsG; 72, 330 (421f.) vom 24. 6. 86 – Finanzausgleich.

517 Vgl. *BVerfGE* 8, 71 (72f., 77ff.) vom 10. 7. 58 – Neupflanzung von Weinreben; 57, 295 (296ff., 334f.) vom 16. 6. 81 – Saarl. Rundfunk.

518 Vgl. *BVerfGE* 53, 24 (wie Fn. 515).

519 Vgl. *BVerfGE* 48, 177 (wie Fn. 516).

arbeiters (gesteuert durch das Erforderlichkeitsprinzip) geprägt ist. In § 28 BDSG kommt das noch einmal gesondert durch die Privilegierung der Sonderbeziehung zum Betroffenen nach Abs. 1 S. 1 Nr. 1 – gegenüber Nr. 2 – zum Ausdruck.[520]

Auf der Grundlage der Rechtsprechung des *BVerfG* ergibt sich also, daß § 4 Abs. 1 und § 28 Abs. 1 S. 1 Nr. 2, Abs. 2 Nr. 1a BDSG verfassungsrechtlich als Einheit zu beurteilen sind. Es bedarf deshalb keiner separaten Untersuchung dahingehend, ob § 28 BDSG für sich genommen in bezug auf anwaltliche Informationsverarbeitung Art. 5 Abs. 2 GG entspräche; im Hinblick auf den rechtstechnischen und inhaltlichen Zusammenhang mit § 4 Abs. 1 wäre ein solcher Prüfungsansatz gar nicht sinnvoll.

c) Fragen verfassungskonformer Auslegung

aa) Soll das Verdikt der Verfassungswidrigkeit insgesamt vermieden werden, kann die Frage demgemäß nur dahin gehen, ob ggfs. konkretisierende Tatbestandsmerkmale des § 28 Abs. 1 S. 1 Nr. 2, Abs. 2 Nr. 1a einen realisierbaren Ansatz enthalten, um eine verfassungskonforme Interpretation der von § 4 Abs. 1 ausgehenden, mit Art. 5 Abs. 1, 2 GG konfligierenden *Gesamt*regelung zu ermöglichen. Dieser Lösungsweg ist teilweise bereits vorgeschlagen worden[521] (nämlich seitens der oben schon erwähnten, breiter angelegten verfassungsrechtlichen Kritik am BDSG, die auf dessen Regelungsansatz im Bereich von Wirtschaft und Beruf insgesamt gerichtet ist[522]). Einerseits erspart die genannte Auslegungsmethode einen an die Legislative gerichteten „Vorwurf" verfassungswidriger Gesetzgebung, und sie dient zugleich einer unmittelbar durch Fachgerichte und Exekutive zu verwirklichenden, elastischen Anpassung an die Verfassungsrechtslage.[523] Andererseits läuft sie Gefahr, das gesetzgeberische Konzept zu verfälschen.[524] Auch gilt es zu vermei-

[520] Vgl. zu § 28 Abs. 1 S. 1 Nr. 1 o. Fn. 33 mit begleitendem Text.

[521] Vgl. *Brossette,* aaO., S. 242ff.; *Breitfeld,* aaO., 126ff., letztere ausschließlich im Hinblick auf Artt. 12 und 14 GG; *anders* – in bezug auf Art. 5 Abs. 1, 2 GG – *Langer,* aaO., S. 202f.

[522] Vgl. dazu o. sub C III 1.

[523] Vgl. *Benda/Klein,* aaO., Rdnr. 1198; *Löwer,* HdbStR II, § 56 Rdnrn. 111f.; *H. Klein,* in: Umbach/Clemens, § 80 Rdnr. 51; jeweils m.w.Nw.

[524] Vgl. *BVerfGE* 8, 78 – dazu o. Fn. 517 mit begleitendem Text –, wo die verfassungskonforme Auslegung abgelehnt wird; sehr ähnlich die Ablehnung beim SammlungsG von 1934 in *BVerfGE* 20, 150 (160f.) vom 5. 8. 66 (s. auch o. Fn. 464); problematisch demgegenüber *BVerfGE* 54, 277 (285ff.) vom 11. 6. 80 –

den, durch modifizierende Interpretation Festlegungen dort vorzunehmen, wo sich mehrere verfassungskonforme Alternativen anbieten.[525] Ferner stellt sich bei strafbewehrten Normen das Problem der Vereinbarkeit des erzielten Interpretationsergebnisses mit Art. 103 Abs. 2 GG,[526] was vorliegend wegen § 43 BDSG zu beachten ist.

bb) Möglichkeiten einer *legislatorischen* Weiterentwicklung des Anwaltsrechts, welche den aus der besonderen beruflichen Aufgabe folgenden Gegebenheiten der Informationsverarbeitung und zugleich dem (Mindest-)Schutz des Persönlichkeitsrechts Dritter Rechnung trägt, wurden oben richtungsmäßig skizziert.[527] Es lassen sich auch dem entsprechende verfassungskonforme Ausdeutungen von Tatbestandsmerkmalen des § 28 Abs. 1 S. 1 Nr. 2, Abs. 2 Nr. 1 a BDSG vorschlagen. Sie mögen – für sich genommen – noch in dem weit gesteckten Rahmen dessen liegen, was nach der Rechtsprechung des *BVerfG* dieser Auslegungsmethode gemäß ist.[528] Zu denken ist dabei etwa an ein extensives Verständnis von Erforderlichkeit,[529] welches die Vorratsspeicherung[530] erlauben und die

---

zu § 554 b ZPO –, zur Kritik vgl. *Löwer,* HdbStR II, § 56 Rdnr. 112 m. w. Nw., und *Bettermann,* aaO., S. 29f.; beachte auch die Problemstellung in *BVerfGE* 85, 329 (335) vom 12. 2. 92 – Sachverständigenentschädigung –, wonach „die konkretisierende Auslegung ... im Ergebnis sogar zu einer Verschiebung des Regel-Ausnahme-Verhältnisses führen ... könnte"; weiterhin 86, 288 (320ff.) vom 3. 6. 92 – Lebenslänglich II – sowie die Kritik in der abw. Meinung *Mahrenholz,* aaO., 340 (348ff., 350f.).

525 Vgl. *BVerfGE* 72, 51 (62f.) vom 26. 2. 86 – zu § 7 Nr. 3 a. F. BRAO; *H. Klein,* in: Umbach/Clemens, § 80 Rdnr. 55; beachte die verfassungskonforme Interpretation – zugunsten einer der beiden nach dem Gleichheitssatz möglichen Lösungsalternativen – in *BVerfGE* 64, 229 (241 f.) vom 15. 6. 83 – Grundbucheinsicht durch Sparkassen. – Die Kritik *Bettermanns* an der Praxis verfassungskonformer Auslegung durch das *BVerfG* gilt insbesondere diesem Problem, vgl. aaO., S. 22f., 27ff., 33ff.

526 Vgl. *BVerfGE* 85, 69/77 (78f.) vom 23. 10. 91, abw. Meinung *Seibert/Henschel* – Eilversammlung; kritisch zur Senatsentscheidung (aaO., S. 72ff.) auch *Schlaich,* aaO., Rdnr. 415.

527 Vgl. o. sub B II 3 a bb, insbes. nach (1)–(3).

528 Vgl. zu dieser Rechtsprechung umfangreiche Nachweise bei *Leibholz/Rinck/Hesselberger,* Einf. Rdnr. 20; dazu nochmals *Benda/Klein,* aaO., Rdnrn. 1198ff.; *Löwer,* HdbStR II, § 56 Rdnrn. 111f., mit kritischem Akzent; desgl. *Stern,* Staatsrecht, Bd. III/1, § 73 IV 4 c, S. 1316ff.; sehr kritisch zur vom *BVerfG* praktizierten Weite des Auslegungskonzepts *Schlaich,* aaO., Rdnrn. 414ff.

529 Ein solches Verständnis würde auch mit Relativierungen des – ansonsten im öffentlichen Recht festliegenden – Erforderlichkeitsbegriffs in der datenschutzrechtlichen Literatur korrelieren, vgl. dazu o. Fn. 35 und insbes. 150.

530 Vgl. dazu o. Fn. 161 mit begleitendem Text.

Entkoppelung jenes Zulässigkeitskriteriums von einer konkreten Zweck-Mittel-Relation[531] bewirken würde. Was die gebotene Interessenabwägung in § 28 anlangt, kann den Belangen anwaltlicher Tätigkeit im Rechts(pflege)system generell ein sehr großes Gewicht dergestalt beigemessen werden, daß sie nur ausnahmsweise – bei groblichen Verletzungen des Persönlichkeitsrechts – durch das schutzwürdige Interesse des Betroffenen aufgewogen würden. Dabei bieten sich vorgegebene Kriterien zur Bedeutung des § 193 StGB für anwaltliche Tätigkeit,[532] zur „beleidigungsfreien Sphäre"[533] sowie zur Privilegierung des Vortrags in einem „gesetzlich geregelten Verfahren der Rechtspflege"[534] als Bausteine der Interpretation an.

Solche Harmonisierungsversuche können jedoch nicht darüber hinwegtäuschen, daß sie – in Ansehung anwaltlicher Informationsverarbeitung – eine tiefgreifende Umstrukturierung des § 28 BDSG beinhalten würden. Die im BDSG angelegte Präponderanz der Interessen des Betroffenen wäre für diesen Bereich klar aufgegeben. Die kennzeichnende Differenz der Zulässigkeitsvoraussetzungen zwischen § 28 Abs. 1 S. 1 Nr. 1 einerseits und Nr. 2 andererseits[535] wäre im Ergebnis nivelliert; leitend würde nämlich der „Rahmen der Zweckbestimmung eines Vertragsverhältnisses" mit dem *Mandanten* (nicht mit einem – sonstigen – Betroffenen) sein.[536] Aus der Perspektive des Datenschutzrechtlers bliebe also zu konstatieren, daß § 28 BDSG in ein Prokrustesbett gelegt würde.[537] Solche Bewertung kann nicht als einseitig abgetan werden; die Perspektive hat, wie gezeigt wurde, schon in § 4 Abs. 1 BDSG, mit dem § 28 eine Regelungseinheit bildet, ihren objektiven, grundsätzlichen Ausdruck gefunden.[538]

Die Gefahr der völligen Verfälschung des gesetzgeberischen Konzepts ist also handgreiflich. Expressis verbis verlangt die Rechtsprechung des

---

[531] Vgl. dazu o. Fn. 300–304 mit begleitendem Text.

[532] Vgl. *Lenckner*, in: Schönke/Schröder, aaO., § 193 Rdnr. 22; weitere Nw. oben in Fn. 350.

[533] Vgl. o. Fn. 172.

[534] Vgl. o. sub C II 2a mit Fn. 350.

[535] Vgl. o. Fn. 33 mit begleitendem Text, auch o. bei Fn. 520.

[536] Zur Problemstellung vgl. schon o. sub B II 2a, b.

[537] So die Formulierung in der abw. Meinung *Rupp-v.Brünneck/Simon* gegenüber einer vom Gericht vorgenommenen verfassungskonformen Interpretation, *BVerfGE* 33, 52/78 (82f.) vom 25. 4. 72 – Verbringungsverbot.

[538] Vgl. o. sub C III 3.

BVerfG – trotz seiner großzügigen Handhabung verfassungskonformer Interpretation –, daß „der normative Gehalt der auszulegenden Norm nicht grundlegend neu bestimmt, das gesetzgeberische Ziel nicht in einem wesentlichen Punkt verfehlt werden ...“[539] Zielsetzung und normativer Regelungsansatz des BDSG sind, wie im einzelnen dargelegt wurde,[540] klar und den verfassungsgerichtlichen Grundsätzen gemäß deshalb der Umdeutung nicht fähig.

cc) Eine solche, geschähe sie in bezug auf anwaltliche Informationsverarbeitung, würde freilich nur ein Segment des viel breiteren Anwendungsbereichs der §§ 4, 28 BDSG betreffen. Dies vermag (für sich genommen) an den einzuhaltenden Grenzen verfassungskonformen Auslegens nichts zu ändern, jenseits derer die entsprechende verfassungsrechtliche Folgerung vielmehr in der Feststellung einer teilweisen Unvereinbarkeit mit dem GG (und der Teilnichtigkeit)[541] besteht. Etwas anderes könnte dann gelten, wenn das BDSG selbst hinreichende interpretatorische Ansätze dafür anböte, auf die Wahrnehmung eines (anwaltlichen) Mandats bezogene Informationsverarbeitung einer gegenüber seinen allgemeinen Verarbeitungsvorschriften grundsätzlich anderen rechtlichen Beurteilung zu unterwerfen.[542] Für eine solche Annahme ergibt sich jedoch, wie schon in Teil B I dieser Untersuchung deutlich geworden ist, aus dem Gesetz nichts,[543] soweit ersichtlich auch nicht aus der Entstehungsgeschichte (des BDSG a.F. bzw. n.F.).[544]

---

539 Vgl. *BVerfGE* 54, 299f. (wie Fn. 524) mit umfangreichen Rückverweisen; *BVerfGE* 71, 81 (105) vom 22. 10. 85 – Arbeitnehmerkammern Bremen –, Fall einer Ablehnung verfassungskonformer Interpretation; weitere Nw. o. Fn. 524.

540 Vgl. nochmals u.a. oben sub C I 2a und C III 3b (bei Fn. 473f.), d.

541 Näheres dazu unten sub E I, insbes. 3.

542 Zur verfassungskonformen Auslegung zugunsten oder zu Lasten gewisser Personengruppen vgl. *BVerfGE* 54, 251 (273ff.) vom 1. 7. 80 – Berufsvormund; 64, 241f. (wie Fn. 525); auch 46, 43 (52ff.) vom 5. 10. 77 – hamburgische JAO (in Abschichtung zwischen politischer Treuepflicht einerseits und der Mindestforderung, nicht die freiheitliche demokratische Grundordnung zu bekämpfen, andererseits); weiterhin oben sub B III 3b dd und c im Hinblick auf durch die Interpretation des Art. 13 GG vorgegebene Raster, mit denen § 38 Abs. 4 BDSG korreliert (dazu o. Fn. 245 f.).

543 Vgl. auch die Literaturnachweise zur Anwendung des § 28 BDSG auf Rechtsanwälte o. in Fn. 19. Beachte noch – für den Bereich der „öffentlichen Stellen“ – die ausdrückliche Einbeziehung der „Organe der Rechtspflege“ gemäß §§ 2 Abs. 1, 1 Abs. 2 Nr. 2b BDSG.

544 Vgl. auch o. Fn. 132f. mit begleitendem Text.

Auch die Berücksichtigung des Berufsgeheimnisses in § 1 Abs. 4 BDSG ist für sich genommen dafür keine hinlängliche Grundlage, beschränkt sie sich doch nach dem Gesetz in ihrem Regelungsgehalt auf die aufgezeigte Vorrangwirkung vor je einzelnen Bestimmungen des BDSG.[545] Der Vorschrift darüber hinausgehende, anwaltlicher beruflicher Tätigkeit besonders Rechnung tragende Zielsetzungen zu entnehmen, wäre schon im Hinblick auf den legislatorischen Versuch, § 1 Abs. 4 in Ansehung des Mandatsgeheimnisses durch § 38 Abs. 4 i.V.m. § 24 Abs. 6, 2 BDSG partiell zu konterkarrieren,[546] sehr problematisch.

dd) Zusammenfassend ist festzuhalten: Daß eine sehr beträchtliche Spannungslage zwischen dem Datenschutzrecht des BDSG und sachangemessenem, teilweise berufsrechtlich gebotenem anwaltlichen Informationsverhalten besteht, wurde in der vorliegenden Abhandlung zunächst unterhalb der Verfassungsebene gezeigt.[547] Sodann wurde die Ungeeignetheit des Regelungsansatzes des BDSG für besondere Bereiche kommunikativer Entfaltung – auch von den funktionalen Gegebenheiten her – betrachtet.[548] Aus der Prägung der Tätigkeit des Anwalts durch dessen spezifische kommunikative Rolle im Rechtssystem konnte im nächsten Schritt die besondere verfassungsrechtliche Gewährleistung der freien Advokatur gemäß Art. 5 Abs. 1 GG hergeleitet werden.[549] Von hier aus trifft man auf den gravierenden Widerspruch zwischen den nach Art. 5 Abs. 2 GG zu stellenden Anforderungen an legislatorische Einschränkungen anwaltlicher Informationsverarbeitung einerseits und dem gesetzgeberisch gewollten und manifesten Grundgehalt des § 4 Abs. 1 (i.V.m. § 28) BDSG andererseits.[550] Der grundlegende, konzeptionelle Gegensatz hat sich damit auf allen Ebenen wiedergefunden. Er ist, dies ist die klare Schlußfolgerung, durch harmonisierende, verfassungskonforme Auslegung innerhalb des BDSG nicht überwindbar.

---

545 Vgl. dazu o. Fn 21, 96, 98, 102 mit begleitendem Text sowie sub B I 5; zur Deckungsgleichheit/Tatbestandskonkurrenz zwischen vorrangiger und subsidiärer Vorschrift vgl. o. Fn. 29.

546 Vgl. o. sub B III 1 (Fn. 173–175 mit begleitendem Text), auch 3a mit Fn. 221, 223, sowie 3c; unten sub D I.

547 Oben sub B, insbes. II.

548 Oben sub C I, insbes. 2.

549 Oben sub C II.

550 Oben sub C III 3.

d) Ergebnis

Mangels der Möglichkeit verfassungskonformer Interpretation der §§ 4, 28 Abs. 1 S. 1 Nr. 2, Abs. 2 Nr. 1a in Ansehung anwaltlicher Informationsverarbeitung ergibt sich die Feststellung, daß die genannten Bestimmungen des BDSG in diesem Teilbereich mit Art. 5 Abs. 1, 2 GG nicht vereinbar sind.[551] Soweit sie unanwendbar sind, entfällt auch jedwede eigene Bedeutung für die Privilegierung der Verarbeitung (von auf den Mandanten bezogenen Daten) gemäß § 28 I S. 1 Nr. 1 BDSG; das gleiche gilt für § 28 Abs. 4 wegen dessen Abhängigkeit von einer Regelung der vorangegangenen Übermittlung. Beide Vorschriften werden also von den Folgen der Verfassungswidrigkeit mitbetroffen.[552] Die übrigen Teile des § 28 sind ohnehin nicht von ins Gewicht fallender Bedeutung für die anwaltliche Informationsverarbeitung.

5. Bedeutung des Ergebnisses für weitere Bestimmungen insbesondere des ersten und dritten Abschnitts des BDSG

Die Unvereinbarkeit der §§ 4 Abs. 1, 28 BDSG – in Anwendung auf anwaltliche Informationsverarbeitung – mit dem GG bleibt nach den oben in Abschnitt C III 4b erläuterten Grundsätzen des *BVerfG* nicht ohne Auswirkung auf andere Bestimmungen des BDSG. Sind die §§ 4 Abs. 1, 28 unanwendbar, so entfällt damit der Kern des Regelungsgehalts des gesamten Gesetzes, nämlich die Festlegung der materiell-rechtlichen Voraussetzungen zulässiger Datenverarbeitung. Ohne weiteres ergibt sich damit zunächst die Gegenstandslosigkeit des ersten Unterabschnitts des dritten Abschnitts – „Rechtsgrundlagen der Datenverarbeitung“ –, und zwar schon mangels dem § 28 hier nachfolgender,[553] auf die Datenverarbeitung für eigene Geschäftszwecke[554] zugeschnittener Vorschriften.[555]

Darüber hinaus ist insbesondere die Anwendbarkeit des zweiten Unterabschnitts – „Rechte des Betroffenen“ –, §§ 33ff. i.V.m. § 6, auch § 8,

[551] Zur Teilnichtigkeit der Bestimmungen vgl. unten sub E I.

[552] Vgl. dazu o. sub C III 4b mit Fn. 515 und 517.

[553] § 27 BDSG bezieht sich auf den gesamten dritten Abschnitt, gehört also systematisch nicht hierher.

[554] Vgl. dazu o. bei Fn. 19, 119.

[555] Abgesehen von der eingegrenzten Spezialregelung des § 31 BDSG.

sowie des dritten Unterabschnitts, §§ 36ff., der die Kontrolle der Datenverarbeitung betrifft, nach den vom *BVerfG* gesetzten Maßstäben in Frage gestellt. Entsprechende verfassungsrechtliche Schlüsse zu ziehen, geht freilich für die §§ 33, 34 und 38 im Bereich anwaltlicher Informationsverarbeitung mit Rücksicht auf die oben schon ermittelte – völlige – Subsidiarität dieser Vorschriften gegenüber bestehendem Berufsrecht[556] ins Leere. Insoweit dienen die nachfolgenden Aussagen (nur) der systematischen Klarstellung.

a) Rechtstechnisch-systematische Regelungszusammenhänge

§§ 36f. und § 38 BDSG regeln die interne bzw. externe Kontrolle der Datenverarbeitung durch den betrieblichen Datenschutzbeauftragten respektive durch die Aufsichtsbehörde.[557] Kontrollziel ist übereinstimmend die Realisierung der „Ausführung *dieses* Gesetzes sowie anderer Vorschriften über den Datenschutz" (§§ 37 Abs. 1 S. 1, 38 Abs. 1). An erster Stelle steht also die Einhaltung des BDSG, wobei dessen materiellrechtliche Bestimmungen über die Verarbeitungszulässigkeit regelmäßig vorrangiger Gegenstand der Kontrolle sein dürften.[558] In diesem Umfang sind §§ 36–38 BDSG bei Unanwendbarkeit des ersten Unterabschnitts gegenstandslos. Ähnliches gilt für §§ 33–35 BDSG, insofern die Benachrichtigung (§ 33) Vorstufe[559] für ein Auskunftsrecht (§ 34) ist, dessen Ausübung den Betroffenen in die Lage versetzen soll, aufgrund erlangter

---

556 Vgl. oben sub B I 4a, b; B III 2b, c.

557 Vgl. für Näheres zur aufsichtsbehördlichen Kontrolle nach § 38 BDSG schon oben sub B III 1, 3, zur verfassungsrechtlichen Beurteilung insbesondere unten sub D.

558 Sehr deutlich ist das für den Fall, daß die Aufsichtsbehörde gemäß § 38 Abs. 1 einer Betroffenenrüge nachgeht; vgl. – zur Anlaßprüfung nach Abs. 1 – *Wedler,* RDV 1992, 223 r. Sp. Für (auch) an der materiell-rechtlichen Verarbeitungszulässigkeit orientierte Kontrolle durch den betrieblichen Datenschutzbeauftragten nach § 37 BDSG vgl. *Ordemann/Schomerus/Gola,* 1992, § 37 Anm. 1.2; *Simitis,* in: Simitis u. a., 1981, § 29 Rdnrn. 41f.; *Koch u. a.,* aaO., S. 23. – Umgekehrt freilich beziehen sich die Kontrollen nach § 37 (vgl. *Koch u. a.,* aaO., S. 28) und nach § 38 (vgl. § 38 Abs. 5) auch auf Maßnahmen der Datensicherung nach § 9 BDSG; zur Anwendbarkeit dieser Vorschrift auf anwaltliche Informationsverarbeitung vgl. unten sub C III 5 c. – Zum möglichen Anwendungsbereich der §§ 37, 38 BDSG bezüglich „anderer Vorschriften über den Datenschutz" beachte unten Fn. 619 Abs. 2.

559 Vgl. *Auernhammer,* 1993, § 33 Rdnr. 1.

Kenntnis[560] von einer nach dem BDSG unzulässigen Datenverarbeitung die Löschung gemäß § 35 Abs. 2 Nr. 1, 3 verlangen zu können. Ferner ist § 8 BDSG gegenstandslos, soweit er sich auf eine „nach diesem Gesetz ... unzulässige ... automatisierte .. Datenverarbeitung“ bezieht.

Zusammengefaßt entbehren die in Rede stehenden BDSG-Vorschriften, sei es wegen expliziter Bezugnahme auf die Verarbeitungszulässigkeit nach BDSG, sei es wegen ihrer vorrangigen Ausgerichtetheit auf diese Frage, losgelöst vom ersten Unterabschnitt (§§ 28ff.) in beträchtlichen Teilen der selbständigen Bedeutung.[561] Wie sich sogleich zeigen wird, verlohnt es jedoch nicht, den gesetzestechnischen Abhängigkeiten genau nachzugehen, um von daher entscheidbar zu machen, in welchem Umfang die Verfassungswidrigkeit der §§ 4 Abs. 1, 28 zur Unanwendbarkeit je einzelner weiterer Bestimmungen des Gesetzes – jeweils in bezug auf anwaltliche Informationsverarbeitung – hinführt. Daß im Ergebnis nur ein schwer praktikabler Torso übrigbliebe, hat sich allerdings schon abgezeichnet.

b) Gesamtregelung/normative Sinneinheit. Resultat

Ausschlaggebend für die verfassungsrechtliche Beurteilung ist vor allem, daß das BDSG von seiner Entstehung und Konzeption her eindeutig als eine Gesamtregelung[562] zu verstehen ist, die vom Grundgedanken eines [zu] stark akzentuierten informationellen Persönlichkeitsschutzes einheitlich getragen ist.[563] Entfällt der Kern, nämlich die Verarbeitungszulässigkeitstatbestände und deren (gegenüber dem vorherigen Rechtszustand regelmäßiger Informationsverarbeitungsfreiheit) restriktive Ausgestaltung, so vermag der Rest den vom Gesetzgeber verfolgten Zielen nicht mehr effektiv zu dienen. Es würde denn auch an jedweder Ausgewogenheit[564] zwischen dem Aufwand für das verbleibende Instrumentarium von Benachrichtigung, Auskunft und Kontrollen einerseits und den

---

560 Zum Zweck der Auskunft an den Betroffenen vgl. *Auernhammer,* 1993, § 34 Rdnr. 1 i.V.m. § 19 Rdnr. 1.

561 Vgl. zu diesem Kriterium o. sub C III 4b (1.) mit Nachw. in Fn. 515, 517, 513.

562 Vgl. zu diesem Kriterium o. sub C III 4b (2.) mit Nachw. in Fn. 516, 518, 513.

563 Vgl. dazu oben sub B II 2a, auch III 1; insbes. C I 2a, III 3b – bei Fn. 472ff. –, III 3d, III 4. Zu §§ 33f. BDSG vgl. noch die o. in Fn. 94 angesprochene Fragestellung, aber auch unten sub D IV 2.

564 Vgl. dazu – in ganz anderem Kontext – *BVerfGE* 9, 333 (wie Fn. 516).

damit erzielbaren mageren Ergebnissen – bedingt durch den beträchtlichen materiell-rechtlichen Leerlauf – andererseits fehlen.

Im Ergebnis teilen alle materiell- wie verfahrensrechtlichen Bestimmungen des BDSG in bezug auf anwaltliche Informationsverarbeitung das verfassungsrechtliche Schicksal der §§ 4 Abs. 1, 28, weil sie sich nicht auseinanderreißen lassen, ohne daß das vom Gesetz konzipierte Gefüge sinn- und zweckgerechter Zuordnungen zerstört würde.[565] Die ggfs. gebotene Ausarbeitung eines neuen Konzepts bleibt – gerade deshalb – dem Gesetzgeber insgesamt vorbehalten; sie kann diesem nicht durch die Annahme der (Fort-)Geltung eines dem Regelungsgegenstand völlig unangemessenen Torsos abgenommen werden.[566]

c) §§ 5, 9 BDSG insbesondere

Freilich besteht im Hinblick auf zwei Bestimmungen des BDSG eine besondere Lage. Der Gesetzgeber hat an mehreren Stellen des Gesetzes zu erkennen gegeben, daß die Geltung der §§ 5, 9 von der Anwendbarkeit sonstiger BDSG-Vorschriften ganz unabhängig sein soll.[567] Für diese beiden Vorschriften wird man deshalb schwerlich davon ausgehen können, daß sie mit dem Rest des Gesetzes eine normative Sinneinheit darstellen, die nicht zerlegt werden könne.[568]

aa) § 9 – nebst Anlage – betrifft technische und organisatorische Maßnahmen der Datensicherung. Die Regelung ist in ihrem Inhalt nicht wesentlich an § 4 bzw. an die Festlegungen des dritten Abschnitts des

---

565 Vgl. dazu insbesondere nochmals *BVerfGE* 15, 24; 61, 206–208; 48, 177; alle wie in Fn. 516.

566 Vgl. dazu nochmals *BVerfGE* 72, 421 f. (wie Fn. 516). Diese Entscheidung – zum Finanzausgleich – verdient auch deshalb besondere Hervorhebung, weil sie die Grundsätze der Gesamtregelung/Sinneinheit auf einen Fall zur Anwendung bringt, in dem das Gericht von einer Nichtigkeitsfeststellung absieht, sich also auf eine Unvereinbarkeitserklärung beschränkt; vgl. den Tenor aaO., S. 333, sowie *Benda/Klein,* aaO., Rdnr. 1176 mit Fn. 61. In der vorliegenden Untersuchung kann (schon deshalb) an dieser Stelle noch offenbleiben, ob die dargelegte Unvereinbarkeit des BDSG in Anwendung auf anwaltliche Informationsverarbeitung die (qualitative) Teilnichtigkeit des Gesetzes zur Folge hat; vgl. dazu Näheres unten sub E I.

567 Vgl. zur Geltung der §§ 5, 9 – trotz Medienprivilegs – § 41 Abs. 1 S. 1, auch Abs. 4 S. 1; ferner § 1 Abs. 3 Nr. 1 und 2 S. 1, wobei übrigens die in Nr. 2 außerdem genannten Sondervorschriften der §§ 39 f. anwaltliche Informationsverarbeitung nicht betreffen würden (vgl. dazu *Auernhammer,* 1993, § 39 Rdnr. 5, § 40 Rdnr. 2); weiterhin auch § 11 Abs. 4.

568 Vgl. dazu o. Fn. 518 f. mit begleitendem Text, weiter Fn. 516, auch Fn. 562.

BDSG gebunden. Sie kann auf anwaltliche Informationsverarbeitung verfassungskonform angewandt werden.[569]

bb) Anders liegen die Verhältnisse in bezug auf § 5, dessen Satz 1 und 3 die Pflicht zur Wahrung des „Datengeheimnis[ses]" durch die bei der Datenverarbeitung tätigen Mitarbeiter[570] (auch nach Beendigung der Tätigkeit) zum Inhalt haben. Die Vorschrift bezieht sich entgegen ihrer Überschrift und Legaldefinitionsbezeichnung keineswegs nur auf Informationsweitergabe, sondern auf jedwedes unbefugte Verarbeiten oder Nutzen, also auch auf Vorgänge – z. B. des Speicherns, Veränderns oder Löschens – , die eine Offenbarung von Information nicht implizieren.[571] Damit enthält sie weitaus mehr als eine (Bekräftigung der) dem Mitarbeiter auferlegte(n) Pflicht zur Diskretion, wie sie den berufsrechtlichen Vorgaben bzw. dem Vertragsinhalt des Beschäftigungsverhältnisses ohnehin entsprechen mag, letzterenfalls im Rahmen der Weisungen des Unternehmers, welcher unmittelbarer Adressat aller anderen datenschutzrechtlichen Normen zu sein geeignet ist. § 5 wird deshalb im Ergebnis dahin verstanden, daß er primär die Funktion habe, die bei der Datenverarbeitung beschäftigten Personen in gleicher Weise an die im BDSG aufgestellten materiell-rechtlichen Voraussetzungen zulässiger Verarbeitung und Nutzung zu binden wie die „speichernden Stellen" (§ 3 Abs. 8 BDSG) selbst.[572] Daraus ergibt sich eine enge Korrelation des Regelungsgehalts der §§ 4 und 5 BDSG.[573]

Dieser inhaltlich-gesetzessystematische Zusammenhang zwischen § 5 BDSG und anderen, die Zulässigkeit der Datenverarbeitung und -nut-

---

569 Datensicherungsmaßnahmen sind nicht Gegenstand der vorliegenden Untersuchung. Vgl. zu diesen zunächst die Kommentierungen zu § 9 – nebst Anlage –, etwa bei *Auernhammer,* 1993; *Ordemann/Schomerus/Gola,* 1992; ferner die Übersicht bei *Tinnefeld/Ehmann,* 1992, S. 249ff. Literatur zur Datensicherung: zur Einführung *Kersten,* aaO.; grundlegend *Pohl/Weck,* aaO.; *Abel/Schmölz,* aaO.

570 Zu diesem Personenkreis Einzelheiten bei *Auernhammer,* 1993, § 5 Rdnrn. 2f.; *Ordemann/Schomerus/Gola,* 1992, § 5 Anm. 2.3; *Bergmann/Möhrle/Herb,* Lfg. 2/91, § 5 Rdnrn. 10ff.; *Walz,* in: Simitis u. a., Lfg. 1/92, § 5 Rdnrn. 14ff.; beachte unten Fn. 575.

571 Vgl. z. B. *Ordemann/Schomerus/Gola,* 1992, § 5 Rdnr. 1.1; *Bergmann/Möhrle/Herb,* Lfg. 2/91, § 5 Rdnrn. 28, 48; ferner die unten in Fn. 572 genannten Autoren.

572 Vgl. *Auernhammer,* 1993, § 5 Rdnrn. 1, 4f.; *Walz,* in: Simitis u. a., Lfg. 1/92, § 5 Rdnrn. 5f., 20f.; *Gola/Wronka,* 1994, S. 215; *Schaffland/Wiltfang,* Lfg. 3/94, § 5 Rdnr. 11.

573 Vgl. dazu nochmals die Darstellung bei *Auernhammer,* 1993, § 5 Rdnr. 5.

zung betreffenden Normen des Gesetzes bewirkt, daß, wenn letztere aus verfassungsrechtlichen Gründen unanwendbar sind, § 5 ebenfalls seines vorrangigen Inhalts beraubt ist.[574] Was an Gehalt verbleibt, bezieht sich in Ansehung anwaltlicher Informationsverarbeitung im wesentlichen auf die berufsrechtliche Geheimhaltungspflicht, welche jedoch auch in Ansehung der Mitarbeiter, der „berufsmäßig tätigen Gehilfen", durch speziellere Norm geregelt ist,[575] so daß die Pflicht aus § 5 S. 1, 3 gemäß § 1 Abs. 4 BDSG zurücktritt.[576]

Eine Rechtsvorschrift i.S.d. § 5 S. 2 BDSG – über die Verpflichtung der Mitarbeiter auf das Datengeheimnis bei Aufnahme der Tätigkeit – besteht zur Zeit im anwaltlichen Berufsrecht nicht.[577] Man mag darüber

---

[574] Vgl. hierzu oben Fn. 515, 558, 561 mit begleitendem Text.

[575] Vgl. § 203 Abs. 3 S. 1 i.V.m. Abs. 1 Nr. 3 StGB; auch § 53a StPO; beachte §§ 43a Abs. 2, 59b Abs. 2 Nr. 1c, 191a Abs. 2 BRAO i.V.m. § 2 Abs. 2 des Entw. einer Berufsordnung für Rechtsanwälte, BRAK-Mitt., Beiheft 8/90, S. 5; bislang § 42 Abs. 3 RichtlRA. Zur Weite des nach § 203 Abs. 3 S. 1 StGB erfaßten Personenkreises vgl. *Lenckner,* in: Schönke/Schröder, § 203 Rdnr. 64; *Jähnke,* in: Leipziger Kommentar, § 203 Rdnr. 107; *Dreher/Tröndle,* aaO., § 203 Rdnr. 11; etwas enger *Lackner,* aaO., § 203 Rdnr. 11; zur Anwendbarkeit auch nach Ende des Beschäftigungsverhältnisses (vgl. § 5 S. 3 BDSG) *BGHSt* 9, 59 vom 12. 1. 56 = NJW 1956, 599f.; *Jähnke,* in: Leipziger Kommentar, § 203 Rdnr. 109. Der Vergleich mit dem in § 5 BDSG angesprochenen Personenkreis – vgl. o. Fn. 570 – führt zu dem Schluß, daß (fast) alle in einer Anwaltskanzlei „bei der Datenverarbeitung beschäftigten Personen" (§ 5) gleichermaßen dem Offenbarungsverbot des § 203 StGB unterfallen; die Übereinstimmung gilt klar für den Bürovorsteher und die Sekretärin des Anwalts; in „Randbereichen" (etwa Boten, Registratoren, gelegentlich tätige Helfer) zeigen sich freilich schon zwischen den Interpretatoren des § 5 BDSG respektive des § 203 StGB je für sich genommen einige Abweichungen.

[576] Diese Konsequenz ergibt sich deutlich aus der allgemeinen Darlegung bei *Ordemann/Schomerus/Gola,* 1992, § 5 Anm. 1.1, dahingehend, die Regelung des § 5 trete (eben nur) deshalb nicht gemäß § 1 Abs. 4 zurück, weil sie mehr als nur eine Geheimhaltungspflicht, nämlich die Bindung an die Datenverwendungsvorschriften überhaupt, bewirke; vgl. weiterhin *Walz,* in: Simitis u.a., Lfg. 1/92, § 5 Rdnr. 8; *Bergmann/Möhrle/Herb,* Lfg. 2/91, § 5 Rdnr. 48; auch *Auernhammer,* 1993, § 5 Rdnr. 1 a.E. Näheres zur durch die Regelungen des anwaltlichen Berufsgeheimnisses bewirkten Subsidiarität von BDSG-Vorschriften bereits o. Fn. 96, 98 und 102. Beachte weiterhin unten Fn. 579 Satz 2.

[577] Jedoch ist die förmliche „Verschwiegenheitsverpflichtung von Auszubildenden, Gehilfen und sonstigen Mitarbeitern bei Rechtsanwälten" nach einem Formblatt der Bundesrechtsanwaltskammer (welches diese Überschrift trägt) vorgesehen; es enthält Hinweise auf die BRAO, auf § 42 RichtlRA, auf §§ 203 StGB, 53f. StPO, 383, 385 ZPO, auch auf die Fortdauer der Verschwiegenheitspflicht nach Beendigung des Beschäftigungsverhältnisses; nach erfolgter Belehrung ist es vom künftigen Mitarbeiter und zur Bestätigung vom Anwalt zu unterzeichnen. – § 42

streiten, ob Satz 2 des § 5 bei Unanwendbarkeit der übrigen Teile dieser Bestimmung selbständige Geltung zukommt.[578] Dies zu unterstellen, legt sich aus praktischer Sicht nahe, und zwar im Hinblick auf die völlige Übereinstimmung mit den anwaltsberufsrechtlichen Intentionen.[579] Die ausdrückliche Verpflichtung nach § 5 S. 2 unterliegt nach dem Gesetz keinem bestimmten Formerfordernis. Regelmäßig ist sie durch eine Belehrung über ihren Inhalt – vorliegend über Umfang und Bedeutung der anwaltlichen Schweigepflicht – und durch schriftliche Bestätigung dieses (deklaratorischen) Vorgangs zu realisieren.[580] Die Belehrung erstreckt sich auf Maßnahmen und Verhaltenserfordernisse der Datensicherung i.S.d. § 9 BDSG.[581]

Abs. 3 RichtlRA sieht allgemein vor, daß „(d)er Rechtsanwalt ... seine Mitarbeiter und Angestellten zur Beachtung dieser Grundsätze anzuhalten ... hat".

578 Vgl. zu einer rechtsähnlichen Fragestellung rein im Kontext von Subsidiarität o. Fn. 98 (dort § 4 Abs. 2 BDSG betreffend).

579 Vgl. § 2 Abs. 2 der vorgesehenen Berufsordnung (s.o. Fn. 575). Ein Einwand gegen die Anwendbarkeit des § 5 S. 2 läßt sich allerdings aus den unten in Fn. 619 Abs. 2 bezeichneten Gründen ableiten, geht man von einer strengen Korrelation zwischen Datenschutz und Datengeheimnis aus.

580 Für Einzelheiten vgl. *Walz*, in: Simitis u.a., Lfg. 1/92, § 5 Rdnrn. 28, 30; *Ordemann/Schomerus/Gola*, 1992, § 5 Anm. 3.2; *Auernhammer*, 1993, § 5 Rdnr. 9; *Gola/Wronka*, 1994, S. 217f.; *Schaffland/Wiltfang*, Lfg. 1/94, § 5 Rdnr. 18. Beachte dazu das Formblatt der Bundesrechtsanwaltskammer (o. Fn. 577); der von ihm zugrundegelegte Verpflichtungsvorgang entspricht somit (auch) § 5 S. 2 BDSG.

581 Vgl. dazu zunächst oben vorangehend sub aa) mit Fn. 569. Zur Datensicherung im Kontext des § 5 BDSG vgl. *Walz*, in: Simitis u.a., Lfg. 1/92, § 5 Rdnr. 23; weiter die Formulartexte für eine Verpflichtungserklärung bei *Schaffland/Wiltfang*, Lfg. VI/91, § 5 Anh. 1, und bei *Bergmann/Möhrle/Herb*, Lfg. 2/91, § 5 nach Rdnr. 51.

D. Verfassungsrechtliche Gewährleistung des anwaltlichen Berufsgeheimnisses insbesondere

Mit der Feststellung, daß das BDSG – als Gesamtregelung – in Anwendung auf anwaltliche Informationsverarbeitung gegen das GG verstößt, soll die verfassungsrechtliche Untersuchung nicht abgeschlossen werden. Besondere Aufmerksamkeit verdient der Konflikt zwischen datenschutzrechtlich angestrebter Transparenz der Verarbeitung und Anwaltsgeheimnis, wie er sich anhand des § 38, auch der §§ 33, 34 BDSG auf verschiedenen Ebenen zunächst gezeigt hatte.[582]

Die nähere Prüfung ergab freilich, daß er sich bereits wegen Subsidiarität des BDSG erledigt.[583] Zum gleichen Resultat führte für § 38 Abs. 3 und 4 die systematische[584] respektive die – an Art. 13 GG orientierte – verfassungskonforme Interpretation,[585] wobei letztere wegen § 38 Abs. 4 S. 3 (i.V.m. § 24) mit innergesetzlicher Spannung behaftet blieb.[586]

Der Umstand, daß, sieht man von diesen Auslegungsergebnissen gänzlich ab, die §§ 33, 34 und 38 in bezug auf anwaltliche Informationsverarbeitung jedenfalls mit in den Strudel der Verfassungswidrigkeit der §§ 4, 28 geraten würden,[587] entbehrt seinerseits nicht der Konsequenz. Stellt man jene Bestimmungen für sich genommen – zugleich unter Absehung von den genannten Auslegungsergebnissen – auf den verfassungsrechtlichen Prüfstand, ergeben sich zwar ihnen gegenüber, wie im folgenden zu zeigen sein wird, wegen des Berufsgeheimnisses gesonderte Fragestellungen. Diese sind jedoch zugleich im Kontext mit den schon dargelegten Inkongruenzen zwischen §§ 4, 28 BDSG einerseits und dem Berufs- und Verfassungsrecht[588] andererseits zu sehen. Es bietet sich somit sowohl ein Ansatz zur Fortentwicklung des bisher Dargelegten als insbesondere

---

582 Vgl. oben sub A, B I 4b, B III 1.
583 Vgl. oben sub B I 4b, B III 2b und c.
584 Vgl. oben sub B III 3 a.
585 Vgl. oben sub B III 3b dd.
586 Vgl. oben sub B III 3 c.
587 Vgl. soeben sub C III 5 (ohne c).
588 Vgl. insbes. oben sub B II 2a und b, C III 3 d.

auch die Gelegenheit zu einem Blick auf einen bislang relativ wenig bearbeiteten Problembereich.[589] Im Vordergrund wird dabei zunächst die Prüfung der Verfassungsmäßigkeit des § 38 BDSG stehen, insoweit dieser aufgrund der Verweisung auf § 24 Abs. 6, 2 einen Eingriff von hoher Hand in das Anwaltsgeheimnis vorsieht.

I. Datenschutzkontrolle und Berufsgeheimnis nach §§ 24, 38 BDSG

Insgesamt überrascht zunächst die rubuste Art, mit welcher der Gesetzgeber im Zusammenhang der Datenschutzkontrolle gemeint hat, mit den Berufsgeheimnissen umgehen zu können.[590] Allein für das Arztgeheimnis[591] ist (wenigstens) nach § 24 Abs. 2 S. 4 Nr. 2b die – nicht klar ausgestaltete[592] – Widerspruchslösung vorgesehen. Letztere hat in der datenschutzrechtlichen Literatur wenig Akzeptanz gefunden, zumal weil sie die Effektivität von Datenschutzkontrollen gefährde.[593] Daraus wird

589 Dieses Defizit wird von *Henssler,* NJW 1994, 1817f., zu recht beklagt.

590 Vgl. dazu zunächst die Darstellung zu § 38 oben sub B III 1; beachte unten Fn. 619, insbes. Abs. 2.

591 Übereinstimmend für das Post- und Fernmeldegeheimnis nach Art. 10 GG sowie für Personal- und Sicherheitsüberprüfungsakten, vgl. § 24 Abs. 2 S. 4 Nr. 2a, c; zum Arztgeheimnis diesbezüglich schon o. Fn. 175 mit begleitendem Text.

592 Gemäß § 24 Abs. 2 S. 4 a.E. BDSG entfällt das Kontrollrecht, wenn der Betroffene der Kontrolle der auf ihn bezogenen Daten „im *Einzel*fall gegenüber dem Bundesbeauftragten für den Datenschutz [bzw. gegenüber der Aufsichtsbehörde nach § 38, vgl. *Walz,* in: Simitis u.a., Lfg. 7/94, § 38 Rdnr. 35] widerspricht." Umgekehrt unterrichtet nicht der Datenschutzbeauftragte, sondern die datenverarbeitende Stelle selbst gemäß S. 5 die Betroffenen „über das ihnen zustehende Widerspruchsrecht", und zwar „in allgemeiner Form". Bei wortgetreuer Anwendung ist die Ausübung des Widerspruchs für den Betroffenen regelmäßig nicht möglich, weil dieser von dem im konkreten Fall beabsichtigten Vorgehen des Datenschutzbeauftragten [der Aufsichtsbehörde] durch allgemeine Belehrung nichts erfährt (deren Unterbleiben gemäß S. 5 ohnehin die Kontrolle nicht hindern soll). Eine harmonisierende Interpretation der Regelung (deren Unausgewogenheit mit der Einfügung des S. 5 erst im Vermittlungsausschuß zusammenhängt) ist dahingehend möglich, daß zum einen mit „Einzelfall" ein Sachkomplex bestimmter Daten(gruppen) gemeint und zum anderen die speichernde Stelle verpflichtet ist, einen bei ihr erklärten Widerspruch an den Datenschutzbeauftragten [die Aufsichtsbehörde] weiterzuleiten; vgl. *Auernhammer,* 1993, § 38 Rdnr. 14; *Weichert,* CR 1994, 180f.; auch *Dammann,* in: Simitis u.a., Lfg. 1/92, § 24 Rdnr. 28; *Dörr/Schmidt,* aaO., § 24 Rdnr. 7.

593 *Herb,* CR 1992, 112 – übereinstimmend *Bergmann/Möhrle/Herb,* Lfg. 9/91, § 38 Rdnr. 50 – spricht wegen der in § 24 Abs. 2 S. 4, 5 BDSG enthaltenen Un-

von einem Teil der Kritiker allerdings nicht der Schluß gezogen, daß insofern andere, ihrerseits dem Geheimnis Rechnung tragende Wege gegangen werden müßten; vielmehr ergebe sich de lege ferenda das Erfordernis uneingeschränkter Kontrolle unter ersatzloser Abschaffung der Widerspruchsmöglichkeit.[594]

Solche Defizite an Gespür für die Belange – und das verfassungsrechtliche Gewicht – des Geheimnisschutzes sind in einem Rechtsbereich besonders erstaunlich, der informationellen Persönlichkeitsschutz zu seinem Hauptgegenstand hat. Daß auch solchen Instanzen, deren gesetzliche Aufgabe der Schutz des Betroffenen i.S.d. § 3 Abs. 1 BDSG ist, Schranken zu setzen sind,[595] vor allem wenn grundrechtliche Bereiche, sei es des Betroffenen, sei es des Datenverarbeiters oder eines Dritten, durch die Kontrolle berührt werden, ist eine rechtsstaatliche Selbstverständlichkeit (Artt. 20, 28, 19 Abs. 4 GG), d.h. von Verfassungs wegen zwingend. Allerdings orientieren sich etliche literarische Äußerungen zu den datenschutzrechtlichen Kontrollrechten an einer eher wohlfahrtspolizeilichen Konzeption,[596] die der Verfassungslage nicht entspricht. Die

---

klarheiten (vgl. dazu o. Fn. 592) von der Gefahr „einer Lahmlegung der Kontrolltätigkeit" bei wörtlicher Auslegung der Vorschrift; Befürchtungen in ähnlicher Richtung bei *Walz,* CR 1991, 368f. Von *Weichert,* CR 1994, 176f., werden Probleme aufgezeigt für den Fall, daß eine Trennung der einzelnen Personendatensätze nicht möglich sei; zu Fragen der System- und Verfahrensprüfung *Dammann,* in: Simitis u.a., Lfg. 1/92, § 24 Rdnr. 29. Beachte noch die Kurzdarstellung zur Kontrolle des Datenschutzes nach dem BDSG n.F. – im Vergleich zum BDSG a.F. – bei *Büllesbach,* NJW 1991, 2599, dazu schon Näheres o. Fn. 223; anders *Dörr/Schmidt,* aaO., § 24 Rdnr. 4; *Auernhammer,* 1993, § 24 Rdnr. 8.

[594] Als wenig konsequent mochte schon die Kritik der Konferenz der Datenschutzbeauftragten des Bundes und der Länder gemäß Nr. 11 der Entschließung vom 14. 3. 86, Anlage 2 zum 9. Tätigkeitsbericht des Bundesbeauftragten für den Datenschutz, BT-Drs. 10/6816 vom 28. 1. 87, S. 86 (87), erscheinen; die Konferenz forderte die Streichung der Widerspruchslösung im damaligen Entwurf zur BDSG-Novellierung, „da es für die Datenschutzbeauftragten selbstverständlich ist, das informationelle Selbstbestimmungsrecht bei der Kontrolle zu wahren, und die geplante Regelung dazu führen kann, die Datenschutzkontrolle nachhaltig zu erschweren." Wie nämlich, so ist entgegenzuhalten, soll die informationelle Bestimmung des Betroffenen, seine – einem Berufsgeheimnis unterfallenden – Daten der Kontrolle nicht zu unterwerfen, durch *Streichung* des Widerspruchsrechts gewahrt werden? Für die Streichung „bei nächster Gelegenheit" *Weichert,* CR 94, 174ff.; vgl. weiter unten Fn. 597.

[595] Zur Problemstellung vgl. auch *BayVGH* vom 10. 3. 88, CR 1989, 317f., und *VG München* vom 26. 11. 86, CR 1989, 318f.; unten Fn. 606.

[596] Vgl. dazu vom Polizeirecht und dessen historischer Entwicklung her die Hinweise bei *Götz,* aaO., Rdnrn. 9ff.; *Drews u.a.,* aaO., S. 4ff.

Grundsätzliches anrührende Irritation, die allein schon die stark eingegrenzte Widerspruchslösung zugunsten des Betroffenen in § 24 Abs. 2 S. 4 BDSG n. F. bei ihren Kritikern ausgelöst hat,[597] ist hierfür symptomatisch. Es ist das Verdienst *Vogelgesangs*,[598] schon im Jahre 1987 im Vorgriff auf diese Regelung – die seinerzeit im Entwurf zur BDSG-Novellierung vorlag – klar darauf hingewiesen zu haben, daß u. a. auch der Wunsch des Bürgers, seinem Persönlichkeitsbereich zugehörige, bei einem Verarbeiter (seines Vertrauens) gespeicherte Informationen der Kontrollinstanz *nicht* zugänglich zu machen, Emanation individueller Selbstbestimmung ist. So ist es z. B. Sache des Patienten, ob er seinem – frei gewählten – Arzt mehr vertraut als der Aufsichtsbehörde nach § 38 BDSG oder umgekehrt.

Zum Verständnis der Diskussion um Geheimnis und Datenschutzkontrolle sei noch auf die unterschiedliche Akzentsetzung hingewiesen, die sich aus der Rechtsstellung des Bundesdatenschutzbeauftragten[599] nach §§ 22 ff. einerseits und derjenigen der Aufsichtsbehörde nach § 38 andererseits ergibt.[600] Zwar sind beide Einrichtungen Teil der Exekutive,[601] doch nur letztere hierarchisch eingegliedert, erstere hingegen „unabhängig und nur dem Gesetz unterworfen" (§ 22 Abs. 4 S. 2 BDSG). Ob diese Differenz Ansatz dafür sein kann, eine partielle „Durchlässigkeit" von Berufsgeheimnissen wenn nicht für Kontrollen nach § 38, so doch für solche nach § 24 verfassungsrechtlich zu begründen, ist allerdings fraglich. Streng zu wahrende Geheimnisse sind oft resistent gegenüber unter-

---

[597] Stark von grundsätzlichen Erwägungen geprägt ist die Stellungnahme etwa beim Hessischen Datenschutzbeauftragten, aaO., Abschn. 1.3.2.; ähnlich *Bull*, 1987, S. 188. Vgl. im übrigen o. Fn. 594, auch 593.

[598] VerwA 78 (1987), S. 81 ff.

[599] Die Rechtsstellung der jeweiligen Datenschutzbeauftragten der Länder – in ihrer Funktion als Kontrolleure der öffentlichen Stellen der Länder – weist Besonderheiten auf, ohne daß sie sich deshalb der im nachfolgenden Text vorgenommenen Gegenüberstellung entzöge; beachte für die Landesdatenschutzbeauftragten § 24 Abs. 6 BDSG (welcher in Ansehung des Notargeheimnisses – den vorliegend behandelten teilweise ähnliche – verfassungsrechtliche Fragen aufwerfen kann, vgl. den Hinweis bei *Rüpke*, NJW 1991, 549 r. Sp.). Für den Fall, daß die Landesdatenschutzbeauftragten auch die Funktionen nach § 38 BDSG wahrnehmen, vgl. o. Fn. 177 f. mit begleitendem Text, sowie *Walz*, in: Simitis u. a., Lfg. 7/94, § 38 Rdnr. 44.

[600] Vgl. dazu oben sub B III 1 mit Fn. 177 f.

[601] Vgl. zum Bundesdatenschutzbeauftragten *Auernhammer*, 1993, § 22 Rdnr. 13, mit verfassungsrechtlicher Begründung; *Scholz/Pitschas*, aaO., S. 46; eingehend *Mitrou*, aaO., S. 60 ff.

schiedlichen institutionellen Ausgestaltungen, wie man z. B. an ihrer Geltung gemäß Art. 44 Abs. 2 S. 1 GG i. V. m. §§ 53, 97 StPO auch gegenüber parlamentarischen Untersuchungsausschüssen erkennt,[602] welchen zudem – anders als dem Bundesdatenschutzbeauftragten – unmittelbar verfassungsrechtlicher Status zukommt.[603] Vorliegend bedarf die Frage keiner weiteren Vertiefung.

Zusammengefaßt läßt sich feststellen, daß, sieht man vom Arztgeheimnis ab, das BDSG – trotz § 1 Abs. 4 – auf den Versuch hin angelegt ist, die Berufsgeheimnisse seinem Kontrollregime voll zu unterwerfen. Deren besonderes Gewicht bleibt unberücksichtigt. Konsequent verzichtet das Gesetz darauf, insofern wenigstens erhöhte Voraussetzungen für die Zulässigkeit kontrollbehördlicher Informationseingriffe aufzustellen. Der in § 24 Abs. 2 S. 1 BDSG ausgesprochene Grundsatz der Kontrollerstrekkung geht erkennbar nicht davon aus, daß zu dessen Geltung gegen ein anderes Rechtsgut überhaupt noch abzuwägen sei. Strukturell zeigt sich darin eine auffallende Ähnlichkeit mit der in § 4 Abs. 1 angelegten Kon-

---

602 Vgl. *BVerfGE* 67, 100 (133) vom 17. 7. 84 – Flick; 76, 363 (387) vom 1. 10. 87 – Lappas; dazu auch *W. Richter,* aaO., insbes. S. 56–95; schwer nachvollziehbar die bei *Weichert,* CR 1994, 176 sub c, ausgesprochenen Bewertungen. – Beachte andererseits die Besonderheiten, die sich für dem „Berufsbild" entsprechende Kontrollen im Rahmen funktionaler Selbstverwaltung ergeben, dazu unten sub D III 3 d.

603 Vgl. dazu *Vogelgesang,* VerwA 78 (1987), 85. – Nicht gefolgt werden kann in diesem Kontext der Auffassung von *Podlech,* Leviathan 1984, 93, das *BVerfG* habe im Volkszählungsurteil „die Institution der Datenschutzbeauftragten für verfassungskräftig erklärt ..."; übereinstimmend mit diesem Autor *Mückenberger,* KJ 1984, 18; ähnlich *Busch,* Urteilsanmerkung, DVBl 1984, 385 (388 l. Sp.). Einen – ungeschriebenen – verfassungsrechtlichen Status von Datenschutzbeauftragten hat das Gericht nicht zugrundegelegt. Vielmehr hat es für notwendig erachtet, daß der „Gesetzgeber mehr als früher auch organisatorische und verfahrensrechtliche Vorkehrungen" treffe (*BVerfGE* 65, 44), und ferner ausgeführt, daß die „Beteiligung unabhängiger Datenschutzbeauftragter von erheblicher Bedeutung für einen effektiven Schutz" sei (aaO., S. 46). Eine den Gesetzgeber *bindende* institutionelle Vorgabe hat das Gericht nicht gesehen; vgl. *Vogelgesang,* Grundrecht ..., S. 81–83; *Scholz/Pitschas,* aaO., S. 45–47. Daran hat auch – dies sei ergänzend festgehalten – die Einbeziehung der Kontrolle durch Datenschutzbeauftragte in eine verfassungsrechtliche Bewertung spezifischer Maßnahmen der Überwachung des Brief- und Telefonverkehrs (gemäß Art. 1 § 3 des Gesetzes zu Art. 10 GG) in der Entscheidung vom 20. 6. 84, *BVerfGE* 67, 157 (185), nichts geändert. – Mißverständlich *Dammann,* in: Simitis u. a., Lfg. 1/92, § 22 Rdnr. 1; *Simitis,* ebenda, § 1 Rdnr. 25 a. E. Vgl. insgesamt zur Problemstellung *Mähring,* S. 60–66 mit umfangreichen Nw.

zeption datenschutzrechtlicher Präponderanz.[604] Dem Anwaltsgeheimnis insbesondere begegnet eine so geartete, generelle Einschränkung anderwärts nicht, zumal nicht seitens der Exekutive.[605] Zu seiner Gewichtung in der übrigen Rechtsordnung ist neben den bestehenden Zeugnisverweigerungsrechten z.B. § 139 Abs. 3 S. 2 StGB besonders kennzeichnend.

---

[604] Vgl. zu § 4 Abs. 1 BDSG oben sub C I 2 a, III 3 b und d; für diese Bestimmung wird die strukturelle Einseitigkeit freilich durch nachfolgende Zulässigkeitstatbestände, z. B. § 28, partiell moderiert.

[605] Eine erhebliche Beeinträchtigung erleidet das Berufsgeheimnis durch die *richterlich* gesteuerte (§ 98 StPO) Beschlagnahme von Unterlagen außerhalb des Privilegs des § 97 Abs. 1 StPO, ohne daß die insofern involvierten verfassungsrechtlichen Fragen voll abgeklärt sind. Vgl. *BGH* vom 3. 12. 91, NJW 1992, 763 (764 f.) – Schwangerschaftsabbruch/Memmingen: Beschlagnahme beim (allein) beschuldigten Geheimnisträger; zu dieser Entscheidung *Lorenz,* MDR 1992, 313; für ein Verwertungsverbot gegenüber den Patientinnen aus verfassungsrechtlichen Gründen *Weyand,* wistra 1990, 8 f.; allgemein zum verfassungsrechtlich begründeten Verwertungsverbot zwecks Verhinderung des Unterlaufens von Schweigerechten *BVerfGE* 56, 37 (50 f.) vom 13. 1. 81 – Gemeinschuldner –, ergänzend die abw. Meinung des Richters *Heußner,* aaO., S. 52–54. Zu § 97 Abs. 2 S. 3 StPO vgl. *Kleinknecht/Meyer-Goßner,* aaO., § 97 Rdnrn. 18–20, 38, 48, sowie *Laufhütte,* in: Karlsruher Komm. zur StPO, § 97 Rdnrn. 19 ff., beide m. w. Nw.; *Wasmuth,* NJW 1989, 2297 ff., insbes. 2302 l. Sp. Zur Durchsicht, um über die Abgrenzung der Beschlagnahmefreiheit zu entscheiden, vgl. *AG Hanau* vom 24. 2. 89, NJW 1989, 1493 f.; beachte dazu *EuGH* vom 18. 5. 82, WuW/E EWG/MUV 575 (577). Zur besonderen Bedeutung, welche dem Verhältnismäßigkeitsgrundsatz zukommt, „wenn die Durchsuchung einer Anwaltskanzlei wie in Deutschland nicht von besonderen Verfahrensgarantien begleitet wird, etwa der Anwesenheit eines unabhängigen Beobachters", *EGMR* vom 16. 12. 92, NJW 1993, 718 (719 r. Sp.) – Niemitz/Deutschl. Analyse und Lösungsvorschläge finden sich bei *Krekeler,* NJW 1977, 1417 ff., insbes. 1424 ff.; *Bandisch,* NJW 1987, 2200 ff.; zur „absolute[n] Tabuisierung des Innenverhältnisses zum Mandanten" bei der Strafverteidigung vgl. auch *Hamm,* NJW 1993, 295 l. Sp. (erläutert anhand des Geldwäsche-Gewinnaufspürungsproblems; zum GwG siehe auch o. Fn. 219). – In der Rechtsprechung des *BVerfG* wird die Problematik der Beschuldigtenrolle eines Geheimnisträgers kurz angesprochen in *BVerfGE* 32, 381 und 44, 382 (beide wie in Fn. 612). Vgl. weiter – auch zur Telefonüberwachung (dazu noch Nw. unten Fn. 720 – *Beulke,* Jura 1986, 644–646; *Welp,* NStZ 1986, 296–298; auch unten im Text bei Fn. 724.

Soweit ersichtlich, haben sich vergleichbare Fragen im präventiv-polizeilichen Bereich bislang noch nicht gestellt. Im Hinblick auf die polizeiliche Aufgabe, zukünftige Straftaten (mit erheblicher Bedeutung) zu verhindern, läßt sich eine parallele Problematik nicht ausschließen; vgl. dazu die Neuregelung der Sicherstellung nach § 40 Nr. 4 HSOG, wonach diese möglich ist, „wenn tatsächliche Anhaltspunkte die Annahme rechtfertigen, daß sie [die Sache] zur Begehung einer Straftat oder Ordnungswidrigkeit gebraucht oder verwertet werden soll"; kritisch zu dieser Bestimmung *Rachor,* in: Lisken/Denninger, Teil F Rdnrn. 439 ff.; beachte dabei § 12 Abs. 2 HSOG (s. o. Fn. 227 mit begleitendem Text).

Das Datenschutzrecht enthält auch in dieser Beziehung neue, ungewohnte Akzente.

In § 38 BDSG findet sich übrigens auch nichts darüber, welchen besonderen Schutz die dem Berufsgeheimnis unterfallende Information genießen soll, nachdem sie von der Aufsichtsbehörde in Erfahrung gebracht wurde. Die Geheimhaltungsvorschrift des § 30 VwVfG[606] würde schon im Hinblick darauf, daß § 38 BDSG auf zwischenbehördliches Zusammenwirken angelegt ist,[607] relativ wenig zu Buche schlagen können.[608] Eine entsprechende Anwendung des § 39 BDSG mag in Betracht kommen und – begrenzt – erhöhten Schutz gewähren.[609]

---

606 Zur Anwendung dieser Bestimmung auf die Aufsichtsbehörde ausführlich *Walz,* in: Simitis u.a., Lfg. 7/94, § 38 Rdnr. 37; zur Unterrichtungspflicht der Aufsichtsbehörde gegenüber einem Beschwerdeführer einerseits und dem Vertraulichkeitsgebot andererseits *ders.,* aaO., Rdnrn. 15, 25, 37; auch *Wedler,* RDV 1992, 223f.; *VG Köln* vom 5. 5. 82, abgedruckt bei Simitis/*Dammann,* Dokumentation, Teil E, § 40 Nr. E 1, S. 9f.; abweichend – unzutreffend – *Bergmann/Möhrle/Herb,* Lfg. 9/91, § 38 Rdnr. 90.

607 Vgl. *Simitis,* in: Simitis u.a., 1981, § 30 Rdnr. 76; *Walz* (wie Fn. 606), Rdnr. 48; beachte § 38 Abs. 7 BDSG.

608 § 15 BDSG respektive die entsprechende Vorschrift des Landesdatenschutzrechts ist Befugnisnorm i.S.d. § 30 VwVfG, vgl. *Walz* (wie Fn. 606), Rdnr. 37; *Auernhammer,* 1993, § 15 Rdnr. 9 (zu § 203 Abs. 2 StGB); *Dammann,* in: Simitis u.a., 1981, § 10 Rdnr. 57, auch Lfg. 7/94, § 15 Rdnr. 24. Vgl. auch zum Verhältnis des § 30 VwVfG zu den Amtshilfevorschriften *Clausen,* in: Knack u.a., § 30 Rdnr. 3.4.2, mit umfangr. Nw.; auch im Amtshilfefall ist die datenschutzrechtliche Übermittlungsbestimmung entsprechende Befugnisnorm, vgl. *Nungesser,* aaO., § 3 Rdnr. 28.

609 Im Ausgangspunkt regelt § 39 BDSG nur den Fall, daß die dem besonderen Geheimnis unterliegenden Daten vom Geheimnisträger „in *Ausübung* ... [seiner] Berufs- oder Amtspflicht zur Verfügung gestellt worden sind“, was für die im Verlauf einer Kontrolle durch die Aufsichtsbehörde von dieser erlangten Informationen schwerlich angenommen werden kann. Die Analogie mag sich daraus rechtfertigen, daß diese Informationserlangung – arguendo – als *legal* anzusehen wäre; vgl. zu diesem Kriterium *Auernhammer,* 1993, § 39 Rdnr. 4; *Ordemann/Schomerus/Gola,* 1992, § 39 Anm. 1.3. Aber völlig unklar bliebe dabei zunächst – mangels Umdeutung – der Inhalt der nach § 39 vorgesehenen Zweckbindung, die *Auernhammer* (aaO., Rdnr. 6) zufolge in der Anbindung an den „von dem Berufs- oder besonderen Amtsgeheimnis geprägten Zweck“ besteht, den zu verfolgen in Ansehung des Anwaltsgeheimnisses nicht Aufgabe der Aufsichtsbehörde sein kann. Immerhin kann § 39 Abs. 1 S. 2 ein klares Verbot der Weiterübermittlung an nicht-öffentliche Stellen entnommen werden.

II. Grundrechtspositionen des Mandanten gemäß Art. 2 Abs. 1 i.V.m. Art. 1 Abs. 1 GG

1. Informationen aus dem privaten Lebensbereich

Für der anwaltlichen Verschwiegenheitspflicht unterfallende Daten, die der privaten Lebenssphäre des Mandanten zugehören, hatten sich bereits gesetzessystematische Harmonisierungsprobleme innerhalb des BDSG ergeben.[610] Der verfassungsrechtliche Schutz des Privatbereichs ergibt sich gemäß ständiger Rechtsprechung des *BVerfG* aus Art. 2 Abs. 1 i.V.m. Art. 1 Abs. 1 GG.[611] Er geht dem Mandanten nicht dadurch verloren, daß er sich dem Anwalt anvertraut. Insoweit besteht weitgehende Übereinstimmung mit Gesundheitsdaten, die zum Inhalt des Arztgeheimnisses werden.[612]

Die verfassungsrechtliche Gewährleistung des privaten Lebensbereichs unterliegt als solche abgestuften Einschränkungen, an die das *BVerfG* schon generell hohe Anforderungen stellt.[613] § 38 – i.V.m. § 24 Abs. 6, 2 – BDSG dient als einschränkende Norm ihrerseits dem Schutz des Persönlichkeitsbereichs, und zwar gegen Beeinträchtigungen durch den Umgang mit personenbezogenen Daten eines (anderen) Betroffenen[614] (hier des Nichtmandanten, der auf den Umfang der Verschwiegenheits-

---

610 Vgl. oben sub B II 3 b i.V.m. C I 2 b.

611 Vgl. Nw. oben in Fn. 284.

612 Vgl. *BVerfGE* 32, 373 (379 f.) vom 8. 3. 72 – ärztliche Karteikarte; dazu v. Mangoldt/Klein/*Starck*, aaO., Art. 2 Rdnr. 71; *BVerfGE* 33, 367 (377 f.) vom 19. 7. 72 – Sozialarbeiter; ähnlich 44, 353 (372 f.) vom 24. 5. 77 – Suchtberatungsstelle; auch – in Abgrenzung – 38, 312 (320) vom 15. 1. 75 – Tierarzt; ferner *BGH* vom 11. 12. 91, NJW 1992, 737 (739) – Veräußerung einer Arztpraxis; *Laufs*, aaO., Rdnrn. 423–425; allgemein zum Schutz des Anvertrauten aus dem „Geheimbereich" *Hubmann*, aaO., S. 329.

613 Gefordert wird regelmäßig die „*strikte*.. Wahrung des Verhältnismäßigkeitsgebotes", wobei das Gericht anknüpft an die vom ihm „entwickelt[en] ... Grundsätze ... über die verfassungsrechtliche Zulässigkeit von Eingriffen in die körperliche Unversehrtheit ...", *BVerfGE* 27, 344 (351) vom 15. 1. 70 – Ehescheidungsakten I – (meine Hervorhebung), mit Rückverweisen auf frühere Entscheidungen, die gravierende körperliche Eingriffe auf der Grundlage des § 81 a StPO zum Gegenstand hatten; vgl. weiter *BVerfGE* 34, 238 (246) vom 31. 1. 73 – heimliche Tonbandaufnahme; auf diese Entscheidung bezugnehmend 80, 367 (375 f.) vom 14. 9. 89 – Tagebuch eines Mörders.

614 Vgl. §§ 1 Abs. 1, 3 Abs. 1 BDSG.

pflicht keinen Einfluß hat). Da das BDSG für die Kontrolle nach §§ 38, 24 nicht nach Sensibilität der zu schützenden Daten differenziert,[615] damit auch unberücksichtigt läßt, ob diese in den nach Art. 2 Abs. 1 i.V.m. Art. 1 Abs. 1 GG gesteigert geschützten Bereich fallen, ist i.d.R. nicht nur von Gleichrangigkeit, sondern von dem verfassungsrechtlich höheren Rang der Schutzposition des dem Berufsträger aus dem Privatbereich Übermittelten auszugehen. Würde diese seitens der Exekutive beeinträchtigt werden, um zugunsten einer weniger intensiv geschützten Position eines Dritten Kontrolle auszuüben, widerspräche dies gröblich den vom *BVerfG* entwickelten strengen Abwägungsgrundsätzen.[616]

2. Vom Mandanten anvertraute Informationen

Die Zugehörigkeit der Information zum Privatbereich ist keineswegs konstitutiv für das Mandatsgeheimnis und dessen (gesetzes)rechtlichen Schutz. Nach herkömmlicher Formulierung umfaßt dieses „*alles*, was dem Rechtsanwalt in Ausübung seines Berufs anvertraut worden oder ... [sonst] anläßlich seiner Berufsausübung bekanntgeworden ist".[617]

a) Informationelle Selbstbestimmung des Mandanten?

Einige Gerichtsentscheidungen aus jüngerer Zeit[618] geben vorab Veranlassung zu der Klarstellung, daß das Recht auf die Wahrung des Anwaltsgeheimnisses verfassungsrechtlich allenfalls partiell über das „Recht auf

---

[615] Vgl. oben sub C III 3 d (2) sowie o. Fn. 295.

[616] Vgl. dazu insbes. *BVerfGE* 27, 344 (350ff.) vom 15. 1. 70 – Ehescheidungsakten I; 34, 205 (208ff.) vom 18. 1. 73 – Ehescheidungsakten II. Diese Entscheidungen stellen strenge Grundsätze (sogar) für *richterliche* Beschlüsse auf.

[617] Vgl. § 42 Abs. 1 RichtlRA; übereinstimmend § 2 des Entw. einer Berufsordnung für Rechtsanwälte (o. Fn. 575); ähnlich § 53 Abs. 1 Nr. 2, 3 StPO; vereinfachend/zusammenfassend auf das Bekanntgewordensein bei Berufsausübung abstellend jetzt § 43 a Abs. 2 S. 2 BRAO; weiterhin § 203 Abs. 1 StGB, welcher auf „ein fremdes Geheimnis, namentlich ein zum persönlichen Lebensbereich gehörendes Geheimnis oder ein Betriebs- oder Geschäftsgeheimnis," abstellt. Aus altem Standesrecht: *Ehrengerichtshof für deutsche Rechtsanwälte* vom 22. 6. 1907, Entscheidungssammlung Bd. XIII (1906/07), Berlin 1908, S. 58ff. Beachte schon oben sub B I 4 b mit Fn. 98ff. Zum (grundrechtlichen) Schutz von Betriebs- und Geschäftsgeheimnissen im übrigen vgl. noch die Hinweise unten in Fn. 715.

[618] Vgl. *LG Hamburg* vom 1. 8. 91, NJW 1992, 842f.; *KG* vom 19. 6. 92, NJW 1992, 2771f.

informationelle *Selbst*bestimmung" des Mandanten begründet werden könnte, versteht man letzteres als ein Recht, welches die auf die eigene Person bezogenen Daten i. S. der §§ 3 Abs. 1, 1 Abs. 1 BDSG betrifft.[619]

Wie mehrfach hervorgehoben wurde,[620] beschränkt sich anwaltliche personenbezogene Informationsverarbeitung – anders als i. d. R. die ärztliche[621] – keineswegs auf Angaben über den Mandanten.[622] Dementspre-

---

[619] Vgl. dazu auch die Ausführungen unten sub D III 2a, Abs. 2.

Obige Erörterungen führen weiter zu der Erkenntnis, daß die Rechtsvorschriften über das Anwaltsgeheimnis keine „Vorschriften über den Datenschutz" i. S. d. §§ 24 Abs. 1 S. 1, 37 Abs. 1 S. 1, § 38 Abs. 1 S. 1 BDSG sein können. Vgl. zunächst zur „Aufgabe des Datenschutzes" § 1 Abs. 1 BDSG a. F. (zum Verhältnis zu § 1 Abs. 1 n. F. *Auernhammer,* 1993, § 1 Rdnr. 2); zum Begriff der Datenschutzvorschrift schon oben sub B I 1 mit Fn. 22ff., dort im Zusammenhang des § 1 Abs. 4 BDSG; insoweit mag (partielle) begriffliche Übereinstimmung mit *Körner-Dammann* (o. Fn. 22, 98) bestehen, welche freilich primär auf das Arztgeheimnis abstellt.

Die Auffassung, daß sich die Datenschutzkontrolle nicht nur auf dem Berufsgeheimnis unterfallende Daten mit erstrecke, sondern gerade auch dessen Wahrung diene (zum Prüfziel habe), findet deshalb (zumal) in Ansehung des Anwaltsgeheimnisses schon im Gesetz keinerlei Stütze. Verfassungsrechtlich ist eine Konzeption dahingehend, daß der Berufsträger dem Staat seine Geheimnisse offenbare, damit dieser deren Wahrung besser kontrollieren könne, unannehmbar. Die genannte Auffassung wurde ursprünglich von *Auernhammer,* 1977, § 30 Rdnr. 6 Abs. 3 i. V. m. § 19 Rdnr. 5 Abs. 3, vertreten –, jedoch schon in der nachfolgenden Auflage modifiziert, vgl. dazu o. Fn. 221, 223 –; sie wurde aufgegriffen von *Dammann* und *Simitis,* in: Simitis u. a., 1981 (auch 1978), § 19 Rdnr. 43 bzw. § 30 Rdnr. 69; ähnlich *Bull,* 1987, S. 188.

[620] Vgl. oben sub B I 2a, 3a, 4b; B II.

[621] Vgl. o. Fn. 34; Fn. 384 mit begleitendem Text. Die Bezugnahme des *LG Hamburg* (wie Fn. 618), S. 843 l. Sp., auf die Entscheidungen des *AG Neuss* vom 11. 7. 89, NJW 1990, 2937ff., sowie des *AG Rottweil* vom 18. 1. 91, NJW 1991, 757 (nur Lts.), – beide die Weitergabe von Unterlagen an ärztliche Verrechnungsstellen betreffend – läuft deshalb Gefahr, mißverstanden zu werden. Der *BGH* hat sich im Zusammenhang des Schicksals von Patientenunterlagen bei Praxisveräußerung nachdrücklich auf die „große. . Bedeutung, die das aus Art. 2 Abs. 1 GG sich ergebende Recht ... auf informationelle Selbstbestimmung ... gewonnen" habe, bezogen (Entscheidung vom 11. 12. 91, NJW 1992, 737 [739 r. Sp.] sowie Lts.). Im Zusammenhang der Beurteilung der Abtretung anwaltlicher Honoraransprüche hat er sich demgegenüber – wohl eher zurückhaltend – dahingehend geäußert, es müsse „[a]uch im Verhaltnis zwischen Rechtsanwalt und Mandant ... der besonderen Bedeutung des ... Rechts auf informationelle Selbstbestimmung Rechnung getragen werden ..." (Entscheidung vom 25. 3. 93, NJW 1993, 1638 [1639 r. Sp.]). Gegen diese Aussage ist nichts einzuwenden, insoweit sich die Informationshingabe bei der Abtretung immer auch (gerade) auf *mandanten*bezogene Information erstrecken wird.

[622] Streng genommen geht es dabei (oft) nicht um ausschließlichen, sondern um den *primären* Personenbezug. Zur Frage eventuellen doppelten Personenbezugs –

chend erstreckt sich auch die Notwendigkeit zur Geheimhaltung zugunsten des Mandanten[623] nicht nur auf die mandantenbezogenen, sondern

---

auf den Dritten und auf den Mandanten – vgl. schon o. Fn. 92; zur Problematik doppelten Personenbezugs insgesamt unten Fn. 665.

[623] Der Mandant ist der Geheimnisherr, vgl. o. Fn. 124 mit begleitendem Text und m.w.Nw. Etwas mißverständlich ist die in diesem Kontext von *Henssler*, NJW 1994, 1819f., geübte Kritik an der oben in Fn. 124 zitierten Entscheidung des *BGH* sowie an *Friedlaender* (wie Fn. 124). Dabei verdient der Hinweis Hensslers auf das allgemein-rechtsstaatliche Interesse – über das Individualinteresse hinausgehend – an der Wahrung des Anwaltsgeheimnisses volle Zustimmung (vgl. dazu unten Fn. 625 mit begleitendem Text sowie unten sub D III 2d). Insofern geht es jedoch gerade um ein gesellschaftlich-staatliches Interesse am Bestand von Vertrauensbeziehungen (vgl. unten Fn. 629; *Krämer*, BB 1975, 1227 r. Sp.), welcher auf der subjektiv-rechtlichen Ebene dem Sich-Anvertrauenden zugute kommt (vgl. dazu auch unten Fn. 647 Abs. 2), nicht etwa einem Dritten, auf den sich die Information ggfs. (primär) bezieht; dieses Ergebnis *deckt* sich also mit Friedlaender. Es ist für das anwaltliche Berufsrecht im wesentlichen geklärt.

Bei der Interpretation des § 203 StGB ist allerdings die Beurteilung des sog. Drittgeheimnisses (insbesondere) für die Frage, wer einwilligungsberechtigt ist, streitig; auch dabei zeigt sich immerhin, daß gerade solche Autoren, die umgekehrt die Individualsphäre des einzelnen – das ihr zugehörige private Geheimnis – als ausschließlich geschütztes Rechtsgut ansehen, zur Annahme voller Informationsherrschaft eben des *Dritten* gelangen; vgl. *Jähnke*, in: Leipziger Komm., § 203 Rdnrn. 14–16, 30, 36, 62; *Lackner*, aaO., § 203 Rdnr. 1; zur Gegenposition vgl. *Lenckner*, in: Schönke/Schröder, § 203 Rdnrn. 3, 8, 23; *OLG Köln* vom 30. 11. 82, NStZ 1983, 412f., mit abl. Anmerkung von *Rogall*, NStZ 1983, 413f.

Wie *Nassall* (wie Fn. 124), S. 645 m. Fn. 58, überzeugend dartut, ist die strafrechtliche Interpretation zu § 203 insofern defizitär, als sie zu wenig zwischen den verschiedenen Berufsgruppen differenziert; weit überwiegend geht es ihr um das Arztgeheimnis (vgl. zu diesem die Erörterung des Drittgeheimnisses bei *Timm*, aaO., S. 25–28); so erörtert *Schünemann*, ZStW 90 (1978), 57f., den Arzt als „pars pro toto für alle tauglichen Täter"; vgl. demgegenüber *Samson*, in: SK, Lfg. 1/89, § 203 Rdnr. 38, zu den dem Anwalt vom Mandanten anvertrauten „Geheimnisse(n) des Gegners". *Nassall*, aaO., insbesondere zeigt, daß informationelle Drittherrschaft über das Anwaltsgeheimnis zu unbrauchbaren Ergebnissen führt (wobei übrigens unterschiedliche Auffassungen über die Geheimnisherrschaft im Konkurs einen nicht verallgemeinerungsfähigen Sonderfall betreffen; dazu Nw. bei *Lenckner*, aaO., Rdnr. 23 a.E.). M. E. ergibt sich die Unbrauchbarkeit jenes Ansatzes schon daraus, daß § 203 StGB, soweit der Kreis der Mitwisser überschaubar, die Tatsache also „Geheimnis" ist, keine (weiteren) ins Gewicht fallenden materiell-rechtlichen Begrenzungen für eine eventuelle Informationsherrschaft des Dritten über den Rechtsanwalt anbietet (die so auch aus dem Berufsrecht nicht ableitbar wären). Ein im wesentlichen unbeschränktes Bestimmungsrecht, wie es zugunsten des Mandanten besteht (vgl. o. Fn. 124ff.), kann aber zugunsten informationell Drittbetroffener (z.B. eines Prozeßgegners!) schlechterdings nicht in Betracht kommen. Eine andere Fragestellung behandelt demgegenüber *OLG Düsseldorf* vom 28. 12. 84, MDR 1985, 507, wo es um die Abgrenzung der Informationsherrschaft zwischen zwei Mandanten (die den Anwalt gemeinsam beauftragt hatten) ging; beachte aber *Wieczorek*, aaO., § 383 Anm. C IIIc 2.

auf *alle mandats*bezogenen Daten.[624] Besonders deutlich ist dies für solche drittbezogene Information – etwa über die kritische wirtschaftliche Lage eines Geschäftspartners –, die dem Anwalt vom Mandanten selbst anvertraut wurde und deren Bekanntwerden dessen Interessenlage zuwiderliefe. Insgesamt ergibt sich die vom Konzept informationeller Selbstbestimmung des Mandanten beträchtlich abweichende Ausdehnung der diesem gewährleisteten Verschwiegenheitspflicht aus der Rolle des Anwalts im pluralistisch angelegten System der Rechtspflege.[625] Zum Informations-Kondominium zwischen Anwalt und Mandant, in dem diesem das letzte Wort über die Offenbarung zusteht, gehören der gesamte das Mandat betreffende Sachverhalt und dessen (interne) Beurteilung.[626] Die-

---

Von der Verschwiegenheitspflicht zu unterscheiden sind anwaltliche Pflichten (lediglich) sachgemäßer Informationsbehandlung respektive Verbote mißbräuchlicher Verwendung, die sich aus dem Verhältnis gegenüber Gerichten und Behörden ergeben können (vgl. §§ 14, 13 RichtlRA; §§ 20f., insbes. § 21 Abs. 2 des Entw. einer Berufsordnung für Rechtsanwälte [o.Fn. 575]), etwa im Zusammenhang der Akteneinsicht nach §§ 147, 406e StPO; vgl. dazu *Zuck*, in: Lingenberg u.a., § 14 Rdnr. 5f. Schon bei *Friedlaender*, aaO., findet sich die klare Trennung: einerseits Exkurs I zu § 28 – „Verschwiegenheitspflicht" –, andererseits Exkurs II – „Kleiner Ehrenkodex" –, in welch letzterem in Rdnr. 50 der Umgang mit den vom Verteidiger aus den Strafakten erlangten Informationen abgehandelt wird; demgegenüber noch unscharf *Rumpf*, aaO., S. 54f.; beachte dazu die Entscheidungen des *Ehrengerichtshofs für deutsche Rechtsanwälte*, auf die Rumpf sich bezieht, und zwar die Akteneinsicht nach § 147 StPO betreffend diejenigen vom 29. 6. 1883 und vom 28. 9. 1888, Entscheidungssammlung Bd. I (1880–84), Berlin 1885, S. 130ff., bzw. Bd. IV (1888/89), Berlin 1890, S. 213ff.

Demgegenüber kann bei der Mitwirkung des Anwalts im beamtenrechtlichen Verfahren die für ihn seinem Mandanten gegenüber bestehende Verschwiegenheitspflicht schon dadurch zugunsten der Behörde Wirksamkeit entfalten (vgl. dazu Nw. o. Fn. 124, auch *BGH* vom 8. 11. 65, NJW 1966, 1227 [1228] – Pätsch), daß der Beamte wegen seiner Bindung an das Amtsgeheimnis dem Anwalt eine Offenbarung gegenüber Dritten nicht gestatten darf.

[624] Das ergibt schon der Text des § 43a Abs. 2 BRAO: „alles"; die Vorschrift steht auch insofern in völliger Übereinstimmung mit bisherigem berufsrechtlichen Verständnis, vgl. dazu die in Fn. 617 genannten Vorschriften; beachte noch die Begründung des Reg.-Entw. zu § 43a Abs. 2 BRAO (o. Fn. 41), S. 27 r.Sp., wo unter Bezugnahme auf den erforderlichen Schutz des Vertrauensverhältnisses und in Übereinstimmung mit § 42 Abs. 1 RichtlRA zum Ausdruck gebracht wird, daß die berufsrechtliche Pflicht weiterreichen soll als diejenige aus § 203 StGB; schon letztere umfaßt auf Dritte bezogene Informationen (sofern sie Geheimnisqualität i.S. der Bestimmung haben), vgl. dazu die vorangehende Fn. 623. Vgl. weiter *Zuck*, in: Lingenberg u.a., § 42 Rdnr. 9, zu weitgehend Rdnr. 5; auch *Eggersmann/Hoene*, CR 1990, 18.

[625] Vgl. dazu oben sub C II 1 bei Fn. 321ff.

[626] Vgl. zum anwaltsrechtlichen Informations-Kondominium oben sub B II 2b; zu rechtlichen Beurteilungen unten Fn. 672.

ser Bereich bedarf als solcher um des Vertrauensverhältnisses und der Effektivität der Rechtswahrnehmung willen des informationsrechtlichen Schutzes in Unabhängigkeit von dem oft breit gestreuten,[627] ggfs. kaum überschaubaren Bezug[628] der involvierten Daten auf andere Personen.

b) Vertrauensbeziehung

Primäres Kriterium für die Schutzwürdigkeit des Mandatsgeheimnisses ist, das ergibt gerade auch die eingangs (soeben vor a) zitierte Formulierung, daß dem Berufsträger Vertrauen geschenkt wurde.[629] Letzteres verdient vom Persönlichkeitsrecht des Sich-Anvertrauenden her[630] den Schutz des GG.[631]

---

627 respektive multiplen [Personenbezug]; vgl. nochmals zum Problem doppelten Personenbezugs unten Fn. 665 sowie o. Fn. 622, jeweils mit Rückverweisen.

628 Vgl. dazu nochmals *Nassall,* KTS 1988, 645f. (mehr über dessen Ausführungen o. Fn. 623).

629 Vgl. *BGH* vom 25. 3. 93, NJW 1993, 1638 sub II 1 – Abtretung anwaltlicher Honorarforderung; *Lenckner,* in: Schönke/Schröder, § 203 Rdnr. 3 mit umfangr. Nw.; *Maass,* aaO., S. 51ff.; *Zuck,* in: Lingenberg u.a., § 42 Rdnr. 1; *EuGH* vom 18. 5. 82, WuW/E EWG/MUV 575 (576) – Legal privilege; *Friedlaender,* aaO., Exkurs I zu § 28, Rdnr. 3 (S. 154); auch *Dreher/Tröndle,* § 203 Rdnr. 1a; für abw. Auffassungen zu § 203 StGB vgl. o. Fn. 623 Abs. 2. Beachte § 300 StGB a.F. – Vorläufer des § 203 n.F. – , welcher in seiner bis zum 3. Strafrechtsänderungsgesetz vom 4. 8. 53 (BGBl I 735) geltenden Fassung (RGBl 1871, 127) nur die erste Alternative der heutigen Bestimmung, also „anvertraut", noch nicht die zweite, „sonst bekanntgeworden", enthielt (wobei das erstgenannte Tatbestandsmerkmal freilich weit ausgelegt wurde; vgl. *Schwarz,* aaO., § 300 Anm. 1 B; *Schönke,* aaO., § 300 Anm. II 2); dasselbe gilt für die ursprüngliche Fassung des § 53 – seinerzeit § 52 – StPO vom 1. 2. 1877 (RGBl 253). Allein auf das Anvertrauen stellt immer noch § 383 Abs. 1 Nr. 6 ZPO ab, welcher freilich deckungsgleich mit §§ 53 StPO, 203 StGB interpretiert wird, vgl. *Damrau,* in: Münchener Komm. zur ZPO, § 383 Rdnr. 33.

630 Der Bezug zum Persönlichkeitsrecht des Sich-Anvertrauenden läßt sich auch aus der Interpretation ablesen, die der Begriff „Privatgeheimnis", auf das allein sich der Wortlaut des § 300 StGB a.F. (s. zu dieser Vorschrift o. Fn. 629) bezog, gefunden hat; eindeutig für die Einbeziehung „rein geschäftlicher Tatsachen, die dem Anwalt anvertraut werden", *Friedlaender,* aaO., Exkurs zu § 28, Rdnr. 2 (S. 153), m. w. Nw. zu dieser seinerzeit streitigen Frage; übereinstimmend *Schwarz,* aaO., § 300 Anm. 1 A; *Schönke,* aaO., Anm. II 1.

631 Vgl. dazu – im Zusammenhang mit dem *Arzt*geheimnis – *Weyand,* wistra 1990, 8; ferner *Lorenz,* MDR 1992, 315, der ausdrücklich von der Zugehörigkeit der Gesundheitsdaten zum privaten Lebensbereich abstrahiert, um „der ‚post-Volkszählungs-Periode'" gerecht zu werden, und zwar indem er sich auf das „Recht der ‚informationellen Selbstbestimmung'" bezieht, um sodann (jedoch) gerade auf „die im Rahmen d..es Vertrauensverhältnisses preisgegebenen Infor-

Als Kern einer solchen verfassungsrechtlichen Gewährleistung kann das Prinzip angesehen werden, daß niemand gezwungen werden darf, sich selbst zu bezichtigen. Dieses Verbot hat das *BVerfG* aus Art. 2 Abs. 1 GG i.V.m. der Menschenwürdegarantie abgeleitet.[632] Es würde dann unterlaufen, wenn, nachdem sich der Mandant dem Anwalt im Rahmen der – rechtlich anerkannten – Vertrauensbeziehung uneingeschränkt eröffnet hat, andere (Instanzen) darüber Information erlangten und gegen ihn verwenden könnten.[633]

Das *BVerfG* hat allerdings Zurückhaltung dabei walten lassen, entsprechenden Vertrauensbeziehungen mit anderen Berufsträgern einen (im wesentlichen) unverbrüchlichen verfassungsrechtlichen Status zuzuerkennen. Dies zeigen seine Entscheidungen zum nicht bestehenden Zeugnisverweigerungsrecht des Sozialarbeiters[634] und des Tierarztes.[635] Es verstehe sich auch „nicht von selbst, daß der Gesetzgeber den Angehörigen wirtschafts- und steuerberatender Berufe ein Zeugnisverweigerungsrecht zugebilligt hat."[636] Die vom *BVerfG* in diesem Zusammenhang vorgenommenen Abgrenzungen beruhen teilweise auf dem Charakter der regelmäßig hingegebenen Information,[637] vor allem aber auf den gesellschaftlichen Erwartungen an die Vertrauensbeziehung[638] und auf deren institutionellem Rahmen.[639] Es kann dahingestellt bleiben, ob dem Gericht in allen Einzelheiten zu folgen ist. Jedenfalls schält sich aus seinen Überlegungen ein harter Kern verfassungsrechtlicher Gewährleistung beruflicher Verschwiegenheit heraus, dem das Beicht-, Arzt- und Anwaltsgeheimnis zweifelsfrei zugehören.

---

mationen" abzustellen; zum Recht auf informationelle Selbstbestimmung vgl. o. Fn. 474, 502, 396.

632 Vgl. *BVerfGE* 56, 37 (41 ff.) vom 13. 1. 81 – Gemeinschuldner; 38, 105 (114 f.) vom 8. 10. 74 – Zeuge im Disziplinarverfahren – mit umfangr. Nw. aus der Rspr. des BGH –; dazu *Niemöller/Schuppert,* AöR 107 (1982), 421–423. Vgl. auch den 5. Zusatzartikel – Amendment V – der Verfassung der USA aus dem Jahr 1791: „... nor shall be compelled in any criminal case to be a witness against himself ..."

633 Vgl. dazu die Überlegungen in *BVerfGE* 33, 377; 44, 376; (beide wie Fn. 612).

634 Vgl. *BVerfGE* 33, 376 ff. (wie Fn. 612); beachte jetzt auch § 35 Abs. 3 SGB-Allgem. Teil.

635 Vgl. *BVerfGE* 38, 319 ff. (wie Fn. 612).

636 Vgl. *BVerfGE* 33, 383; zu diesem Aspekt *Krämer,* BB 1975, 1227.

637 Vgl. *BVerfGE* 38, 320.

638 Vgl. *BVerfGE* 33, 379, 385.

639 Vgl. *BVerfGE* 33, 378 ff.; 38, 324; 44, 379; beachte *EuGH* vom 18. 5. 82, WuW/E EWG/MUV 575 (576 f.) – „Legal privilege".

Die Erwartung anwaltlicher Verschwiegenheit gegenüber jedermann – auch gegenüber hoheitlichen Organen – entspricht sehr langer Tradition,[640] zugleich der gesamtdeutschen Rechtslage, wie sie in § 300 StGB a.F. (1871) sowie in § 53 StPO (1877) und in § 383 ZPO (1877) ihren Ausdruck gefunden hat.[641] Auch die institutionellen Vorbedingungen, an die das *BVerfG* anknüpft, nämlich ein „klar umrissene[s] Berufsbild" vor dem Hintergrund eines festgelegten Ausbildungsgangs,[642] Unabhängigkeit und Eigenverantwortlichkeit[643] sowie eine Berufsaufsicht durch „öffentlich-rechtlich verfaßte.. Standesvertretungen (Kammern) und Berufs- oder Ehrengerichte.."[644], liegen seit Inkrafttreten der Rechtsanwaltsordnung vom 1. 7. 1878 vor.[645] Im übrigen hat das Gericht für andere verfassungsrechtliche Schlußfolgerungen die anwaltliche Verschwiegenheitspflicht ohne weiteres vorausgesetzt.[646]

Aus alledem ergibt sich also, daß das Berufsgeheimnis des Anwalts auch dann, wenn sich die in Rede stehende Information nicht auf den privaten Lebensbereich des Mandanten bezieht, zu dessen Gunsten hohen grundrechtlichen Schutz aus Art. 2 Abs. 1 i.V.m. Art. 1 Abs. 1 GG

---

640 Vgl. schon den – o. Fn. 124 erwähnten – Eid der Reichskammergerichtsadvokaten nach der Kammergerichtsordnung von 1555; insbesondere über die Kontinuität dieser Rechtslage bzw. Rechtstradition kann hier Näheres nicht erarbeitet werden; ganz ungebrochen waren diese sicherlich nicht, wie man an der Stellung der – fest besoldeten – Assistenzräte in Preußen (1780/81 nur für wenige Jahre eingeführt) besonders deutlich erkennt, vgl. *Weißler,* aaO., S. 347ff., 352; *Gneist,* aaO., 4ff., 9, 11.

641 Vgl. zu diesen Vorschriften o. Fn. 629; zum berufsspezifischen Recht seit den 1880er Jahren *Rumpf,* aaO., S. 54f. mit Nw. aus der Rechtsprechung des Ehrengerichtshofs für deutsche Rechtsanwälte; zu dieser ein Beispiel o. Fn. 617. Andere von *Rumpf* genannte Entscheidungen betrafen allerdings dem Anwalt gerichtlicherseits (§ 147 StPO) zugänglich gemachtes Material über Dritte, dessen Offenbarung eine anders gelagerte Pflichtverletzung beinhaltete; vgl. dazu o. Fn. 623 Abs. 4.

642 *BVerfGE* 33, 379f.; 38, 324.

643 Zu diesen beiden Kriterien heißt es ausdrücklich: „– wie etwa Arzt oder Rechtsanwalt –", *BVerfGE* 33, 381.

644 *BVerfGE* 33, 386.

645 Vgl. zur Entwicklung im 19. Jahrhundert die Kurzdarstellung und Nachweise bei *Stern,* Anwaltschaft, S. 2–10; ausführlich *Weißler,* aaO., S. 421ff., 572ff., 587ff., 610ff. (mit skeptischen Akzenten zur „Freigabe" des Berufs); zum Weg zur freien Advokatur insbesondere *Gneist,* s.o. Fn. 310 mit begleitendem Text.

646 Vgl. *BVerfGE* 38, 119 (wie Fn. 632); zu dieser Entscheidung auch schon o. Fn. 318–320; *BVerfGE* 76, 171 (189f.) vom 14. 7. 87 – RichtlRA I.

genießt.[647] Bezüglich § 38 BDSG gilt deshalb der bereits soeben im Unterabschnitt 1 gezogene Schluß (zumindest) gleichermaßen.

III. Grundrechte des Anwalts

1. Berufsausübung

Es ist naheliegend, den grundrechtlichen Schutz des Rechts des Berufsträgers, das Geheimnis zu wahren, aus Art. 12 Abs. 1 GG abzuleiten. Dazu finden sich Ansätze in Rechtsprechung und Literatur.[648]

Das *BVerfG* führt in der Sozialarbeiter-Entscheidung in bezug auf „bestimmte.. Heil- und Beratungsberufe" aus:

> „Wirksame Hilfe kann er [der Bürger] von ihnen zumeist nur erwarten, wenn er sich rückhaltlos offenbart und sie zu Mitwissern ... macht ... Die grundsätzliche Wahrung ... [des] Geheimhaltungsinteresses ist notwendige Vorbedingung des Vertrauens, das er um seiner selbst willen aufbringen muß, *und* Grundlage für die erfolgreiche Berufstätigkeit jener, von denen er Beistand benötigt."[649]

Damit ist die Korrelation zwischen Vertrauensbetätigung des Ratsuchenden und Berufsausübung des Geheimnisträgers deutlich zum Ausdruck gebracht.

Was in Besonderheit die Nichteinräumung eines Zeugnisverweigerungsrechts angeht, so meint das Gericht allerdings, es könne eine Be-

---

[647] Vgl. *OVG Koblenz* vom 26. 2. 85, NJW 1985, 2038 (2039f.), für Informationen, die einen gesellschaftsrechtlichen Sachverhalt betrafen, in Anwendung des Art. 2 Abs. 1 GG zugunsten juristischer Personen; übereinstimmend *OVG Koblenz* vom 22. 2. 85, DNotZ 1986, 423 (425); *KG* vom 7. 10. 93, NJW 1994, 462 (463) bezieht sich auf das „allgemeine Persönlichkeitsrecht des Mandanten ... [als] [g]eschütztes Rechtsgut". –

Die Frage, ob auf der grundrechtlichen Ebene deutlicher zwischen den dem Anwalt anvertrauten und den ihm sonst in Ausübung des Berufs bekanntgewordenen Informationen zu unterscheiden sei, als dies im bestehenden Gesetzesrecht geschieht (vgl. zu diesem o. Fn. 617 mit begleitendem Text), kann hier nicht vertieft werden. Eine solche Differenzierung ist im Hinblick auf den oben im Text zu Fn. 632f. angenommenen Kern verfassungsrechtlicher Gewährleistung der Vertrauensbeziehung jedenfalls bedenkenswert.

[648] Vgl. *BGHZ* 109, 260 vom 30. 11. 89 = NJW 1990, 510 (512 sub III 3); *OVG Koblenz* vom 26. 2. 85, NJW 1985, 2038 (2039); übereinstimmend vom 22. 2. 85, DNotZ 1986, 423f.; *Nassall*, KTS 1988, 642; *Krämer*, BB 1975, 1227 mit näherer Begründung; alle zum Anwaltsgeheimnis; ferner *Scholz/Pitschas*, aaO., S. 99.

[649] Vgl. *BVerfGE* 33, 377 (meine Hervorhebung).

rufsausübungsregelung nicht darin gefunden werden, daß ein Berufsträger genauso wie alle anderen Bürger als Zeuge auszusagen verpflichtet sei.[650] Gleichwohl fragt es nach den „mittelbar[en] ... Auswirkungen ... auf die Berufsausübung" und stellt darauf ab, ob er

> „seinen Beruf sinnvoll und bestimmungsgemäß nur ausüben könne, wenn ihm im Strafverfahren ein Aussageverweigerungsrecht zustehe ..." [651]

Die Antwort darauf fiel für die Sozialarbeiter und Tierärzte verneinend aus. Demgegenüber bejaht das Gericht, wie der Kontext deutlich ergibt, die aufgeworfene Frage für einen engen Kreis von Heil- und Beratungsberufen, welch letzterem es die Rechtsanwälte zurechnet. Was die solcher verfassungsrechtlichen Eingrenzung zugrundeliegenden Kriterien anlangt, gilt, wie es der bezeichneten Korrelation zwischen Suche nach vertraulichem Rat und Berufsausübung entspricht, das soeben im Abschnitt II 2b Gesagte[652] entsprechend.

Insgesamt ist aus dieser Rechtsprechung zu folgern, daß das anwaltliche Berufsgeheimnis nach Art. 12 Abs. 1 GG einen effektiven Schutz genießt.[653] Wenig geklärt ist allerdings die spezifische schrankenrechtliche Qualität etwaiger Eingriffe, und zwar unter Berücksichtigung des Gewichts der mit diesen verbundenen Behinderung der Berufsausübung.

---

650 Vgl. *BVerfGE* 33, 387; 38, 324; auch vom 23. 3. 94 (2. Kammer des II. Sen.), NJW 1994, 2079 (2081 sub II 3) – Durchsuchung Dresdner Bank; ähnlich schon *BVerfGE* 30, 1 (32f.) vom 15. 12. 70, mit Zustimmung in der abw. Meinung, aaO., S. 47 – „Abhörurteil"; entsprechende, wenig überzeugende Zweifel in bezug auf die Beschlagnahme von Krankenunterlagen bei *Lorenz,* MDR 1992, 316. Zu Inhalt und Grenzen berufsregelnden Charakters einer Vorschrift vgl. o. Fn. 361; auf die dort im ersten Satz herangezogene Rechtsprechung des *BVerfG* bezieht sich *Henssler,* NJW 1994, 1819, für die Anwendbarkeit des Art. 12 in Ansehung beruflicher Zeugnisverweigerungsrechte. Zur „berufsregelnden Tendenz" von Bestimmungen des BDSG vgl. schon o. Fn. 421, 420, mit begleitendem Text.

651 Wortgleich in *BVerfGE* 33, 387 und 38, 325.

652 Und zwar mit Fn. 642–646.

653 Übereinstimmend *Henssler,* NJW 1994, 1819ff.; vgl. weiter die Nw. o. Fn. 648. Auch das nach Art. 2 Abs. 1 i.V.m. Art. 1 Abs. 1 GG geschützte Persönlichkeitsrecht des Anwalts kann involviert sein, vgl. für diesen Zusammenhang o. Fn. 89 und 127, jeweils mit begleitendem Text; zur insoweit möglichen Grundrechtskonkurrenz zwischen Artt. 12 und 2 Abs. 1 GG gilt das o. in Fn. 349 mit begleitendem Text Gesagte entsprechend; zu dieser Konkurrenz – beim Arztberuf – vgl. noch *BVerfGE* 88, 203 (294) vom 28. 5. 93 – Schwangerschaftsabbruch III.

Für deren Regelung – nach Art. 12 Abs. 1 S. 2 GG – besteht im Normalfall beträchtliche Gestaltungsfreiheit des Gesetzgebers, wobei dieser „Gesichtspunkte der Zweckmäßigkeit in den Vordergrund stellen ... darf".[654] Von daher ergab sich schon in früherem Zusammenhang, daß aus Art. 5 Abs. 1, 2 GG regelmäßig höherer Schutz abzuleiten ist.[655] Dieser Bestimmung wird sich die Untersuchung im folgenden denn zunächst auch zuwenden. Doch wird auf der Grundlage der dabei gewonnenen Erkenntnisse sodann auf die Frage zurückzukommen sein,[656] ob für einen Schutz nach Art. 12 seinerseits besondere Maßstäbe deshalb anzulegen sind, weil das Berufsgeheimnis für die „sinnvoll[e] und bestimmungsgemäß[e]" Berufsausübung und „zur Aufrechterhaltung einer funktionsfähigen Rechtspflege *unerläßlich*"[657] ist.

2. *Negative Meinungsfreiheit*

Der Gewährleistung eines Freiheitsgrundrechts entspricht zumeist das Recht, von diesem keinen Gebrauch zu machen.[658] Oft genanntes Beispiel dafür ist die negative Vereinigungs-/Koalitionsfreiheit.[659] Daß Art. 5 Abs. 1 GG seinerseits die Berechtigung beinhaltet, seine Meinung zu verschweigen, ist gesicherte Erkenntnis.[660] Nachdem sich dieses Grundrecht oben bereits als vorrangige Grundlage verfassungsrechtlichen Schutzes anwaltlicher Kommunikation erwiesen hat,[661] legt es sich nahe, die Garantie des Rechts, das Mandatsgeheimnis zu wahren, dem-

---

[654] Vgl. *BVerfGE* 77, 308 (332) vom 15. 12. 87 – Bildungsurlaub; Ausgangsentscheidung *BVerfGE* 7, 377 (405f.) vom 11. 6. 58 – Apotheke I –, wo das Gericht die Stufentheorie zu Art. 12 Abs. 1 GG entwickelte.

[655] Vgl. oben sub C II 2c mit Fn. 376.

[656] Vgl. unten sub D III 3.

[657] Vgl. *BVerfGE* 76, 171 (189f.) vom 14. 7. 87 – RichtlRA I – (Hervorhebung hinzugefügt), sowie Zitat bei obiger Fn. 651.

[658] Vgl. dazu *Stern,* Staatsrecht, Bd. III/1, § 66 II 2b, S. 629f. mit Fn. 31ff., mit umfangreichen Nw. für die je einzelnen Grundrechte.

[659] Vgl. *Löwer,* in: v. Münch/Kunig, Art. 9 Rdnr. 70, Stichwort „Negative Koalitionsfreiheit" m.w.Nw.; *K. Hesse,* aaO., Rdnr. 412–414; *Kittner,* in: AK-GG, Art. 9 Abs. 3 Rdnr. 41.

[660] Vgl. v. Mangoldt/Klein/*Starck,* aaO., Art. 5 Rdnr. 12; *Herzog,* in: Maunz/Dürig, Lfg. 1/87, Art. 5 Abs. I, II Rdnrn. 40ff.; *Merten,* DÖV 1990, 761ff.; *Schmidt-Jortzig,* HdbStR VI, § 141 Rdnrn. 27f.; *Wendt,* in: v. Münch/Kunig, Art. 5 Rdnr. 18; *Hoffmann-Riem,* in AK-GG, Art. 5 Abs. 1, 2 Rdnr. 24; *Pieroth/Schlink,* aaO., Rdnrn. 635f.

[661] Vgl. oben sub C II 2, insbes. d.

entsprechend als Bestandteil negativer Meinungsfreiheit des Rechtsanwalts zu betrachten.[662]

a) Strukturelle Vorbemerkung

Die Gewährleistung negativer Meinungsfreiheit durch Art. 5 Abs. 1 GG ist z. Zt. der Entstehung des BDSG (a. F.) von *Eberle* zum Ansatz für eine verfassungsrechtliche Begründung von Datenschutz, genauer: von „informationelle[r] Dispositionsfreiheit", gewählt worden.[663] Jedoch hat informationelle Selbstbestimmung des Betroffenen über seine eigenen personenbezogenen Daten ex definitione (§ 3 Abs. 1 BDSG) einen anderen Inhalt als das Recht der freien Meinungsäußerung. Dieses schützt denjenigen, der „meint" – eine Meinung äußert oder für sich behält –, nicht denjenigen, über den etwas ausgesagt bzw. gemeint[664] wird.[665] Nach dem BDSG ist gerade der jeweilige Personenbezug des Informationsinhalts für die Rechtsträgerschaft konstitutiv;[666] das führt auf der

---

662 Die Wahrung des Berufsgeheimnisses ist immer zugleich – positiv – Bestandteil der Berufsausübung; negative Berufsfreiheit (vgl. dazu *BVerfGE* 58, 358 [364f.] vom 21. 10. 81 – zu § 56b Abs. 2 Nr. 1 StGB) ist deshalb nicht in Betracht zu ziehen.

663 Vgl. DÖV 1977, 306ff., 311f.; dazu kritisch *Vogelgesang*, Grundrecht ..., S. 96; nur mit großen Einschränkungen bezieht *Herzog*, in: Maunz/Dürig, Lfg. 11/82, Art. 5 I, II Rdnr. 47, die negative Komponente des Art. 5 Abs. 1 GG auf den Datenschutz.

664 Es geht hier – entsprechend früher Gesagtem (vgl. o. Fn. 335, auch 415) – gegenüber der Position *Eberles* nicht etwa um eine Entgegensetzung zwischen Aussagen über Tatsachen einerseits und Werturteilen andererseits. Das *BVerfG* selbst (vgl. unten Fn. 667) grenzt im vorliegenden Zusammenhang lediglich „Angaben im Rahmen statistischer Erhebungen wie denen des Volkszählungsgesetzes" aus dem Schutzbereich des Art. 5 Abs. 1 GG aus. Anders – gegen die h. M. – die Beurteilung bei *Merten* im Ausgangspunkt, DÖV 1990, 762f., weniger im Ergebnis, aaO., S. 767 r. Sp.

665 Damit ist – umgekehrt – nicht ausgeschlossen, daß die in Rede stehende (gespeicherte) Information jeweils auch über den Verarbeiter – als natürliche Person, die als oder für die speichernde Stelle Meinungsinhalte verwendet – eine Aussage macht, wie für den Fall von Wertungen, Planungen und Prognosen schon hervorgehoben wurde (vgl. o. Fn. 89, auch 10); Ähnliches gilt in bezug auf Zuträger und Empfänger von Information. Doppelter Personenbezug – und damit auch Datenschutz für den Meinungsträger/-äußerer – ist deshalb durchaus möglich. Allerdings ist jener nach der Systematik des BDSG nicht als Regelfall anzusehen, vgl. zu allem *Dammann*, in: Simitis u. a., Lfg. 1/92, § 3 Rdnrn. 41ff., sowie Vorauflage 1981, § 2 Rdnrn. 59–61; auch *Sasse/Abel*, NJW 1979, 353.

666 Das ergibt sich eindeutig aus §§ 1 Abs. 1 i. V. m. 3 Abs. 1 BDSG. Hingegen tendierte *Eberle*, DÖV 1977, 311f., dahin, den Schutzbereich des Datenschutzes

Grundrechtsebene konsequent zum Schutzbereich des Persönlichkeitsrechts hin. Das Konzept *Eberles* liefe, wie das *BVerfG* zutreffend ausführt, im Hinblick auf die Rechtsstellung des Betroffenen z.B. für den Fall leer, daß personenbezogene Daten bei einem Dritten – ggfs. unter Verletzung von *dessen* negativer Meinungsfreiheit – erhoben würden.[667]

Umgekehrt hat die Wahrung des Mandatsgeheimnisses seitens des Rechtsanwalts sehr wenig mit dessen informationeller Selbstbestimmung i.S.d. Datenschutzrechts zu tun. Zwar lassen von ihm gespeicherte Eindrücke und Bewertungen des Sachverhalts oder der Rechtslage auch Rückschlüsse über seine eigene Person zu;[668] dessen ungeachtet ist zumindest weit überwiegend die von ihm verarbeitete Information – ausschließlich respektive primär[669] – auf andere, nämlich auf den Mandanten und auf Dritte, bezogen. Der Anwalt ist als „Informationsverarbeiter par excellence, ein typischer Produzent von Meinungen,"[670] eben derjenige, der meint, nicht derjenige, auf den sich die – vertraulich zu behandelnden – Aussagen/Meinungen ihrem Inhalt nach regelmäßig beziehen. Damit drängt sich die Frage auf, ob nicht die Rolle, die *Eberle* mit der Inhaberschaft negativer Meinungsfreiheit (vorrangig) den Betroffenen nach § 3 Abs. 1 BDSG zuweisen wollte, viel eher auf Träger des anwaltlichen Berufsgeheimnisses zugeschnitten ist.

b) Veränderter, erweiterter Begründungsansatz

Das Mandatsgeheimnis als Ausfluß gemeinsamer Vertrauensbeziehung ist für deren Bestand unerläßlich und seine Beeinträchtigung deshalb vom beruflichen Selbstverständnis her zu recht tabu. Es konnte gezeigt werden, daß das Verfassungsrecht dem im wesentlichen folgt, und zwar primär im Hinblick auf das Persönlichkeitsrecht des Mandanten (oben sub D II). Die bislang dargelegte Grundrechtsposition des Anwalts aus Art. 12 GG (oben sub D III 1) korreliert damit, und zwar insofern, als die Wahrung jenes Persönlichkeitsrechts conditio sine qua non der Berufsausübung ist. Diese anwaltliche Rechtsposition ist also, wenngleich sub-

---

auf „selbstgesetzte Informationen" auszudehnen, wobei er sich auch auf geraume Zeit vor Inkrafttreten des BDSG entstandene Aussagen von *Simitis,* DVR 2 (1973), 148ff., bezog; vgl. demgegenüber *Simitis,* NJW 1984, 399.

[667] Vgl. *BVerfGE* 65, 1 (40f.) vom 15. 12. 83 – VolkszählungsG.

[668] Vgl. dazu o. Fn. 89, 127, 665.

[669] Zur Problematik doppelten Personenbezugs vgl. o. Fn. 665 m. Nw.

[670] Oben im Text bei Fn. 383.

jektiv-rechtlich eigenständig, so doch sekundärer, abgeleiteter Natur, was berufsrechtlich seine Entsprechung in der Geheimnisherrschaft des Mandanten hat.

Man betrachtet demgegenüber das Schweigen über mandatsbezogene Informationsinhalte aus einer anderen Perspektive, wenn man es als Nichtbetätigung anwaltlicher Rede(freiheit) versteht. Damit tritt es – partiell – aus der tabuisierten Zone heraus und erscheint als ein Teil alltäglicher Betätigung im System der Rechtspflege: Information wird vom Anwalt in der Auseinandersetzung mit dem Gegner/Verhandlungspartner respektive im Gespräch mit Dritten zurückgehalten, sei es, um interne Überlegungen ausreifen zu lassen oder um eine komplexe Situation zu entlasten, sei es deshalb, weil man der anderen Seite die ihr zukommende Darlegungslast nicht abzunehmen bereit ist[671] oder weil man eine eigene, der Mandantschaft ungünstige rechtliche Beurteilung nicht offenlegen möchte.[672]

Schweigen ist Teil kommunikativen Verhaltens (des Anwalts). Positive und negative Rede-/Meinungsäußerungsfreiheit sind eng miteinander verzahnt. Indem Art. 5 Abs. 1 GG nicht nur die freie Entscheidung darüber gewährleistet, welche Information/Meinung der einzelne kundtut bzw. vertritt, sondern auch darüber, ob (und inwieweit) er sich überhaupt äußert, garantiert er insgesamt die Möglichkeit des Einflusses auf

---

[671] Zum Einfluß der Darlegungs- und Beweislast auf den Umfang der Wahrheits- und Offenbarungspflicht vgl. – zum Zivilprozeßrecht – *Baumbach/Lauterbach,* aaO., § 138 Rdnr. 21 m.w.Nw.; *BGH* vom 5. 5. 83, NJW 1983, 2879 (2880); vom 11. 6. 90, NJW 1990, 3151; *Schilken,* aaO., Rdnr. 155; *Rosenberg/Schwab/Gottwald,* aaO., § 117 VI; zum Anwaltsrecht: *Kalsbach,* 1956, S. 303; *Zuck,* in: Lingenberg u.a., § 42 Rdnr. 9; *Hummel,* ebenda, § 68 Rdnr. 5; beachte o. Fn. 164.

[672] Vgl. dazu auch o. Fn. 162 mit begleitendem Text sowie den Text oben bei Fn. 626. Offen mag die Frage sein, wieweit sich die Verschwiegenheitspflicht gemäß § 43a Abs. 2 BRAO auf reine Rechtsauffassungen des Anwalts erstreckt, vgl. dazu S. 3 dieser Bestimmung („Tatsachen"); beachte auch *BGH* vom 20. 12. 77, MDR 1978, 281 l.Sp., zu § 53 Abs. 1 Nr. 2, 3 StPO, wonach der Begriff „bekanntgeworden" ausdehnend dahin auszulegen sei, daß er auch den Inhalt von Äußerungen seitens des Anwalts im vertraulichen Gespräch mit dem Mandanten umfasse. Deutlich ist das Schutzbedürfnis des Mandanten, der seinen Sachverhalt einem Anwalt anvertraut, welcher über besonderes know-how verfügt und von daher an die Beurteilung der Rechtslage sehr kritisch herangeht, ohne daß Außenstehende zum gleichen Ergebnis kommen müßten. (Grenzen dieses Schutzgedankens im Hinblick auf die Unabhängigkeit des Rechtsanwalts zumal bei der Äußerung abstrakter Rechtsauffassungen sind mit zu bedenken.)

die Meinungsbildung anderer[673] durch selektiv-differenziertes Verhalten. Takt, Höflichkeit, Fairness wie auch Strategie und „Taktik“ haben zur Voraussetzung, daß man nicht über alles spricht, also partiell schweigt;[674] Klugheit und Verantwortungsbewußtsein sind dabei gefordert. Die Verfassung garantiert entsprechenden Freiheitsraum (nicht, wie sich versteht, das Gelingen der Kommunikation).

Selektive Verschwiegenheit ist somit keineswegs mit einem schlichten Nichtgebrauchmachen von Rede-/Kommunikationsfreiheit gleichzusetzen; sie ist nicht eigentlich passive, sondern zugleich auch aktive Grundrechtsausübung.[675] Von daher ist sie geeignet, einen „Beitrag zum geistigen Meinungskampf“ i.S. der Rechtsprechung des *BVerfG* zu leisten.[676]

Es läßt sich nicht übersehen, daß der aufgezeigte Aspekt – in ähnlicher Weise – für die Tätigkeit der Presse eine beträchtliche Rolle spielt. Allerdings ist negative Meinungs-/Pressefreiheit vom *BVerfG* in seiner Rechtsprechung zur grundrechtlichen Gewährleistung des Redaktionsgeheimnisses[677] und des Zeugnisverweigerungsrechts für Presseangehörige[678] bislang, soweit ersichtlich, nirgends herangezogen worden. Dabei ist jedoch zu beachten, daß das Gericht aus dem objektiven Gehalt des Art. 5 Abs. 1 *S. 2* GG den verfassungsrechtlichen Schutz der „institutionellen Eigenständigkeit [der Presse/des Rundfunks] – von der Beschaffung der Information bis zur Verbreitung der Nachrichten und Meinungen –“[679] herleitet.[680] Auf diesem besonderen Weg gewinnt das Gericht die Grundlage für subjektive Berech-

---

673 Vgl. dazu oben sub C III 2 mit Fn. 410, 443; C II 2 d (2).

674 Vgl. *Simmel,* aaO., S. 256–278, insbes. 272 f.; auch *Goffman,* 1969, S. 217 ff., 129 ff.; *ders.*, 1981, insbes. S. 115.

675 Vgl. v. Mangoldt/Klein/*Starck,* aaO., Art. 5 Rdnr. 12.

676 Vgl. dazu oben sub C III 3 a mit Fn. 446; C II 1 bei Fn. 321 ff.

677 Vgl. *BVerfGE* 66, 116 (133 ff.) vom 25. 1. 84 – Wallraff; 20, 162 (191 ff.) vom 5. 8. 66 – Durchsuchung im Spiegel-Verlag.

678 Vgl. *BVerfGE* 25, 296 (304 ff.) vom 11. 3. 69 – Buchhaltungsdaten; 36, 193 (204) vom 28. 11. 73 – Hess. PresseG; 56, 247 (248 f.) vom 4. 3. 81 – Bildmaterial; 77, 65 (74 ff.) vom 1. 10. 87 – Filmmaterial über Demonstration –, mit Anmerkung von *Gerschel,* Archiv für Presserecht 1987, 683 ff.; *BVerfGE* 64, 108 (114 ff.) vom 10. 5. 83 – Chiffreanzeige; vom 6. 4. 89, NJW 1990, 701 (702) – Chiffreanzeige Teneriffa; 20, 194 f. (wie Fn. 677).

679 So *BVerfGE 77,* 74 (wie Fn. 678) mit Rückverweisen auf die vorangegangene Rechtsprechung des Gerichts.

680 Vgl. dazu die Nachweise o. Fn. 388.

tigungen,[681] die zugunsten der im Medienbereich Tätigen einen teilweise analogen Schutz des Schweigens – und dahinterstehender vertraulicher Beziehungen[682] – herzustellen vermögen, wie er vorliegend unmittelbar, sei es aus Art. 5 Abs. 1 S. 1, sei es aus Art. 12 Abs. 1, abgeleitet wird.[683]

c) *Anwaltliches Schweigen: Nichtreden und Mandatsgeheimnis*

Die Verschwiegenheit des Anwalts hat eine doppelte Funktion. Zum einen ist sie (negativer) Teil seiner Rede(freiheit), die für ein rechtsstaatliches Rechtspflegesystem hohes Gewicht hat.[684] Zum anderen aber entspringt sie der zuvor erörterten besonderen Verpflichtung gegenüber dem Mandanten, und zwar vor allem[685] in bezug auf dasjenige, was dieser ihm anvertraut hat.[686] Wegen der Geheimnisherrschaft besteht eine rechtlich begründete Abhängigkeit zwischen beiden Funktionen. Indem nämlich der Anwalt etwas nicht vorträgt, weil gerade solches Verhalten nach seiner sachgemäßen Beurteilung – aus der Perspektive der von ihm wahrzunehmenden Interessen – der bestehenden Situation gerecht wird, mag bzw. muß er damit zugleich seine Verschwiegenheitspflicht erfüllen.

aa) Rechtlich miteinander verbundene Grundrechtsträger. Involviert sind damit zwei (Grund-)Rechtspositionen, die auch zwei verschiedenen Rechtsträgern zuzuordnen sind. Ein Eingriff von hoher Hand in das Verschwiegensein würde – im Hinblick auf die Unversehrtheit von (Nicht-)Kommunikation – sowohl den Anwalt (nach Art. 5 Abs. 1 GG) als auch den Mandanten (nach Art. 2 Abs. 1 i.V.m. Art. 1 Abs. 1 GG) in seinen Rechten verletzen. Erlaubt freilich der Mandant den hoheitlichen Eingriff, so entfällt damit das Recht des Anwalts, sich auf negative Mei-

---

681 Vgl. dazu schon *BVerfGE* 10, 118 (121) vom 6. 10. 59 – Versagung der Berufsausübung; darauf nimmt *BVerfGE* 85, 1 (12) vom 9. 10. 91 – Bayer-Flugblatt – Bezug.

682 Vgl. dazu die oben in Fn. 678 genannten Entscheidungen, insbes. *BVerfGE* 77, 72ff.

683 Vgl. dazu *Merten,* VerwA 73 (1982), 103ff. einerseits und 109ff. andererseits; auch o. Fn. 390.

684 Vgl. dazu oben sub C II 1, 2d (2), III 2a, 3 a.

685 Beachte o. Fn. 647 Abs. 2.

686 Vgl. oben sub D II 2 b.

nungsfreiheit zu berufen,[687] argumentum §§ 53 Abs. 2 StPO, 385 Abs. 2 ZPO.[688]

Es entspricht den Besonderheiten des Informations-Kondominiums zwischen Mandant und Anwalt,[689] daß dessen Grundrechtsausübung nicht losgelöst davon stattfinden kann, ob und wie ersterer von den ihm zukommenden Rechten Gebrauch macht. Allgemeiner gesprochen ermöglicht nur das Zusammenwirken – und nicht das Blockieren der Intentionen des anderen – die rechtliche Durchsetzung aller involvierten Grundrechtsinhalte[690] gegenüber dem Hoheitsträger. Eine rechtsähnliche Konstellation ist aus der Rechtsprechung zu Art. 6 GG bekannt, dort in bezug auf das Miteinandersein der (künftigen) Ehepartner bzw. Familienmitglieder.[691] Die Interdependenz der Rechtspositionen der Beteiligten hindert nicht deren je eigene Grundrechtsinhaberschaft.[692]

bb) Bindung und Freiheit anwaltlicher Kommunikation bei der Durchführung des Mandats. Etwas eingehenderer Auseinandersetzung bedarf es allerdings mit der Frage, ob die Berufung des Anwalts auf negative Meinungsfreiheit de facto (fast immer) ins Leere gehen muß, weil ihm insofern wegen der sehr weitgehenden Geheimnisherrschaft, der er unterliegt,[693] ein nennenswerter, schutzwürdiger Raum eigenbestimmten Verhaltens gar nicht verbliebe. Wäre diese Frage mit *ja* zu beantworten, dann bestünden zumindest beträchtliche Zweifel, ob – mangels

---

[687] Und zwar in dem gleichen Umfang, in dem der Mandant den Anwalt anweisen kann, das Geheimnis zu offenbaren, vgl. dazu o. Fn. 126–128 mit begleitendem Text, auch Fn. 653; ferner *Dahs,* aaO., Rdnr. 40 Abs. 2.

[688] deren Verfassungsmäßigkeit nicht in Frage gestellt wird.

[689] Vgl. dazu oben sub B II 2 b.

[690] zu denen insofern auch Art. 12 Abs. 1 GG gehört, vgl. oben sub D III 1 und unten sub D III 3.

[691] Vgl. *BVerfGE* 31, 58 (66ff.) vom 4. 5. 71 – spanisches Eherecht; 42, 95 (100ff.) vom 6. 4. 76 – Besuchsrecht der Ehefrau eines Untersuchungsgefangenen; 51, 386 (395ff.) vom 18. 7. 79 – deutsche Ehefrau des ausgewiesenen Ausländers; 76, 1 (37ff., 41ff.) vom 12. 5. 87 – Wartezeit für den Nachzug von Angehörigen; Darstellung der Rechtsprechung (auch des BVerwG) bei *I. Richter,* in: AK-GG, Art. 6 Rdnrn. 25ff., 29ff.; auch *E. M. v. Münch,* in: v. Münch/Kunig, Art. 6 Rdnrn. 12–18.

[692] Vgl. *Stern,* Staatsrecht, Bd. III/1, § 66 II 2 b (S. 637), welcher in diesem Zusammenhang von „‚interaktionistischen' Freiheiten, die nur gemeinsam realisiert werden können," spricht. Zu Art. 6 GG vgl. *BVerfGE* 31, 66f.; 51, 395f.; 76, 37 – alle wie Fn. 691; auch *Pieroth/Schlink,* aaO., Rdnrn. 730–733 a.

[693] Zu den deren Grenzen vgl. o. Fn. 687 mit Rückverweisen.

verbleibender Verhaltensalternativen – ein Grundrechtsschutz für negative kommunikative *Freiheit* des Anwalts angenommen werden könnte.[694]

aaa) Weisungen zum anwaltlichen Vortrag. Der – verneinenden – Antwort hierauf nähert man sich, indem man sich zunächst verdeutlicht, daß auch das (positive) Sich-Äußern des Anwalts, welches Gegenstand der früheren Überlegungen zu Art. 5 Abs. 1 GG war,[695] einer Doppelfunktion nicht entbehrt. Wenn der Anwalt nicht schweigt, sondern umgekehrt sich erklärt, so geht dies ebenfalls auf Pflichtbindungen an den Mandanten zurück, ohne daß das der Gewährung des Grundrechtsschutzes zugunsten anwaltlicher Meinungsäußerung entgegenstünde.

Was die Realisierung jener Bindungen angeht, ist allerdings davon auszugehen, daß die (positiven) Vorgaben des Auftraggebers in bezug auf einen zwingenden Gehalt oder gar die spezifische Art der Darlegung anwaltlichen Vortrags zumeist nicht detailliert sind und nicht sein können;[696] anderenfalls müßten sie bei mangelnder juristischer Fachkunde des Weisungsgebers zu unsinnigen Ergebnissen führen.[697] Der Anwalt kann deshalb beim Fassen des Entschlusses, etwas, was er in Übereinstimmung mit dem Willen des Mandanten offenlegen dürfte, nicht mit

---

694 Ausgangspunkt für diese Fragestellung ist zunächst das Verständnis des grundrechtlichen Abwehranspruches von der Eigenart (Qualität) des Schutzguts her: „Das Schutzgut bestimmt den Inhalt des Grundrechts", *BVerfGE* 50, 290 (354) vom 1. 3. 79 – Mitbestimmung; dazu ausführlich *Stern,* Staatsrecht, Bd. III/1, § 65 IV 2c ß, § 66 II 1 (S. 565f., 622f.). Schutzgut der Freiheitsrechte i. e. S., denen die Meinungsäußerungsfreiheit – positive wie negative – zuzurechnen ist, ist die (jeweilige) Verhaltens*freiheit,* welche Verhaltensalternativen, mehrere Möglichkeiten, etwas zu tun, voraussetzt, vgl. *Stern,* ebenda, § 66 II 2a, b (S. 627ff.); *Alexy,* aaO., S. 194ff., 198. Ist solche Alternativität aufgrund der strukturellen Bedingungen der sozialen Beziehung de facto (im wesentlichen) ausgeschlossen, kann entsprechender Grundrechtsschutz gegenüber Hoheitsträgern schwerlich angenommen werden, es sei denn, jene Bedingungen stünden ihrerseits den inhaltlichen Zielen des Grundrechts (aus dem Gesichtspunkt der „Drittwirkung") entgegen; vgl. dazu – teilweise kritisch – auch *Stern,* ebenda, § 66 II 2b (S. 634ff). Die Frage spiegelt die umgekehrt bei Art. 6 GG – dazu o. Fn. 691f. – auftretende Abgrenzungsproblematik, vgl. zu dieser *Pietzcker,* FS für Bachof, S. 140f.

695 Vgl. oben sub C II 2, III 2.

696 Vgl. *Hartstang,* 1991, S. 490: „In der Regel ... beschränkt sich [der Mandant] darauf, sozusagen generaliter ‚Rahmenanordnungen' zu treffen ..."; *Friedlaender,* aaO., Exkurs vor § 30, Rdnr. 33: „Soweit er [der Rechtsanwalt] keine besonderen Weisungen ... erhält, ist für seine freien Entschließungen ein weiter Spielraum gegeben."

697 Vgl. dazu auch *BGH* vom 20. 3. 84, NJW 1985, 42ff.

vorzutragen, und erst recht bei der Erarbeitung der sprachlichen, didaktisch-taktischen Konzeption seines Vorbringens mit beträchtlicher Selbständigkeit agieren. Zumindest de facto[698] ist somit die allgemeine (positive) Informationsherrschaft des Mandanten sehr viel weniger ausgeprägt als dessen Geheimnisherrschaft.[699]

bbb) Anwaltliche Steuerung beim Verschweigen. Der aufgezeigte Unterschied relativiert sich jedoch, wenn man bedenkt, daß der Mandant, sofern er sich nach vertraulicher Beratung mit dem Anwalt entschließt, diesen mit dem Auftreten gegenüber Gerichten, Behörden und sonstigen Dritten zu beauftragen, ihm damit regelmäßig auch die tatsächliche Ausübung der Geheimnisherrschaft partiell mit an die Hand gibt. Zum einen obliegt es oftmals der fachkundigen Beurteilung des Anwalts, ob das Nichtoffenbaren ihm anvertrauter (oder sonst bekanntgewordener) Informationen im Endergebnis für die Mandantschaft überhaupt vorteilhaft ist und ob ein Verschweigen im Hinblick auf rechtliche Pflichten des Mandanten letztlich verantwortet werden kann; in dieser Beziehung ist der Rat des Anwalts zu recht von großem (auch ausschlaggebendem) Einfluß. Darüber hinaus wird dieser nicht selten bei der Durchführung eines Mandats, insbesondere bei zu führenden (telefonischen) Verhandlungen, vor die Notwendigkeit gestellt, spontan so geartete Fragen selbständig zu entscheiden. Der verständige (rechtsunkundige) Mandant konzediert insofern, zumal er nicht immer zur Erklärung seines Einverständnisses verfügbar sein kann, dem Anwalt seines Vertrauens ohne vorangegangene Erörterung im Detail einen begrenzten Entscheidungsspielraum in bezug auf die Vielfalt untergeordneter Einzelinformationen.

ccc) Anwaltliche kommunikative Gestaltung: Aufgabe und Risiken. Ergebnis. Eine prinzipielle Einschränkung der Geheimnisherrschaft des Mandanten kann in dem soeben Dargelegten nicht gefunden werden. Doch hat sich eine beträchtliche strukturelle Ähnlichkeit zwischen informationell positiven und informationell negativen Vorgaben der Mandantenseite hinsichtlich der durch anwaltliche Beurteilung und Steuerung bedingten Flexibilität ergeben. Sie ist aus der verantwortlichen – (rechts-) meinungsbildenden – Aufgabenstellung des Anwalts leicht erklärbar.

Man wird zudem in der Annahme nicht fehlgehen, daß die verbleiben-

---

[698] Überlegungen zu entsprechender Einschränkung de jure finden sich bei *Knütel,* ZHR 137 (1973), 292f.

[699] Vgl. zu deren Umfang oben sub B II 2 b.

de, nachhaltige Differenz des Gewichts von einerseits Geheimnis- und andererseits allgemeiner Informationsherrschaft weniger (rechts)systematisch als pragmatisch – vom Schutzbedürfnis her[700] – begründet ist. Denn während Geheimnisbruch durchweg nicht heilbar ist, kann eine unterbliebene Kommunikation mit Dritten auf die ausdrückliche Weisung des Mandanten hin überwiegend nachgeholt oder auch durch diesen selbst realisiert werden.[701] Gerade in diesem Unterschied spiegelt sich das besondere Risiko des Sich-Anvertrauens – bis hin zur Selbstbezichtigung –, welches im Prinzip vom Mandanten mit der Inanspruchnahme eines Anwalts eingegangen wird. Demgegenüber liegt das mit einer solchen verbundene allgemeine Risiko (vor allem/lediglich) darin, daß vorab nie volle Gewißheit besteht, ob der Anwalt die Rechtssache gut – besser als der Mandant selbst es vermöchte – und unter optimaler, gewissenhafter Ausschöpfung von Erfolgsmöglichkeiten führen wird. So gelagerte Besorgnisse sind allerdings geeignet, den Mandanten auch zu informationell positiven Weisungen, die das Verlangen spezifischer Äußerungen beinhalten, zu veranlassen.

Im Gesamtergebnis stehen die Bindungen, die sich aus dem Mandatsverhältnis für das Schweigen und für das Reden des Rechtsanwalts ergeben, dessen beruflich-kommunikativer Entfaltung nicht grundsätzlich entgegen. Trotz Weisungsbefugnis des Mandanten haben kompetenter Rat, Entscheidungs- und Durchsetzungsfähigkeit des Anwalts hohen Rang für die Qualität seiner Arbeit. Was die Verschwiegenheitspflicht anlangt, verbinden sich in einer guten Mandatsbeziehung das Anvertrauen von Informationen mit weitgehendem Vertrauen in den anwaltlichen Rat, ob und wie von diesen Gebrauch zu machen sei. Demgemäß wird auch die im Einzelfall erklärte (partielle) Befreiung von der Geheimhaltung – um die anwaltliche Interessenwahrnehmung nach außen zu ermöglichen – oftmals sekundär sein, insofern sie der Beurteilung durch den Anwalt, die der beabsichtigten Meinungsäußerung gegenüber Dritten gilt, nicht vorangeht, sondern folgt. Rät umgekehrt der Anwalt zum

---

[700] Die Strafbewehrung der Geheimnisverletzung nach § 203 StGB ist besonderer Ausdruck dieses Schutzbedürfnisses. Weisungswidriges Nichtoffenbaren wird demgegenüber i.d.R. nur zivilrechtliche Konsequenzen nach sich ziehen können.

[701] Daß das keineswegs immer der Fall ist, liegt im Hinblick auf die Wahrung von Fristen auf der Hand; zu für den Mandanten gravierenden Konsequenzen *BVerfGE* 60, 253 (288ff.) vom 20. 4. 82 – Verschulden des Prozeßbevollmächtigten im Asylverfahren.

Schweigen, beabsichtigt dieser also aus seiner Kenntnis der Sach- und Rechtslage heraus, von seiner negativen Meinungsäußerungsfreiheit Gebrauch zu machen, so wird ihn der Mandant dementsprechend von der Verschwiegenheitspflicht auch nicht entbinden (wollen).[702] Es erweist sich also, daß die nach Art. 5 Abs. 1 GG geschützte negative Freiheit des Anwalts keineswegs wegen der Geheimnisherrschaft des Mandanten leerläuft, sondern umgekehrt im Verhältnis zu dieser oftmals als dominant anzusehen ist.

d) § 38 BDSG als Schranke i. S. d. Art. 5 Abs. 2 GG

Das Berufsgeheimnis vermittelt dem Rechtsanwalt, wie sich ergeben hat, eine eigene, (auch) nach Art. 5 Abs. 1 GG geschützte Rechtsposition, die er, wenngleich unter Beachtung der Weisungen des Mandanten, eigenverantwortlich zu wahren und auszuschöpfen gehalten ist. Diese „negative“ Rechtsträgerschaft ist komplementär zur subjektiv-rechtlichen Gewährleistung, die dem Anwalt bei kommunikativem Verhalten in der „positiven“ Rolle des Sprechenden/Meinenden zukommt. In beiderlei Weise leistet er seine Beiträge zum „Meinungskampf“ im Rechtssystem.

Der hohe Rang, der anwaltlicher Meinungsäußerungsfreiheit zukommt, führt zu den früher bereits näher erörterten Maßstäben, die im Hinblick auf eine Einschränkung durch „allgemeine[s] Gesetz..“ i. S. d. Art. 5 Abs. 2 GG anzulegen sind.[703] An ihnen ist demzufolge § 38 BDSG – soweit er die Kontrolle anwaltlicher Informationsverarbeitung umfaßt[704] – zu messen. Art. 5 Abs. 2 GG verlangt – sei es über abstrakte Kriterien, sei es (insbesondere) im Einzelfall[705] – die Realisierung einer Abwägung, bei der die „Vermutung für die Zulässigkeit der freien Rede“, hier des Verschweigens/der Geheimhaltung, gilt. § 38 i. V. m. § 24 Abs. 6, 2 BDSG bietet hierfür entsprechende Grundlagen nicht an. Eine differenzierende Entscheidung über das Ob des Informationseingriffs ist nicht vorgesehen.[706] Erst recht eröffnen die Vorschriften keinen Ansatz für

---

[702] Vgl. bezüglich rechtlicher Beurteilungen auch o. Fn. 672.

[703] Vgl. oben sub C III 3 a, c.

[704] Vgl. dazu oben sub D, vor I, mit Rückverweisen in Fn. 583–586.

[705] Vgl. Näheres zur Bedeutung der Einzelfallabwägung oben sub C III 3 c mit Fn. 483 ff, 489 ff.; zuletzt *BVerfG* vom 25. 8. 94 (3. K. des I. Sen.), NJW 1994, 2943, sub II 2 – Tucholsky-Zitat.

[706] Für Einzelheiten vgl. *Ordemann/Schomerus/Gola*, 1992, § 38 Anm. 2.4; *Bergmann/Möhrle/Herb*, Lfg. 9/91, § 38 Rdnr. 10; andere Akzentsetzung bei

eine Gewichtung von Fallgruppen dahingehend, daß regelmäßig, also mangels schwerwiegender Gegengründe, die Kontrolle nicht stattzufinden habe. Der Gesetzgeber hat sich umgekehrt ausdrücklich zu einer nur sehr begrenzten Abmilderung der behördlichen Eingriffsbefugnis bereitgefunden, nämlich zu jener Widerspruchslösung, die auf das Anwaltsgeheimnis gar nicht einmal anwendbar ist.[707]

§§ 38, 24 übergehen damit nicht nur dessen hohe Sensibilität in Ansehung des Persönlichkeitsrechts des Mandanten, wovon im vorangehenden Abschnitt (D II) die Rede war. Indem der Gesetzgeber das Anwaltsgeheimnis im Verhältnis zum Arztgeheimnis sogar schlechter stellte, wurde von ihm um so weniger bedacht, daß die Regelung darüber hinaus die – auch negative – Kommunikation des Anwalts stark gefährdet und damit dessen Aufgabe als interessenvertretendes Rechtspflegeorgan in Frage stellt. Die Unabhängigkeit der freien Advokatur von der „Obrigkeit" erstreckt sich, das erweist sich aus Geschichte, Tradition und rechtsstaatlichem Gewicht des Anwaltsgeheimnisses, gerade (auch) auf den Bereich der Information.[708] Behörden ist deshalb im Grundsatz jeder Zugang[709] zu den dem Geheimnis unterfallenden Inhalten verwehrt. Deshalb hätte der Gesetzgeber für eine von ihm ggfs. als erforderlich angesehene Kontrolle anwaltlicher Informationsverarbeitung zumindest umgekehrt ansetzen müssen, also etwa mit Festlegungen dahingehend, unter welchen besonderen Voraussetzungen – spezifischer, intensiver (zu gewärtigender) Beeinträchtigungen des Persönlichkeitsrechts Dritter – jener Grundsatz u.U. solle durchbrochen werden können. Statt dessen stellt § 38 Abs. 1 ohne weiteres auf „vorliegen[de] ... Anhaltspunkte" für Verletzungen von „Vorschriften über den Datenschutz" ab,[710] somit auf den allgemeinen Betroffenenschutz für jedwede personenbezogenen Informationen.[711] Dies i.V.m. §§ 38 Abs. 4 S. 3, 24 Abs. 6, 2 bedeutet

Walz, in: Simitis u.a., Lfg. 7/94, § 38 Rdnr. 15, zum Verhältnismäßigkeitsprinzip Rdnr. 5.

707 Vgl. dazu oben sub D I mit Fn. 591–593.

708 Dem entspricht die grundrechtliche Verankerung in Art. 5 GG; vgl. zu allem oben sub C II 1, weiterhin 2, vor a, d; D II 2b mit Fn. 640ff.; vgl. im übrigen noch die Nw. unten Fn. 758, 763.

709 Zu aus § 38 BDSG erwachsenden Fragen des zwischenbehördlichen Austausches vgl. oben bei Fn. 606–609.

710 Vgl. zur Begrifflichkeit auch o. Fn. 619.

711 Vgl. oben – Entsprechendes zu § 4 BDSG – sub C III 3d (2); auch oben sub D II 1 a.E., 2b a.E.

schon im Ausgangspunkt gegenüber anwaltlicher Informationsverarbeitung eine totale Fehlgewichtung, die vor Art. 5 Abs. 1, 2 GG keinerlei Bestand hat.[712]

3. Freiheit des Berufs (Art. 12 Abs. 1 S. 1 GG)

a) Anlaß zu weiterer Untersuchung

Durch die Untersuchung zu Art. 5 GG konnte eine zusätzliche Dimension verfassungsrechtlicher Bedeutung des Anwaltsgeheimnisses herausgearbeitet werden. Dessen Eigengewicht für die Realisierung der beruflichen Aufgabe ist dabei in sehr spezifischer Weise hervorgetreten: Schutzschild für den sich anvertrauenden Mandanten zu sein, ist gewissermaßen nur die eine Seite der Medaille; Ermöglichung des angemessenen kommunikativen Verhaltens zur rechtsgebundenen Interessenwahrnehmung ist die andere. Das Zusammenspiel – die Spiegelbildlichkeit – dieser beiden Elemente ist kennzeichnend für das Berufsbild[713] des Rechtsanwalts und gilt in so ausgeprägter Form nur für ihn.[714] Was insbesondere das Arztgeheimnis anlangt, so ist es allein „Schutzschild", entbehrt also der gezeigten kommunikativen Funktion. Genau umgekehrt liegt es übrigens bei einer für sich selbst handelnden (Prozeß-)Partei, für die es i.d.R. nicht um das Bewahren von Anvertrautem gehen kann,[715] die jedoch

---

[712] Eine Prüfung der Vorschrift im Hinblick auf Art. 5 Abs. 1 S. 3 GG – vgl. dazu schon den Hinweis o. Fn. 469 – erübrigt sich deshalb. – Was obige Ausführungen zu Art. 5 Abs. 2 anlangt, gilt nichts anderes für den Fall einer ebenso pauschalen Kontrollbefugnis im Rahmen berufsrechtlicher funktionaler Selbstverwaltung, die ihrerseits – auch – ein Stück Obrigkeit darstellt; vgl. dazu unten sub D III 3d cc mit Fn. 769.

[713] Vgl. zu diesem Begriff aus der verfassungsrechtlichen Rechtsprechung die Darstellung und Auswertung bei *Breuer,* HdbStR VI, § 147 Rdnrn. 35ff.; eingehende Auseinandersetzung bei *Scholz,* in: Maunz/Dürig, Lfg. 9/81, Art. 12 Rdnrn. 266ff.; aus der Rechtsprechung z.B. *BVerfGE* 17, 232 (241f.) vom 13. 2. 64 – Apothekenmehrbetrieb; sehr kritisch insbesondere zu dieser Entscheidung *Rupp,* AöR 92 (1967), 221f.; zur Bedeutung des Berufsbilds für die verfassungsrechtliche Begründung eines Zeugnisverweigerungsrechts *BVerfGE* 33, 367 (379) vom 19. 7. 72 – Sozialarbeiter –, dazu *Scholz,* aaO., Rdnr. 272 a.E., und oben bei Fn. 642; zum Berufsbild des Rechtsanwalts *Redeker,* NJW 1987, 2611ff.; zum Berufsbild des Arztes *BVerfGE* 88, 203 (294) vom 28. 5. 93 – Schwangerschaftsabbruch III.

[714] Vgl. auch unten sub E I 3.

[715] Wobei die von der Partei nicht offengelegte Information, je nachdem, worauf sie sich bezieht, dessen ungeachtet als solche gesonderten grundrechtlichen

ihrerseits keineswegs gehalten bzw. von der Interessenlage her gewillt ist, in der jeweiligen Auseinandersetzung Information beliebig preiszugeben.[716]

Die besonders tiefe Verankerung des Berufsgeheimnisses im Tätigkeitsbereich des Anwalts gibt Veranlassung zu einem zusätzlichen Überlegungsgang, nunmehr erneut[717] unter dem grundrechtlichen Aspekt des Art. 12 Abs. 1 GG. Im Hinblick auf das zu §§ 38, 24 BDSG gefundene eindeutige Ergebnis mag das zunächst bloß als eine ergänzende (bestätigende) Hilfsbetrachtung erscheinen. Es soll aber zugleich darum gehen, für eine etwaige, andersartige Gestaltung der Kontrolle anwaltlicher Informationsverarbeitung klarere verfassungsrechtliche Vorgaben zu finden, als dies vermutlich mit Hilfe des durch die Freiheitsvermutung gesteuerten Abwägungsprinzips des Art. 5 Abs. 2 GG für sich allein geschehen kann.[718]

b) Auswirkung als (objektives) Berufshindernis

Soweit in der bisherigen Diskussion Einschränkungen des Anwaltsgeheimnisses nach Art. 12 Abs. 1 GG näher qualifiziert wurden, wurden sie, soweit ersichtlich, durchweg im Raster der Stufentheorie[719] als Be-

---

Schutzstatus haben kann; vgl. zum Schutz von Informationen aus dem privaten Lebensbereich nach Art. 2 Abs. 1 i.V.m. Art. 1 Abs. 1 GG oben sub D II 1 mit Nw. und Rückverweisen; zum Schutz von Betriebs- und Geschäftsgeheimnissen nach Art. 14 GG *Breuer,* HdbStR VI, § 148 Rdnr. 26 m. Nw.; *Scholz/Pitschas,* aaO., S. 98f.; beachte *BVerfGE* 67, 100 (142) vom 17. 7. 84 – Flick; 84, 239 (279) vom 27. 6. 91 – Zinsbesteuerung/Bankenerlaß; auch *Lupberger,* aaO., S. 19, 40, 57.

716 Zur „positiven" Meinungsfreiheit der Partei vgl. schon oben sub C II 2 a. Offen – und nicht Gegenstand der vorliegenden Untersuchung – ist demgegenüber die Frage, ob und inwieweit in diesem Zusammenhang ebenfalls von (wesentlichen) „Beiträgen zum geistigen Meinungskampf" im Rechts(pflege)system mit der Folge der besonderen Freiheitsvermutung nach Art. 5 Abs. 1, 2 GG (dazu oben sub C III 3 a und soeben sub D III 2 d) auszugehen ist; beachte umgekehrt zum besonderen Rang anwaltlicher Tätigkeit in der Rechtspflege und zum dementsprechend erforderlichen Qualifikationsniveau noch *BVerfGE* 75, 246 (267ff.) vom 5. 5. 87 – Rechtsbeistand. Generell zur Frage der Bedeutung des Art. 5 Abs. 1, 2 GG für sonstige Informationsverarbeiter vgl. die Hinweise o. Fn. 444.

717 Wie oben sub D III 1 a.E. bereits angekündigt.

718 Zur Idealkonkurrenz zwischen Art. 12 Abs. 1 und Art. 5 Abs. 1 S. 1, Abs. 2 GG vgl. im übrigen oben sub C II 2 c; beachte auch den Hinweis unten Fn. 769.

719 Vgl. schon o. Fn. 654; Darstellung und Würdigung der Stufentheorie bei *Breuer,* HdbStR VI, § 148 Rdnrn. 6–10.

rufsausübungsregelung angesehen.[720] Solche Subsumtion greift angesichts der zentralen Bedeutung des Geheimnisses für die Eigenart der anwaltlichen Tätigkeit vermutlich zu kurz. Freilich werden die Schrankenstufen in Art. 12 Abs. 1 ohnehin beträchtlich durch die Annahme des *BVerfG* relativiert, daß sich auch eine Ausübungsregelung an dem für objektive/subjektive Zulassungsvoraussetzungen (-hindernisse) je geltenden Maßstab messen lassen müsse, wenn sie letzteren in ihren Auswirkungen gleich- oder nahekomme[721] (z.B. im Fall einer den Beruf lenkenden, im Ergebnis aber erdrosselnden Steuer[722]). Ob ein so gearteter Effekt zu gewärtigen ist, ist deshalb auch in die verfassungsrechtliche Überprüfung einer gesetzlich vorgesehenen Durchbrechung des Anwaltsgeheimnisses ohne weiteres mit einzubeziehen. Ist doch dessen Integrität, wie bereits zu Art. 12 hervorgehoben und durch die Untersuchung zu Art. 5 bestätigt wurde, für eine funktionsfähige Rechtspflege, zugleich auch funktionsfähige Mandantenbeziehung und anwaltliche Tätigkeit insgesamt, unerläßlich.[723] Die Problematik nachhaltiger Funktionsstörung hat schon von daher z.B. für spezifische Konstellationen im Bereich der Strafrechtspflege ein besonderes verfassungsrechtliches Gewicht.[724]

Führt die – nicht auf subjektive Voraussetzungen beim Berufsträger

---

[720] Vgl. *Henssler,* NJW 1994, 1819f.; *Krämer,* BB 1975, 1228f. mit Fn. 72; *BVerfGE* 30, 1 (32f.) vom 15. 12. 70, mit Zustimmung in der abw. Meinung, aaO., S. 47 – „Abhörurteil"; beachte zu dieser Entscheidung schon oben Fn. 650 mit begleitendem Text, weiterhin die (wegen § 148 StPO) restriktive Interpretation des § 100a, letzter Satz, StPO zugunsten des Verteidigers in *BGHSt* 33, 347ff. vom 5. 11. 85 = NJW 1986, 1183 (1184), mit zustimmender Anm. von *Rieß,* JR 1987, 77f.

[721] Vgl. die unten in Fn. 722 und 729 zitierten Entscheidungen; ferner *BVerfGE* 36, 47 (58f.) vom 2. 10. 73 – Nachnahmeversendung von Tieren; 46, 120 (138) vom 12. 10. 77 – Direktruf; 61, 291 (308f.) vom 3. 11. 82 – Tierpräparatoren; 68, 155 (170) vom 17. 10. 84 – unentgeltliche Beförderung Schwerbehinderter; *Jarass*/ Pieroth, aaO., Art. 12 Rdnr. 21; *Breuer,* HdbStR VI, § 148 Rdnr. 10.

[722] Vgl. *BVerfGE* 13, 181 (184ff., 186f.) vom 30. 10. 61 – Schankerlaubnissteuer; 16, 147 (163ff.) vom 22. 5. 63 – Werkfernverkehr; 31, 8 (28ff.) vom 1. 4. 71 – Automatenaufsteller; *Scholz,* in: Maunz/Dürig, Lfg. 9/81, Art. 12 Rdnrn. 415ff.

[723] Vgl. o. Fn. 657 mit begleitendem Text, mit Hinweisen auf die Rechtsprechung des *BVerfG*; aus der Literatur dazu z.B. *Bork,* NJW 1992, 2451f.; zum Zeugnisverweigerungsrecht und entsprechenden Beschlagnahmeverbot *Krämer,* BB 1975, 1227.

[724] Vgl. o Fn. 605 m.Nw. Die Frage wurde im „Abhörurteil" des *BVerfG* (o. Fn. 720) wenig berücksichtigt.

abgestimmte[725] – Beeinträchtigung dazu, daß eine ausreichende Möglichkeit für die sinnvolle Ausübung des Berufs nicht mehr besteht, kann sie nur zur „Abwehr nachweisbarer oder höchstwahrscheinlicher schwerer Gefahren für ein überragend wichtiges Gemeinschaftsgut"[726] gerechtfertigt sein, wobei (gerade) auf der Stufe objektiver Hindernisse die „strikte.. Beachtung des Grundsatzes der Verhältnismäßigkeit" geboten ist.[727]

c) Wesentliche Änderung des Berufsbilds

Steht eine generalisierte, also über (punktuell) klar festgelegte[728] und vorhersehbare Informationsinhalte hinausgehende staatliche Einschränkung des Anwaltsgeheimnisses in Rede, so geht es allerdings am Kern der Sache vorbei, wenn man nur das Vorliegen von – indirekten – Auswirkungen auf den frei wählbaren/gewählten Beruf in Betracht zieht. Es liegt dann vielmehr ein gesetzlicher Zugriff auf die historisch gewachsene und verfassungsrechtlich begründete Eigenart der freien Advokatur selbst vor. Während zum Beispiel – umgekehrt – die (fehlende) Zulassung zu den Kassen, wie das *BVerfG* feststellte, „die Tätigkeit als Arzt im ganzen" nicht ändere[729] (die wirtschaftlichen Auswirkungen einer objektiven

---

[725] Die Unterscheidung objektiv/subjektiv stellt nach *Breuer,* HdbStR VI, § 148 Rdnrn. 38, 47 – unter Bezugnahme auf entsprechende Rechtsprechung des BVerfG –, nicht entscheidend auf die subjektive Beherrschbarkeit ab, sondern beinhaltet eine Abschichtung zur individuellen Lebens- und Risikosphäre des Betroffenen; ähnlich *Gubelt,* in: v. Münch/Kunig, Art. 12 Rdnrn. 53f., dem zufolge (jedoch) die in Rede stehende gesetzliche Voraussetzung „nicht außerhalb der Einflußnahmemöglichkeit des Bewerbers liegen" dürfe.

[726] Vgl. *BVerfGE* 7, 377 (408) vom 11. 6. 58 – Apotheke I; 25, 1 (11) vom 18. 12. 68 – Mühlengesetz; *Papier,* in: Benda/Maihofer/Vogel, § 18 Rdnr. 54; umfangreiche Nachweise zur „Stufe der objektiven Zulassungsvoraussetzungen" bei *Gubelt,* in: v. Münch/Kunig, Art. 12 Rdnrn. 65ff.; Darstellung bei *Breuer,* HdbStR VI, § 148 Rdnrn. 50f.

[727] Vgl. dazu *BVerfGE* 25, 12 (wie Fn. 726); 44, 105 (117) vom 2. 3. 77 – vorläufiges Berufsverbot für Rechtsanwälte; 63, 266 (286) vom 8. 3. 83 – „KBW"; *Jarass*/ Pieroth, aaO., Art. 12 Rdnr. 31; *Gubelt,* in: v. Münch/Kunig, Art. 12 Rdnr. 69; im Bereich wirtschafts-(sozial-)politischer Gestaltung besteht freilich auch auf dieser „Stufe" gesetzgeberischer Prognosespielraum, vgl. *Breuer,* HdbStR VI, § 148 Rdnrn. 52 a. E., 55 a. E., was insgesamt der Verfassungsrechtslage entspricht, vgl. o. Fn. 482.

[728] Vgl. hierzu o. Fn. 219.

[729] Vgl. *BVerfGE* 11, 30 (41) vom 23. 3. 60. Ähnlich führt das Gericht in *BVerfGE* 30, 292 (312f.) vom 16. 3. 71 – Mineralölbevorratungspflicht – aus, mit „Kon-

Zulassungsregelung aber vorliegen können[730]), ändert sich mit der gesetzlich vorgesehenen Möglichkeit nicht eng eingegrenzter und berechenbarer hoheitlicher Durchbrechungen des Anwaltsgeheimnisses der Gesamtcharakter der Berufstätigkeit, welche primär aus Umgang mit Information besteht.

Der Anwalt wird gehalten sein, sich auf eine solche Möglichkeit in seinem Verhalten sowohl gegenüber dem Mandanten als auch nach außen hin vorsorglich voll einzustellen. Dabei muß er einkalkulieren, daß jedwede ihm gegenüber erzwingbare Offenlegung hinterher nicht mehr rückgängig zu machen sein wird.[731] Diese würde zugleich – vorbehaltlich der Wirksamkeit rigoroser Verwertungsverbote[732] – den etwaig beabsichtigten Vortrag des Anwalts zu einem von diesem für angemessen erachteten späteren Zeitpunkt sowie in anderem personellen und inhaltlichen Zusammenhang leicht ins Leere gehen lassen, im Ergebnis also zunichte machen können. Vorsorge gegenüber erzwungener Indiskretion ist geeignet, wechselseitige Offenheit in der Mandantenbeziehung sowie Spontaneität, Engagement und Entscheidungsfreude des Anwalts zu lähmen. Dieser wird eine Neigung – auch unbewußt – entwickeln, sich an (berufsfremden) Erwartungshaltungen potentieller Kontrolleure zu orientieren. Letztlich entsteht daraus „Staatsnähe", Abhängigkeit vom Staat „in irgendeiner Weise", wie sie „mit dem Berufsbild der freien Advokatur... nicht... vereinbar ist".[733]

Vorgefundene Berufsbilder sind zwar für den Gesetzgeber nicht unabänderlich.[734] Mit dem für diesen bestehenden Gestaltungsspielraum hat sich das *BVerfG* über die Jahrzehnte hin befaßt.[735] Überwiegend ging es dabei allerdings um die Abgrenzung beruflicher Tätigkeiten voneinander

---

zernunabhängigkeit" bzw. „mittelständischer Charakter" würden die betriebswirtschaftliche/soziale Struktur eines Unternehmens beschrieben, nicht jedoch „Eigenschaften des nach Art. 12 Abs. 1 GG geschützten ‚Berufs'."

730 Eben dies wurde vom *BVerfG* angenommen, aaO. (wie Fn. 729), S. 43ff.

731 Vgl. dazu schon oben bei Fn. 701.

732 Vgl. zu diesen auch o. Fn. 605–609, 207, unten Fn. 763.

733 Zitate aus *BVerfGE* 87, 287 (321, 324) vom 4. 11. 92 – Zweitberuf des Anwalts.

734 Es ist vielmehr zwischen außerrechtlichem/tradiertem/autonomem und gesetzlich geformtem (zu formenden) Berufsbild zu unterscheiden; dazu ausführlich *Scholz,* aaO. (wie Fn. 713); weiterhin *Höfling,* DVBl 1987, 883ff.

735 Vgl. zu dieser Rechtsprechung *Tettinger,* AöR 108 (1983), 100–102; dezidiert kritisch *H. A.Hesse,* AöR 95 (1970), 463ff., 468ff.

und dem sich daraus ergebenden Zuschnitt des je einzelnen Berufs mit entsprechenden Zugangsbedingungen.[736] In jüngerer Zeit hat sich die Auffassung durchgesetzt, daß die gesetzgeberische Ausformung von Berufsbildern die verfassungsrechtlichen Maßstäbe der Stufentheorie nicht unterlaufen darf.[737] Dabei ist ein Unterschied zwischen den Anforderungen an Festlegungen des Umfangs und an solche des Inhalts der den Beruf betreffenden Tätigkeit nicht erkennbar.[738] Wird ein wesentliches Charakteristikum nachhaltig und für die (gegenwärtigen/zukünftigen) Berufsträger zwingend aufgehoben oder eingeschränkt, der Beruf damit inhaltlich – zu einem aliud – umgestaltet, entspricht dies einem objektiven Zulassungshindernis im Hinblick auf die bisher charakteristische Betätigung.[739] Deshalb hat der Gesetzgeber hierbei die für objektive Berufswahlschranken geltenden, strengen Grundsätze zu beachten, wie sie oben schon (für den Fall entsprechender Auswirkungen von Ausübungsregelungen) bezeichnet wurden.[740]

---

[736] Vgl. z.B. *BVerfGE* 54, 301 (314f.) vom 18. 6. 80 und 59, 302 (315f.) vom 27. 1. 82 – Buchführungsprivileg I und II; umfangreiche Nw. in *BVerfGE* 75, 246 (265) vom 5. 5. 87 – Rechtsbeistand.

[737] Vgl. *Scholz,* in: Maunz/Dürig, Lfg. 9/81, Art. 12 Rdnr. 273; *Gubelt,* in: v. Münch/Kunig, Art. 12 Rdnr. 14; *Jarass*/Pieroth, aaO., Art. 12 Rdnr. 21; auch *Breuer,* HdbStR VI, § 147 Rdnr. 39. Gegenüber der Leitentscheidung vom 17. 7. 61 zur Handwerksordnung – *BVerfGE* 13, 97 (106) – gelten gemäß *BVerfGE* 78, 179 (193) vom 10. 5. 88 – Psychotherapeuten – ausdrücklich stärkere Bindungen des Gesetzgebers; zu dieser Entscheidung *Höfling,* DÖV 1989, 110; vgl. noch *Papier,* DVBl 1984, 802f., und in: Benda/Maihofer/Vogel, § 18 Rdnr. 36.

[738] Vgl. noch die Definition des Berufsbilds bei *Maunz,* in: Maunz/Dürig, Erstbearbeitung 1968, Rdnr. 24, mitgeteilt bei *Gubelt,* in: v. Münch/Kunig, Art. 12 Rdnr. 11: „... die Gesamtvorstellung über den Inhalt und die Grenzen der für den Beruf charakteristischen Tätigkeit ...“; *Scholz,* in: Maunz/Dürig, Lfg. 9/81, Art. 12 Rdnr. 267: „Die Vorstellung des Berufsbildes dient der Verdeutlichung der spezifischen Inhalte und Konturen eines Berufs ...“; ausdrücklich in bezug auf die Gestaltung des Inhalts noch *BVerfGE* 26, 246 (255) vom 25. 6. 69 – IngenieurG; auch 75, 265 (wie Fn. 736); der inhaltliche Bezug zwischen Berufsbild und Berufsgeheimnis ist entsprechend deutlich in *BVerfGE* 33, 379ff. (wie Fn. 713); vgl. weiter *Höfling,* DVBl 1987, 885f.

[739] Vgl. dazu den Argumentationsansatz in *BVerfGE* 11, 41 und 30, 312f. sowie o. Fn. 729 mit begleitendem Text, wo bereits auf diese Entscheidungen bezug genommen wurde; weiterhin *BVerfGE* 17, 241 (wie Fn. 713), wo für das, was ein Charakteristikum ausmacht, auf vorfindliche Berufstypik (vgl. dazu o. Fn. 734) besonderes Gewicht gelegt wird; letzteres bedarf vorliegend keiner spezifischen Vertiefung, weil für die Charakteristika der freien Advokatur sowohl die Tradition als auch die gegenwärtige Verfassungsrechtslage insgesamt herangezogen werden können; vgl. dazu schon oben sub C II 2d (3) mit Fn. 386ff.

[740] Vgl. o. bei Fn. 726f.

d) Folgerungen

aa) Datenschutz als wichtiges Gemeinschaftsgut. Daß der Gesetzgeber das Ziel verfolgt hätte, den Anwaltsberuf auf dem Wege der §§ 38, 24 BDSG im soeben bezeichneten Sinn umzuwandeln, dafür ist nichts ersichtlich. Des involvierten verfassungsrechtlichen Konflikts ist er sich nicht bewußt geworden. Die Antwort auf die Frage, ob „Datenschutz"[741] – ähnlich wie Gesundheit[742] und Ernährung[743] der Bevölkerung, gewisse Belange des öffentlichen Verkehrs[744] oder des Umweltschutzes[745] – ein überragend wichtiges Gemeinschaftsgut i.S. der Stufentheorie ist,[746] kann nicht ungeteilt sein, was schon am datenschutzrechtlichen Presseprivileg[747] deutlich wird. Eine einheitliche Beantwortung scheitert an dem sehr ausgedehnten Regelungsansatz des Datenschutzrechts,[748] hierin ähnlich dem diffusen Konzept des informationellen Selbstbestimmungsrechts, welches dementsprechend unter weitgehendem Gesetzesvorbehalt steht.[749] Eine differenzierende Lösung wird sich voraussichtlich an enger gesteckten Schutzmodellen vornehmlich des Privatheits- und Persönlichkeitsschutzes zu orientieren haben.[750] Doch

---

741 Zu den „Vorschriften über den Datenschutz" im Rahmen des § 38 BDSG vgl. oben sub C III 5a; beachte zum Charakter dieser Vorschriften und zur „Aufgabe des Datenschutzes" o. Fn. 619 mit begleitendem Text; zur Problematik der Begriffsbildung „Datenschutz" (vgl. insbesondere § 1 Abs. 1 BDSG a.F.) *Simitis*, in: Simitis u.a., 1981, § 1 Rdnr. 4a. *BVerfGE* 84, 279 – zu dieser Entscheidung Näheres o. Fn. 504 – spricht von „grundrechtliche[m] Datenschutz"; zum Thema „Datenschutz in den Grundrechtskatalog" vgl. *Schrader*, CR 1994, 427ff. (mit vermutlich absurden Konsequenzen für das Zitiergebot des Art. 19 Abs. 1 S. 2 GG, aaO., S. 429, 430); kritisch *Kloepfer*, 1980, passim, zum „Datenschutz als Grundrecht". *Tinnefeld/Ehmann*, 1992, S. 47ff., unterscheiden „Datenschutz im weiteren Sinn" von solchem „... im engeren Sinn".

742 Vgl. *BVerfGE* 7, 414 (wie Fn. 726); 17, 269 (276) vom 4. 3. 64 – Tierarzneimittel.

743 Vgl. *BVerfGE* 25, 16 (wie Fn. 726).

744 Vgl. *BVerfGE* 11, 168 (183ff.) vom 8. 6. 60 – PersonenbeförderungsG; 40, 196 (221) vom 14. 10. 75 – GüterkraftverkehrsG.

745 Vgl. *BVerwGE* 62, 224 (230) vom 27. 5. 81 – § 3 Abs. 2 AbfG.

746 Vgl. hierzu weiter die Rechtsprechungsnachweise bei *Gubelt*, in: v. Münch/Kunig, Art. 12 Rdnr. 68; ferner die Nw. und Differenzierungen bei *Breuer*, HdbStR VI, § 148 Rdnrn. 50f.; beachte *BGH* vom 8. 11. 71, NJW 1972, 259f.: unabhängige Stellung des Rechtsanwalts gemäß §§ 1–3 BRAO als wichtiges Gemeinschaftgut.

747 Vgl. § 41 BDSG und oben sub C I 1 (1), 2b, auch D III 2b, bei Fn. 677ff.

748 Vgl. insbes. oben sub C III 3d (2); o. Fn. 563 mit Rückverweisen.

749 Vgl. o. Fn. 504–506.

750 Vgl. o. Fn. 499; auch *Jarass*, NJW 1989, 857ff.

führt ein solcher Abschichtungsversuch hin zu – seit langem streitigen – Grundsatzfragen des Datenschutzrechts,[751] die nicht zum Gegenstand der vorliegenden Untersuchung gemacht werden können. Jedenfalls verstößt der generalisierte[752] und durch keine genaueren Schutzkriterien eingegrenzte[753] Zugriff auf das Anwaltsgeheimnis über §§ 38, 24 BDSG klar gegen Art. 12 Abs. 1 GG. Denn in Ansehung des vom BDSG vorgesehenen, inhaltlich uneingeschränkten Betroffenenschutzes sind keineswegs insgesamt „höchstwahrscheinliche.. schwere.. Gefahren für ein überragend wichtiges Gemeinschaftsgut"[754] anzunehmen oder zu gewärtigen.

bb) Verhältnismäßigkeit. Auch wenn sich in einer konkreten Situation die Vermutung nahelegen sollte, daß anwaltliche Informationsverarbeitung gröblich mißbraucht, etwa für eine Detektei/Auskunftei[755] oder zum Zwecke gezielter Rufschädigung/Kreditgefährdung Dritter durchgeführt würde, bleibt im Hinblick auf den hohen Rang des Berufsgeheimnisses die verfassungsrechtliche Frage nach der (strikten) Verhältnismäßigkeit des Kontrolleingriffs zu beantworten. Dabei geht es zunächst um die exakte Wahrung der Erforderlichkeitsgrenzen respektive um den Einsatz des mildesten unter den in Betracht kommenden geeigneten Mitteln.[756] Im Raster der Stufentheorie kann dieser Grundsatz seine weitestgehende Bedeutung dann erlangen, wenn, obwohl die Voraussetzungen für objektive Berufs(zulassungs)hindernisse vorliegen, Berufsausübungsregelungen hinreichend sind, um die Gefahr für das überragend wichtige Gemeinschaftsgut beherrschbar zu machen.[757]

Die Unabhängigkeit vom Staat, die Vermeidung von „Staatsnähe" – welch letztere herbeizuführen gerade Kontrollrechte geeignet sind – wur-

---

751 Vgl. o. Fn. 501, 474.

752 Vgl. dazu o. Fn. 219 für die insbesondere bei Auskunftspflichten wesentliche Unterscheidung; auch o. Fn. 728 mit begleitendem Text.

753 Vgl. zu dieser Problematik des § 38 BDSG schon oben sub D I bei Fn. 604, D III 2d bei Fn. 706f.

754 Vgl. o. Fn. 726.

755 Beachte allgemein zur erforderlichen Informationsabschottung gegenüber gewerblichen Betätigungen *BVerfGE* 21, 173 (182) vom 15. 2. 67 – Steuerbevollmächtigte; *Kleine-Cosack*, NJW 1994, 2250 r. Sp.

756 Vgl. *Drews/Wacke/Vogel/Martens*, aaO., S. 389, 422; *Lerche*, 1961, S. 19ff.; v. Mangoldt/Klein/*Starck*, aaO., Art. 1 Rdnr. 178 m.w.Nw.; zum Verhältnismäßigkeitsprinzip im weiteren und im engeren Sinn schon oben sub C III 3c, bei Fn. 493ff.

757 Vgl. *Breuer*, HdbStR VI, § 148 Rdnr. 52 m.Nw.

de als besonders kennzeichnend für das Berufsbild der freien Advokatur erkannt.[758] Andererseits fügt sich in dieses durchaus, daß der Rechtsanwalt wegen der Einhaltung seiner berufsrechtlichen Pflichten einer Kontrolle unterliegt und zur Rechenschaft gezogen werden kann.[759] Das vorfindliche Berufsrecht enthält ein dem entsprechendes Lösungsmodell, nämlich im Rahmen der vom Selbstverwaltungsprinzip getragenen Kammerverfassung. Diese prägt das Berufsbild seit über hundert Jahren nicht nur qua Rechtstradition,[760] sondern korrespondiert mit dem seitherigen freiheitlichen Grundmodus, wie er seit 1959 in §§ 1–3 BRAO[761] auch ausdrücklich festgehalten und unter dem GG verfassungsrechtlich gefordert ist.[762] Notwendige Kontrolle wird danach durch ein berufliches Selbstverwaltungsorgan – welches unter besonderer Verschwiegenheitspflicht steht[763] –, darüber hinaus durch die anwaltliche Berufsgerichtsbarkeit[764] realisiert.

Es besteht also bereits ein Kontrollinstrumentarium, welches mit der unabhängigen, grundrechtsgeschützten Position des Rechtsanwalts beträchtlich schonender umgeht, als dies unter der Ägide einer Aufsicht durch staatliche Organe (der Exekutive) der Fall wäre. Der Gebrauch dieses Instrumentariums ist Charakteristikum des Berufs und stellt sich

---

758 Vgl. dazu noch *Pfeiffer,* aaO., S. 64f., 59, auch 67; *Brangsch,* aaO., S. 99ff., 102.

759 Vgl. *Redeker,* NJW 1987, 2611 r. Sp.; *Weigel,* 1984, S. 81; *Jessnitzer,* aaO., vor § 60 Anm. 1 I; weitere Nw. o. Fn. 312.

760 Vgl. §§ 41ff. RechtsanwaltsO vom 1. 7. 1878; *Ostler,* NJW 1979, 1959f.; o. Fn. 644f.

761 Vgl. Näheres zu diesen Vorschriften oben insbes. sub C II 1.

762 Vgl. dazu oben insbes. sub C II 2, sowie 1 bei Fn. 321ff.

763 Zur Geltung des § 76 BRAO gegenüber der staatlichen Exekutive *EGH Berlin* vom 14. 2. 91, NJW 1992, 846f. – Finanzamt –, welcher sich dabei auf den „Grundsatz der freien Advokatur" bezieht; *Isele,* aaO., § 76 Anm. IV B; VI A, B 1 in Entgegnung zu *Kalsbach,* 1960, § 76 Anm. 3 III; *Feuerich,* aaO., § 76 Rdnr. 2 a.E.; *Kleine-Cosack,* 1993, § 76 Rdnr. 1; insgesamt hierzu *Eich,* MDR 1991, 386f. Beachte – umgekehrt – für die Aufsichtsbehörde nach § 38 BDSG o. Fn. 606–609 mit begleitendem Text.

764 Vgl. §§ 92ff. BRAO, bislang Ehrengerichte (-gerichtshöfe), i.d.F. vom 2. 9. 94 Anwaltsgerichte (-gerichtshöfe) genannt. Nach § 67 Abs. 1 S. 1 RechtsanwaltsO vom 1. 7. 1878 entschied der Kammervorstand „als Ehrengericht" in erster Instanz; zur nachfolgenden (unabgeschlossenen) Entwicklung vgl. *Ostler,* NJW 1979, 1961 l. Sp.; *Redeker,* NJW 1987, 2612f.; *Hartstang,* 1986, S. 175ff.; auch *Kleine-Cosack,* 1993, vor § 92, vor § 113 Rdnr. 6; zur Bedeutung der Artt. 92ff. GG für die anwaltliche Berufsgerichtsbarkeit vgl. *BVerfGE* 26, 186 (194ff.) vom 11. 6. 69; 48, 300 (315ff.) vom 30. 5. 78.

für diesen weit überwiegend als Ausübungsregelung dar.[765] Von daher gebietet der Grundsatz der Verhältnismäßigkeit, es (auch) bei gebotener Überprüfung anwaltlicher Informationsverarbeitung einzusetzen, sofern nicht ein noch weniger beeinträchtigender Weg gangbar wäre, wofür nichts ersichtlich ist. Die gegenwärtige Ausgestaltung der Prüfrechte des Vorstands der Rechtsanwaltskammer dürfte freilich, worauf an früherer Stelle hingewiesen wurde,[766] den Erfordernissen gegenüber Mißbräuchen automatischer Informationsverarbeitung nicht voll entsprechen. Diese Erkenntnis kann Grundlage dafür sein, die gesetzlichen Möglichkeiten der Kammern vorsichtig, d.h. unter strikter Beachtung der Verhältnismäßigkeit, weiterzuentwickeln. Umgekehrt wäre es unverhältnismäßig und grundrechtswidrig, wenn der Gesetzgeber wegen eines somit behebbaren Defizits das anwaltliche Berufsgeheimnis der staatlichen Kontrolle preisgäbe.

cc) Zum verfassungsrechtlich zulässigen Kontrollumfang im Rahmen beruflicher Selbstverwaltung. Die gegenwärtige Regelung der Aufsichtsbefugnisse nach der BRAO ist, was ebenfalls bereits hervorgehoben wurde,[767] auf weitestgehende Schonung des Mandatsgeheimnisses abgestimmt. Jedwede Verstärkung der Kontrollrechte des Kammervorstands gegenüber dem informationsverarbeitenden Anwalt wird dazu führen, daß es in dieser Beziehung zu weiteren, erforderlichen (Grundrechts-)Einschränkungen kommt. Allerdings entspräche es keineswegs dem Verhältnismäßigkeitsgebot, die pauschalen Kontrollrechte aus § 38 BDSG auf die Rechtsanwaltskammer zu übertragen – wozu schon diese Bestimmung selbst, wie erwähnt,[768] gemäß Abs. 6 den Landesregierungen eine Grundlage böte –. Eine so weitgehende Eingriffsmöglichkeit widerspräche auch innerhalb der Selbstverwaltungskörperschaft, da diese immer zugleich der optimalen Wahrung anwaltlicher Unabhängigkeit zu dienen hat, dem Berufsbild der freien Advokatur.[769] Nach der Stufentheorie wäre sie ihrerseits aus den dargelegten Gründen sehr wahrscheinlich

---

765 Vgl. die Nw. bei *Leibholz/Rinck/Hesselberger,* Lfg. 5/89, Art. 12 Rdnr. 141; auch o. Fn. 311 ff.; *Pfeiffer,* aaO., S. 71.

766 Oben sub B III 2b, c.

767 Vgl. Fn. 766.

768 Oben sub B III 1 bei Fn. 179.

769 Eine so geartete Eingriffsmöglichkeit würde zugleich den zur negativen Meinungsfreiheit nach Art. 5 Abs. 1, 2 GG dargelegten Abwägungsgrundsätzen nicht standhalten, vgl. dazu oben sub D III 2d mit Fn. 712 S. 2.

nicht mehr als Ausübungsregelung zu werten,[770] sondern als ein objektives Berufshindernis, das in seiner Gesamtheit nicht – auch nicht annähernd – durch ein überragend wichtiges Gemeinschaftsgut gegenüber Art. 12 Abs. 1 GG gerechtfertigt werden könnte.

Eine klare und strikte Verhältnismäßigkeitsprüfung, von der hier die verfassungsrechtlich zulässige und ggfs. gebotene Kontrollintensität bestimmt werden kann, bedarf der fundierten Einschätzung des Gefährdungspotentials.[771] Das hierfür vorliegende empirische Material ist spärlich. Der Umstand, daß ins Gewicht fallende Mißbräuche[772] anwaltlicher Informationsverarbeitung bislang nicht bekannt geworden sind,[773] kann nur als eine Teil-Erfahrung gewertet werden. Eine Routine in der Ermittlung ernsthafter, grober Verstöße ergibt sich daraus nicht. Solchen – wenn sie denn vorkommen – entgegenzutreten, ist übrigens auch aus Gleichheitserwägungen heraus geboten. Denn unter Bezugnahme auf das Anwaltsgeheimnis könnte der einzelne eine Informationsverarbeitung, die der Mandatsführung fremden Zwecken dient, verbergen und damit die verfassungsrechtlich gebotene Privilegierung des Anwaltsberufs zu Lasten gewerblicher Konkurrenten usurpieren.

Was Verarbeitungsmißbräuche im gewerblichen Bereich selbst anlangt, so bieten die bisherigen Tätigkeitsberichte der Aufsichtsbehörden der Länder, soweit ersichtlich,[774] nur ein begrenztes Anschauungsmaterial. Letzteres ist zudem wenig geeignet, aus den dort mitgeteilten Verletzungen datenschutzrechtlicher Vorschriften Rückschlüsse auf entsprechen-

---

[770] Vgl. dazu mutatis mutandis oben sub D III 3c, auch b.

[771] Vgl. dazu die umfassende Prüfung in *BVerfGE* 7, 415ff. (wie Fn. 726).

[772] Wobei der Begriff des Mißbrauchs hier (zudem) weiter verstanden wird als oben bei Fn. 755, wo auf berufsfremde bzw. grob unsachliche Verwendung abgestellt wurde; vgl. zum „Mißbrauch" i.S.d. § 1 Abs. 1 BDSG a.F. *Ordemann/Schomerus,* 1988, § 1 Anm. 1.1; *Auernhammer,* 1981, § 1 Rdnr. 6; *ders.,* 1993, § 1 Rdnr. 3; *Dörr/Schmidt,* aaO., § 1 Rdnr. 1; *Simitis,* in: Simitis u.a., 1981, § 1 Rdnrn. 20f.; *ders.,* in: Simitis u.a., Lfg. 1/92 bzw. 5/93, § 1 Rdnrn. 46, 48, 163.

[773] Dies entspricht nicht nur dem Wissensstand der Rechtsanwaltskammern. *Arendt,* aaO., S. 36, weist unter dem Stichwort „Rechtsanwaltskanzlei" nur einen einzigen – die Datensicherheit (dazu oben sub C III 5c aa) betreffenden – Fall nach, und zwar aus dem Tätigkeitsbericht des Hamburgischen Datenschutzbeauftragten 1991, S. 167f.

[774] Für die vorliegende Untersuchung wurden die Berichte über die Tätigkeit der für den Datenschutz im nicht-öffentlichen Bereich in Hessen zuständigen Aufsichtsbehörden herangezogen, 1.–6. Bericht, 1988–1993, Hessischer Landtag, Drs. 12/3069, 5153, 7186, 13/584, 2650, 4809.

de, naheliegende Gefahren anwaltlicher Informationsverarbeitung zu ziehen. Solche Schlüsse wären auch deshalb problematisch, weil nach den Ergebnissen der vorliegenden Untersuchung für Rechtsanwälte von einer völlig anderen materiellen Rechtslage auszugehen ist.[775]

Eben von daher legt es sich nahe, daß eine genauere Bestimmung des verfassungskonformen Umfangs von Datenschutzkontrolle durch die Rechtsanwaltskammer in engem Zusammenhang mit der anzustrebenden Weiterentwicklung des Berufsrechts für die anwaltliche Informationsverarbeitung selbst zu sehen ist.[776] Regeln über Kontrolle – wie auch deren verfassungsrechtliche Beurteilung – bedürfen der Orientierung an Inhalt bzw. Charakter des materiellen Rechts, um dessen Einhaltung es geht. Deshalb ist insgesamt weitere Vorarbeit zu leisten, um zu einer konkreten Lösung zu gelangen. Diese wird – als Rechtsgrundlage für das Handeln der Rechtsanwaltskammer – eine höhere Präzision aufweisen müssen, als sie von § 38 Abs. 1, Abs. 3ff. BDSG angeboten wird. Als vorläufiges Ergebnis kann ferner festgehalten werden, daß die Anlaßkontrolle (i.S.d. § 38 Abs. 1) so ausgestaltet werden muß, daß ein Zugriff auf das Anwaltsgeheimnis nur unter sehr erschwerten Voraussetzungen – bei dringendem[777] Mißbrauchsverdacht[778] – möglich ist.

---

[775] Vgl. oben sub B I und C III 4d, 5 b.

[776] Vgl. oben sub B II 3a bb, nach (3), C III 5b a.E.

[777] Dabei wird mit „dringendem Verdacht" ein hoher Wahrscheinlichkeitsgrad bezeichnet. Dieses Eingriffserfordernis besteht nach der dargestellten verfassungsgerichtlichen Rechtsprechung (jedenfalls) dann, wenn ohne seine Beachtung eine Auswirkung zu gewärtigen ist, die zumindest in die Nähe eines objektiven Berufs(zulassungs)hindernisses kommt; vgl. dazu oben bei Fn. 754, bei Fn. 770 und bei Fn. 721; vgl. zum „dringenden Verdacht" in § 112 Abs. 2 Nr. 3 StPO *Kleinknecht/Meyer-Goßner,* aaO., § 112 Rdnrn. 26–28 m.w.Nw.

[778] Zum Mißbrauch vgl. oben bei Fn. 755 und o. Fn. 772; zur unzulässigen – mißbräuchlichen – Rechtsausübung Erman/*Sirp,* BGB, § 242 Rdnrn. 73, 75, 87, 90; zum Begriff des Mißbrauchs im Strafrecht z.B. §§ 266, 281, 311a StGB; die Verwendung des Begriffs ist uneinheitlich. Berufsrechtlich besteht eine Nähe zwischen informationellem Mißbrauchsverbot und Sachlichkeitsgebot, vgl. oben sub B II 3a bb (2) und bei Fn. 163. Daran wird die Weiterentwicklung des Berufsrechts anzuknüpfen haben. Was das Gewicht des vermuteten, den Zugriff rechtfertigenden Verstoßes anlangt, ist eine Mitorientierung an dem Begriff „dringender Gefahren" (Gefahren für ein „wichtiges Rechtsgut", *BVerwGE* 47, 40) i.S.d. Art. 13 Abs. 3 GG angezeigt; vgl. dazu oben bei Fn. 274f. sowie die Nw. in Fn. 274; *Herdegen,* in: BK, Lfg. 10/93, Art. 13 Rdnrn. 77f. („Wertungsgleichklang mit den [in Art. 13 Abs. 3] ausdrücklich genannten Beispielen" [Raumnot, Seuchengefahr, Jugendgefährdung]); *Rachor,* in: Lisken/Denninger, Teil F Rdnr. 394. Zur grundsätzlichen Bedeutung des Art. 12 Abs. 1 GG in diesem Zusammenhang vgl. auch o. Fn. 777 S. 2.

IV. Schluß

1. Zusammenfassung zu §§ 38, 24 BDSG

Der Untersuchungsteil (D.) zur verfassungsrechtlichen Gewährleistung des anwaltlichen Berufsgeheimnisses – im Gegenüber zur Datenschutzkontrolle – folgte der Bearbeitung gesetzesinterpretatorischer und -systematischer[779] Probleme sowie der allgemeinen verfassungsrechtlichen Überprüfung des BDSG[780] nach. Diese hatte bereits ergeben, daß das BDSG – ausgenommen § 9, auch § 5 – in Ansehung anwaltlicher Informationsverarbeitung mit dem GG nicht vereinbar ist.[781] Die gesonderte Erörterung des § 38 – i.V.m. § 24 Abs. 6, 2 – hat dessen ungeachtet zusätzliche berufsrechtliche wie verfassungsrechtliche Erkenntnisse zutage gefördert, deren Relevanz auch für die Rechtsfortbildung deutlich geworden ist.

Grundrechtssystematisch besonders bemerkenswert ist dabei das Zusammenwirken zwischen Art. 5 Abs. 1, 2 und Art. 12 Abs. 1 GG gewesen, welches erst durch genauere Betrachtung der den jeweiligen Schutzbereichen entsprechenden – anwaltsspezifischen – Gegebenheiten voll erfaßt werden konnte. Mag im letzten Schritt aus Art. 12 ein Ergebnis in schärferem Profil hervorgetreten sein, das konkreter den Weg für die zu ziehenden Konsequenzen weist,[782] so war es andererseits der Untersuchungsteil zur (negativen) Meinungsfreiheit, in dem sich die Eigenart der – für das System der Rechtspflege unerläßlichen – kommunikativen Beziehungen und Verhaltensweisen ergeben hat, die das Charakteristische des Anwaltsberufs ausmachen.[783]

Das verfassungsrechtliche Ergebnis zu § 38 – i.V.m. § 24 Abs. 6, 2 – BDSG ist, (auch) wenn man ihn für sich allein betrachtet,[784] die Unvereinbarkeit mit Art. 2 Abs. 1 i.V.m. Art. 1 Abs. 1 sowie mit Art. 5 Abs. 1,

[779] Vgl. oben sub B.
[780] Vgl. oben sub C.
[781] Vgl. oben sub C III 5b, c, 4d, 3 d.
[782] Vgl. oben sub D III 3, insbes. d.
[783] Vgl. oben sub D III 2, insbes. b, c.
[784] Vgl. dazu oben sub D vor I, bei Fn. 587ff.

2 und Art. 12 Abs. 1 GG in Ansehung anwaltlicher Informationsverarbeitung.[785] (Dabei wurde von der Subsidiarität des § 38 sowie der ihn eingrenzenden – systematischen bzw. an Art. 13 GG orientierten – Interpretation gemäß früherer Darlegungen hier im Untersuchungsteil D voraussetzungsgemäß abgesehen.[786])

Eine verfassungskonforme Auslegung wäre denkbar etwa dergestalt, daß sie im wesentlichen zu dem oben in Abschnitt D III 3 d cc skizzierten Lösungsweg hinführte. Gerade angesichts der vom BDSG in § 24 Abs. 2 ausdrücklich vorgenommenen Unterwerfung des Berufsgeheimnisses widerspräche jedoch eine so intensiv reduzierende interpretatorische Umformung des § 38 – eben um des Berufsgeheimnisses willen – den anhand der Rechtsprechung des *BVerfG* oben näher dargelegten Grundsätzen.[787]

2. *§§ 33, 34 BDSG*

Ein denkbarer Konflikt zwischen den zu Lasten des Datenverarbeiters für eigene Zwecke gemäß §§ 33 Abs. 1 S. 1 , 34 Abs. 1 S. 1 und 2, Abs. 3, Abs. 5 S. 1 BDSG geltenden Benachrichtigungs- und Auskunftspflichten einerseits und dem anwaltlichen Berufsgeheimnis andererseits – wenn immer der „Betroffene" außerhalb der Mandatsbeziehung steht – war bereits Gegenstand der Untersuchung in Teil B I 4 b. Dort ergab sich mit besonderer Eindeutigkeit (was in der schon in Teil A erwähnten Literatur häufig übersehen wurde) die Subsidiarität jener Bestimmungen gegenüber dem Berufsrecht.

Sieht man von letzterer ab – wie auch von dem bezeichneten Endresultat des Untersuchungsteils C[788] –, so könnte man, was die Verfassungsmäßigkeit jener Normen in Anwendung auf anwaltliche Informationsverarbeitung anlangt, wegen Artt. 1 Abs. 1, 2 Abs. 1, 5 Abs. 1, 2, 12 Abs. 1 GG zu analogen Problemstellungen und (zumindest) verwandten Ergebnissen gelangen, wie sie oben in Teil D II und III in bezug auf

---

785 Vgl. oben sub D II 1, 2 b a. E., III 2 d, 3 d aa a. E., bb a. E., cc Abs. 1.

786 Vgl. dazu zusammenfassend oben sub D vor I mit Rückverweisen in Fn. 583–585.

787 Vgl. oben sub C III 4 c, insbes. bb, cc.

788 Soeben sub 1, vgl. Fn. 781.

§§ 38, 24 BDSG erläutert und begründet wurden. Dem soll nicht im einzelnen gesondert nachgegangen werden.[789]

Jedenfalls eröffnet sich für §§ 33, 34, selbst wenn man die dargelegte Bedeutung der §§ 33 Abs. 2 Nr. 3 – auch Nr. 6b –, 34 Abs. 4 BDSG nicht von vornherein akzeptieren wollte,[790] vermöge eben dieser Ausnahmebestimmungen nach den Grundsätzen des *BVerfG*[791] klar der Weg zur verfassungskonformen Interpretation. Den Rechtsanwalt trifft also – auch deshalb – in bezug auf die dem Berufsgeheimnis unterfallenden Informationen nicht die datenschutzrechtliche Benachrichtigungs- und Auskunftspflicht.[792]

---

789 Vgl. zur ggfs. sehr großen, kaum überschaubaren Zahl vom Anwalt unter Anwendung der §§ 33 Abs. 1, 34 Abs. 1 BDSG zu erteilender Benachrichtigungen und Auskünfte oben Fn. 627f. mit begleitendem Text.

790 Beachte die Klarstellungen zur Interpretation dieser Bestimmungen oben in Fn. 93f.

791 Vgl. nochmals zu diesen Grundsätzen oben sub C III 4c bb und die Nw. in Fn. 528, 542, 539, 537.

792 Vgl. auch Art. 14 Abs. 1 lit. g EuDatSch-RiLi (geänd. Vorschlag), nebst Begründung – Kom (92) 422endg., SYN 287 –, S. 25; dazu (kritisch) *Rüpke*, EuZW 1993, 155 l. Sp.

E. Verfassungsprozeßrechtliche Bemerkungen. Abschluß, Ausblick

I. Qualitative Teilnichtigkeit des BDSG

Soweit die Untersuchung nicht die Subsidiarität des BDSG gegenüber dem anwaltlichen Berufsrecht erbracht oder den Weg verfassungskonformer Auslegung gewiesen hat, ist für das gefundene Ergebnis, also die Unanwendbarkeit des BDSG (ausgenommen §§ 9, auch 5) auf anwaltliche Informationsverarbeitung, dessen Unvereinbarkeit mit dem GG[793] unmittelbar entscheidungserheblich. Diese rechtsverbindlich festzustellen, unterfällt dem Verwerfungsmonopol des *BVerfG*.[794] Deshalb sind die nachfolgenden verfassungsprozeßrechtlichen Klarstellungen zum Entscheidungsinhalt angezeigt.

1. Unvereinbarkeits- und (Teil-)Nichtigerklärung

Die regelmäßige Folge der Unvereinbarkeit eines Gesetzes bzw. einer gesetzlichen Bestimmung mit dem GG ist im Verfahren vor dem *BVerfG* die Feststellung der Nichtigkeit, §§ 78, 82 Abs. 1, 95 Abs. 3 BVerfGG. Bei Vorliegen besonderer, vom Gericht nicht selten angenommener Voraussetzungen beschränkt es sich jedoch auf die bloße Unvereinbarkeitserklärung, vgl. dazu §§ 31 Abs. 2 S. 2 und 3, 79 Abs. 1 BVerfGG.[795] Auch in diesem Fall ist freilich mangels besonderer Anordnung des Gerichts von der Unanwendbarkeit der Norm auszugehen; der Gesetzgeber ist jedoch zugleich aufgefordert, die – oft in ihrem genauen Umfang unkla-

---

[793] Vgl. oben sub C III 3d, 4d, 5b, c, D IV 1.

[794] Vgl. Artt. 100 Abs. 1 S. 1, 93 Abs. 1 Nr. 2, auch Nr. 4a GG; auch § 80 Abs. 2 S. 1 BVerfGG.

[795] Vgl. *Löwer,* HdbStR II, § 56 Rdnrn. 104ff.; *Benda/Klein,* aaO., Rdnrn. 1181ff.; *Schlaich,* aaO., Rdnrn. 359ff.; *Umbach/Clemens,* aaO., § 78 Rdnrn. 12ff.; je m. Nw. aus der Rspr. des *BVerfG*; sehr kritisch *Hein,* aaO., S. 92ff., 114ff.

re[796] – verfassungswidrige Lage zu reparieren.[797] Die – zeitlich begrenzte – Weiteranwendung der verfassungswidrigen Vorschrift ist angezeigt, wenn anderenfalls die Lücke im Gesetzesrecht zu einem Rechtszustand führen würde, der von dem verfassungsmäßig gebotenen noch entfernter wäre als derjenige, der Gegenstand der Unvereinbarkeitserklärung geworden ist.[798]

Die Unvereinbarkeit/Nichtigkeit einer Vorschrift kann nicht nur, wie weiter oben erörtert wurde,[799] andere Bestimmungen des Gesetzes in Mitleidenschaft ziehen, sondern auch umgekehrt sich auf Normteile (Satzteile) beschränken, was zur (quantitativen) Teilnichtigkeit und damit zu einer partiellen Reduktion des Normtextes führen kann.[800] Darüber hinaus nimmt das *BVerfG* auch die Möglichkeit qualitativer Teilnichtigkeit (ohne Normtextreduktion) an, insofern eine Gesetzesbestimmung (ihrem vollen Wortlaut nach) für einen Teil möglicher Anwendungsfälle verfassungswidrig ist.[801] Da in dieser Konstellation eine scharfe – der Rechtssicherheit förderliche – Grenzziehung schwieriger ist als im Fall der Normtextreduktion,[802] neigt das Gericht hier oftmals unter Hinweis auf eine dem Gesetzgeber verbleibende Gestaltungsfreiheit dazu, es bei einer bloßen Unvereinbarkeitserklärung zu belassen.[803]

---

[796] Zur Problematik der justitiablen Abgrenzung eines nichtigen Teils ausdrücklich *BVerfGE* 21, 12 (39f.) vom 20. 12. 66 – Umsatzsteuerrecht –, wo der Sache nach die Unvereinbarkeit festgestellt wurde; dazu *Pestalozza*, Festg. BVerfG, Bd. I, S. 550f.; zu dieser Entscheidung auch *Hein*, aaO., S. 120f. Vgl. im übrigen unten Fn. 803 mit begleitendem Text.

[797] Vgl. *Schlaich*, aaO., Rdnrn. 388f.

[798] Vgl. *Benda/Klein*, aaO., Rdnr. 1182; *Schlaich*, aaO., Rdnrn. 385f.; beide m. umfangr. Nw. aus der Rspr. des *BVerfG*. Hierzu wie zu ähnlichen Konstellationen kritisch *Frenz*, DÖV 1993, 847ff.

[799] Vgl. oben sub C III 5.

[800] Vgl. z.B. *BVerfGE* 6, 273ff. vom 21. 2. 57 – Parteispenden I; *Schlaich*, aaO., Rdnr. 349; *Benda/Klein*, aaO., Rdnr. 1177.

[801] Vgl. *Benda/Klein*, aaO., Rdnrn. 1178f.; *Löwer*, HdbStR II, § 56 Rdnr. 101; *Skouris*, aaO., S. 92ff.; sehr kritisch *Schlaich*, aaO., Rdnrn. 351ff.; *Sachs*, DVBl 1979, 390ff.; *Stern*, in: BK, Lfg. 3/82, Art. 93 Rdnrn. 305f. m.w.Nw.

[802] Vgl. dazu *Löwer*, HdbStR II, § 56 Rdnr. 101, sowie die weiteren oben in Fn. 801 Genannten.

[803] Vgl. u.a. *BVerfGE* 52, 357 (365ff.) vom 13. 11. 79 – Kündigungsschutz für Schwangere; zu dieser Entscheidung *Benda/Klein*, aaO., Rdnr. 1184; *BVerfGE* 58, 137 (152) vom 14. 7. 81 – Pflichtexemplar; 57, 361 (362, 388) vom 14. 7. 81 – § 1579 Abs. 2 BGB a.F.; 79, 256 (274) vom 31. 1. 89 – Klärung der Abstammung; weiterhin *Sachs*, DVBl 1979, 392, Fn. 40. Andererseits Nichtigerklärung z.B. in *BVerfGE* 8, 51 (52, 70f.) vom 24. 6. 58 – Parteispenden II; dazu auch unten Fn. 810. Beachte die Diskussion der involvierten gesetzestechnischen Fragen bei

2. Qualitative Teil-Unvereinbarkeit des BDSG mit dem GG

Unter Berücksichtigung dieser Kategorien aus der Rechtsprechung muß man das zur Anwendung des BDSG auf anwaltliche Informationsverarbeitung gefundene verfassungsrechtliche Ergebnis auf zwei Ebenen betrachten. Auf der ersten (oben näher untersuchten) hat man nur die Anwaltschaft als Adressaten des Gesetzes im Blick; zu entscheiden ist dabei (gewesen), ob einzelne Bestimmungen – ganz oder teilweise[804] – oder das Gesetz insgesamt[805] von der Verfassungswidrigkeit erfaßt werden. Das unter Abschichtung der §§ 9, 5[806] erzielte Gesamtresultat bereitet keine erkennbaren Probleme für die Rechtsklarheit. Von daher jedenfalls steht auf dieser Ebene auch dem weiteren Schluß auf eine Gesamt*nichtigkeit* (ausgenommen §§ 9, 5) nichts entgegen.

Auf der zweiten – höheren – Ebene ist das BDSG nicht nur quantitativ (im Hinblick auf alle Paragraphen) die Bezugsgröße, sondern auch qualitativ (im Hinblick auf alle in Betracht kommenden Anwendungsbereiche). Die verfassungsrechtlichen Problemstellungen, die hierbei in den Blick kommen, sind sehr viel verwickelter. Sie wurden oben in Abschnitt C III 1 kurz angesprochen und von der vorliegenden Untersuchung ausgegrenzt. Diese ist deshalb nicht in der Lage, eine Beurteilung darüber abzugeben, ob die dort erwähnten, in der Literatur geäußerten Bedenken ggfs. zu einer qualitativen Gesamtunvereinbarkeit[807]/-nichtigkeit – etwa des dritten Abschnitts – des BDSG führen können. Unter Beschränkung auf das vorliegend für die anwaltliche Informationsverarbeitung gefundene Resultat ergibt sich keine Grundlage für eine solche Annahme. Denn zum einen sind die dargetanen verfassungsrechtlichen Gründe für die Unvereinbarkeit weit überwiegend durch die spezifischen Gegebenheiten der anwaltlichen Tätigkeit im System der Rechtspflege bedingt. Zum anderen versteht es sich von selbst, daß eine normative Sinneinheit[808] dahingehend, daß mit der Unanwendbarkeit des BDSG auf die anwaltli-

Pestalozza, 1991, § 20 Rdnr. 115 mit Fn. 331ff., insbes. 336; zur Gesetzeslücke *BVerfGE* 51, 193 (194, 221) vom 22. 5. 79 – WeinG; 54, 159 (172) vom 3. 6. 80 – Landwirtschaftsgericht.

[804] Vgl. dazu oben sub C III 4 d.

[805] Vgl. oben sub C III 5.

[806] Oben sub C III 5 c.

[807] Vgl. dazu schon o.Fn. 566.

[808] Vgl. oben sub C III 4b mit Fn. 516, 518; C III 5 b.

che Informationsverarbeitung das Gesetz im übrigen seinen Sinn verlöre, nicht vorliegt. Man hat es also klar mit einer qualitativen *Teil*unvereinbarkeit zu tun.

3. *Teilnichtigkeit*

Bedenken gegen eine entsprechende Teilnichtigerklärung bestünden dann, wenn diese zu einer unklaren Rechtslage führen würde.[809] Eine eindeutige Abgrenzung der erfaßten Teilgruppe[810] ist jedoch durch §§ 1 ff., 4 ff. BRAO gewährleistet.[811] Unabhängig davon ist die Frage zu sehen, ob sich für verwandte Beratungsberufe – Rechtsbeistände,[812] Steuerberater,[813] Prozeßagenten – übereinstimmende verfassungsrechtliche Folgerungen in bezug auf die (Nicht-)Anwendbarkeit des BDSG ergeben. Dies ist – im übrigen – wegen der rechtlich und funktional herausgehobenen Rolle gerade des Anwalts im „Kampf ums Recht" mit beträchtlichen Zweifeln behaftet. Außerdem würde eine Verfassungswidrigkeit des BDSG in Anwendung auf jene Berufe sich ihrerseits auf abgrenzbare, justitiable Teilmengen beziehen.

Für eine bloße Unvereinbarkeitserklärung könnte somit nur noch der etwaige Umstand sprechen, daß die Regelungen des BDSG (auch) in

---

809 Vgl. dazu Nw. oben Fn. 796, 801–803.

810 Beispiele aus der Rechtsprechung des *BVerfG* für Teilnichtigerklärungen in bezug auf „Personengruppen [welche sogar] anhand beliebiger Merkmale gebildet" wurden, sind bei *Sachs,* DVBl 1979, 391, Fn. 32, genannt. Beachte umgekehrt auch die bloßen Unvereinbarkeitserklärungen in *BVerfGE* 54, 301 (301, 333) vom 18. 6. 80 und 59, 302 vom 27. 1. 82 – Buchführungsprivileg I und II; dazu kritisch *Hein,* aaO., S. 137f. Beachte ferner o. Fn. 542.

811 Ein – seinerseits klares – sachliches Abgrenzungserfordernis ergibt sich aus dem in dieser Untersuchung zugrunde gelegten Begriff der anwaltlichen – mandatsbezogenen (o. Fn. 63, bei Fn. 624, auch Fn. 90) – Informationsverarbeitung, welcher in Besonderheit die Datenverarbeitung, die die Arbeitsverhältnisse in der Anwaltskanzlei betrifft, nicht umfaßt; vgl. dazu o. Fn. 9, auch 10. Vergleichbares ist übrigens bei der Bestimmung des sachlichen Umfangs des Presseprivilegs nach § 41 (bzw. § 1 Abs. 3 a.F.) BDSG – zugunsten der „eigenen journalistisch-redaktionellen Zwecke. ." – zu beachten (vgl. zunächst *Simitis,* in: Simitis u.a., 1981, § 1 Rdnr. 66, zur Abgrenzung des Privilegs gegen „Informationen über Arbeitnehmer, Abonnenten, Anzeigenkunden, Kreditoren"), wobei insgesamt sehr viel komplexere Abgrenzungsprobleme auftreten (vgl. dazu *Löffler/Ricker,* aaO., 54. Kapitel, Rdnr. 35 m.w.Nw.), als sie in bezug auf anwaltliche Informationsverarbeitung in Betracht kommen können.

812 Vgl. zu diesen auch o. Fn. 716.

813 Vgl. zu diesen auch o. Fn. 636 mit begleitendem Text.

Ansehung anwaltlicher Informationsverarbeitung einem verfassungsgemäßen Zustand doch immerhin näher seien als die bei Nichtigkeit dieses Gesetzes bestehende Rechtslage. Davon kann freilich nach den Ergebnissen der vorliegenden Arbeit keine Rede sein. Schon die gesetzessystematischen Untersuchungen haben erbracht, daß einerseits das (lückenhafte) Berufsrecht erforderliche (weiter zu entwickelnde) Grundlagen für die Festlegung sachgerechten Informationsverhaltens unter Berücksichtigung des Persönlichkeitsrechts Dritter enthält, während andererseits das Datenschutzrecht in diesem Bereich, kurz gesagt, den Rechtstatsachen inkongruent ist. Auf der verfassungsrechtlichen Ebene hat sich diese Erkenntnis bestätigt: Die Kernbestimmungen des BDSG für die Datenverarbeitung führen im Hinblick auf die Grundrechtsposition, die der freien Advokatur aus Art. 5 Abs. 1, 2 GG erwächst, ins Dilemma,[814] während umgekehrt ein greifbarer Ansatz zur „Rettung" des BDSG durch verfassungskonforme Interpretation (nur) vom Anwaltsrecht her gefunden werden konnte, wobei die Realisierung dieses Lösungswegs wiederum an der Gesamtstruktur des *BDSG* scheitern mußte.[815] Schließlich hat die Erörterung zu §§ 38, 24 BDSG gezeigt, wie fern gerade diese Bestimmungen – bei „konsequentem" datenschutzrechtlichen Verständnis[816] – von dem verfassungsrechtlich gebotenen Zustand zum Schutz des anwaltlichen Berufsgeheimnisses liegen.

Nach den prozeßrechtlichen Grundsätzen, wie sie vom *BVerfG* gehandhabt werden, ist also in Ansehung anwaltlicher Informationsverarbeitung die Feststellung der (qualitativen) Teilnichtigkeit des BDSG am Platz.

II. De lege ferenda

Rechtspolitische Aufgabe ist, wie mehrfach hervorgehoben wurde, die Fortbildung des Berufsrechts, um der eingetretenen und weiter zu erwar-

---

[814] Vgl. oben sub C III 3 d.

[815] Vgl. oben sub C III 4 c bb.

[816] Vgl. dazu (vor allem) oben sub D I; anders insbes. bei einer von Art. 13 GG geleiteten verfassungskonformen Interpretation, vgl. oben sub B III 3 b, zumal dd, auch c.

tenden Entwicklung[817] der anwaltlichen Informationsverarbeitung voll Rechnung zu tragen. Ansätze hierzu sind im Laufe der Untersuchung zahlreich hervorgetreten, sowohl von den bestehenden Grundsätzen des Anwaltsrechts her als auch – zum Teil in schärferem freiheitlich-rechtsstaatlichen Profil – durch die Aussagen der Verfassung. Sehr wichtig war dabei – und wird es weiterhin sein –, eine offene und kritische Diskussion über die Strukturen, Maßstäbe und Gewichtungen des Datenschutzrechts zu führen. Dessen Verdienste um den Schutz des Persönlichkeitsrechts in technisch gewandelter Zeit werden keineswegs geleugnet und werden fürderhin nicht in Frage gestellt, wenn andererseits mögliche und gegebene Grenzen des dem BDSG zugrundeliegenden Konzepts aufzuzeigen sind. In Ansehung anwaltlicher Informationsverarbeitung hat sich erwiesen, daß, versucht man auf diese das (allgemeine) Datenschutzrecht anzuwenden, die Grenzen überschritten sind. Doch ergibt sich daraus nicht etwa, daß bei einer genaueren Ausgestaltung des Berufsrechts die für das Datenschutzrecht in Fülle erarbeiteten Kriterien und Unterscheidungen zur rechtlichen Erfassung und Systematisierung informationeller, persönlichkeitsschutzrelevanter Sachverhalte[818] außer acht gelassen werden sollten oder könnten. Sie, auch die damit teilweise verbundenen Praxiserfahrungen, sind im Gegenteil wichtige Bausteine für zukünftige informationsrechtliche Bemühungen.

---

[817] Vgl. oben sub A; jüngst z. B. zu „Strukturierte[m] Parteivortrag und elektronische[r] Akte" *Bender/Schwarz,* CR 1994, 372ff.

[818] Vgl. z.B. *Dammann,* in: Simitis u.a., Lfg. 1/92, Kommentierung zu § 3 BDSG, passim.

Freie Advokatur, anwaltliche Informationsverarbeitung und Datenschutzrecht. Berufs- und verfassungsrechtliche Aspekte

Zusammenfassende Leitsätze

A.

1. Es ist davon auszugehen, daß die anwaltliche Bearbeitung von Mandaten, soweit sie sich der EDV – des PC – bedient, überwiegend in **„Dateien“** i.S.d. § 3 Abs. 2 S. 1 Nr. 1 BDSG stattfindet bzw. stattfinden wird; beachte zur Bedeutung dieses Begriffs für die Anwendbarkeit des Gesetzes §§ 1 Abs. 2 Nr. 3, 27 BDSG. [oben A mit Fußn. 11ff.]

B. – I.

2. **Berufsrechtliche Vorschriften** (des Bundes), die entsprechende Regelungsgegenstände (z.B. einzelne Phasen der Informationsverarbeitung) betreffen oder einbeziehen, **gehen den jeweiligen Bestimmungen des BDSG vor**, und zwar unabhängig davon, ob es sich um (bereichsspezifische) Datenschutzvorschriften i.e.S. handelt; beachte § 1 Abs. 4 BDSG. [oben B I 1]

3. Anwaltliche Informationsverarbeitung erstreckt sich – zu einem beträchtlichen Anteil – auf solche personenbezogenen Daten, die sich nicht (allein) auf den Mandanten beziehen, sondern z.B. auf dessen Prozeßgegner, Vertrags- oder Verhandlungspartner, auf Zeugen oder sonstige Außenstehende. Daraus erwachsen dem Anwalt bei Anwendung des § 28 Abs. 1 S. 1 Nr. 2 (statt Nr. 1) BDSG besondere Schwierigkeiten. [oben B I 2a; unten Leits. 9]

4. § 50 Abs. 1 (n.F.) BRAO **verpflichtet** den Anwalt zur „Anlegung von Handakten“, die „ein geordnetes Bild über die von ihm entfaltete Tätigkeit“ ermöglichen. Die vollständige Speicherung aller mandatserheblichen (personenbezogenen) Informationen/Kriterien/Bewertungen ist gesetzlich nicht vorgesehen. Es besteht somit vor allem keine klare berufsrechtliche Norm über den Umfang von (weitergehender) Speicher**zulässigkeit**. Von daher vermag das Anwaltsrecht § 28 Abs. 1 BDSG nur teilweise zu verdrängen. [oben B I 2b, c]

5. Die Übermittlung mandatserheblicher, (auch) auf Nichtmandanten bezogener Daten durch den Anwalt an den Mandanten ist im wesentlichen durch §§ 675, 666 BGB, auch §§ 667 BGB, 50 BRAO, geregelt. Diesen Bestimmungen gegenüber ist § 28 Abs. 1 S. 1 Nr. 2, Abs. 2 Nr. 1 a BDSG subsidiär. [oben B I 3 a, b aa]

Für die Übermittlung in umgekehrter Richtung findet sich keine entsprechende, ausdrückliche Normierung, so daß insofern die Subsidiarität des § 28 BDSG zumindest recht zweifelhaft ist. [oben B I 3 a, b bb]

6. §§ 33, 34 BDSG – die Benachrichtigung und die Auskunft betreffend – sind gegenüber dem Anwaltsrecht subsidiär. Wenn der Betroffene nicht der Mandant ist, beruht dies auf dem Berufsgeheimnis, §§ 43 a Abs. 2 BRAO, auch 203 Abs. 1 Nr. 3 StGB. [oben B I 4]

7. Rechtsvorschriften über die Übermittlung (auch) drittbezogener Informationen durch den Anwalt an Nichtmandanten finden sich im Prozeßrecht. Insgesamt sind in dieser Beziehung weite Bereiche anwaltlicher Tätigkeit jedoch ungeregelt, so daß von daher § 28 BDSG Platz greifen kann. [oben B I 5]

B. – II.

8. Das Regelungsmodell des BDSG ist durch das Beziehungsdreieck zwischen Betroffenem (auf dessen Person sich die zu schützenden Daten beziehen), speichernder Stelle (dem Herrn der Daten, an den sich die gesetzlichen Verbote usw. richten) und Drittem (überwiegend in Gestalt eines evt. Datenempfängers) gekennzeichnet (§ 3 Abs. 1, 8, 9 BDSG). In Ansehung nicht auf den Mandanten bezogener Daten (oben Leits. 3) wird dieser Ansatz den anwaltsrechtlichen Gegebenheiten nicht gerecht. Wegen der Aufgabe, den Interessen des Mandanten zu dienen, und wegen dessen Geheimnisherrschaft kann der **Anwalt** nur eingeschränkt als Herr der von ihm gespeicherten Daten angesehen werden; dem **Mandanten** gebührt eine stärkere informationsrechtliche Rolle als diejenige eines (beliebigen) „Dritten". Berufsrechtlich besteht ein Informationskondominium zwischen Mandant und Anwalt, welches mangels Rechtsähnlichkeit mit der Auftragsdatenverarbeitung (§ 11 BDSG) in der datenschutzrechtlichen Systematik keinerlei Entsprechung findet. [oben B II 2 a, b]

9. Bei Anwendung des § 28 BDSG auf den Anwalt als Datenherrn obliegt es diesem, die Interessen (seines Mandanten) daraufhin zu prüfen, ob sie „berechtigt" sind und inwieweit sie die jeweilige Informationsver-

arbeitung **erforderlich** machen; zudem hat er sie gegenüber gleichgewichtigen bzw. überwiegenden Interessen anderer, außerhalb der Mandatsbeziehung stehender Personen hintanzusetzen. Von Wortlaut und Systematik des § 28 her ist insbesondere der im Hinblick auf die anwaltsberufliche Aufgabe daraus erwachsende Loyalitätskonflikt schwer auszuräumen. [oben B II 3 a]

B. – III.

10. Gemäß § 38 BDSG hat die (staatliche) Aufsichtsbehörde Auskunfts-, Betretungs- und Einsichtsrechte. Letztere erstrecken sich auf die gespeicherten Daten; das Berufsgeheimnis steht dem nach §§ 38 Abs. 4, 24 Abs. 2, 6 nicht entgegen. [oben B III 1]

§ 38 BDSG ist jedoch nach richtiger Auffassung gegenüber den nach §§ 73, 56 BRAO bestehenden Kontrollrechten des Vorstands der Rechtsanwaltskammer subsidiär. [oben B III 2]

11. Auch unter Anwendung des § 38 BDSG wäre der Anwalt nicht zur Aussage gemäß Abs. 3 dieser Bestimmung verpflichtet, soweit die Wahrung des Berufsgeheimnisses entgegensteht. [oben B III 3 a]

Die Anwendbarkeit des § 38 BDSG würde bei verfassungskonformer Auslegung des Abs. 4 wegen Art. 13 i.V.m. Art. 19 Abs. 1 S. 2 GG nicht dahin führen, daß der Behörde das Recht zur Kontrolle in der Anwaltskanzlei zustünde. [oben B III 3 b]

C. – I.

12. Das allgemeine Datenschutzrecht (des BDSG) – dessen Regelungsmuster im bereichsspezifischen Datenschutzrecht verfeinert werden – ist nicht Recht höchster Generalität zur Regulierung personenbezogener Informationsverarbeitung. **Das BDSG hat einen spezifischen Weg der Konfliktlösung gewählt,** aus dem mit systematischer Konsequenz Grenzen seiner Anwendbarkeit folgen:

Durch das Datenverarbeitungsverbot mit gesetzlichem Erlaubnisvorbehalt (§ 4 Abs. 1), und zwar auch für nicht-öffentliche Stellen, und durch die regelmäßige Anknüpfung des Erlaubtseins der Verarbeitung an deren **Erforderlichkeit** gewährt das Gesetz dem Betroffenen eine informationsrechtliche **Vorzugs**position. Diese ist folgerichtig nicht einzuräumen, wenn die (Grund-)Rechtsposition des Verarbeiters gleichen Status erheischt. Daraus ergibt sich die Unanwendbarkeit des BDSG (zumindest) für die privat-persönliche Datenverarbeitung. – Das Erforderlichkeitsprinzip setzt eine Zweck-Mittel-Relation voraus, an der es fehlt, wo Information (Kommunikation) Selbstzweck ist, was z.B. für die Medien gilt; beachte § 41f. BDSG. [oben C I]

C. – II.

13. Der Anwalt ist als „Organ der Rechtspflege“ ein unerläßlicher Bestandteil des rechtsstaatlichen Systems. Er übt einen freien, nicht einen „staatlich gebundenen“ Beruf aus. Dies entspricht seiner Rolle als Interessenvertreter im pluralistisch und auf kontroverse Auseinandersetzung hin angelegten Rechts(pflege)system. [oben C II 1]

14. Die Tätigkeit des Anwalts ist geprägt durch die Bildung und Beeinflussung von (Rechts-)Meinungen sowie – vorab – durch die Erarbeitung und Darlegung rechts(meinungs)relevanter Tatsachen. **Für diese seine informationell-kommunikative Entfaltung besteht Grundrechtsschutz** nicht nur aus Art. 12 Abs. 1, sondern auch – zumeist sachnäher und intensiver – **aus Art. 5 Abs. 1 GG**. [oben C II 2]

C. – III.

15. Sowohl die Informationsübermittlung (§ 3 Abs. 5 Nr. 3) als auch das Speichern, Verändern und Nutzen von Information (§ 3 Abs. 5 Nr. 1, 2, Abs. 6 BDSG) durch den Anwalt – welche dessen Meinungsbildung dienen – fallen in den Schutzbereich des Art. 5 Abs. 1 S. 1 Hs. 1 GG. [oben C III 2]

16. Nach der Rechtsprechung des *BVerfG* besteht eine „Vermutung für die Zulässigkeit der freien Rede“ im „geistigen Meinungskampf in einer die Öffentlichkeit wesentlich berührenden Frage“. Diese besondere Freiheitsvermutung kommt der freien Rede des Anwalts im „Kampf ums Recht“ zugute. [oben C III 3 a]

17. Das Datenverarbeitungsverbot mit gesetzlichem Erlaubnisvorbehalt (und einseitigem Erforderlichkeitsgebot, vgl. o. Leits. 12 Abs. 2 S. 1) konfligiert mit der Vermutung für die Kommunikationsfreiheit (Leits. 16). Es hält einer Überprüfung anhand des zu Art. 5 Abs. 2 GG vom *BVerfG* entwickelten Wechselwirkungsprinzips nicht stand. § 4 Abs. 1 BDSG ist von daher in bezug auf anwaltliche Informationsverarbeitung keine taugliche Grundrechtsschranke i.S.d. Art. 5. [oben C III 3b, c, d]

18. Zwischen § 4 Abs. 1 und § 28 BDSG besteht ein enger rechtstechnischer Regelungszusammenhang; zugleich sind die beiden Vorschriften Bestandteile einer „normativen Sinneinheit". Deshalb kann ihre Vereinbarkeit mit dem GG nur einheitlich beurteilt werden. Eine verfassungskonforme Interpretation in Anwendung auf anwaltliche Informationsverarbeitung wäre ohne Verfälschung der gesetzgeberischen Konzeption nicht möglich. [oben C III 4]

19. Die Verfassungswidrigkeit der Bestimmungen über die materiellrechtlichen Voraussetzungen zulässiger – anwaltlicher – Datenverarbeitung (Leits. 18) betrifft insoweit den Kern des Gesetzes. Dies führt wegen rechtstechnischen Regelungszusammenhangs und normativer Sinneinheit **in Ansehung anwaltlicher Informationsverarbeitung zur Unvereinbarkeit des gesamten BDSG mit der Verfassung** (soweit es nicht schon wegen Subsidiarität unanwendbar ist, vgl. dazu Leits. 2ff.). Davon ausgenommen ist § 9, auch § 5 (S. 2) BDSG. [oben C III 5]

D. – I, II

20. Trotz der bereits gefundenen Ergebnisse (vgl. Leits. 6, 10, 11, 19) wird eine **gesonderte verfassungsrechtliche Analyse zum anwaltlichen Berufsgeheimnis** und seiner – bei vom bisher Gesagten abweichender Beurteilung zu gewärtigenden – Beeinträchtigung insbesondere durch §§ 38, 24 Abs. 2, 6 BDSG vorgenommen. Die involvierte Problematik ist der datenschutzrechtlichen Diskussion weitgehend verborgen geblieben. [oben D I und vor I]

21. **Zugunsten des Mandanten** folgt der verfassungsrechtliche Schutz des Anwaltsgeheimnisses aus Art. 2 Abs. 1 i.V.m. Art. 1 Abs. 1 GG. Er ist nicht begrenzt auf Informationen, die der privaten Lebenssphäre zugehören, sondern erstreckt sich (zumindest) auf all das, was dem Anwalt vom Mandanten **anvertraut** wurde; in Abweichung von dessen informationeller **Selbst**bestimmung werden auch Daten, die sich auf Dritte beziehen, vom Schutz umfaßt. (Staatliches) Eindringen in rechtlich anerkannte Vertrauensbeziehungen würde das Verbot des Zwangs zur Selbstbezichtigung konterkarrieren. Solche Anerkennung beruht, was den Anwalt anlangt, auf gefestigter Rechtstradition und hat, auch in Abgrenzung zu anderen Beratungsberufen, klare Bestätigung durch das *BVerfG* gefunden.

Der in §§ 38, 24 BDSG (ggfs.) vorgesehene pauschale Kontrollzugriff entspricht in keiner Weise den hohen Anforderungen, die das *BVerfG* an Eingriffe in den nach Art. 2 Abs. 1 i.V.m. Art. 1 Abs. 1 GG gesteigert geschützten Persönlichkeitsbereich stellt. [oben D II, auch B II 3 b]

D. – III, IV

22. Es besteht eine Korrelation zwischen dem seitens des Ratsuchenden zu schenkenden Vertrauen und der „sinnvollen und bestimmungsgemäßen" Berufsausübung des Geheimnisträgers. Von daher ergibt sich grundrechtlicher Geheimnisschutz auch **zugunsten des Anwalts**, und zwar aus Art. 12 Abs. 1 GG. Sein Umfang bedarf im Hinblick auf den Regelungsvorbehalt des Art. 12 Abs. 1 S. 2 genauerer Klärung. [oben D III 1; unten Leits. 26–30]

23. (Partielles) Schweigen ist oft Teil selektiv-differenzierten kommunikativen Verhaltens. Insofern erlangt die Gewährleistung negativer Meinungsfreiheit aus Art. 5 Abs. 1 GG besondere Bedeutung, zumal im Rahmen von Beiträgen „zum geistigen Meinungskampf". Negative Meinungsfreiheit wäre allerdings keine geeignete Basis für grundrechtlichen Schutz informationeller Selbstbestimmung; letztere ist aber auch ganz ungeeignet, das anwaltliche Recht auf Verschwiegenheit zu begründen. Hierfür erweist sich umgekehrt negative Meinungsfreiheit als sachnahe Grundlage. Kluger, verantwortungsbewußter Umgang mit anvertrauter Information entspricht der dem Anwalt gestellten kommunikativen Aufgabe im System der Rechtspflege. [oben D III 2 a, b]

24. Der Umstand, daß der Anwalt der Geheimnisherrschaft des Mandanten unterliegt, steht weder rechtlich noch von den faktischen Voraussetzungen her der Folgerung eines dem Anwalt zukommenden „negativen" Grundrechtsschutzes aus Art. 5 Abs. 1 GG entgegen. [oben D III 2 c]

25. §§ 38, 24 Abs. 2, 6 BDSG halten den nach Art. 5 Abs. 2 anzulegenden Prüfkriterien (oben Leits. 16, 17) nicht stand. [oben D III 2 d]

26. Nachdem die Untersuchung anhand des Kommunikationsgrundrechts (Art. 5) eine zusätzliche – verfassungsrechtliche – Dimension der anwaltlichen Verschwiegenheit erschließen konnte, hat sich zugleich die Möglichkeit eröffnet, zum Schutz dieses Berufs auch besonders klare Konsequenzen aus Art. 12 Abs. 1 GG zu ziehen, sei es für § 38 BDSG, sei es im Blick auf eine künftige gesetzliche Ausgestaltung der Kontrolle anwaltlicher Informationsverarbeitung. [oben D III 3 a]

27. Staatliche Einschränkungen des **Anwalts**geheimnisses (soweit sie nicht eng eingegrenzte, „punktuelle", inhaltlich klar vorhersehbare Offenbarungspflichten betreffen) sind nach der vom *BVerfG* zu Art. 12 Abs. 1 GG entwickelten Stufentheorie nicht als Berufsausübungsregelungen zu qualifizieren. Sie beinhalten wegen der tiefen Verwurzelung der Verschwiegenheit in anwaltlicher Tätigkeit einen Eingriff in die Eigenart der freien Advokatur selbst. Deshalb müssen sie sich an den Voraussetzungen messen lassen, die das *BVerfG* für (objektive) Zulassungshindernisse zum Beruf aufgestellt hat. [oben D III 3 b, c]

28. Datenschutz ist nicht uneingeschränkt ein „überragend wichtiges Gemeinschaftsgut" i.S. dieser Rechtsprechung. Der generalisierte (Leits. 27) und nicht an genaue/gesteigerte Schutzkriterien gebundene gesetzliche Zugriff auf das Anwaltsgeheimnis muß schon an dieser Voraussetzung scheitern. [oben D III 3 d aa]

29. Das Berufsbild des Rechtsanwalts verträgt sich nicht mit „Staatsnähe". Der freien Advokatur entspricht die Durchführung erforderlicher Kontrolle der Berufsausübung (nur) durch Selbstverwaltungsorgane und Ehren-/Berufsgerichte. Der die Berufsfreiheit schonendste Weg ist – im Hinblick auf die Geltung des (strikten) Verhältnismäßigkeitsprinzips – der von Verfassungs wegen gebotene. [oben D III 3 d bb]

30. Die gegenwärtigen Befugnisse des Vorstands der Rechtsanwaltskammer bedürfen, um die Bekämpfung etwaigen (groben) Mißbrauchs anwaltlicher Informationsverarbeitung zu ermöglichen, einer gewissen, näher zu erarbeitenden Erweiterung. Eine Übertragung pauschaler Rechte aus § 38 BDSG auf die Kammer würde ihrerseits die wegen des Berufsgeheimnisses einzuhaltenden verfassungsrechtlichen Grenzen deutlich überschreiten. [oben D III 3 d cc]

31. Im Hinblick auf den klaren und offenen Konflikt mit dem grundrechtlich geschützten anwaltlichen Berufsgeheimnis (Leits. 21 Abs. 2, 25, 28, 29) ist insoweit eine verfassungskonforme Interpretation (Leits. 18 S. 3) des § 38 BDSG nicht möglich (beachte Leits. 20, 10, 11). Anders verhält es sich in dieser Beziehung mit §§ 33, 34 BDSG (beachte Leits. 6), und zwar wegen § 33 Abs. 2 Nr. 3 und 6 b, 34 Abs. 4. [oben D IV]

E.

32. Die Unvereinbarkeit des BDSG (ausgenommen § 9, auch § 5) mit dem GG in bezug auf anwaltliche Informationsverarbeitung führt nach

verfassungsprozeßrechtlichen Grundsätzen zur qualitativen **Teilnichtigkeit** des Gesetzes. [oben E I]

33. Insgesamt ergibt sich aus der Untersuchung das rechtspolitische Bedürfnis einer informationsrechtlichen Fortbildung des Anwaltsrechts, und zwar unter Berücksichtigung rechtlicher Kriterien und Praxiserfahrungen aus dem Bereich des Datenschutzes. [oben E II]

Une profession d'avocat libérale, le traitement de données par l'avocat et le droit de protection des données. Des aspects relatifs aux droits professionnel et constitutionnel

Un résumé sous forme de principes conducteurs

A.

1. Il faut partir de l'idée que l'activité de l'avocat, dans la mesure où elle se sert du traitement automatisé des données, de l'ordinateur, implique et impliquera, dans une large mesure, la constitution de **„fichiers"** au sens du § 3 paragraphe 2 alinéa 1 numéro 1 BDSG (Bundesdatenschutzgesetz; loi fédérale de protection des données); en ce qui concerne la signification de ce terme pour l'application de la loi, il faut respecter les §§ 1 paragraphe 2 numéro 3, 27 BDSG. [voir ci-dessus A, y comprises les annotations 11 s.]

B. – I.

2. **Les dispositions relatives au droit professionnel** (de l'Etat fédéral) qui concernent ou incluent le traitement des informations (p.ex. les différentes phases du traitement de données), **priment sur les dispositions correspondantes du BDSG,** et ce indépendamment du fait qu'il s'agit de dispositions (propres à un domaine spécifique) visant à la protection des données; le § 1 paragraphe 4 BDSG est à respecter. [voir ci-dessus B I 1]

3. Le traitement de données par l'avocat s'étend – en grande partie – aux données à caractère personnel qui ne concernent pas (exlusivement) le client, mais p.ex. la partie adverse, des co-contractants, des témoins ou d'autres tiers. Il en résulte, pour l'avocat, des problèmes particuliers lors de l'application du § 28 paragraphe 1 alinéa 1 numéro 2 (au lieu de numéro 1) BDSG [voir ci-dessus B I 2a et ci-dessous le principe conducteur 9]

4. Le § 50 paragraphe 1 (version révisée) BRAO (Bundesrechtsanwaltsordnung; loi fédérale sur la profession d'avocat) **oblige** l'avocat à tenir des dossiers bien disposés qui permettent d'avoir une idée claire de son activité. L'enregistrement complet de l'ensemble des informations/critères/

évaluations (à caractère personnel) concernant le mandat n'est pas prévu par la loi. Donc aucune règle relevant du droit professionnel ne détermine quelle doit être l'envergure d'un enregistrement (plus étendu) **autorisé**. Ainsi, le droit relatif à la profession d'avocat ne peut évincer que partiellement le § 28 paragraphe 1 BDSG. [voir ci-dessus B I 2 b, c]

5. La transmission par l'avocat à son client, de données concernant le mandat et se référant (également) à des personnes qui ne sont pas ses clients, est essentiellement régie par les §§ 675, 666 BGB (Bürgerliches Gesetzbuch; code civil allemand) ainsi que par les §§ 667 BGB et 50 BRAO. Du fait de ces dispositions le § 28 paragraphe 1 alinéa 1 numéro 2, paragraphe 2 numéro 1 a BDSG est subsidiaire. [voir ci-dessus B I 3 a, b aa]

La transmission de données en sens inverse n'est pour sa part réglementée par aucune norme expresse correspondante, de sorte que la subsidiarité du § 28 BDSG reste pour le moins assez douteuse. [voir ci-dessus B I 3 a, b bb]

6. Les §§ 33, 34 BDSG – relatifs à l'obligation de renseigner la personne concernée et à son droit à l'information – sont subsidiaires au regard du droit régissant la profession d'avocat. Si la personne concernée n'est pas le client, cela se fonde sur le secret professionnel, §§ 43 a paragraphe 2 BRAO, et 203 paragraphe 1 numéro 3 StGB (Strafgesetzbuch; code pénal allemand). [voir ci-dessus B I 4]

7. Le droit de la procédure comporte des dispositions relatives à la transmission, par l'avocat à des personnes non clientes, de données concernant (aussi) des tiers. Globalement, de vastes domaines de l'activité de l'avocat ne sont cependant soumis à aucune réglementation, de sorte que le § 28 BDSG peut s'imposer. [voir ci-dessus B I 5]

B. – II.

8. Le modèle réglementaire proposé par le BDSG se caractérise par l'existence de rapports triangulaires entre la personne concernée (au sujet de laquelle les données sont enregistrées), l'organisme qui enregistre (le maître des données à qui s'adressent les interdictions légales etc.) et le tiers (qui se présente dans la majorité des cas comme le destinataire potentiel des données) (§ 3 paragraphes 1, 8, 9 BDSG). Vis-à-vis des données qui ne concernent pas le client (voir ci-dessus le principe conducteur 3) cette approche ne repond pas aux besoins de l'activité de l'avocat. En

raison de son devoir de servir les intérêts de son client et du secret professionnel auquel il est tenu, **l'avocat** ne peut être considéré que de manière restreinte comme le maître des données qu'il a enregistrées. **Le client** joue un rôle plus important par rapport aux informations qu'un (quelconque) „tiers“. Sur le plan du droit professionnel il existe un condominium d'informations entre l'avocat et son client qui, à défaut d'équivaloir juridiquement au traitement de données sur ordre (§ 11 BDSG), ne trouve aucun équivalent dans la systématique du droit de protection des données. [voir ci-dessus B II 2 a, b]

9. Lors de l'application du § 28 BDSG à l'avocat en tant que maître des données, il incombe à ce dernier de vérifier que les intérêts (de son client) sont „justifiés“ et dans quelle mesure ils rendent **nécessaire** le traitement de données y afférent; en outre, il doit les reléguer au second plan face aux intérêts d'une importance égale ou plus élevée d'autres personnes se trouvant en dehors des rapports créés par le mandat. Etant donné le libellé et la systématique du § 28 il sera notamment difficile d'éliminer le conflit de loyauté qui en résulte pour l'avocat. [voir ci-dessus B II 3 a]

B. – III.

10. Selon le § 38 BDSG l'autorité (publique) de contrôle dispose du droit à l'information, du droit d'accès et de consultation. Ce dernier droit s'étend aux données enregistrées; selon les §§ 38 paragraphes 4, 24 paragraphe 2, 6 le secret professionnel n'est pas opposable. [voir ci-dessus B III 1]

Cependant, il est correct de considérer que le § 38 BDSG est subsidiaire face aux droits de contrôle du comité directeur du barreau, prévus par les §§ 73, 56 BRAO. [voir ci-dessus B III 2]

11. Lors de l'application du § 38 BDSG, et plus précisément de son paragraphe 3, l'avocat n'est pas obligé de procéder à une déclaration dans la mesure où le respect du secret professionnel s'y oppose. [voir ci-dessus B III 3 a]

L'applicabilité du § 38 BDSG n'aurait pas pour conséquence, lors d'une interprétation conforme à la Constitution de son paragraphe 4, en raison des articles 13 et 19 paragraphe 1 alinéa 2 GG (Grundgesetz; loi fondamentale [= Constitution] allemande), la possibilité pour l'autorité d'exercer son droit de surveillance sur les cabinets d'avocats. [voir ci-dessus B III 3 b]

C. – I.

12. Le droit général de protection des données (du BDSG) – dont les réglementations ont été affinées dans le droit sectoriel de protection des données – ne constitue pas le droit du plus haut degré de généralité visant à réglementer le traitement des données à caractère personnel. **Le BDSG a opté pour une méthode spécifique destinée à résoudre les conflits**; de cette méthode découlent systématiquement les limites de son applicabilité:

En raison de l'interdiction du traitement des données pourvue d'une réserve légale de légitimité (§ 4 paragraphe 1), qui vaut également pour les responsables non publics du traitement, et du fait que la légitimité du traitement est systématiquement liée notamment à sa **nécessité**, la loi accorde à la personne concernée une position **priviligiée** sur le plan du droit à l'information. Par conséquent, celle-ci n'est pas accordée lorsque la position juridique (découlant du droit fondamental) du responsable du traitement mérite le même statut. Il en résulte l'inapplicabilité du BDSG (du moins) pour le traitement privé de données. – Le principe de nécessité suppose l'existence d'un rapport entre le but poursuivi et le moyen employé qui est inexistant dans les cas où l'information (la communication) trouve sa fin en soi, comme p. ex. dans le cas des médias; il convient de respecter le § 41 s. BDSG [voir ci-dessus C I]

C. – II.

13. L'avocat en tant qu' „organe de l'administration de la justice" constitue un élément essentiel de l'Etat de droit. Il exerce une profession libérale et non une fonction publique. Cela correspond à son rôle de représentant d'intérêts au sein de ce système pluraliste, orienté vers le débat contradictoire, qui est celui de (l'administration de) la justice. [voir ci-dessus C II 1]

14. L'activité de l'avocat se caractérise par le fait de créer des opinions (juridiques) et de les influencer ainsi que – préalablement – par l'élaboration et la présentation de faits y afférents. **Son activité sur le plan de l'information et de la communication est protégée par la loi fondamentale,** non seulement en son article 12 paragraphe 1, mais aussi – le plus souvent de façon plus concrète et importante – **en son art. 5 paragraphe 1 GG.** [voir ci-dessus C II 2]

C. – III

15. Et la transmission d'informations (§ 3 paragraphe 5 numéro 3) et l'enregistrement, la modification ainsi que l'utilisation d'informations (§ 3 paragraphe 5 numéros 1, 2, paragraphe 6 BDSG) par l'avocat – qui l'aident à se faire une opinion – sont protégés par l'art. 5 paragraphe 1 alinéa 1 première partie GG. [voir ci-dessus C III 2]

16. Conformément à la jurisprudence de la Cour fédérale constitutionnelle il existe une „présomption de la licéité du libre discours" dans „le combat intellectuel des opinions se référant à une question qui touche le public de manière essentielle". Le libre discours de l'avocat dans son „combat pour le droit" bénéficie de cette présomption particulière de liberté. [voir ci-dessus C III 3 a]

17. L'interdiction du traitement de données pourvue d'une réserve de légitimité (et d'une exigeance unilatérale de nécessité, comparer ci-dessus le principe conducteur 12 paragraphe 2 alinéa 1) est en conflit avec la présomption de la liberté de communication (principe conducteur 16). Elle ne résiste pas à sa vérification conformément au „principe d'interaction", élaboré par la Cour fédérale constitutionnelle par rapport à l'art. 5 paragraphe 2 GG. En ce qui concerne le traitement de données par l'avocat, le § 4 paragraphe 1 BDSG ne constitue donc aucune barrière compatible avec le droit fondamental au sens de l'article 5. [voir ci-dessus C III 3b, c, d]

18. Les réglementations du § 4 paragraphe 1 et du § 28 BDSG sont étroitement liées sur le plan systématique; en même temps les deux dispositions sont partie intégrante d'une „unité normative". Leur compatibilité avec la loi fondamentale ne peut être appréciée que dans une approche globale. Une interprétation conforme à la Constitution qui s'applique au traitement de données par l'avocat est impossible sans dénaturer la conception du législateur. [voir ci-dessus C III 4]

19. L'anticonstitutionnalité des dispositions sur les conditions juridiques du traitement licite de données (principe conducteur 18) touche – dans la mesure où le traitement par l'avocat est concerné – l'essence de la loi. En raison de la liaison étroite sur le plan systématique et de l'unité normative cela entraîne, **à l'égard du traitement de données par l'avocat, l'incompatibilité du BDSG entier avec la Constitution** (dans la mesure où il n'est pas déjà inapplicable en raison de sa subsidiarité, comparer à ce sujet

principes conducteurs 2 s.). En est exclu le § 9, et aussi le § 5 (alinéa 2) BDSG. [voir ci-dessus C III 5]

D. – I, II

20. Malgré les résultats obtenus (comparer les principes conducteurs 6, 10, 11, 19) il est procédé à une **étude constitutionnelle spéciale sur le secret professionnel de l'avocat** et – étant donné que ce qui précède est apprécié différemment – sur le préjudice susceptible de lui être causé, notamment par les §§ 38, 24 paragraphes 2, 6 BDSG. Les problèmes en cause n'ont en grande partie pas été pris en considération par la discussion sur le droit de protection des données. [voir ci-dessus D I et l'introduction de D].

21. La protection constitutionnelle du secret professionnel de l'avocat **qui constitue un droit fondamental dont le client est le titulaire**, résulte de l'art. 2 paragraphe 1 combiné avec l'art. 1 paragraphe 1 GG. Elle n'est pas limitée aux informations se référant à la vie privée, mais s'étend (du moins) à tout ce que le client a confié à son avocat; en s'écartant de l'autonomie vis-à-vis des informations sur sa propre personne, sont également comprises des données qui se réfèrent à un tiers. L'intervention de l'Etat dans un rapport de confiance légalement reconnu contrecarrerait l'interdiction de la contrainte à l'autoaccusation. Cette reconnaissance se fonde, en ce qui concerne l'avocat, sur une tradition juridique solide, et elle s'est trouvée, aussi contrairement à d'autres professions de conseil, nettement confirmée par la Cour fédérale constitutionnelle.

L'accès généralisé des organes de contrôle, prévu (le cas échéant) par les §§ 38, 24 BDSG, ne correspond nullement aux conditions élevées que la Cour fédérale constitutionnelle exige des interventions relatives au droit de la personnalité humaine qui bénéficie, selon l'art. 2 paragraphe 1 combiné avec l'art. 1 paragraphe 1 GG, d'une protection accrue. [voir ci-dessus D II, et aussi B II 3b]

D. – III, IV

22. Il existe une corrélation entre la manifestation de confiance du client et l'exercice utile et régulier de la profession du détenteur d'un secret. Il en résulte que la protection constitutionnelle du secret crée également **un droit fondamental dont l'avocat est le titulaire**, et ce selon l'art. 12 paragraphe 1 GG. Tenant compte de la réserve de réglementation

de l'art. 12 paragraphe 1 alinéa 2, son étendue nécessite une clarification. [voir ci-dessus D III 1; ci-dessous principes conducteurs 26–30]

23. Le fait de se taire (en partie) est souvent élément d'un comportement communicatif intentionnellement choisi. Ainsi, la liberté „negative" d'opinion de l'art. 5 paragraphe 1 GG acquiert une importance particulière, d'autant plus dans le cadre de contributions „au combat intellectuel d'opinions". La liberté „négative" d'opinion ne constituerait cependant pas le fondement approprié d'une protection constitutionnelle de l'autonomie d'une personne vis-à-vis des informations la concernant; mais cette dernière est également tout à fait inappropriée pour motiver le droit de l'avocat de garder le secret professionnel. La liberté „négative" d'opinion représente ici, par contre, une base convenable. Le devoir de communication dont l'avocat est en charge au sein du système de l'administration de la justice requiert de sa part une utilisation avisée et responsable des informations qui lui sont confiées. [voir ci-dessus D III 2a, b]

24. Le fait que l'avocat soit soumis à la décision du client lorsqu'il s'agit de révéler des informations, ne s'oppose ni par la loi, ni par les conditions de fait à ce qu'il lui soit accordée une protection juridique fondamentale „négative" en vertu de l'art. 5 paragraphe 1 GG. [voir ci-dessus D III 2 c]

25. Les §§ 38, 24 paragraphe 2, 6 BDSG ne résistent pas aux critères de vérification prévus par l'art. 5 paragraphe 2 (voir ci-dessus principes conducteurs 16, 17). [voir ci-dessus D III 2 d]

26. L'étude basée sur le droit fondamental à la communication (art. 5) ayant ouvert une dimension – constitutionnelle – supplémentaire au secret professionnel de l'avocat, il est possible de déduire des dispositions de l'art. 12 paragraphe 1 GG des conséquences particulièrement claires visant à la protection de la profession, soit à l'égard du § 38 BDSG, soit à l'égard d'une législation future sur le contrôle du traitement de données par l'avocat. [voir ci-dessus D III 3 a]

27. Des restrictions au secret professionnel de **l'avocat,** imposées par l'Etat (dans la mesure où elles ne concernent pas des obligations de révélation très limitées, „ponctuelles", dont le contenu est clairement prévisible) ne peuvent pas être qualifiées, selon la théorie „échelonnée" que la Cour fédérale constitutionnelle a élaborée à l'égard de l'art. 12 paragraphe 1 GG, de dispositions „réglant l'exercice de la profession". En raison du profond enracinement du secret professionnel dans l'activité de l'avocat, elles représentent une intervention dans la nature même de la libre profession d'avocat. Elles doivent donc être compatibles avec les

conditions que la Cour fédérale constitutionnelle a établies par rapport aux „conditions (objectives) d'accès à la profession". [voir ci-dessus D III 3b, c]

28. La protection des données ne constitue qu'avec réserve „un bien commun d'une importance primordiale" au sens de cette jurisprudence. L'accès légal généralisé (principe conducteur 27), détaché de tout critère précis de protection (élevée), au secret professionnel de l'avocat, est déjà voué à l'échec en raison de l'exigence de cette condition. [voir ci-dessus D III 3d aa]

29. L'image de la profession d'avocat ne supporte pas la proximité de l'Etat. La liberté de la profession d'avocat demande que le contrôle nécessaire des professionnels (ne) soient réalisé (que) par les organes assurant l'autogestion et par des juridictions professionnelles. La solution garantissant la plus grande liberté professionnelle possible est celle qui – eu égard à la validité du principe (strict) de la proportionnalité – s'impose par la Constitution. [voir ci-dessus D III 3d bb]

30. Les pouvoirs actuels du comité directeur du barreau doivent, afin de permettre d'éviter d'éventuels abus (graves) lors du traitement de données par l'avocat, être élargis dans une proportion qui reste à déterminer. Le transfert de droits généraux découlant du § 38 BDSG au barreau dépasserait nettement les limites relevant du droit constitutionnel, imposées par le secret professionnel. [voir ci-dessus D III 3d cc]

31. Etant donné le conflit manifeste et ouvert avec le secret professionnel de l'avocat qui est protégé par la loi fondamentale (principes conducteurs 21 paragraphe 2, 25, 28, 29), une interprétation conforme à la Constitution (principe conducteur 18 alinéa 3) du § 38 BDSG est sur ce point impossible (il faut aussi tenir compte des principes conducteurs 20, 10, 11). Il en va autrement des §§ 33, 34 BDSG (il faut également tenir compte du principe conducteur 6) en raison du § 33 paragraphe 2 numéro 3 et 6b, 34 paragraphe 4. [voir ci- dessus D IV]

E.

32. L'incompatibilité du BDSG (à l'exception du § 9, et aussi du § 5) avec la loi fondamentale lorsque le traitement de données par l'avocat est concerné, entraîne, selon les principes de la procédure constitutionnelle, la **nullité partielle** de la loi. [voir ci-dessus E I]

33. L'étude a pour résultat global de dégager le besoin juridico-politique d'une évolution du droit professionnel applicable à l'avocat du fait du traitement des informations, et ce en tenant compte de critères juridiques et d'expériences pratiques relevant du domaine de la protection des données. [voir ci-dessus E II]

Free Advocacy, Information Processing by Lawyers and Data Protection Law: professional and constitutional-law aspects

Conclusions

A.

1. It can be assumed that the processing by lawyers of clients' cases largely takes place or will take place (where use is made of electronic data processing – PCs) in **„data files"** as defined in section 3 (2) (1) of the Federal Data Protection Act [Bundesdatenschutzgesetz: BDSG]. The significance of that term for the purposes of the BDSG is clear from sections 1 (2) (3) and 27 of the same Act. [Part A above, and footnotes 11 et seq.]

B. – I.

2. Statutory (Federal) **provisions on the conduct of the profession** which govern or relate to the relevant aspects (e. g. a particular phase of information processing) **take precedence over the provisions of the BDSG** even where they are no data protection provisions in the narrow sense (dealing with matters peculiar to the sector); see section 1 (4) BDSG. [Part B. I. 1 above.]

3. A large proportion of information processed by lawyers involves personal data related not (solely) to their clients but also – among others – to opposing parties in litigation, contracting or negotiating partners, witnesses or third persons. Consequently, lawyers experience special difficulties in applying section 28 (1) (2) (instead of section 28 (1) (1) BDSG. [Part B. I. 2a above and Conclusion No. 9 below.]

4. Section 50 (1) (new version) of the Federal Lawyers Code **obliges** the lawyer to „keep files" which give „an orderly picture of the activities he pursues". There is no statutory requirement for all relevant (personal) information, criteria or evaluations to be stored. In particular no clear profession-specific rule exists on the extent to which (more detailed) information is **permitted** to be stored. Consequently, the law regulating

the conduct of the legal profession can only partially supplant section 28 (1) of the BDSG. [Parts B. I. 2 b and 2 c above.]

5. The main rules on the disclosure by lawyers to their clients of data which are relevant to the respective case and (also) related to persons who are not clients, can be found in sections 675 and 666 of the German Civil Code, but also in section 667 of the Civil Code and section 50 of the Federal Lawyers Code. Sections 28 (1) (2) and 28 (2) (1) (a) BDSG are subordinate to these provisions. [Parts B. I. 3 a and 3 b (aa) above.]

There is no corresponding, explicit rule covering disclosure in the opposite direction, making it rather doubtful whether in this respect section 28 BDSG is subordinate. [Parts B. I. 3 a and b (bb) above.]

6. Sections 33 and 34 BDSG (the data subject's right to be informed and to obtain information) are subordinate to the law regulating the conduct of the legal profession. Where the data subject is not the lawyer's client, the principle of professional confidentiality applies (section 43 a (2) of the Federal Lawyers Code and section 203 (1) (3) of the Criminal Code. [Part B. I. 4 above.]

7. The law of procedure contains provisions governing the disclosure by lawyers to non-clients of information, including information relating to third parties. But, in this respect, wide areas of the work covered by lawyers are not regulated so that section 28 BDSG may operate. [Part B. I. 5 above.]

B. – II.

8. The scheme of regulation supplied by the BDSG is characterized by the triangular relationship between the data subject (to whom the data requiring protection relate), the storer of the data (controller or master of the data to whom statutory prohibitions, etc. are directed) and third parties (usually a possible addressee of the data) (see section 3 (1), (8) and (9) of the Act). Where data not related to the client are concerned (see Conclusion No. 3 above), this approach does not reflect existing conditions in the profession. As the lawyer has a duty to represent his client's interests and the client has the final say about confidentiality, the lawyer can be regarded only to a limited extent as the master of the data which he stores; the client's importance in relation to the information is greater than that of any third party. As a matter of professional law, there is a joint control of information between client and lawyer; for lack of

analogy to the processing of data under contract (commissioned processing according to section 11 BDSG), this shared ownership has no equivalent in the mechanisms of data protection law. [Parts B. II. 2a and 2b above.]

9. If section 28 BDSG is applied to the lawyer as master of the data, he is under an obligation to examine the interests (of his client) to establish whether they are „justified" and to which extent the respective information requires processing. He must also subordinate these interests to the equal or overriding interests of other persons who do not form part of the lawyer-client relationship. From the way in which section 28 is worded and designed it is difficult to resolve the resultant conflict of loyalty in the exercise of the lawyer's profession. [Part B. II. 3a above.]

B. – III.

10. Pursuant to section 38 BDSG, the (state) supervisory authority has rights of information, entry and inspection. The latter include stored data; in accordance with section 38 (4) and section 24 (2) and (6), professional secrecy is no bar to this. [Part B. III. 1 above.]

Properly interpreted, however, section 38 BDSG is subordinate to the rights of control of the board of the Chamber of Lawyers under sections 73 and 56 of the Federal Lawyers Code. [Part B. III. 2 above.]

11. Even if section 38 BDSG were applied, the lawyer would not be obliged to provide information under paragraph 3 thereof if doing so would conflict with his duty to maintain professional secrecy. [Part B. III. 3a above.]

Interpreting paragraph 4 of section 38 BDSG in line with the Constitution, the applicability of section 38 would not give the authority the right to carry out investigations in a lawyer's offices, given Article 13 read in conjunction with the second sentence of Article 19 (1) of the Basic Law. [Part B. III. 3b above.]

C. – I.

12. General data protection law (as laid down in the BDSG) – whose regulatory patterns have been refined in rules applicable to specific sectors – does not constitute the most general and overriding approach to regulate the processing of personal data. The BDSG opted for a specific

method for resolving conflicts, and the limits to its applicability follow logically.

Because data processing is prohibited unless authorized by law (section 4 (1)), including the case of data processing by non-administrative parties, and because, as a rule, permission to process data is linked to the **necessity** of the processing, the Act places the individual concerned in a **privileged** position with regard to rights over information. This position is ruled out if (as a matter of constitutional law) the legal position of the processor demands the same status. Therefore the BDSG (at the least) is not applicable to processing of data for purposes of private life. The principle of necessity presupposes a „means-to-an-end" relationship which does not exist if information (communication) is an end itself as, for example, in the case of the media. See sections 41 et seq. BDSG. [Part C. I above.]

C. – II.

13. As an „organ of administration of justice", the lawyer is a constituent part of a legal system based on the rule of law. He exercises a free profession, not one derived from the state. This is in keeping with his role of representing interests in a pluralistic judicial system which is geared towards controversial assertion of rights. [Part C. II. 1 above.]

14. Essential to the lawyer's activities is the forming and influencing of (legal) opinions and – by way of preparation – the gathering and presentation of facts relevant to legal (opinion) issues. **This informational and communicative work enjoys protection as a fundamental right** not only under Article 12 (1) but also **under Article 5 (1) of the Basic Law**, the latter generally being more pertinent and more effective. [Part C. II. 2 above.]

C. – III.

15. Both the transmission of information (section 3 (5) (3)) and the storage, alteration and use of information (section 3 (5) (1) and (2) and section 3 (6) BDSG) by the lawyer – which help him form his opinion – are covered by the protection afforded by the first sentence (first half-sentence) of section 5 (1) of the Basic Law. [Part C. III. 2 above.]

16. According to the rulings of the Federal Constitutional Court there is „a presumption of admissibility of free speech" in „the intellectual struggle over issues which affect the public in a major way". This special

presumption allows lawyers to express themselves freely in their „fight for justice". [Part C. III. 3a above.]

17. The prohibition of data processing unless authorized by law (and the one-sided „necessity" requirement – see Conclusion No. 12 [second paragraph, first sentence] above) conflicts with the presumption in favour of freedom of communication (Conclusion No. 16). It is defeated by the „interaction principle" developed by the Federal Constitutional Court in its decisions on Article 5 (2) of the Basic Law. Consequently, for the purposes of information processing by lawyers, section 4 (1) BDSG is no suitable bar to the exercise of basic rights within the meaning of Article 5. [Parts C. III. 3b, 3c and 3d above.]

18. In regulatory terms, there is a close legal link between section 4 (1) and section 28 BDSG; moreover, the two clauses form a „normative whole". Consequently their compatibility with the Basic Law can only be assessed by looking at them jointly. Construing them in a way as consistent with the Constitution if applied to information processing by lawyers would be impossible without falsifying the legislative design and intent. [Part C. III. 4 above.]

19. The unconstitutionality of the provisions on the substantive legal requirements for permissible data processing – as applied to lawyers (Conclusion No. 18) – affects the very core of the statute. Because of the regulatory link between these and other provisions of the BDSG and because of the fact that they form a normative whole, it is concluded that in respect of information processing by lawyers the entire Act is incompatible with the Constitution (insofar as it is not already inapplicable as a subsidiary piece of legislation, see Conclusions Nos. 2 et seq.). Exceptions are sections 9 and 5 (second sentence) of the statute. [Part C. III. 5 above.]

D. – I, II

20. In spite of the findings thus far (see Conclusions Nos. 6, 10, 11 and 19) a separate analysis of lawyers' professional secrecy will be made under constitutional law, and a look taken at the way it is being impaired – something to be expected if what has been said so far is not accepted – especially by sections 38, 24 (2) and (6) BDSG. The problems involved have largely escaped the data protection debate. [Part D. I and the introductory note to Part D. I above.]

21. Constitutional-law protection of lawyers' professional secrecy, as a legal right working in favor of the **client**, follows from Article 2 (1) read in conjunction with Article 1 (1) of the Basic Law. It is not restricted to information about clients' private lives but extends (at least) to all information which a client has given his lawyer **in confidence.** In contradistinction to the client's right of informational self-determination, data relating to third parties are also included in the protection. Intervention (by the state) in legally recognized relationships of trust would run counter to the prohibition on enforced self-incrimination. As far as the lawyer is concerned, such recognition is based on an established legal tradition and, unlike in some other counselling professions, has been clearly confirmed by the Federal Constitutional Court.

The general right of access established for control purposes by sections 38 and 24 BDSG in no way meets the high requirements which the Federal Constitutional Court imposes on interventions in the individual's personality right which is granted a particularly high level of protection under Article 2 (1) read in conjunction with Article 1 (1) of the Basic Law. [Parts D. II and B. II. 3b above.]

D. – III, IV

22. There is a correlation between the trust given by an individual seeking advice and the „meaningful and appropriate" exercise of professional activity by the bearer of the secrets. Secrecy is consequently also protected as a basic right of the **lawyer**, specifically by Article 12 (1) of the Basic Law. Because of the reference to possible legislation in the second sentence of Article 12 (1) the scope of protection requires clarification. [Part D. III. 1 above; Conclusions Nos. 26 to 30 below.]

23. (Partial) silence is often part of selective communication. Safeguarding the right to refrain from expressing an opinion under Article 5 (1) of the Basic Law is therefore of particular significance, especially in the context of the „intellectual struggle [competition] of opinions". This negative freedom of expression would not, however, provide a suitable basis for protecting informational self-determination as a basic right. Yet such self-determination is also a wholly inappropriate basis for justifying lawyers' right to secrecy. It is rather negative freedom of expression which appears to be the pertinent basis for the lawyer's secrecy. The lawyer's communicative function in the administration of justice requires

an intelligent, responsible handling of information which he receives in confidence. [Parts D. III. 2a and 2b above.]

24. The lawyer's duty of confidentiality as owed to his clients does not stand in the way (either in legal terms or insofar as actual circumstances are concerned) of the conclusion that lawyers have a right of their own to protection of their „negative" basic right under Article 5 (1) of the Basic Law. [Part D. III. 2c above.]

25. Sections 38, 24 (2) and (6) BDSG do not stand up to the criteria to be applied pursuant to Article 5 (2) (see Conclusions Nos. 16 and 17 above). [Part D. III. 2d above.]

26. As the investigation in the light of the fundamental right of communication (Article 5) could reveal an additional – constitutional-law – dimension of the lawyer's right not to disclose information, it has become possible, with regard to the protection of the legal profession, to draw particularly clear consequences from Article 12 (1) of the Basic Law, whether pertaining to section 38 BDSG or with an eye to the legal shape to be given in future to the control of information processing by lawyers. [Part D. III. 3a above.]

27. According to the „graduated-scale theory" developed by the Federal Constitutional Court in its rulings on Article 12 (1) of the Basic Law, restrictions imposed by the state on the preservation of confidentiality by lawyers (insofar as they do not relate to closely defined, isolated and, by their content, clearly predictable duties of disclosure) may not be regarded as (mere) rules governing the exercise of a profession. Because of the essential importance of confidentiality to the work of lawyers, such restrictions represent an interference with the very nature of free advocacy. Hence, they must be measured against the requirements which the Federal Constitutional Court has laid down for (objective) obstacles to access to the profession. [Parts D. III. 3b and 3c above.]

28. Data protection is not unconditionally a „public good of overriding importance" as referred to in these rulings. General legal interference (Conclusion No. 27) – not tied to precise or enhanced protection criteria – with a lawyer's duty of confidentiality must fail at this requirement alone, if not at others. [Part D. III. 3d (aa) above.]

29. The lawyer's professional profile is not compatible with „nearness" to the state. Free advocacy requires that any checks on the exercise of the profession are carried out (solely) by self-administrating bodies and the professional disciplinary courts. Given the validity of the (strict) princi-

ple of relative and proportionate measures, the way that interferes least with the freedom of the professional activities is required as a matter of constitutional law. [Part D. III. 3 d(bb) above.]

30. In order to combat any (gross) abuses by lawyers when processing information, the existing powers of the board of the Chamber of Lawyers require some extension, the details of which must be worked out. A transfer to the Chamber of blanket rights under section 38 BDSG would considerably exceed the constitutional limits which must be observed because of professional confidentiality. [Part D. III. 3 d(cc) above.]

31. Given the clear and overt conflict with lawyers' professional confidentiality which is protected by fundamental rights (Conclusions Nos. 21 [second paragraph], 25, 28 and 29) a construction of section 38 BDSG which is consistent with the Constitution (Conclusion No. 18 [third sentence]) is not possible in this respect (pay attention to Conclusions Nos. 20, 10 and 11). The position regarding sections 33 and 34 BDSG is different (pay attention to Conclusion No. 6), that is because of section 33 (2) (3) and (6 b) and section 34 (4). [Part D. IV above.]

E.

32. The incompatibility of the BDSG (Articles 9 and 5 excepted) with the Basic Law, as far as information processing by lawyers is concerned, leads to the consequence that, applying the principles of constitutional procedural law, the Act is **partially null and void.** [Part E. I above.]

33. Overall, the investigation has revealed a legal need for the further development of the law regulating the conduct of the legal profession insofar as information aspects are concerned. This process should take account of the legal criteria applied and practical experience gained in the field of data protection. [Part E. II above.]

Anhang

Grundgesetz für die Bundesrepublik Deutschland

Vom 23. Mai 1949

(BGBl. S. 1)
zuletzt geänd. durch G v. 27. 10. 1994 (BGBl. I S. 3146)
BGBl. III 100–1

Art. 1. [Schutz der Menschenwürde] (1) Die Würde des Menschen ist unantastbar. Sie zu achten und zu schützen ist Verpflichtung aller staatlichen Gewalt.

Art. 2. [Allgemeines Persönlichkeitsrecht] (1) Jeder hat das Recht auf die freie Entfaltung seiner Persönlichkeit, soweit er nicht die Rechte anderer verletzt und nicht gegen die verfassungsmäßige Ordnung oder das Sittengesetz verstößt.

Art. 5. [Recht der freien Meinungsäußerung] (1) Jeder hat das Recht, seine Meinung in Wort, Schrift und Bild frei zu äußern und zu verbreiten und sich aus allgemein zugänglichen Quellen ungehindert zu unterrichten. Die Pressefreiheit und die Freiheit der Berichterstattung durch Rundfunk und Film werden gewährleistet. Eine Zensur findet nicht statt.

(2) Diese Rechte finden ihre Schranken in den Vorschriften der allgemeinen Gesetze, den gesetzlichen Bestimmungen zum Schutze der Jugend und in dem Recht der persönlichen Ehre.

Art. 12. [Berufsfreiheit] (1) Alle Deutschen haben das Recht, Beruf, Arbeitsplatz und Ausbildungsstätte frei zu wählen. Die Berufsausübung kann durch Gesetz oder auf Grund eines Gesetzes geregelt werden.

Art. 13. [Unverletzlichkeit der Wohnung] (1) Die Wohnung ist unverletzlich.

(2) Durchsuchungen dürfen nur durch den Richter, bei Gefahr im Verzuge auch durch die in den Gesetzen vorgesehenen anderen Organe

angeordnet und nur in der dort vorgeschriebenen Form durchgeführt werden.

(3) Eingriffe und Beschränkungen dürfen im übrigen nur zur Abwehr einer gemeinen Gefahr oder einer Lebensgefahr für einzelne Personen, auf Grund eines Gesetzes auch zur Verhütung dringender Gefahren für die öffentliche Sicherheit und Ordnung, insbesondere zur Behebung der Raumnot, zur Bekämpfung von Seuchengefahr oder zum Schutze gefährdeter Jugendlicher vorgenommen werden.

Art. 14. [Eigentum, Erbrecht und Enteignung] (1) Das Eigentum und das Erbrecht werden gewährleistet. Inhalt und Schranken werden durch die Gesetze bestimmt.

Art. 19. [Einschränkung von Grundrechten] (1) Soweit nach diesem Grundgesetz ein Grundrecht durch Gesetz oder auf Grund eines Gesetzes eingeschränkt werden kann, muß das Gesetz allgemein und nicht nur für den Einzelfall gelten. Außerdem muß das Gesetz das Grundrecht unter Angabe des Artikels nennen.

(4) Wird jemand durch die öffentliche Gewalt in seinen Rechten verletzt, so steht ihm der Rechtsweg offen. ...

Art. 20. [Bundesstaatliche Verfassung; Widerstandsrecht]

(2) Alle Staatsgewalt geht vom Volke aus. Sie wird vom Volke in Wahlen und Abstimmungen und durch besondere Organe der Gesetzgebung, der vollziehenden Gewalt und der Rechtsprechung ausgeübt.

(3) Die Gesetzgebung ist an die verfassungsmäßige Ordnung, die vollziehende Gewalt und die Rechtsprechung sind an Gesetz und Recht gebunden.

Art. 28. [Verfassung der Länder] (1) Die verfassungsmäßige Ordnung in den Ländern muß den Grundsätzen des republikanischen, demokratischen und sozialen Rechtsstaates im Sinne dieses Grundgesetzes entsprechen. ...

Art. 44. [Untersuchungsausschüsse] (1) Der Bundestag hat das Recht und auf Antrag eines Viertels seiner Mitglieder die Pflicht, einen Untersuchungsausschuß einzusetzen, der in öffentlicher Verhandlung die erforderlichen Beweise erhebt. Die Öffentlichkeit kann ausgeschlossen werden.

(2) Auf Beweiserhebungen finden die Vorschriften über den Strafprozeß sinngemäß Anwendung. ...

Art. 74. [Gegenstände der konkurrierenden Gesetzgebung] (1) Die konkurrierende Gesetzgebung erstreckt sich auf folgende Gebiete:
1. das bürgerliche Recht, das Strafrecht und den Strafvollzug, die Gerichtsverfassung, das gerichtliche Verfahren, die Rechtsanwaltschaft, das Notariat und die Rechtsberatung. ...

Art. 103. [Grundrechte des Angeklagten] (1) Vor Gericht hat jedermann Anspruch auf rechtliches Gehör.

(2) Eine Tat kann nur bestraft werden, wenn die Strafbarkeit gesetzlich bestimmt war, bevor die Tat begangen wurde.

Bundesdatenschutzgesetz (BDSG)

Vom 20. Dezember 1990

(BGBl. I S. 2954)
zuletzt geänd. durch G v. 14. 9. 1994 (BGBl. I S. 2325)

§ 1. Zweck und Anwendungsbereich des Gesetzes. (1) Zweck dieses Gesetzes ist es, den einzelnen davor zu schützen, daß er durch den Umgang mit seinen personenbezogenen Daten in seinem Persönlichkeitsrecht beeinträchtigt wird.

(2) Dieses Gesetz gilt für die Erhebung, Verarbeitung und Nutzung personenbezogener Daten durch
1. öffentliche Stellen des Bundes,
2. öffentliche Stellen der Länder, soweit der Datenschutz nicht durch Landesgesetz geregelt ist und soweit sie
   a) Bundesrecht ausführen oder
   b als Organe der Rechtspflege tätig werden und es sich nicht um Verwaltungsangelegenheiten handelt,
3. nicht-öffentliche Stellen, soweit sie die Daten in oder aus Dateien geschäftsmäßig oder für berufliche oder gewerbliche Zwecke verarbeiten oder nutzen.

(3) Bei der Anwendung dieses Gesetzes gelten folgende Einschränkungen:

1. Für automatisierte Dateien, die ausschließlich aus verarbeitungstechnischen Gründen vorübergehend erstellt und nach ihrer verarbeitungstechnischen Nutzung automatisch gelöscht werden, gelten nur die §§ 5 und 9.
2. Für nicht-automatisierte Dateien, deren personenbezogene Daten nicht zur Übermittlung an Dritte bestimmt sind, gelten nur die §§ 5, 9, 39 und 40. Außerdem gelten für Dateien öffentlicher Stellen die Regelungen über die Verarbeitung und Nutzung personenbezogener Daten in Akten. Werden im Einzelfall personenbezogene Daten übermittelt, gelten für diesen Einzelfall die Vorschriften dieses Gesetzes uneingeschränkt.

(4) Soweit andere Rechtsvorschriften des Bundes auf personenbezogene Daten einschließlich deren Veröffentlichung anzuwenden sind, gehen sie den Vorschriften dieses Gesetzes vor. Die Verpflichtung zur Wahrung gesetzlicher Geheimhaltungspflichten oder von Berufs- oder besonderen Amtsgeheimnissen, die nicht auf gesetzlichen Vorschriften beruhen, bleibt unberührt.

(5) Die Vorschriften dieses Gesetzes gehen denen des Verwaltungsverfahrensgesetzes vor, soweit bei der Ermittlung des Sachverhalts personenbezogene Daten verarbeitet werden.

§ 2. Öffentliche und nicht-öffentliche Stellen.

(4) Nicht-öffentliche Stellen sind natürliche und juristische Personen, Gesellschaften und andere Personenvereinigungen des privaten Rechts, soweit sie nicht unter die Absätze 1 bis 3 fallen. Nimmt eine nicht-öffentliche Stelle hoheitliche Aufgaben der öffentlichen Verwaltung wahr, ist sie insoweit öffentliche Stelle im Sinne dieses Gesetzes.

§ 3. Weitere Begriffsbestimmungen. (1) Personenbezogene Daten sind Einzelangaben über persönliche oder sachliche Verhältnisse einer bestimmten oder bestimmbaren natürlichen Person (Betroffener).

(2) Eine Datei ist

1. eine Sammlung personenbezogener Daten, die durch automatisierte Verfahren nach bestimmten Merkmalen ausgewertet werden kann (automatisierte Datei), oder

2. jede sonstige Sammlung personenbezogener Daten, die gleichartig aufgebaut ist und nach bestimmten Merkmalen geordnet, umgeordnet und ausgewertet werden kann (nicht-automatisierte Datei).

Nicht hierzu gehören Akten und Aktensammlungen, es sei denn, daß sie durch automatisierte Verfahren umgeordnet und ausgewertet werden können.

(3) Eine Akte ist jede sonstige amtlichen oder dienstlichen Zwecken dienende Unterlage; dazu zählen auch Bild- und Tonträger. Nicht hierunter fallen Vorentwürfe und Notizen, die nicht Bestandteile eines Vorgangs werden sollen.

(4) Erheben ist das Beschaffen von Daten über den Betroffenen.

(5) Verarbeiten ist das Speichern, Verändern, Übermitteln, Sperren und Löschen personenbezogener Daten. Im einzelnen ist, ungeachtet der dabei angewendeten Verfahren:

1. Speichern das Erfassen, Aufnehmen oder Aufbewahren personenbezogener Daten auf einem Datenträger zum Zwecke ihrer weiteren Verarbeitung oder Nutzung,
2. Verändern das inhaltliche Umgestalten gespeicherter personenbezogener Daten,
3. Übermitteln das Bekanntgeben gespeicherter oder durch Datenverarbeitung gewonnener personenbezogener Daten an einen Dritten (Empfänger) in der Weise, daß
   a) die Daten durch die speichernde Stelle an den Empfänger weitergegeben werden oder
   b) der Empfänger von der speichernden Stelle zur Einsicht oder zum Abruf bereitgehaltene Daten einsieht oder abruft,
4. Sperren das Kennzeichnen gespeicherter personenbezogener Daten, um ihre weitere Verarbeitung oder Nutzung einzuschränken,
5. Löschen das Unkenntlichmachen gespeicherter personenbezogener Daten.

(6) Nutzen ist jede Verwendung personenbezogener Daten, soweit es sich nicht um Verarbeitung handelt.

(7) Anonymisieren ist das Verändern personenbezogener Daten derart, daß die Einzelangaben über persönliche oder sachliche Verhältnisse nicht mehr oder nur mit einem unverhältnismäßig großen Aufwand an Zeit, Kosten und Arbeitskraft einer bestimmten oder bestimmbaren natürlichen Person zugeordnet werden können.

(8) Speichernde Stelle ist jede Person oder Stelle, die personenbezogene Daten für sich selbst speichert oder durch andere im Auftrag speichern läßt.

(9) Dritter ist jede Person oder Stelle außerhalb der speichernden Stelle. Dritte sind nicht der Betroffene sowie diejenigen Personen und Stellen, die im Geltungsbereich dieses Gesetzes personenbezogene Daten im Auftrag verarbeiten oder nutzen.

§ 4. Zulässigkeit der Datenverarbeitung und -nutzung. (1) Die Verarbeitung personenbezogener Daten und deren Nutzung sind nur zulässig, wenn dieses Gesetz oder eine andere Rechtsvorschrift sie erlaubt oder anordnet oder soweit der Betroffene eingewilligt hat.

(2) Wird die Einwilligung bei dem Betroffenen eingeholt, ist er auf den Zweck der Speicherung und einer vorgesehenen Übermittlung sowie auf Verlangen auf die Folgen der Verweigerung der Einwilligung hinzuweisen. Die Einwilligung bedarf der Schriftform, soweit nicht wegen besonderer Umstände eine andere Form angemessen ist. Soll die Einwilligung zusammen mit anderen Erklärungen schriftlich erteilt werden, ist die Einwilligungserklärung im äußeren Erscheinungsbild der Erklärung hervorzuheben.

§ 5. Datengeheimnis. Den bei der Datenverarbeitung beschäftigten Personen ist untersagt, personenbezogene Daten unbefugt zu verarbeiten oder zu nutzen (Datengeheimnis). Diese Personen sind, soweit sie bei nicht-öffentlichen Stellen beschäftigt werden, bei der Aufnahme ihrer Tätigkeit auf das Datengeheimnis zu verpflichten. Das Datengeheimnis besteht auch nach Beendigung ihrer Tätigkeit fort.

§ 6. Unabdingbare Rechte des Betroffenen. (1) Die Rechte des Betroffenen auf Auskunft (§§ 19, 34) und auf Berichtigung, Löschung oder Sperrung (§§ 20, 35) können nicht durch Rechtsgeschäft ausgeschlossen oder beschränkt werden.

§ 8. Schadensersatz durch nicht-öffentliche Stellen. Macht ein Betroffener gegenüber einer nicht-öffentlichen Stelle einen Anspruch auf Schadensersatz wegen einer nach diesem Gesetz oder anderen Vorschriften über den Datenschutz unzulässigen oder unrichtigen automatisierten Datenverarbeitung geltend und ist streitig, ob der Schaden die Folge eines von der speichernden Stelle zu vertretenden Umstandes ist, so trifft die Beweislast die speichernde Stelle.

§ 9. Technische und organisatorische Maßnahmen. Öffentliche und nicht-öffentliche Stellen, die selbst oder im Auftrag personenbezogene Daten verarbeiten, haben die technischen und organisatorischen Maßnahmen zu treffen, die erforderlich sind, um die Ausführung der Vorschriften dieses Gesetzes, insbesondere die in der Anlage[1] zu diesem Gesetz genannten Anforderungen, zu gewährleisten. Erforderlich sind Maßnahmen nur, wenn ihr Aufwand in einem angemessenen Verhältnis zu dem angestrebten Schutzzweck steht.

§ 11. Verarbeitung oder Nutzung personenbezogener Daten im Auftrag.

(1) Werden personenbezogene Daten im Auftrag durch andere Stellen verarbeitet oder genutzt, ist der Auftraggeber für die Einhaltung der Vorschriften dieses Gesetzes und anderer Vorschriften über den Datenschutz verantwortlich. Die in den §§ 6 bis 8 genannten Rechte sind ihm gegenüber geltend zu machen.

(2) Der Auftragnehmer ist unter besonderer Berücksichtigung der Eignung der von ihm getroffenen technischen und organisatorischen Maßnahmen sorgfältig auszuwählen. Der Auftrag ist schriftlich zu erteilen, wobei die Datenverarbeitung oder -nutzung, die technischen und organisatorischen Maßnahmen und etwaige Unterauftragsverhältnisse festzulegen sind. Er kann bei öffentlichen Stellen auch durch die Fachaufsichtsbehörde erteilt werden.

(3) Der Auftragnehmer darf die Daten nur im Rahmen der Weisungen des Auftraggebers verarbeiten oder nutzen. Ist er der Ansicht, daß eine Weisung des Auftraggebers gegen dieses Gesetz oder andere Vorschriften über den Datenschutz verstößt, hat er den Auftraggeber unverzüglich darauf hinzuweisen.

(4) Für den Auftragnehmer gelten neben den §§ 5, 9, 43 Abs. 1, Abs. 3 und 4 sowie § 44 Abs. 1 Nr. 2, 5, 6 und 7 und Abs. 2 nur die Vorschriften über die Datenschutzkontrolle oder die Aufsicht, und zwar für

1. a) öffentliche Stellen,
   b) nicht-öffentliche Stellen, bei denen der öffentlichen Hand die Mehrheit der Anteile gehört oder die Mehrheit der Stimmen zusteht und der Auftraggeber eine öffentliche Stelle ist,

---

[1] Die Anlage zu § 9 Satz 1 ist unten nach § 44 abgedruckt.

die §§ 18, 24 bis 26 oder die entsprechenden Vorschriften der Datenschutzgesetze der Länder,

2. die übrigen nicht-öffentlichen Stellen, soweit sie personenbezogene Daten im Auftrag als Dienstleistungsunternehmen geschäftsmäßig verarbeiten oder nutzen, die §§ 32, 36 bis 38.

§ 24. Kontrolle durch den Bundesbeauftragten für den Datenschutz. (1) Der Bundesbeauftragte für den Datenschutz kontrolliert bei den öffentlichen Stellen des Bundes die Einhaltung der Vorschriften dieses Gesetzes und anderer Vorschriften über den Datenschutz. Werden personenbezogene Daten in Akten verarbeitet oder genutzt, kontrolliert der Bundesbeauftragte die Erhebung, Verarbeitung oder Nutzung, wenn der Betroffene ihm hinreichende Anhaltspunkte dafür darlegt, daß er dabei in seinen Rechten verletzt worden ist, oder dem Bundesbeauftragten hinreichende Anhaltspunkte für eine derartige Verletzung vorliegen.

(2) Die Kontrolle des Bundesbeauftragten erstreckt sich auch auf personenbezogene Daten, die einem Berufs- oder besonderen Amtsgeheimnis, insbesondere dem Steuergeheimnis nach § 30 der Abgabenordnung, unterliegen. Das Post- und Fernmeldegeheimnis (Artikel 10 des Grundgesetzes) wird eingeschränkt, soweit dies zur Ausübung der Kontrolle bei den speichernden Stellen der Deutschen Bundespost erforderlich ist. Das Kontrollrecht erstreckt sich mit Ausnahme von Nummer 1 nicht auf den Inhalt des Post- und Fernmeldeverkehrs. Der Kontrolle durch den Bundesbeauftragten unterliegen nicht:

1. personenbezogene Daten, die der Kontrolle durch die Kommission nach § 9 des Gesetzes zu Artikel 10 Grundgesetz unterliegen, es sei denn, die Kommission ersucht den Bundesbeauftragten, die Einhaltung der Vorschriften über den Datenschutz bei bestimmten Vorgängen oder in bestimmten Bereichen zu kontrollieren und ausschließlich ihr darüber zu berichten, und
2. a) personenbezogene Daten, die dem Post- und Fernmeldegeheimnis nach Artikel 10 des Grundgesetzes unterliegen,
   b) personenbezogene Daten, die dem Arztgeheimnis unterliegen und
   c) personenbezogene Daten in Personalakten oder in den Akten über die Sicherheitsüberprüfung,

wenn der Betroffene der Kontrolle der auf ihn bezogenen Daten im Einzelfall gegenüber dem Bundesbeauftragten für den Datenschutz widerspricht. Unbeschadet des Kontrollrechts des Bundesbeauftragten unterrichtet die öffentliche Stelle die Betroffenen in allgemeiner Form über das ihnen zustehende Widerspruchsrecht.

(4) Die öffentlichen Stellen des Bundes sind verpflichtet, den Bundesbeauftragten und seine Beauftragten bei der Erfüllung ihrer Aufgaben zu unterstützen. Ihnen ist dabei insbesondere

1. Auskunft zu ihren Fragen sowie Einsicht in alle Unterlagen und Akten, insbesondere in die gespeicherten Daten und in die Datenverarbeitungsprogramme, zu gewähren, die im Zusammenhang mit der Kontrolle nach Absatz 1 stehen,
2. jederzeit Zutritt in alle Diensträume zu gewähren.

Die in § 6 Abs. 2 und § 19 Abs. 3 genannten Behörden gewähren die Unterstützung nur dem Bundesbeauftragten selbst und den von ihm schriftlich besonders Beauftragten. Satz 2 gilt für diese Behörden nicht, soweit die oberste Bundesbehörde im Einzelfall feststellt, daß die Auskunft oder Einsicht die Sicherheit des Bundes oder eines Landes gefährden würde.

(6) Absatz 2 gilt entsprechend für die öffentlichen Stellen, die für die Kontrolle der Einhaltung der Vorschriften über den Datenschutz in den Ländern zuständig sind.

§ 27. Anwendungsbereich. (1) Die Vorschriften dieses Abschnittes finden Anwendung, soweit personenbezogene Daten in oder aus Dateien geschäftsmäßig oder für berufliche oder gewerbliche Zwecke verarbeitet oder genutzt werden durch

1. nicht-öffentliche Stellen,
2. a) öffentliche Stellen des Bundes, soweit sie als öffentlich-rechtliche Unternehmen am Wettbewerb teilnehmen,
   b) öffentliche Stellen der Länder, soweit sie als öffentlich-rechtliche Unternehmen am Wettbewerb teilnehmen, Bundesrecht ausführen und der Datenschutz nicht durch Landesgesetz geregelt ist.

In den Fällen der Nummer 2 Buchstabe a gelten anstelle des § 38 die §§ 18, 21 und 24 bis 26.

(2) Die Vorschriften dieses Abschnittes gelten nicht für die Verarbeitung und Nutzung personenbezogener Daten in Akten, soweit es sich nicht um personenbezogene Daten handelt, die offensichtlich aus einer Datei entnommen worden sind.

§ 28. Datenspeicherung, -übermittlung und -nutzung für eigene Zwecke.

(1) Das Speichern, Verändern oder Übermitteln personenbezogener Daten oder ihrer Nutzung als Mittel für die Erfüllung eigener Geschäftszwecke ist zulässig

1. im Rahmen der Zweckbestimmung eines Vertragsverhältnisses oder vertragsähnlichen Vertrauensverhältnisses mit dem Betroffenen,
2. soweit es zur Wahrung berechtigter Interessen der speichernden Stelle erforderlich ist und kein Grund zu der Annahme besteht, daß das schutzwürdige Interesse der Betroffenen an dem Ausschluß der Verarbeitung oder Nutzung überwiegt,
3. wenn die Daten aus allgemein zugänglichen Quellen entnommen werden können oder die speichernde Stelle sie veröffentlichen dürfte, es sei denn, daß das schutzwürdige Interesse des Betroffenen an dem Ausschluß der Verarbeitung oder Nutzung offensichtlich überwiegt,
4. wenn es im Interesse der speichernden Stelle zur Durchführung wissenschaftlicher Forschung erforderlich ist, das wissenschaftliche Interesse an der Durchführung des Forschungsvorhabens das Interesse des Betroffenen an dem Ausschluß der Zweckänderung erheblich überwiegt und der Zweck der Forschung auf andere Weise nicht oder nur mit unverhältnismäßigem Aufwand erreicht werden kann.

Die Daten müssen nach Treu und Glauben und auf rechtmäßige Weise erhoben werden.

(2) Die Übermittlung oder Nutzung ist auch zulässig

1. a) soweit es zur Wahrung berechtigter Interessen eines Dritten oder öffentlicher Interessen erforderlich ist oder
   b) wenn es sich um listenmäßig oder sonst zusammengefaßte Daten über Angehörige einer Personengruppe handelt, die sich auf
      - eine Angabe über die Zugehörigkeit des Betroffenen zu dieser Personengruppe,
      - Berufs-, Branchen- oder Geschäftsbezeichnung,
      - Namen,
      - Titel,
      - akademische Grade,
      - Anschrift,
      - Geburtsjahr

      beschränken und

   kein Grund zu der Annahme besteht, daß der Betroffene ein schutzwürdiges Interesse an dem Ausschluß der Übermittlung hat. In den Fällen des Buchstabens b kann im allgemeinen davon ausgegangen werden, daß dieses Interesse besteht, wenn im Rahmen der Zweckbestimmung eines Vertragsverhältnisses oder vertragsähnlichen Vertrauensverhältnisses gespeicherte Daten übermittelt werden sollen, die sich

- auf gesundheitliche Verhältnisse,
- auf strafbare Handlungen,
- auf Ordnungswidrigkeiten,
- auf religiöse oder politische Anschauungen sowie
- bei Übermittlung durch den Arbeitgeber auf arbeitsrechtliche Rechtsverhältnisse

beziehen, oder

2. wenn es im Interesse einer Forschungseinrichtung zur Durchführung wissenschaftlicher Forschung erforderlich ist, das wissenschaftliche Interesse an der Durchführung des Forschungsvorhabens das Interesse des Betroffenen an dem Ausschluß der Zweckänderung erheblich überwiegt und der Zweck der Forschung auf andere Weise nicht oder nur mit unverhältnismäßigem Aufwand erreicht werden kann.

(3) Widerspricht der Betroffene bei der speichernden Stelle der Nutzung oder Übermittlung seiner Daten für Zwecke der Werbung oder der Markt- oder Meinungsforschung, ist eine Nutzung oder Übermittlung für diese Zwecke unzulässig. Widerspricht der Betroffene beim Empfänger der nach Absatz 2 übermittelten Daten der Verarbeitung oder Nutzung für Zwecke der Werbung oder der Markt- oder Meinungsforschung, hat dieser die Daten für diese Zwecke zu sperren.

(4) Der Empfänger darf die übermittelten Daten für den Zweck verarbeiten oder nutzen, zu dessen Erfüllung sie ihm übermittelt werden. Eine Verarbeitung oder Nutzung für andere Zwecke ist nur unter den Voraussetzungen der Absätze 1 und 2 zulässig. Die übermittelnde Stelle hat den Empfänger darauf hinzuweisen.

§ 29. Geschäftsmäßige Datenspeicherung zum Zwecke der Übermittlung.

(1) Das geschäftsmäßige Speichern oder Verändern personenbezogener Daten zum Zwecke der Übermittlung ist zulässig, wenn

1. kein Grund zu der Annahme besteht, daß der Betroffene ein schutzwürdiges Interesse an dem Ausschluß der Speicherung oder Veränderung hat, oder

2. die Daten aus allgemein zugänglichen Quellen entnommen werden können oder die speichernde Stelle sie veröffentlichen dürfte, es sei denn, daß das schutzwürdige Interesse des Betroffenen an dem Ausschluß der Speicherung oder Veränderung offensichtlich überwiegt.

§ 28 Abs. 1 Satz 2 ist anzuwenden.

(2) Die Übermittlung ist zulässig, wenn

1. a) der Empfänger ein berechtigtes Interesse an ihrer Kenntnis glaubhaft dargelegt hat oder
   b) es sich um listenmäßig oder sonst zusammengefaßte Daten nach § 28 Abs. 2 Nr. 1 Buchstabe b handelt, die für Zwecke der Werbung oder der Markt- oder Meinungsforschung übermittelt werden sollen, und
2. kein Grund zu der Annahme besteht, daß der Betroffene ein schutzwürdiges Interesse an dem Ausschluß der Übermittlung hat.

§ 28 Abs. 2 Nr. 1 Satz 2 gilt entsprechend. Bei der Übermittlung nach Nummer 1 Buchstabe a sind die Gründe für das Vorliegen eines berechtigten Interesses und die Art und Weise ihrer glaubhaften Darlegung von der übermittelnden Stelle aufzuzeichnen. Bei der Übermittlung im automatisierten Abrufverfahren obliegt die Aufzeichnungspflicht dem Empfänger.

(3) Für die Verarbeitung oder Nutzung der übermittelten Daten gilt § 28 Abs. 3 und 4.

§ 33. Benachrichtigung des Betroffenen. (1) Werden erstmals personenbezogene Daten für eigene Zwecke gespeichert, ist der Betroffene von der Speicherung und der Art der Daten zu benachrichtigen. Werden personenbezogene Daten geschäftsmäßig zum Zwecke der Übermittlung gespeichert, ist der Betroffene von der erstmaligen Übermittlung und der Art der übermittelten Daten zu benachrichtigen.

(2) Eine Pflicht zur Benachrichtigung besteht nicht, wenn

1. der Betroffene auf andere Weise Kenntnis von der Speicherung oder der Übermittlung erlangt hat,
2. die Daten nur deshalb gespeichert sind, weil sie aufgrund gesetzlicher, satzungsmäßiger oder vertraglicher Aufbewahrungsvorschriften nicht gelöscht werden dürfen oder ausschließlich der Datensicherung oder der Datenschutzkontrolle dienen,

3. die Daten nach einer Rechtsvorschrift oder ihrem Wesen nach, namentlich wegen des überwiegenden rechtlichen Interesses eines Dritten, geheimgehalten werden müssen,
4. die zuständige öffentliche Stelle gegenüber der speichernden Stelle festgestellt hat, daß das Bekanntwerden der Daten die öffentliche Sicherheit oder Ordnung gefährden oder sonst dem Wohle des Bundes oder eines Landes Nachteile bereiten würde,
5. die Daten in einer Datei gespeichert werden, die nur vorübergehend vorgehalten und innerhalb von drei Monaten nach ihrer Erstellung gelöscht wird,
6. die Daten für eigene Zwecke gespeichert sind und
   a) aus allgemein zugänglichen Quellen entnommen sind oder
   b) die Benachrichtigung die Geschäftszwecke der speichernden Stelle erheblich gefährden würde, es sei denn, daß das Interesse an der Benachrichtigung die Gefährdung überwiegt, oder,
7. die Daten geschäftsmäßig zum Zwecke der Übermittlung gespeichet sind und
   a) aus allgemein zugänglichen Quellen entnommen sind, soweit sie sich auf diejenigen Personen beziehen, die diese Daten veröffentlicht haben, oder
   b) es sich um listenmäßig oder sonst zusammengefaßte Daten handelt (§ 29 Abs. 2 Nr. 1 Buchstabe b).

§ 34. **Auskunft an den Betroffenen.** (1) Der Betroffene kann Auskunft verlangen über

1. die zu seiner Person gespeicherten Daten, auch soweit sie sich auf Herkunft und Empfänger beziehen,
2. den Zweck der Speicherung und
3. Personen und Stellen, an die seine Daten regelmäßig übermittelt werden, wenn seine Daten automatisiert verarbeitet werden.

Er soll die Art der personenbezogenen Daten, über die Auskunft erteilt werden soll, näher bezeichnen. Werden die personenbezogenen Daten geschäftsmäßig zum Zwecke der Übermittlung gespeichert, kann der Betroffene über Herkunft und Empfänger nur Auskunft verlangen, wenn er begründete Zweifel an der Richtigkeit der Daten geltend macht. In diesem Falle ist Auskunft über Herkunft und Empfänger auch dann zu erteilen, wenn diese Angaben nicht gespeichert sind.

(2) Der Betroffene kann von Stellen, die geschäftsmäßig personenbezogene Daten zum Zwecke der Auskunftserteilung speichern, Auskunft über seine personenbezogenen Daten verlangen, auch wenn sie nicht in einer Datei gespeichert sind. Auskunft über Herkunft und Empfänger kann der Betroffene nur verlangen, wenn er begründete Zweifel an der Richtigkeit der Daten geltend macht. § 38 Abs. 1 ist mit der Maßgabe anzuwenden, daß die Aufsichtsbehörde im Einzelfall die Einhaltung von Satz 1 überprüft, wenn der Betroffene begründet darlegt, daß die Auskunft nicht oder nicht richtig erteilt worden ist.

(3) Die Auskunft wird schriftlich erteilt, soweit nicht wegen der besonderen Umstände eine andere Form der Auskunftserteilung angemessen ist.

(4) Eine Pflicht zur Auskunftserteilung besteht nicht, wenn der Betroffene nach § 33 Abs. 2 Nr. 2 bis 6 nicht zu benachrichtigen ist.

(5) Die Auskunft ist unentgeltlich. Werden die personenbezogenen Daten geschäftsmäßig zum Zwecke der Übermittlung gespeichert, kann jedoch ein Entgelt verlangt werden, wenn der Betroffene die Auskunft gegenüber Dritten zu wirtschaftlichen Zwecken nutzen kann. Das Entgelt darf über die durch die Auskunftserteilung entstandenen direkt zurechenbaren Kosten nicht hinausgehen. Ein Entgelt kann in den Fällen nicht verlangt werden, in denen besondere Umstände die Annahme rechtfertigen, daß Daten unrichtig oder unzulässig gespeichert werden, oder in denen die Auskunft ergibt, daß die Daten zu berichtigen oder unter der Voraussetzung des § 35 Abs. 2 Satz 2 Nr. 1 zu löschen sind.

(6) Ist die Auskunftserteilung nicht unentgeltlich, ist dem Betroffenen die Möglichkeit zu geben, sich im Rahmen seines Auskunftsanspruchs persönlich Kenntnis über die ihn betreffenden Daten und Angaben zu verschaffen. Er ist hierauf in geeigneter Weise hinzuweisen.

§ 35. Berichtigung, Löschung und Sperrung von Daten. (1) Personenbezogene Daten sind zu berichtigen, wenn sie unrichtig sind.

(2) Personenbezogene Daten können außer in den Fällen des Absatzes 3 Nr. 1 und 2 jederzeit gelöscht werden. Personenbezogene Daten sind zu löschen, wenn

1. ihre Speicherung unzulässig ist,
2. es sich um Daten über gesundheitliche Verhältnisse, strafbare Handlungen, Ordnungswidrigkeiten sowie religiöse oder politische An-

schauungen handelt und ihre Richtigkeit von der speichernden Stelle nicht bewiesen werden kann,
3. sie für eigene Zwecke verarbeitet werden, sobald ihre Kenntnis für die Erfüllung des Zweckes der Speicherung nicht mehr erforderlich ist, oder
4. sie geschäftsmäßig zum Zwecke der Übermittlung verarbeitet werden und eine Prüfung am Ende des fünften Kalenderjahres nach ihrer erstmaligen Speicherung ergibt, daß eine längerwährende Speicherung nicht erforderlich ist.

(3) An die Stelle einer Löschung tritt eine Sperrung, soweit
1. im Falle des Absatzes 2 Nr. 3 oder 4 einer Löschung gesetzliche, satzungsmäßige oder vertragliche Aufbewahrungsfristen entgegenstehen,
2. Grund zu der Annahme besteht, daß durch eine Löschung schutzwürdige Interessen des Betroffenen beeinträchtigt würden, oder
3. eine Löschung wegen der besonderen Art der Speicherung nicht oder nur mit unverhältnismäßig hohem Aufwand möglich ist.

(4) Personenbezogene Daten sind ferner zu sperren, soweit ihre Richtigkeit vom Betroffenen bestritten wird und sich weder die Richtigkeit noch die Unrichtigkeit feststellen läßt.

(5) Personenbezogene Daten, die unrichtig sind oder deren Richtigkeit bestritten wird, müssen bei der geschäftsmäßigen Datenspeicherung zum Zwecke der Übermittlung außer in den Fällen des Absatzes 2 Nr. 2 nicht berichtigt, gesperrt oder gelöscht werden, wenn sie aus allgemein zugänglichen Quellen entnommen und zu Dokumentationszwecken gespeichert sind. Auf Verlangen des Betroffenen ist diesen Daten für die Dauer der Speicherung seine Gegendarstellung beizufügen. Die Daten dürfen nicht ohne diese Gegendarstellung übermittelt werden.

(6) Von der Berichtigung unrichtiger Daten, der Sperrung bestrittener Daten sowie der Löschung oder Sperrung wegen Unzulässigkeit der Speicherung sind die Stellen zu verständigen, denen im Rahmen einer regelmäßigen Datenübermittlung diese Daten zur Speicherung weitergegeben werden, wenn dies zur Wahrung der schutzwürdigen Interessen des Betroffenen erforderlich ist.

(7) Gesperrte Daten dürfen ohne Einwilligung des Betroffenen nur übermittelt oder genutzt werden, wenn
1. es zu wissenschaftlichen Zwecken, zur Behebung einer bestehenden Beweisnot oder aus sonstigen im überwiegenden Interesse der spei-

chernden Stelle oder eines Dritten liegenden Gründen unerläßlich ist und

2. die Daten hierfür übermittelt oder genutzt werden dürften, wenn sie nicht gesperrt wären.

§ 36. Bestellung eines Beauftragten für den Datenschutz. (1) Die nicht-öffentlichen Stellen, die personenbezogene Daten automatisiert verarbeiten und damit in der Regel mindestens fünf Arbeitnehmer ständig beschäftigen, haben spätestens innerhalb eines Monats nach Aufnahme ihrer Tätigkeit einen Beauftragten für den Datenschutz schriftlich zu bestellen. Das gleiche gilt, wenn personenbezogene Daten auf andere Weise verarbeitet werden und damit in der Regel mindestens zwanzig Arbeitnehmer ständig beschäftigt sind.

§ 37. Aufgaben des Beauftragten für den Datenschutz. (1) Der Beauftragte für den Datenschutz hat die Ausführung dieses Gesetzes sowie anderer Vorschriften über den Datenschutz sicherzustellen. Zu diesem Zweck kann er sich in Zweifelsfällen an die Aufsichtsbehörde wenden. ...

(2) Dem Beauftragten ist von der nicht-öffentlichen Stelle eine Übersicht zur Verfügung zu stellen über

1. eingesetzte Datenverarbeitungsanlagen,
2. Bezeichnung und Art der Dateien,
3. Art der gespeicherten Daten,
4. Geschäftszwecke, zu deren Erfüllung die Kenntnis dieser Daten erforderlich ist,
5. deren regelmäßige Empfänger,
6. zugriffsberechtigte Personengruppen oder Personen, die allein zugriffsberechtigt sind.

§ 38. Aufsichtsbehörde. (1) Die Aufsichtsbehörde überprüft im Einzelfall die Ausführung dieses Gesetzes sowie anderer Vorschriften über den Datenschutz, soweit diese die Verarbeitung oder Nutzung personenbezogener Daten in oder aus Dateien regeln, wenn ihr hinreichende Anhaltspunkte dafür vorliegen, daß eine dieser Vorschriften durch nicht-öffentliche Stellen verletzt ist, insbesondere wenn es der Betroffene selbst begründet darlegt.

(2) Werden personenbezogene Daten geschäftsmäßig

1. zum Zwecke der Übermittlung gespeichert,
2. zum Zwecke der anonymisierten Übermittlung gespeichert oder
3. im Auftrag durch Dienstleistungsunternehmen verarbeitet,

überwacht die Aufsichtsbehörde die Ausführung dieses Gesetzes oder anderer Vorschriften über den Datenschutz, soweit diese die Verarbeitung oder Nutzung personenbezogener Daten in oder aus Dateien regeln. Die Aufsichtsbehörde führt das Register nach § 32 Abs. 2. Das Register kann von jedem eingesehen werden.

(3) Die der Prüfung unterliegenden Stellen sowie die mit deren Leitung beauftragten Personen haben der Aufsichtsbehörde auf Verlangen die für die Erfüllung ihrer Aufgaben erforderlichen Auskünfte unverzüglich zu erteilen. Der Auskunftspflichtige kann die Auskunft auf solche Fragen verweigern, deren Beantwortung ihn selbst oder einen der in § 383 Abs. 1 Nr. 1 bis 3 der Zivilprozeßordnung bezeichneten Angehörigen der Gefahr strafgerichtlicher Verfolgung oder eines Verfahrens nach dem Gesetz über Ordnungswidrigkeiten aussetzen würde. Der Auskunftspflichtige ist darauf hinzuweisen.

(4) Die von der Aufsichtsbehörde mit der Überprüfung oder Überwachung beauftragten Personen sind befugt, soweit es zur Erfüllung der der Aufsichtsbehörde übertragenen Aufgaben erforderlich ist, während der Betriebs- und Geschäftszeiten Grundstücke und Geschäftsräume der Stelle zu betreten und dort Prüfungen und Besichtigungen vorzunehmen. Sie können geschäftliche Unterlagen, insbesondere die Übersicht nach § 37 Abs. 2 sowie die gespeicherten personenbezogenen Daten und die Datenverarbeitungsprogramme, einsehen. § 24 Abs. 6 gilt entsprechend. Der Auskunftspflichtige hat diese Maßnahmen zu dulden.

(5) Zur Gewährleistung des Datenschutzes nach diesem Gesetz und anderen Vorschriften über den Datenschutz, soweit diese die Verarbeitung oder Nutzung personenbezogener Daten in oder aus Dateien regeln, kann die Aufsichtsbehörde anordnen, daß im Rahmen der Anforderungen nach § 9 Maßnahmen zur Beseitigung festgestellter technischer oder organisatorischer Mängel getroffen werden. Bei schwerwiegenden Mängeln dieser Art, insbesondere, wenn sie mit besonderer Gefährdung des Persönlichkeitsrechts verbunden sind, kann sie den Einsatz einzelner Verfahren untersagen, wenn die Mängel entgegen der Anordnung nach Satz 1 und trotz der Verhängung eines Zwangsgeldes nicht in angemesse-

ner Zeit beseitigt werden. Sie kann die Abberufung des Beauftragten für den Datenschutz verlangen, wenn er die zur Erfüllung seiner Aufgaben erforderliche Fachkunde und Zuverlässigkeit nicht besitzt.

(6) Die Landesregierungen oder die von ihnen ermächtigten Stellen bestimmen die für die Überwachung der Durchführung des Datenschutzes im Anwendungsbereich dieses Abschnittes zuständigen Aufsichtsbehörden.

(7) Die Anwendung der Gewerbeordnung auf die den Vorschriften dieses Abschnitts unterliegenden Gewerbebetriebe bleibt unberührt.

§ 39. Zweckbindung bei personenbezogenen Daten, die einem Berufs- oder besonderen Amtsgeheimnis unterliegen. (1) Personenbezogene Daten, die einem Berufs- oder besonderen Amtsgeheimnis unterliegen und die von der zur Verschwiegenheit verpflichteten Stelle in Ausübung ihrer Berufs- oder Amtspflicht zur Verfügung gestellt worden sind, dürfen von der speichernden Stelle nur für den Zweck verarbeitet oder genutzt werden, für den sie sie erhalten hat. In die Übermittlung an eine nicht-öffentliche Stelle muß die zur Verschwiegenheit verpflichtete Stelle einwilligen.

(2) Für einen anderen Zweck dürfen die Daten nur verarbeitet oder genutzt werden, wenn die Änderung des Zwecks durch besonderes Gesetz zugelassen ist.

§ 41. Verarbeitung und Nutzung personenbezogener Daten durch die Medien. (1) Soweit personenbezogene Daten von Unternehmen oder Hilfsunternehmen der Presse oder des Films oder von Hilfsunternehmen des Rundfunks ausschließlich zu eigenen journalistisch-redaktionellen Zwecken verarbeitet oder genutzt werden, gelten von den Vorschriften dieses Gesetzes nur die §§ 5 und 9. ...

(2) Führt die journalistisch-redaktionelle Verarbeitung oder Nutzung personenbezogener Daten durch die Rundfunkanstalten des Bundesrechts zur Veröffentlichung von Gegendarstellungen des Betroffenen, so sind diese Gegendarstellungen zu den gespeicherten Daten zu nehmen und für dieselbe Zeitdauer aufzubewahren wie die Daten selbst.

(3) Wird jemand durch eine Berichterstattung der Rundfunkanstalten des Bundesrechts in seinem Persönlichkeitsrecht beeinträchtigt, so kann er Auskunft über die der Berichterstattung zugrundeliegenden, zu seiner Person gespeicherten Daten verlangen. Die Auskunft kann verweigert werden, soweit aus den Daten auf die Person des Verfassers, Einsenders

oder Gewährsmannes von Beiträgen, Unterlagen und Mitteilungen für den redaktionellen Teil geschlossen werden kann. Der Betroffene kann die Berichtigung unrichtiger Daten verlangen.

(4) Im übrigen gelten für die Rundfunkanstalten des Bundesrechts von den Vorschriften dieses Gesetzes die §§ 5 und 9. Anstelle der §§ 24 bis 26 gilt § 42, auch soweit es sich um Verwaltungsangelegenheiten handelt.

§ 42. Datenschutzbeauftragte der Rundfunkanstalten des Bundesrechts.

(1) Die Rundfunkanstalten des Bundesrechts bestellen jeweils einen Beauftragten für den Datenschutz, der an die Stelle des Bundesbeauftragten für den Datenschutz tritt. ...

§ 43. Strafvorschriften. (1) Wer unbefugt von diesem Gesetz geschützte personenbezogene Daten, die nicht offenkundig sind,

1. speichert, verändert oder übermittelt,
2. zum Abruf mittels automatisierten Verfahrens bereithält oder
3. abruft oder sich oder einen anderen aus Dateien verschafft,

wird mit Freiheitsstrafe bis zu einem Jahr oder mit Geldstrafe bestraft.

(2) Ebenso wird bestraft, wer

1. die Übermittlung von durch dieses Gesetz geschützten personenbezogenen Daten, die nicht offenkundig sind, durch unrichtige Angaben erschleicht,
2. entgegen § 16 Abs. 4 Satz 1, § 28 Abs. 4 Satz 1, auch in Verbindung mit § 29 Abs. 3, § 39 Abs. 1 Satz 1 oder § 40 Abs. 1 die übermittelten Daten für andere Zwecke nutzt, indem er sie an Dritte weitergibt, oder
3. entgegen § 30 Abs. 1 Satz 2 die in § 30 Abs. 1 Satz 1 bezeichneten Merkmale oder entgegen § 40 Abs. 3 Satz 3 die in § 40 Abs. 3 Satz 2 bezeichneten Merkmale mit den Einzelangaben zusammenführt.

(3) Handelt der Täter gegen Entgelt oder in der Absicht, sich oder einen anderen zu bereichern oder einen anderen zu schädigen, so ist die Strafe Freiheitsstrafe bis zu zwei Jahren oder Geldstrafe.

(4) Die Tat wird nur auf Antrag verfolgt.

§ 44. Bußgeldvorschriften. (1) Ordnungswidrig handelt, wer vorsätzlich oder fahrlässig ...

3. entgegen § 33 Abs. 1 den Betroffenen nicht, nicht richtig oder nicht vollständig benachrichtigt,

4. entgegen § 35 Abs. 5 Satz 3 Daten ohne Gegendarstellung übermittelt,
5. entgegen § 36 Abs. 1 einen Beauftragten für den Datenschutz nicht oder nicht rechtzeitig bestellt,
6. entgegen § 38 Abs. 3 Satz 1 eine Auskunft nicht, nicht richtig, nicht vollständig oder nicht rechtzeitig erteilt oder entgegen § 38 Abs. 4 Satz 4 den Zutritt zu den Grundstücken oder Geschäftsräumen oder die Vornahme von Prüfungen oder Besichtigungen oder die Einsicht in geschäftliche Unterlagen nicht duldet, oder
7. einer vollziehbaren Anordnung nach § 38 Abs. 5 Satz 1 zuwiderhandelt.

Anlage
(zu § 9 Satz 1)

Werden personenbezogene Daten automatisiert verarbeitet, sind Maßnahmen zu treffen, die je nach der Art der zu schützenden personenbezogenen Daten geeignet sind,

1. Unbefugten den Zugang zu Datenverarbeitungsanlagen, mit denen personenbezogene Daten verarbeitet werden, zu verwehren (Zugangskontrolle),
2. zu verhindern, daß Datenträger unbefugt gelesen, kopiert, verändert oder entfernt werden können (Datenträgerkontrolle),
3. die unbefugte Eingabe in den Speicher sowie die unbefugte Kenntnisnahme, Veränderung oder Löschung gespeicherter personenbezogener Daten zu verhindern (Speicherkontrolle),
4. zu verhindern, daß Datenverarbeitungssysteme mit Hilfe von Einrichtungen zur Datenübertragung von Unbefugten genutzt werden können (Benutzerkontrolle),
5. zu gewährleisten, daß die zur Benutzung eines Datenverarbeitungssystems Berechtigten ausschließlich auf die ihrer Zugriffsberechtigung unterliegenden Daten zugreifen können (Zugriffskontrolle),
6. zu gewährleisten, daß überprüft und festgestellt werden kann, an welche Stellen personenbezogene Daten durch Einrichtungen zur Datenübertragung übermittelt werden können (Übermittlungskontrolle),
7. zu gewährleisten, daß nachträglich überprüft und festgestellt werden kann, welche personenbezogenen Daten zu welcher Zeit von wem in Datenverarbeitungssysteme eingegeben worden sind (Eingabekontrolle),

8. zu gewährleisten, daß personenbezogene Daten, die im Auftrag verarbeitet werden, nur entsprechend den Weisungen des Auftraggebers verarbeitet werden können (Auftragskontrolle),
9. zu verhindern, daß bei der Übertragung personenbezogener Daten sowie beim Transport von Datenträgern die Daten unbefugt gelesen, kopiert, verändert oder gelöscht werden können (Transportkontrolle),
10. die innerbehördliche oder innerbetriebliche Organisation so zu gestalten, daß sie den besonderen Anforderungen des Datenschutzes gerecht wird (Organisationskontrolle).

Bundesrechtsanwaltsordnung

Vom 1. August 1959
(BGBl. I S. 565)
zuletzt geänd. durch G v. 2. 9. 1994 (BGBl. I S. 2278)
BGBl. III 303–8

§ 1. Stellung des Rechtsanwalts in der Rechtspflege. Der Rechtsanwalt ist ein unabhängiges Organ der Rechtspflege.

§ 2. Beruf des Rechtsanwalts. (1) Der Rechtsanwalt übt einen freien Beruf aus.

(2) Seine Tätigkeit ist kein Gewerbe.

§ 3. Recht zur Beratung und Vertretung. (1) Der Rechtsanwalt ist der berufene unabhängige Berater und Vertreter in allen Rechtsangelegenheiten.

(2) Sein Recht, in Rechtsangelegenheiten aller Art vor Gerichten, Schiedsgerichten oder Behörden aufzutreten, kann nur durch ein Bundesgesetz beschränkt werden.

(3) Jedermann hat im Rahmen der gesetzlichen Vorschriften das Recht, sich in Rechtsangelegenheiten aller Art durch einen Rechtsanwalt seiner Wahl beraten und vor Gerichten, Schiedsgerichten oder Behörden vertreten zu lassen.

§ 43. Allgemeine Berufspflicht. Der Rechtsanwalt hat seinen Beruf gewissenhaft auszuüben. Er hat sich innerhalb und außerhalb des Berufes der

Achtung und des Vertrauens, welche die Stellung des Rechtsanwalts erfordert, würdig zu erweisen.

§ 43 a. Grundpflichten des Rechtsanwalts. (1) Der Rechtsanwalt darf keine Bindungen eingehen, die seine berufliche Unabhängigkeit gefährden.

(2) Der Rechtsanwalt ist zur Verschwiegenheit verpflichtet. Diese Pflicht bezieht sich auf alles, was ihm in Ausübung seines Berufes bekanntgeworden ist. Dies gilt nicht für Tatsachen, die offenkundig sind oder ihrer Bedeutung nach keiner Geheimhaltung bedürfen.

(3) Der Rechtsanwalt darf sich bei seiner Berufsausübung nicht unsachlich verhalten. Unsachlich ist insbesondere ein Verhalten, bei dem es sich um die bewußte Verbreitung von Unwahrheiten oder solche herabsetzenden Äußerungen handelt, zu denen andere Beteiligte oder der Verfahrensverlauf keinen Anlaß gegeben haben.

(4) Der Rechtsanwalt darf keine widerstreitenden Interessen vertreten.

§ 43 b. Werbung. Werbung ist dem Rechtsanwalt nur erlaubt, soweit sie über die berufliche Tätigkeit in Form und Inhalt sachlich unterrichtet und nicht auf die Erteilung eines Auftrags im Einzelfall gerichtet ist.

§ 50. Handakten des Rechtsanwalts. (1) Der Rechtsanwalt muß durch Anlegung von Handakten ein geordnetes Bild über die von ihm entfaltete Tätigkeit geben können.

(2) Der Rechtsanwalt hat die Handakten auf die Dauer von fünf Jahren nach Beendigung des Auftrags aufzubewahren. Diese Verpflichtung erlischt jedoch schon vor Beendigung dieses Zeitraumes, wenn der Rechtsanwalt den Auftraggeber aufgefordert hat, die Handakten in Empfang zu nehmen, und der Auftraggeber dieser Aufforderung binnen sechs Monaten, nachdem er sie erhalten hat, nicht nachgekommen ist.

(3) Der Rechtsanwalt kann seinem Auftraggeber die Herausgabe der Handakten verweigern, bis er wegen seiner Gebühren und Auslagen befriedigt ist. Dies gilt nicht, soweit die Vorenthaltung der Handakten oder einzelner Schriftstücke nach den Umständen unangemessen wäre.

(4) Handakten im Sinne der Absätze 2 und 3 dieser Bestimmung sind nur die Schriftstücke, die der Rechtsanwalt aus Anlaß seiner beruflichen Tätigkeit von dem Auftraggeber oder für ihn erhalten hat, nicht aber der Briefwechsel zwischen dem Rechtsanwalt und seinem Auftraggeber und

die Schriftstücke, die dieser bereits in Urschrift oder Abschrift erhalten hat.

(5) Absatz 4 gilt entsprechend, soweit sich der Rechtsanwalt zum Führen von Handakten der elektronischen Datenverarbeitung bedient.

§ 56. Besondere Pflichten gegenüber dem Vorstand der Rechtsanwaltskammer. (1) In Aufsichts- und Beschwerdesachen hat der Rechtsanwalt dem Vorstand der Rechtsanwaltskammer oder einem beauftragten Mitglied des Vorstandes Auskunft zu geben sowie auf Verlangen seine Handakten vorzulegen oder vor dem Vorstand oder dem beauftragten Mitglied zu erscheinen. Das gilt nicht, wenn und soweit der Rechtsanwalt dadurch seine Verpflichtung zur Verschwiegenheit verletzen oder sich durch wahrheitsgemäße Beantwortung oder Vorlage seiner Handakten die Gefahr zuziehen würde, wegen einer Straftat, einer Ordnungswidrigkeit oder einer Berufspflichtverletzung verfolgt zu werden und er sich hierauf beruft. Der Rechtsanwalt ist auf das Recht zur Auskunftsverweigerung hinzuweisen.

§ 59b. Satzungskompetenz. (1) Das Nähere zu den beruflichen Rechten und Pflichten wird durch Satzung in einer Berufsordnung bestimmt.

(2) Die Berufsordnung kann im Rahmen der Vorschriften dieses Gesetzes näher regeln:

1. die allgemeinen Berufspflichten und Grundpflichten,
   a) Gewissenhaftigkeit,
   b) Wahrung der Unabhängigkeit,
   c) Verschwiegenheit,
   d) Sachlichkeit,
   e) Verbot der Vertretung widerstreitender Interessen,
   f) Umgang mit fremden Vermögenswerten,
   g) Kanzleipflicht; ...

§ 73. Aufgaben des Vorstandes. (1) Der Vorstand hat die ihm durch Gesetz zugewiesenen Aufgaben zu erfüllen. Er hat die Belange der Kammer zu wahren und zu fördern.

(2) Dem Vorstand obliegt insbesondere,

1. die Mitglieder der Kammer in Fragen der Berufspflichten zu beraten und zu belehren; ...
4. die Erfüllung der den Mitgliedern der Kammer obliegenden Pflichten zu überwachen und das Recht der Rüge zu handhaben; ...

§ 76. Pflicht der Vorstandsmitglieder zur Verschwiegenheit. (1) Die Mitglieder des Vorstandes haben – auch nach dem Ausscheiden aus dem Vorstand – über die Angelegenheiten, die ihnen bei ihrer Tätigkeit im Vorstand über Rechtsanwälte, Bewerber und andere Personen bekannt werden, Verschwiegenheit gegen jedermann zu bewahren. Das gleiche gilt für Rechtsanwälte, die zur Mitarbeit herangezogen werden, und für Angestellte der Rechtsanwaltskammer.

Strafgesetzbuch (StGB)

In der Fassung der Bekanntmachung vom 10. März 1987

(BGBl. I S. 945, ber. S. 1160)
zuletzt geänd. durch G v. 28. 10. 1994 (BGBl. I S. 3186)
BGBl. III 450–2

§ 139. Straflosigkeit der Nichtanzeige geplanter Straftaten. (1) Ist in den Fällen des § 138 die Tat nicht versucht worden, so kann von Strafe abgesehen werden.

(2) Ein Geistlicher ist nicht verpflichtet anzuzeigen, was ihm in seiner Eigenschaft als Seelsorger anvertraut worden ist.

(3) Wer eine Anzeige unterläßt, die er gegen einen Angehörigen erstatten müßte, ist straffrei, wenn er sich ernsthaft bemüht hat, ihn von der Tat abzuhalten oder den Erfolg abzuwenden, es sei denn, daß es sich um

1. einen Mord oder Totschlag (§§ 211 oder 212),
2. einen Völkermord in den Fällen des § 220a Abs. 1 Nr. 1 oder
3. einen erpresserischen Menschenraub (§ 239a Abs. 1),
   eine Geiselnahme (§ 239b Abs. 1) oder
   einen Angriff auf den Luftverkehr (§ 316c Abs. 1)
   durch eine terroristische Vereinigung (§ 129a)

handelt. Unter denselben Voraussetzungen ist ein Rechtsanwalt, Verteidiger oder Arzt nicht verpflichtet anzuzeigen, was ihm in dieser Eigenschaft anvertraut worden ist.

§ 193. Wahrnehmung berechtigter Interessen. Tadelnde Urteile über wissenschaftliche, künstlerische oder gewerbliche Leistungen, desgleichen Äußerungen, welche zur Ausführung oder Verteidigung von Rechten oder zur Wahrnehmung berechtigter Interessen gemacht werden, sowie Vorhaltungen und Rügen der Vorgesetzten gegen ihre Untergebenen, dienstliche Anzeigen oder Urteile von seiten eines Beamten und ähnliche Fälle sind nur insofern strafbar, als das Vorhandensein einer Beleidigung aus der Form der Äußerung oder aus den Umständen, unter welchen sie geschah, hervorgeht.

§ 203. **Verletzung von Privatgeheimnissen.** (1) Wer unbefugt ein fremdes Geheimnis, namentlich ein zum persönlichen Lebensbereich gehörendes Geheimnis oder ein Betriebs- oder Geschäftsgeheimnis, offenbart, das ihm als

1. Arzt, Zahnarzt, Tierarzt, Apotheker oder Angehörigen eines anderen Heilberufs, der für die Berufsausübung oder die Führung der Berufsbezeichnung eine staatlich geregelte Ausbildung erfordert,
2. Berufspsychologen mit staatlich anerkannter wissenschaftlicher Abschlußprüfung,
3. Rechtsanwalt, Patentanwalt, Notar, Verteidiger in einem gesetzlich geordneten Verfahren, Wirtschaftsprüfer, vereidigtem Buchprüfer, Steuerberater, Steuerbevollmächtigten oder Organ oder Mitglied eines Organs einer Wirtschaftsprüfungs-, Buchprüfungs- oder Steuerberatungsgesellschaft,
4. Ehe-, Familien-, Erziehungs- oder Jugendberater sowie Berater für Suchtfragen in einer Beratungsstelle, die von einer Behörde oder Körperschaft, Anstalt oder Stiftung des öffentlichen Rechts anerkannt ist,

4a. Mitglied oder Beauftragten einer anerkannten Beratungsstelle nach § 3 des Gesetzes über Aufklärung, Verhütung, Familienplanung und Beratung vom 27. Juli 1992 (BGBl. I S. 1398),

5. staatlich anerkanntem Sozialarbeiter oder staatlich anerkanntem Sozialpädagogen oder
6. Angehörigen eines Unternehmens der privaten Kranken-, Unfall- oder Lebensversicherung oder einer privatärztlichen Verrechnungsstelle

anvertraut worden oder sonst bekanntgeworden ist, wird mit Freiheitsstrafe bis zu einem Jahr oder mit Geldstrafe bestraft.

(3) Den in Absatz 1 Genannten stehen ihre berufsmäßig tätigen Gehilfen und die Personen gleich, die bei ihnen zur Vorbereitung auf den Beruf tätig sind. Den in Absatz 1 und den in Satz 1 Genannten steht nach dem Tod des zur Wahrung des Geheimnisses Verpflichteten ferner gleich, wer das Geheimnis von dem Verstorbenen oder aus dessen Nachlaß erlangt hat.

Strafprozeßordnung (StPO)

In der Fassung der Bekanntmachung vom 7. April 1987

(BGBl. I S. 1074, ber. S. 1319)
zuletzt geänd. durch G v. 4. 11. 1994 (BGBl. I S. 3346)
BGBl. III 312–2

§ 53. **[Zeugnisverweigerungsrecht aus beruflichen Gründen]** (1) Zur Verweigerung des Zeugnisses sind ferner berechtigt

1. Geistliche über das, was ihnen in ihrer Eigenschaft als Seelsorger anvertraut worden oder bekanntgeworden ist;
2. Verteidiger des Beschuldigten über das, was ihnen in dieser Eigenschaft anvertraut worden oder bekanntgeworden ist;
3. Rechtsanwälte, Patentanwälte, Notare, Wirtschaftsprüfer, vereidigte Buchprüfer, Steuerberater und Steuerbevollmächtigte, Ärzte, Zahnärzte, Apotheker und Hebammen über das, was ihnen in dieser Eigenschaft anvertraut worden oder bekanntgeworden ist;

3a. Mitglieder oder Beauftragte einer anerkannten Beratungsstelle nach § 3 des Gesetzes über Aufklärung, Verhütung, Familienplanung und Beratung vom 27. Juli 1992 (BGBl. I S. 1398) über das, was ihnen in dieser Eigenschaft anvertraut worden oder bekanntgeworden ist;

3b. Berater für Fragen der Betäubungsmittelabhängigkeit in einer Beratungsstelle, die eine Behörde oder eine Körperschaft, Anstalt oder Stiftung des öffentlichen Rechts anerkannt oder bei sich eingerichtet hat, über das, was ihnen in dieser Eigenschaft anvertraut worden oder bekanntgeworden ist;

4. Mitglieder des Bundestages, eines Landtages oder einer zweiten Kammer über Personen, die ihnen in ihrer Eigenschaft als Mitglieder dieser Organe oder denen sie in dieser Eigenschaft Tatsachen anvertraut haben sowie über diese Tatsachen selbst;
5. Personen, die bei der Vorbereitung, Herstellung oder Verbreitung von periodischen Druckwerken oder Rundfunksendungen berufsmäßig mitwirken oder mitgewirkt haben, über die Person des Verfassers, Einsenders oder Gewährsmanns von Beiträgen und Unterlagen sowie über die ihnen im Hinblick auf ihre Tätigkeit gemachten Mitteilungen,

soweit es sich um Beiträge, Unterlagen und Mitteilungen für den redaktionellen Teil handelt.

(2) Die in Absatz 1 Nr. 2 bis 3b Genannten dürfen das Zeugnis nicht verweigern, wenn sie von der Verpflichtung zur Verschwiegenheit entbunden sind.

§ 53a. [Zeugnisverweigerungsrecht der Berufshelfer] (1) Den in § 53 Abs. 1 Nr. 1 bis 4 Genannten stehen ihre Gehilfen und die Personen gleich, die zur Vorbereitung auf den Beruf an der berufsmäßigen Tätigkeit teilnehmen. Über die Ausübung des Rechtes dieser Hilfspersonen, das Zeugnis zu verweigern, entscheiden die in § 53 Abs. 1 Nr. 1 bis 4 Genannten, es sei denn, daß diese Entscheidung in absehbarer Zeit nicht herbeigeführt werden kann.

(2) Die Entbindung von der Verpflichtung zur Verschwiegenheit (§ 53 Abs. 2) gilt auch für die Hilfspersonen.

§ 97. [Der Beschlagnahme nicht unterliegende Gegenstände] (1) Der Beschlagnahme unterliegen nicht

1. schriftliche Mitteilungen zwischen dem Beschuldigten und den Personen, die nach § 52 oder § 53 Abs. 1 Nr. 1 bis 3b das Zeugnis verweigern dürfen;
2. Aufzeichnungen, welche die in § 53 Abs. 1 Nr. 1 bis 3b Genannten über die ihnen vom Beschuldigten anvertrauten Mitteilungen oder über andere Umstände gemacht haben, auf die sich das Zeugnisverweigerungsrecht erstreckt;
3. andere Gegenstände einschließlich der ärztlichen Untersuchungsbefunde, auf die sich das Zeugnisverweigerungsrecht der in § 53 Abs. 1 Nr. 1 bis 3b Genannten erstreckt.

(2) Diese Beschränkungen gelten nur, wenn die Gegenstände im Gewahrsam der zur Verweigerung des Zeugnisses Berechtigten sind. Der Beschlagnahme unterliegen auch nicht Gegenstände, auf die sich das Zeugnisverweigerungsrecht der Ärzte, Zahnärzte, Apotheker und Hebammen erstreckt, wenn sie im Gewahrsam einer Krankenanstalt sind, sowie Gegenstände, auf die sich das Zeugnisverweigerungsrecht der in § 53 Abs. 1 Nr. 3a und 3b genannten Personen erstreckt, wenn sie im Gewahrsam der in dieser Vorschrift bezeichneten Beratungsstelle sind. Die Beschränkungen der Beschlagnahme gelten nicht, wenn die zur Ver-

weigerung des Zeugnisses Berechtigten einer Teilnahme oder einer Begünstigung, Strafvereitelung oder Hehlerei verdächtig sind oder wenn es sich um Gegenstände handelt, die durch eine Straftat hervorgebracht oder zur Begehung einer Straftat gebraucht oder bestimmt sind oder die aus einer Straftat herrühren.

(3) Soweit das Zeugnisverweigerungsrecht der Mitglieder des Bundestages, eines Landtages oder einer zweiten Kammer reicht (§ 53 Abs. 1 Nr. 4), ist die Beschlagnahme von Schriftstücken unzulässig.

(4) Die Absätze 1 bis 3 sind entsprechend anzuwenden, soweit die in § 53 a Genannten das Zeugnis verweigern dürfen.

(5) Soweit das Zeugnisverweigerungsrecht der in § 53 Abs. 1 Nr. 5 genannten Personen reicht, ist die Beschlagnahme von Schriftstücken, Ton-, Bild- und Datenträgern, Abbildungen und anderen Darstellungen, die sich im Gewahrsam dieser Personen oder der Redaktion, des Verlages, der Druckerei oder der Rundfunkanstalt befinden, unzulässig. Absatz 2 Satz 3 gilt entsprechend.

Zivilprozeßordnung

In der Fassung vom 12. September 1950 (BGBl. S. 533)

zuletzt geänd. durch G v. 4. 11. 1994 (BGBl. I S. 3346)

BGBl. III 310–4

§ 138. [Erklärungspflicht über Tatsachen] (1) Die Parteien haben ihre Erklärungen über tatsächliche Umstände vollständig und der Wahrheit gemäß abzugeben.

(2) Jede Partei hat sich über die von dem Gegner behaupteten Tatsachen zu erklären.

(3) Tatsachen, die nicht ausdrücklich bestritten werden, sind als zugestanden anzusehen, wenn nicht die Absicht, sie bestreiten zu wollen, aus den übrigen Erklärungen der Partei hervorgeht.

(4) Eine Erklärung mit Nichtwissen ist nur über Tatsachen zulässig, die weder eigene Handlungen der Partei noch Gegenstand ihrer eigenen Wahrnehmung gewesen sind.

§ 253. [Klageschrift] (1) Die Erhebung der Klage erfolgt durch Zustellung eines Schriftsatzes (Klageschrift).

(2) Die Klageschrift muß enthalten:

1. die Bezeichnung der Parteien und des Gerichts;
2. die bestimmte Angabe des Gegenstandes und des Grundes des erhobenen Anspruchs, sowie einen bestimmten Antrag.

§ 383. [Zeugnisverweigerung aus persönlichen Gründen] (1) Zur Verweigerung des Zeugnisses sind berechtigt:

1. der Verlobte einer Partei;
2. der Ehegatte einer Partei, auch wenn die Ehe nicht mehr besteht;
3. diejenigen, die mit einer Partei in gerader Linie verwandt oder verschwägert, in der Seitenlinie bis zum dritten Grad verwandt oder bis zum zweiten Grad verschwägert sind oder waren;
4. Geistliche in Ansehung desjenigen, was ihnen bei der Ausübung der Seelsorge anvertraut ist;
5. Personen, die bei der Vorbereitung, Herstellung oder Verbreitung von periodischen Druckwerken oder Rundfunksendungen berufsmäßig mitwirken oder mitgewirkt haben, über die Person des Verfassers, Einsenders oder Gewährsmanns von Beiträgen und Unterlagen sowie über die ihnen im Hinblick auf ihre Tätigkeit gemachten Mitteilungen, soweit es sich um Beiträge, Unterlagen und Mitteilungen für den redaktionellen Teil handelt;
6. Personen, denen kraft ihres Amtes, Standes oder Gewerbes Tatsachen anvertraut sind, deren Geheimhaltung durch ihre Natur oder durch gesetzliche Vorschrift geboten ist, in betreff der Tatsachen, auf welche die Verpflichtung zur Verschwiegenheit sich bezieht.

§ 385. [Zeugnispflicht trotz Verweigerungsrecht] ...

(2) Die im § 383 Nr. 4, 6 bezeichneten Personen dürfen das Zeugnis nicht verweigern, wenn sie von der Verpflichtung zur Verschwiegenheit entbunden sind.

Abgabenordnung (AO 1977)

Vom 16. März 1976

(BGBl. I S. 613)
zuletzt geänd. durch G v. 14. 9. 1994 (BGBl. I S. 2324)

§ 102. Auskunftsverweigerungsrecht zum Schutz bestimmter Berufsgeheimnisse. (1) Die Auskunft können ferner verweigern:

1. Geistliche über das, was ihnen in ihrer Eigenschaft als Seelsorger anvertraut worden oder bekanntgeworden ist,
2. Mitglieder des Bundestages, eines Landtages oder einer zweiten Kammer über Personen, die ihnen in ihrer Eigenschaft als Mitglieder dieser Organe oder denen sie in dieser Eigenschaft Tatsachen anvertraut haben, sowie über diese Tatsachen selbst,
3. a) Verteidiger,
   b) Rechtsanwälte, Patentanwälte, Notare, Steuerberater, Wirtschaftsprüfer, Steuerbevollmächtigte, vereidigte Buchprüfer,
   c) Ärzte, Zahnärzte, Apotheker und Hebammen,

   über das, was ihnen in dieser Eigenschaft anvertraut worden oder bekanntgeworden ist,
4. Personen, die bei der Vorbereitung, Herstellung oder Verbreitung von periodischen Druckwerken oder Rundfunksendungen berufsmäßig mitwirken oder mitgewirkt haben, über die Person des Verfassers, Einsenders oder Gewährsmanns von Beiträgen und Unterlagen sowie über die ihnen im Hinblick auf ihre Tätigkeit gemachten Mitteilungen, soweit es sich um Beiträge, Unterlagen und Mitteilungen für den redaktionellen Teil handelt; § 160 bleibt unberührt.

Verwaltungsverfahrensgesetz (VwVfG)

Vom 25. Mai 1976

(BGBl. I S. 1253)
zuletzt geänd. durch G v. 14. 9. 1994 (BGBl. I S. 2325)
BGBl. III 201–6

§ 30. Geheimhaltung. Die Beteiligten haben Anspruch darauf, daß ihre Geheimnisse, insbesondere die zum persönlichen Lebensbereich gehörenden Geheimnisse sowie die Betriebs- und Geschäftsgeheimnisse, von der Behörde nicht unbefugt offenbart werden.

Bürgerliches Gesetzbuch

Vom 18. August 1896

(RGBl. S. 195)
zuletzt geänd. durch G v. 28. 10. 1994 (BGBl. I S. 3210)
BGBl. III 400–2

§ 164. [Wirkung der Erklärung des Vertreters] (1) Eine Willenserklärung, die jemand innerhalb der ihm zustehenden Vertretungsmacht im Namen des Vertretenen abgibt, wirkt unmittelbar für und gegen den Vertretenen.

...

(3) Die Vorschriften des Absatzes 1 finden entsprechende Anwendung, wenn eine gegenüber einem anderen abzugebende Willenserklärung dessen Vertreter gegenüber erfolgt.

§ 166. [Willensmängel, Kenntnis, Kennenmüssen; Vollmacht] (1) Soweit die rechtlichen Folgen einer Willenserklärung durch Willensmängel oder durch die Kenntis oder das Kennenmüssen gewisser Umstände beeinflußt werden, kommt nicht die Person des Vertretenen, sondern die des Vertreters in Betracht.

(2) Hat im Falle einer durch Rechtsgeschäft erteilten Vertretungsmacht (Vollmacht) der Vertreter nach bestimmten Weisungen des Vollmachtgebers gehandelt, so kann sich dieser in Ansehung solcher Umstände, die er

selbst kannte, nicht auf die Unkenntnis des Vertreters berufen. Dasselbe gilt von Umständen, die der Vollmachtgeber kennen mußte, sofern das Kennenmüssen der Kenntnis gleichsteht.

§ 666. [**Auskunfts- und Rechenschaftspflicht**] Der Beauftragte ist verpflichtet, dem Auftraggeber die erforderlichen Nachrichten zu geben, auf Verlangen über den Stand des Geschäfts Auskunft zu erteilen und nach der Ausführung des Auftrags Rechenschaft abzulegen.

§ 667. [**Herausgabepflicht des Beauftragten**] Der Beauftragte ist verpflichtet, dem Auftraggeber alles, was er zur Ausführung des Auftrags erhält und was er aus der Geschäftsbesorgung erlangt, herauszugeben.

Literaturverzeichnis

Abel, Horst/Schmölz, Datensicherung für Betriebe und Verwaltung. Sicherungsmaßnahmen in der modernen Informationstechnik – Erfahrungen aus der Praxis –, München 1987

Abel, Rolf, Schuldnerverzeichnis in privater Hand, RDV 1991, 233ff.

Alexy, Robert, Theorie der Grundrechte (1985), Frankfurt a.M. 1986

Alternativkommentare, s. *Wassermann*

Arendt, Anne, Register der Tätigkeitsberichte zum Datenschutz, Teil 2: Nichtöffentlicher Bereich, Stand: 14. 3. 1993, Baden-Baden 1993

Arndt, Adolf, Die Verfassungsbeschwerde wegen Verletzung des rechtlichen Gehörs, NJW 1959, 1297ff.

Arndt, Adolf, Umwelt und Recht – 1. Das Geheimnis im Recht, NJW 1960, 2040f.

Arndt, Adolf, Umwelt und Recht – 1. Die Freiheit des Verteidigers (§ 1 BRAO; Art. 12 und 103 GG), NJW 1964, 2146f.

Arndt, Adolf, Anmerkung zu BGH vom 16. 1. 67, NJW 1967, 1331f.

Auernhammer, Herbert, Bundesdatenschutzgesetz, Kommentar, Köln, Berlin, 1. Aufl. 1977; 2. Aufl. 1981; 3. Aufl. 1993

Auernhammer, Herbert, Bundesdatenschutzgesetz vom 20. 12. 1990, Textausgabe mit Einführung, Erläuterungen und Materialien, Köln, Berlin, 1991

Badura, Peter, Staatsrecht. Systematische Erläuterung des Grundgesetzes für die Bundesrepublik Deutschland, München 1986

Badura, Peter, Stellungnahme für den Innenausschuß, BT-Ausschußdrs. 11/69 v. 12. 6. 1989, S. 39ff.

Bandisch, Günter, Mandant und Patient, schutzlos bei Durchsuchung von Kanzlei und Praxis?, NJW 1987, 2200ff.

Baumbach, Adolf/Lauterbach/Albers/Hartmann, Zivilprozeßordnung, Kommentar, 52. Aufl., München 1994

Becker, Helmut, Datenschutz in der Anwaltskanzlei?, NJW-CoR 3/1990, 30f.

Benda, Ernst/Klein, Lehrbuch des Verfassungsprozeßrechts, Heidelberg 1991

Benda, Ernst/Maihofer/Vogel, Hrsg., Handbuch des Verfassungsrechts der Bundesrepublik Deutschland, 2. Aufl., Berlin, New York 1994

Bender, Rolf/Schwarz, Strukturierter Parteivortrag und elektronische Akte, CR 1994, 372ff.

Berg, Wilfried, Konkurrenzen schrankendivergierender Freiheitsrechte im Grundrechtsabschnitt des Grundgesetzes, Berlin, Frankfurt a.M. 1968

Bergmann, Lutz/Möhrle/Herb, Datenschutzrecht, Handkommentar, Stuttgart, München usw., Stand: März 1994

Berka, Walter, Medienfreiheit und Persönlichkeitsschutz. Die Freiheit der Medien und ihre Verantwortung im System der Grundrechte, Wien, New York 1982

Bettermann, Karl A., Die verfassungskonforme Auslegung. Grenzen und Gefahren, Heidelberg 1986

Beulke, Werner, Überwachung des Fernsprechanschlusses eines Verteidigers – Besprechung der Entscheidung BGHSt. 33, 347ff –, Jura 1986, 642ff.
Bleckmann, Albert, Staatsrecht II – Die Grundrechte, 3. Aufl., Köln, Berlin usw. 1989
Bleckmann, Albert/Wiethoff, Zur Grundrechtskonkurrenz, DÖV 1991, 722ff.
Blens, Heribert, Die Haltung der Parteien zur BDSG-Novelle – 1. CDU, RDV 1990, 219f.
Böckenförde, Ernst-Wolfgang, Demokratie als Verfassungsprinzip, in: HdbStR, Bd. I, 1987, § 22, S. 887ff.
Bohrer, Michael, Das Berufsrecht der Notare, München 1991
Bonner Kommentar zum Grundgesetz (BK), hrsg. von Rudolf Dolzer, Heidelberg, Stand: Oktober 1994
Bork, Reinhard, Standesrechtliche Zulässigkeit des Gebühreninkassos für Rechtsanwälte, NJW 1992, 2449ff.
Brangsch, Heinz, Rechtsanwalt – ein ständiges Ärgernis?, in: Hundert Jahre Rechtsanwaltskammern, Schriftenreihe der Bundesrechtsanwaltskammer, Band 2, München 1981, S. 93ff.
Breitfeld, Anja, Berufsfreiheit und Eigentumsschutz als Schranke des Rechts auf informationelle Selbstbestimmung. Verfassungsrechtliche Vorgaben für die zivilrechtliche Informationsordnung, Berlin 1992
Breuer, Rüdiger, Freiheit des Berufs, in: HdbStR, Bd. VI, 1989, § 147, S. 877ff.
Breuer, Rüdiger, Die staatliche Berufsregelung und Wirtschaftslenkung, in: HdbStR, Bd. VI, 1989, § 148, S. 957ff.
Brossette, Josef, Der Wert der Wahrheit im Schatten des Rechts auf informationelle Selbstbestimmung, Berlin 1991
Büllesbach, Alfred, Das neue Bundesdatenschutzgesetz, NJW 1991, 2593ff.
Bull, Hans Peter, Datenschutz als Informationsrecht und Gefahrenabwehr, NJW 1979, 1177ff.
Bull, Hans Peter, Vom Datenschutz zum Informationsrecht – Hoffnungen und Enttäuschungen, in: Freiheitssicherung durch Datenschutz, hrsg. von Harald Hohmann, Frankfurt a M. 1987, S. 173ff.
Bull, Hans Peter, Buchbesprechung zu Brossette, AöR 118 (1993), 475ff.
Bullinger, Martin, Freiheit von Presse, Rundfunk, Film, in: HdbStR, Bd. VI, 1989, § 142, S. 667ff.

Campenhausen, Axel von, Religionsfreiheit, in: HdbStR, Bd. VI , 1989, § 136, S. 369ff.
Canaris, Claus-W., Grundrechte und Privatrecht, AcP 184 (1984), 201ff.

Däubler, Wolfgang, Gläserne Belegschaften? Datenschutz für Arbeiter, Angestellte und Beamte, 3. Aufl., Köln 1993
Dagtoglou, Prodomos, Das Grundrecht der Unverletzlichkeit der Wohnung (Art. 13 GG), Juristische Schulung 1975, S. 761ff.
Dahs, Hans/Dahs, Handbuch des Strafverteidigers, 5. Aufl., Köln 1983
Dammann, Ulrich, Die Kontrolle des Datenschutzes. Eine Untersuchung zur institutionellen Kontrolle des Datenschutzes im öffentlichen Bereich, Frankfurt a. M. 1977
Dammann, Ulrich, Das neue Bundesdatenschutzgesetz, NVwZ 1991, 640ff.
Degen, Manfred, Pressefreiheit, Berufsfreiheit und Eigentumsgarantie. Zugleich ein Beitrag zur Problematik von Grundrechtskonkurrenzen, Berlin 1981

Degenhart, Christoph, Gerichtsverfahren, in: HdbStR, Bd. III, 1989, § 76, S. 879 ff.

Demke, Claus/Schild, Hessisches Datenschutzgesetz, Kommentar, Wiesbaden, Stand: Dezember 1993

Denninger, Erhard, Das Recht auf informationelle Selbstbestimmung und Innere Sicherheit – Folgerungen aus dem Volkszählungsgesetzurteil des Bundesverfassungsgerichts, KJ 1985, 215 ff. [Rechtsgutachten erstattet im Auftrag des Hessischen Ministerpräsidenten, in: Informationsgesellschaft oder Überwachungsstaat, hrsg. vom Hessendienst der Staatskanzlei, Wiesbaden 1984, Band I, S. 285 ff.]

Deutsch, Markus, Die heimliche Erhebung von Informationen und deren Aufbewahrung durch die Polizei, Heidelberg 1992

Dörr, Erwin/Schmidt, Dietmar, Neues Bundesdatenschutzgesetz. Handkommentar. Die Arbeitshilfe für Wirtschaft und Verwaltung, 2. Aufl., Köln 1992

Dreher, Eduard/Tröndle, Strafgesetzbuch und Nebengesetze, Kommentar, 46. Auflage, München 1993

Drews, Bill/Wacke/Vogel/Martens, Gefahrenabwehr. Allgemeines Polizeirecht (Ordnungsrecht) des Bundes und der Länder, 9. Aufl., von Klaus Vogel und Wolfgang Martens, Köln, Berlin usw. 1986

Drews, Hans-L., Das neue Bundesdatenschutzgesetz: Datenschutz für Akten im nicht-öffentlichen Bereich, DuD 1991, 566 f.

Eberle, Carl Eugen, Datenschutz durch Meinungsfreiheit, DÖV 1977, 306 ff.

Eberle, Carl Eugen, Der Schutz medizinischer Daten durch Verfassung, allgemeine und bereichsspezifische Datenschutzvorschriften, in: W. Kilian/Porth, Hrsg., Juristische Probleme der Datenverarbeitung in der Medizin, 1979, S. 97 ff.

Eberle, Carl Eugen, Informationsrecht – der große Wurf? Notwendigkeit bereichsspezifischer Regelungen, CR 1992, 757 ff.

Edinger, Florian, Datenschutz im Anwaltsbüro. Ein verdrängtes Thema, NJW-CoR 6/1991, 26 f.

Eggersmann, Alfons/Hoene, Anwaltliche Verschwiegenheit contra Benachrichtigungs- und Auskunftspflicht. Konflikt zwischen § 203 StGB und § 26 BDSG, CR 1990, 18 ff.

Ehmann, Horst, Informationsschutz und Informationsverkehr im Zivilrecht, AcP 188 (1988), S. 230 ff.

Ehmann, Horst, Neue Reformvorstellungen zum Datenschutzrecht. Die neuesten Regelungsvorschläge im nicht-öffentlichen Bereich und ihre Grundlagen, RDV 1989, 64 ff.

Ehmke, Horst, Wirtschaft und Verfassung. Die Verfassungsrechtsprechung des Supreme Court zur Wirtschaftsregulierung, Karlsruhe 1961

Eich, Alexander, Die Pflicht der Vorstandsmitglieder der Rechtsanwaltskammer zur Verschwiegenheit – zugleich eine Besprechung von EGH Berlin ... vom 14. 2. 1991 ... –, MDR 1991, 385 ff.

Eisenberg, Ulrich, Straf(verfahrens-)rechtliche Maßnahmen gegenüber „Organisiertem Verbrechen“, NJW 1993, 1033 ff.

Erichsen, Hans-Uwe, Allgemeine Handlungsfreiheit, in: HdbStR, Bd. VI, 1989, § 152, S. 1185 ff.

Erichsen, Hans-Uwe/Martens, Hrsg., Allgemeines Verwaltungsrecht, 9. Aufl., Berlin, New York 1992

Erman, Walter, Handkommentar zum Bürgerlichen Gesetzbuch, hrsg. von H. P. Westermann und Klaus Küchenhoff, 9. Aufl., Münster 1993

Eyermann, Erich/Fröhler/Kormann, Verwaltungsgerichtsordnung, Kommentar, 9. Aufl., München 1988

Feeley, Malcolm/Krislov, Constitutional Law, 2. Aufl., Harper Collins Publishers, 1990

Feuerich, Wilhelm E., Bundesrechtsanwaltsordnung, Kommentar, 2. Aufl., München 1992

Fiedler, Herbert, Datenschutznovellierung. Zerreißprobe für den Datenschutz, CR 1989, 131 ff.

Fraenkel, Ernst, Der Pluralismus als Strukturelement der freiheitlich-rechtsstaatlichen Demokratie, in: Verhandlungen des 45. Deutschen Juristentages (1964), München, Berlin 1965, Teil B, S. 1 ff.

Frenz, Walter, Die Rechtsfolgenregelung durch das Bundesverfassungsgericht bei verfassungswidrigen Gesetzen, DÖV 1993, 847 ff.

Friedlaender, Adolf/Friedlaender, Max, Kommentar zur Rechtsanwaltsordnung vom 1. Juli 1878, 3. Aufl., München, Berlin, Leipzig 1930

Friese, Franz-Josef, Die freie Advokatur als notwendiger Bestandteil der Rechtspflege im demokratischen Staat, AnwBl 1985, 601 ff.

Gallwas, Hans-Ulrich/Schneider/Schwappach/Schweinoch/Steinbrinck, Datenschutzrecht, Kommentar und Vorschriftensammlung, Stuttgart, Berlin usw., Stand: Januar 1986

Geis, Max-Emanuel, Der Kernbereich des Persönlichkeitsrechts – Ein Plädoyer für die „Sphärentheorie" –, JZ 1991, 112 ff.

Gneist, Rudolf, Freie Advocatur. Die erste Forderung aller Justizreform in Preußen, Berlin 1867. Foto-Nachdruck durch die Bundesrechtsanwaltskammer, 1979

Götz, Volkmar, Allgemeines Polizei- und Ordnungsrecht, 11. Aufl, Göttingen 1993

Goffman, Erving, Wir spielen alle Theater. Die Selbstdarstellung im Alltag (Originaltitel: The Presentation of Self in Everyday Life), München 1969

Goffman, Erving, Strategische Interaktion (Originaltitel: Strategic Interaction), München, Wien 1981

Gola, Peter/Wronka, Das neue BDSG und der Arbeitnehmerdatenschutz, RDV 1991, 165 ff.

Gola, Peter/Wronka, Handbuch zum Arbeitnehmerdatenschutz. Rechtsfragen und Handlungshilfen für die betriebliche Praxis, 2. Aufl., Köln 1994

Goldenbohm, Wolfgang J./Weise, Erweiterter Dateibegriff im neuen Bundesdatenschutzgesetz. Praktische Auswirkungen auf Datenbanken,Textverarbeitungssysteme und Kleinstrechner, CR 1991, 535 ff.

Goldenbohm, Wolfgang J./Weise, Erweiterter Datenschutz, DuD 1991, 447 ff.

Goldenbohm, Wolfgang J./Weise, Praxis der Benachrichtigung nach § 33 BDSG, CR 1991, 602 ff.

Grabitz, Eberhard, Der Grundsatz der Verhältnismäßigkeit in der Rechtsprechung des Bundesverfassungsgerichts, AöR 98 (1973), 568 ff.

Grimm, Dieter, Grundrechte und soziale Wirklichkeit – Zum Problem eines interdisziplinären Grundrechtsverständnisses, in: Winfried Hassemer u. a., Hrsg., Grundrechte und soziale Wirklichkeit, Baden-Baden 1982, S. 39 ff.

Grimm, Dieter, „Wir machen das Meinungsklima nicht". Antworten auf die Kritik an der Ehrenschutz-Rechtsprechung des BVerfG, ZRP 1994, 276ff.

Gröschner, Rolf, Das Überwachungsrechtsverhältnis. Wirtschaftsüberwachung in gewerbepolizeirechtlicher Tradition und wirtschaftsverwaltungsrechtlichem Wandel, Tübingen 1992

Gusy, Christoph, Polizeirecht, Tübingen 1993

Guttenberg, Ulrich, Die heimliche Überwachung von Wohnungen. Zur verfassungsrechtlichen Problematik des § 9 II, III BVerfSchG und verwandter Vorschriften, NJW 1993, 567ff.

Häberle, Peter, Demokratische Verfassungstheorie im Lichte des Möglichkeitsdenkens, AöR 102 (1977), 27ff.

Häberle, Peter, Die Menschenwürde als Grundlage der staatlichen Gemeinschaft, in: HdbStR, Bd. I, Heidelberg 1987, § 20, S. 815ff.

Hager, Johannes, Grundrechte im Privatrecht, JZ 1994, 373ff.

Hamm, Rainer, Der Standort des Verteidigers im heutigen Strafprozeß, NJW 1993, 289ff.

Hartstang, Gerhard, Der deutsche Rechtsanwalt, Heidelberg 1986

Hartstang, Gerhard, Anwaltsrecht, Köln, Berlin usw. 1991

Hartung, Gerrit W., Das anwaltliche Verbot des Versäumnisurteils, Bonn, Essen 1991

Hein, Gabriele, Rundfunkspezifische Aspekte des neuen Bundesdatenschutzgesetzes, NJW 1991, 2614f.

Hein, Peter E., Die Unvereinbarerklärung verfassungswidriger Gesetze durch das Bundesverfassungsgericht. Grundlagen, Anwendungsbereich, Rechtsfolgen, Baden-Baden 1988

Helle, Ernst, Der Schutz der Persönlichkeit, der Ehre und des wirtschaftlichen Rufes im Privatrecht, vornehmlich aufgrund der Rechtsprechung, 2. Aufl., Tübingen 1969

Helle, Jürgen, Der Ausschluß privatrechtlichen Ehrenschutzes gegenüber Zeugenaussagen im Strafverfahren, NJW 1987, 233ff.

Henke, Wilhelm, Recht und Staat. Grundlagen der Jurisprudenz, Tübingen 1988

Henssler, Martin, Das anwaltliche Berufsgeheimnis, NJW 1994, 1817ff.

Henssler, Martin, Haftungsrisiken anwaltlicher Tätigkeit, JZ 1994, 178ff.

Herb, Armin, Eingriffsmöglichkeiten der Aufsichtsbehörden nach dem neuen BDSG, CR 1992, 110ff.

Hesse, Hans Albrecht, Der Einzelne und sein Beruf: Die Auslegung des Art. 12 Abs. 1 GG durch das Bundesverfassungsgericht aus soziologischer Sicht, AöR 95 (1970), 449ff.

Hesse, Konrad, Grundzüge des Verfassungsrechts der Bundesrepublik Deutschland, 19. Aufl., Heidelberg 1993

Hessischer Datenschutzbeauftragter, 19. Tätigkeitsbericht, vorgelegt zum 31. 12. 1990 von Spiros Simitis, hrsg. vom Hessischen Datenschutzbeauftragten, Wiesbaden [auch Landtagsdrucksache 12/7951 vom 11. 2. 1991]

Hillgruber, Christian/Schemmer, Darf Satire wirklich alles? – Zum Beschluß des Ersten Senats des BVerfG vom 25. 3. 1992 – ..., JZ 1992, 946ff.

Hirschberg, Lothar, Der Grundsatz der Verhältnismäßigkeit, Göttingen 1981

Höfling, Wolfram, Berufsfreiheit und autonome Berufskonstruktion, DVBl. 1987, 881ff.

Höfling, Wolfram, Beruf – Berufsbild – Berufsfeld. Heilpraktikerrecht und Psychotherapie aus berufsgrundrechtlicher Perspektive, DÖV 1989, 110ff.
Hubert, Thomas-Alexander, Das datenschutzrechtliche „Presseprivileg" im Spannungsfeld zwischen Pressefreiheit und Persönlichkeitsrecht, Baden-Baden 1993
Hubmann, Heinrich, Das Persönlichkeitsrecht, 2. Aufl., Köln, Graz 1967
Hübschmann, Walter/Hepp/Spitaler, Kommentar zur Abgabenordnung und zur Finanzgerichtsordnung, Köln, Stand: April 1994
Hund, Jürgen, Das Bundes-Datenschutzgesetz und seine Auswirkungen (II), DSWR 1977, 67ff.
Hund, Thomas, Zulässigkeit der Verarbeitung und Nutzung personenbezogener Daten nach dem Bundesdatenschutzgesetz , Stbg 1993, 64f.

Immenga, Ulrich/Mestmäcker, Gesetz gegen Wettbewerbsbeschränkungen, Kommentar, 2. Aufl., München 1992
Isele, Walter, Bundesrechtsanwaltsordnung vom 1. August 1959 nach dem Stande vom 15. September 1975, Kommentar, Essen 1976

Jakobs, Michael Ch., Der Grundsatz der Verhältnismäßigkeit, DVBl 1985, 97ff.
Jarass, Hans D., Die freien Berufe zwischen Standesrecht und Kommunikationsfreiheit, NJW 1982, 1833ff.
Jarass, Hans D., Das allgemeine Persönlichkeitsrecht im Grundgesetz, NJW 1989, 857ff.
Jarass, Hans D./Pieroth, Grundgesetz für die Bundesrepublik Deutschland, Kommentar, 2. Aufl., München 1992
Jessnitzer, Kurt, Bundesrechtsanwaltsordnung, Kommentar, 5. Aufl., Köln, Berlin usw. 1990
Johnigk, Frank, Anwaltstätigkeit unter dem Geldwäschegesetz, BRAK-Mitt. 1994, 58ff.

Kalsbach, Werner, Standesrecht des Rechtsanwalts, Köln 1956
Kalsbach, Werner, Bundesrechtsanwaltsordnung und Richtlinien für die Ausübung des Rechtsanwaltsberufs, Kommentar, Köln 1960
Kamlah, Ruprecht /Schimmel/Schwan, Bundesdatenschutzgesetz, Kommentar, Stand: Juni 1982, *früher* in: Wolfgang E. Burhenne/Perband, EDV-Recht, Berlin (Loseblattsammlung)
Karlsruher Kommentar zur Strafprozeßordnung ..., hrsg. von G. J. Pfeiffer, 2. Aufl., München 1987
Kersten, Heinrich, Einführung in die Computersicherheit, München, Wien 1991
Kiesel, Manfred, Die Liquidierung des Ehrenschutzes durch das BVerfG, NVwZ 1992, 1129ff.
Klee, Dirk, Pressedatenbanken und datenschutzrechtliches Medienprivileg, Baden-Baden 1992
Klein, Franz/Orlopp, Abgabenordnung, Kommentar, 4. Auflage 1989
Kleine-Cosack, Michael, Berufsständische Autonomie und Grundgesetz, Baden-Baden 1985
Kleine-Cosack, Michael, Antiquierte Standesrichtlinien, AnwBl 1986, 505ff.
Kleine-Cosack, Michael, Bundesrechtsanwaltsordnung, Kommentar, München 1993
Kleine-Cosack, Michael, Neuordnung des anwaltlichen Berufsrechts, NJW 1994, 2249ff.

Kleinknecht, Theodor/Meyer-Goßner, Strafprozeßordnung . . ., Kommentar, 41. Aufl., München 1993

Kloepfer, Michael, Grundrechte als Entstehungssicherung und Bestandsschutz, München 1970

Kloepfer, Michael, Datenschutz als Grundrecht, Königstein/Ts., 1980

Kloepfer, Michael, Versammlungsfreiheit, in: HdbStR, Bd. VI, 1989, § 143, S. 739ff.

Knack, Joachim/Henneke/Busch/Klappstein/Clausen/Möllgaard, Verwaltungsverfahrensgesetz, Kommentar, 4. Aufl., Köln, Berlin usw. 1994

Knütel, Rolf, Weisungen bei Geschäftsbesorgungsverhältnissen, insbesondere bei Kommission und Spedition, ZHR 137 (1973), 285ff.

Koch, Hans-Dietrich/Gärtner/Haje/Seefeldt/Sudbrink, Der betriebliche Datenschutzbeauftragte. Aufgaben – Voraussetzungen – Anforderungen, 3. Aufl., Köln 1992

Kolodziejcok, Karl-Günter/Recken/Apfelbacher, Naturschutz, Landschaftspflege . . ., Kommentar, Berlin, Stand: Oktober 1994

Kopp, Ferdinand O., Verwaltungsverfahrensgesetz, Kommentar, 5. Aufl., München 1991

Kopp, Ferdinand O., Verwaltungsgerichtsordnung, Kommentar, 10. Aufl. 1994

Körner-Dammann, Marita, Weitergabe von Patientendaten an ärztliche Verrechnungsstellen, NJW 1992, 729ff.

Körner-Dammann, Marita, Datenschutzprobleme beim Praxisverkauf, NJW 1992, 1543ff.

Krämer, Achim, Das „Verteidigerprivileg" der §§ 97, 53 StPO im Ermittlungsverfahren nach dem GWB aus verfassungsrechtlicher Sicht, BB 1975, 1225ff.

Krämer, Achim, Der Rechtsanwalt – ein „staatlich gebundener Vertrauensberuf"?, NJW 1975, 849ff.

Krämer, Achim, Der verfassungsrechtliche Status des Rechtsanwalts, BRAK-Mitt., 1988, 67ff.

Krause, Peter, Das Recht auf informationelle Selbstbestimmung – BVerfGE 65, 1 –, JuS 1984, 668ff.

Krekeler, Wilhelm, Beeinträchtigungen der Rechte des Mandanten durch Strafverfolgungsmaßnahmen gegen den Rechtsanwalt, NJW 1977, 1417ff.

Kriele, Martin, Grundrechte und demokratischer Gestaltungsspielraum, in: HdbStR, Bd. V, 1992, § 110, S. 101ff.

Kriele, Martin, Ehrenschutz und Meinungsfreiheit, NJW 1994, 1897ff.

Kriependorf, Peter, Grundzüge der Subsidiarität des Bundesdatenschutzgesetzes, DuD 1977, 66ff.

Krumsiek, Rolf, Die unendliche Geschichte des Justizmitteilungsgesetzes, DVBl 1993, 1229ff.

Kübler, Friedrich, Der „Markt der Meinungen", in: Festschrift für Helmut Ridder, hrsg. von Ekkehard Stein/Faber, Neuwied, Frankfurt a. M. 1989, S. 117ff.

Kübler, Friedrich, Massenkommunikation und Medienverfassung. Bemerkungen zur „institutionellen" Deutung der Presse- und Rundfunkfreiheit, in: Festschrift für Peter Lerche, München 1993, S. 649ff.

Kunig, Philip/Schwermer/Versteyl, Abfallgesetz, Kommentar, 2. Aufl., München 1992

Larenz, Karl, Methodenlehre der Rechtswissenschaft, 6. Aufl., Berlin 1991

Lackner, Karl, Strafgesetzbuch mit Erläuterungen, 20. Aufl., München 1993

Langer, Margit, Informationsfreiheit als Grenze informationeller Selbstbestimmung. Verfassungsrechtliche Vorgaben der privatrechtlichen Informationsordnung, Berlin 1992

Laufs, Adolf, Arztrecht, 5. Aufl., München 1993

Leibholz, Gerhard/Rinck/Hesselberger, Grundgesetz für die Bundesrepublik Deutschland, Kommentar an Hand der Rechtsprechung des Bundesverfassungsgerichts, 7. Aufl., Köln, Stand: November 1993

Leipziger Kommentar: Strafgesetzbuch, Großkommentar, hrsg. von Hans-Heinrich Jescheck/Russ/Willms, 10. Aufl., Berlin, New York 1989

Leisner, Walter, Eigentum, in: HdbStR, Bd. VI, 1989, § 149, S. 1023ff.

Lepa, Manfred, Grundrechtskonflikte, DVBl 1972, 161ff.

Lerche, Peter, Übermaß und Verfassungsrecht. Zur Bindung des Gesetzgebers an die Grundsätze der Verhältnismäßigkeit und der Erforderlichkeit, Köln, Berlin usw. 1961

Lerche, Peter, in: Evangelisches Staatslexikon, begründet von Hermann Kunst u. a., hrsg. von Roman Herzog u. a., 3. Aufl., Stuttgart 1987, Bd. II, Sp. 2625ff., Stichwort: „Presse, Pressefreiheit" II

Lerche, Peter, Inhalt und Schranken der Freiheitsrechte, in: HdbStR, Bd. V, 1992, § 121, S. 739ff.

Lerche, Peter, Grundrechtsschranken, in: HdbStR, Bd. V, 1992, § 122, S. 775ff.

Liebscher, Brigitta, Datenschutz bei der Datenübermittlung im Zivilverfahren, Berlin 1994

Lingenberg, Joachim/Hummel/Zuck/Eich, Kommentar zu den Grundsätzen des anwaltlichen Standesrechts (Richtlinien gem. § 177 Abs. 2 Nr. 2 BRAO), mit Sonderteil „Die Neuordnung des anwaltlichen Berufsrechts", 2. Aufl., Köln 1988

Lisken, Hans/Denninger, Hrsg., Handbuch des Polizeirechts, München 1992

Löffler, Martin, Presserecht, Bd. I, Die Landespressegesetze der Bundesrepublik Deutschland, 3. Aufl., München 1983

Löffler, Martin/Ricker, Handbuch des Presserechts, 3. Aufl., München 1994

Löwer, Wolfgang, Zuständigkeiten und Verfahren des Bundesverfassungsgerichts, in: HdbStR, Bd. II, 1987, § 56, S. 737ff.

Lorenz, Frank L., Beschlagnahme von Krankenunterlagen – Prozessuale Anmerkungen zur Memmingen-Entscheidung des BGH, MDR 1992, 313ff.

Loschelder, Wolfgang, Weisungshierarchie und persönliche Verantwortung in der Exekutive, in: HdbStR, Bd. III, § 68, S. 521ff.

Luhmann, Niklas, Funktion und Kausalität, Kölner Zeitschrift für Soziologie und Sozialpsychologie 14 (1962), S. 617ff.; auch abgedruckt in: Niklas Luhmann, Soziologische Aufklärung. Aufsätze zur Theorie sozialer Systeme, Bd. 1, 4. Aufl., Opladen 1974

Luhmann, Niklas, Zweck – Herrschaft – System. Grundbegriffe und Prämissen Max Webers, DSt 3 (1964), S. 129ff.; auch abgedruckt in: Niklas Luhmann, Politische Planung. Aufsätze zur Soziologie von Politik und Verwaltung, 2.Aufl., Opladen 1975, S. 90ff.

Luhmann, Niklas, Öffentliche Meinung, Politische Vierteljahresschrift 11 (1970), S. 2ff.; auch abgedruckt in: Niklas Luhmann, Politische Planung. Aufsätze zur Soziologie von Politik und Verwaltung, 2. Aufl., Opladen 1975, S. 9ff.

Luhmann, Niklas, Ausdifferenzierung des Rechts. Beiträge zur Rechtssoziologie und Rechtstheorie, Frankfurt/Main 1981

Luhmann, Niklas, Das Recht der Gesellschaft, Frankfurt/Main 1993

Lupberger, Dirk, R., Auskunfts- und Prüfungsverfahren der Kartellbehörden gegen Unternehmen und verfassungsrechtlicher Datenschutz, Köln, Berlin usw. 1987

Maass, Hans-Heinrich, Information und Geheimnis im Zivilrecht. Eine rechtshistorische und rechtsvergleichende Kritik der privaten und der gewerblichen Geheimsphäre, Stuttgart 1970

Mallmann, Christoph, Datenschutz in Verwaltungs-Informationssystemen – Zur Verhältnismäßigkeit des Austausches von Individualinformationen in der normvollziehenden Verwaltung, München 1976

Mallmann, Otto, Zweigeteilter Datenschutz? Auswirkungen des Volkszählungsurteils auf die Privatwirtschaft, CR 1988, 93ff.

Mangoldt, Hermann von/Klein/Starck, Das Bonner Grundgesetz, Kommentar, Bd. 1, 3. Aufl., München 1985

Maunz, Theodor/Dürig, Grundgesetz, Kommentar, München, Stand: Dezember 1992

Maunz, Theodor/Schmidt-Bleibtreu/Klein/Ulsamer, Bundesverfassungsgerichtsgesetz, Kommentar, München, Stand: Dezember 1993

Maurer, Hartmut, Allgemeines Verwaltungsrecht, 8. Aufl., München 1992

Mähring, Matthias, Institutionelle Datenschutzkontrolle der Europäischen Gemeinschaft. Eine Untersuchung über Voraussetzungen, Funktion und Aufbau, Baden-Baden 1993

Merten, Detlef, Handlungsgrundrechte als Verhaltensgarantien – zugleich ein Beitrag zur Funktion der Grundrechte –, VerwA 73 (1982), 103ff.

Merten, Detlef, Zur negativen Meinungsfreiheit, DÖV 1990, 761ff.

Mitrou, Evangelia, Die Entwicklung der institutionellen Kontrolle des Datenschutzes. Kontrollmodelle und Kontrollinstanzen in der Bundesrepublik Deutschland und Frankreich, Baden-Baden 1993

Mösbauer, Heinz, Immissionsschutzrecht und Staatsaufsicht, VerwA 72 (1981), 27ff.

Mückenberger, Ulrich, Datenschutz als Verfassungsgebot. Das Volkszählungsurteil des Bundesverfassungsgerichts, KJ 1984, 1ff.

Müller, Friedrich, Die Positivität der Grundrechte. Fragen einer pragmatischen Grundrechtsdogmatik, 2. Aufl., Berlin 1990

Münch, Ingo von, Hrsg., Grundgesetz-Kommentar, Bd. 1, 3. Aufl., München 1985; Bd. 3, 2. Aufl., München 1983

Münch, Ingo von/Kunig, Hrsg., Grundgesetz-Kommentar, Bd. 1, 4. Aufl. München 1992

Münchener Kommentar zum Bürgerlichen Gesetzbuch, Bd. 1, Allgemeiner Teil ..., redigiert von J. Säcker, 3. Aufl., München 1993

Münchener Kommentar zur Zivilprozeßordnung ..., hrsg. von Gerhard Lüke/Walchshöfer, München 1992

Nassall, Wendt, Auskunfts- und Akteneinsichtsrecht des Konkursverwalters gegenüber dem Rechtsanwalt des Gemeinschuldners?, KTS 1988, 633ff.

Nassall, Wendt, Zur Schweigepflicht des Rechtsanwalts im Konkurs juristischer Personen, NJW 1990, 496f.

Niemüller, Martin/Schuppert, Die Rechtsprechung des Bundesverfassungsgerichts zum Strafverfahrensrecht, AöR 107 (1982), 387ff.

Nungesser, Jochen, Hessisches Datenschutzgesetz, Kommentar, Mainz 1988

Odersky, Walter, Anwaltliches Berufsrecht und höchstrichterliche Rechtsprechung, Köln 1991

Ordemann, Hans-Joachim/Schomerus, Bundesdatenschutzgesetz, Kommentar, 4. Aufl., München 1988

Ordemann, Hans-Joachim/Schomerus/Gola, Bundesdatenschutzgesetz, Kommentar, 5. Aufl., München 1992

Ossenbühl, Fritz, Maßhalten mit dem Übermaßverbot, in: Festschrift für Peter Lerche, München 1993, S. 151ff.

Ostler, Fritz, 100 Jahre Rechtsanwaltsordnung. Aus der Entwicklung des deutschen Anwaltsrechts seit dem 1. 10. 1879, NJW 1979, 1959ff.

Palandt, Otto, Bürgerliches Gesetzbuch, Kommentar, 53. Aufl., München 1994

Papier, Hans-Jürgen, Art. 12 GG – Freiheit des Berufs und Grundrecht der Arbeit, DVBl 1984, 801ff.

Penner, Willfried, Die Haltung der Parteien zur BDSG-Novelle – 2. SPD, RDV 1990, 221ff.

Pestalozza, Christian, „Noch verfassungsmäßige" und „bloß verfassungswidrige" Rechtslagen. Zur Feststellung und kooperativen Beseitigung verfassungsimperfekter Zustände, in: Festgabe aus Anlaß des 25jährigen Bestehens des Bundesverfassungsgerichts, hrsg. v. Christian Starck, Tübingen 1976, Band I, S. 519ff.

Pestalozza, Christian, Verfassungsprozeßrecht, 3. Aufl., München 1991

Pfeiffer, Gerd, Die freie Anwaltschaft im Rechtsstaat, in: Hundert Jahre Rechtsanwaltskammern, Schriftenreihe der Bundesrechtsanwaltskammer, Band 2, München 1981

Pieroth, Bodo/Schlink, Grundrechte. Staatsrecht II, 9. Aufl., Heidelberg 1993

Pietzcker, Jost, „Grundrechtsbetroffenheit" in der verwaltungsrechtlichen Dogmatik, in: Festschrift für Otto Bachof, München 1984, S. 131ff.

Pietzcker, Jost, Neuordnung des anwaltlichen Berufsrechts, NJW 1988, 513ff.

Pietzcker, Jost, Drittwirkung – Schutzpflicht – Eingriff, in: Festschrift für Günter Dürig, München 1990, S. 345ff.

Podlech, Adalbert, Die Begrenzung staatlicher Informationsverarbeitung durch die Verfassung angesichts der Möglichkeit unbegrenzter Informationsverarbeitung mittels der Technik. Zur Entscheidung des Bundesverfassungsgerichts über das Volkszählungsgesetz, Leviathan 1984, 85ff.

Pohl, Hartmut/Weck, Hrsg., Handbuch 1: Einführung in die Informationssicherheit, München, Wien 1993

Ramsauer, Die Bestimmung des Schutzbereichs von Grundrechten nach dem Normzweck, VerwA 72 (1981), 89ff.

Redeker, Konrad, Freiheit der Advokatur – heute, NJW 1987, 2610ff.

Redeker, Konrad/von Oertzen, Verwaltungsgerichtsordnung, Kommentar, 10. Aufl., Stuttgart, Berlin, Köln 1991

Rehbinder, Eckard/Kayser/Klein, Chemikaliengesetz, Kommentar ..., Heidelberg 1985

Reifner, Udo, Die freie Advokatur und das Bundesverfassungsgericht, NJW 1984, 1151ff.

Richardi, Reinhard, Die Wissensvertretung, AcP 169 (1969), 385ff.

Richter, Werner, Privatpersonen im parlamentarischen Untersuchungsausschuß. Das Spannungsverhältnis zwischen dem Untersuchungsrecht des Parlaments und den Grundrechten, München 1991

Ridder, Helmut, Meinungsfreiheit, in: Die Grundrechte, hrsg. von Franz L. Neumann/Nipperdey/Scheuner, Berlin 1954, S. 243ff.
Röhl, Klaus F., Rechtssoziologie. Ein Lehrbuch, Köln, Berlin usw. 1987
Rogall, Klaus, Informationseingriff und Gesetzesvorbehalt im Strafprozeßrecht, Tübingen 1992
Rosenberg, Leo/Schwab/Gottwald, Zivilprozeßrecht, 15. Aufl., München 1993
Roßnagel, Alexander, Datenschutz bei Praxisübergabe, NJW 1989, 2303ff.
Rudolphi, Hans-Joachim/Horn/Samson, Systematischer Kommentar zum Strafgesetzbuch, Bd. II, Besonderer Teil, 5. Aufl., Neuwied, Kriftel, Berlin, Stand: Januar 1994
Rüfner, Wolfgang, Grundrechtsadressaten, in: HdbStR, Bd. V, 1992, § 117, S. 525ff.
Rüfner, Wolfgang, Grundrechtskonflikte, in: Festgabe aus Anlaß des 25jährigen Bestehens des Bundesverfassungsgerichts, hrsg. von Christian Starck, Tübingen 1976, Bd. II, S. 453ff.
Rüpke, Giselher, Der verfassungsrechtliche Schutz der Privatheit. Zugleich ein Versuch pragmatischen Grundrechtsverständnisses, Baden-Baden 1976
Rüpke, Giselher, Das spezifische Datenschutzrecht des Notars, NJW 1991, 584ff.
Rüpke, Giselher, Perspektiven für ein europäisches Datenschutzrecht. Eine Betrachtung aus deutscher Sicht, EuZW 1993, 145/149ff.
Rüschemeyer, Dietrich, Juristen in Deutschland und in den USA. Eine vergleichende Untersuchung von Anwaltschaft und Gesellschaft, Stuttgart 1976
Rumpf, Max, Anwalt und Anwaltstand. Eine rechtswissenschaftliche und rechtssoziologische Untersuchung, Leipzig 1926
Rupp, Hans H., Das Grundrecht der Berufsfreiheit in der Rechtsprechung des Bundesverfassungsgerichts, AöR 92 (1967), 212ff.

Sachs, Michael, Teilnichtigerklärung: Von der Kassation zur Gesetzesneugestaltung durch das Bundesverfassungsgericht, DVBl 1979, 389ff.
Sachs, Michael, Behördliche Nachschaubefugnisse und richterliche Durchsuchungsanordnung nach Art. 13 II GG, NVwZ 1987, 561f.
Sadler, Gerhard, Verwaltungsvollstreckungsgesetz, Kommentar anhand der Rechtsprechung, 2. Aufl., Heidelberg 1992
Sasse, Christoph/Abel, Der Umfang des Auskunftsanspruchs nach dem Bundesdatenschutzgesetz, NJW 1979, 352f.
Schaffland, Hans-Jürgen/Wiltfang, Bundesdatenschutzgesetz, Ergänzbarer Kommentar, Berlin, Stand: September 1994
Schatzschneider, Wolfgang, Ermittlungstätigkeit der Ämter für Verfassungsschutz und Grundrechte, Frankfurt a.M., Bern usw. 1979
Schier, Wolfgang, Die Stellung des Rechtsanwalts in der Rechtsprechung der Verfassungsgerichte, AnwBl 1984, 410ff.
Schilken, Eberhard, Zivilprozeßrecht, Köln, Berlin usw. 1992
Schlaich, Klaus, Das Bundesverfassungsgericht. Stellung, Verfahren, Entscheidungen, 3. Aufl., München 1994
Schlink, Bernhard, Die Amtshilfe. Ein Beitrag zu einer Lehre von der Gewaltenteilung in der Verwaltung, Berlin 1982
Schmalz, Klaus, Der Rechtsanwalt im Zivilprozeß, in: Festschrift für Gerhard Schiedermair, München 1976, S. 481ff.
Schmidt, Walter, Der verfassungsgerichtliche Grundrechtsschutz im öffentlichen Meinungskampf, NJW 1980, 2066f.

Schmidt-Jortzig, Edzard, Meinungs- und Informationsfreiheit, in: HdbStR, Bd. VI, 1989, § 141, S. 635ff.
Schmitt Glaeser, Walter, Die Meinungsfreiheit in der Rechtsprechung des Bundesverfassungsgerichts, AöR Bd. 97 (1972), S. 60ff.; 276ff.; Bd. 113 (1988), S. 52ff.
Schmitt Glaeser, Walter, Schutz der Privatsphäre, in: HdbStR Bd. VI, 1989, § 129, S. 41ff.
Schneider, Rolf, Der Rechtsanwalt , ein unabhängiges Organ der Rechtspflege, Berlin 1976
Schneider, Rolf, Verfassungsrechtliche Grundlagen des Anwaltsberufs, NJW 1977, 873ff.
Schönke, Adolf, Strafgesetzbuch, Kommentar, 3. Aufl., München, Berlin 1947
Schönke, Adolf/Schröder, Strafgesetzbuch, Kommentar, 24. Aufl., München 1991
Scholl, Stefan, Behördliche Prüfungsbefugnisse im Recht der Wirtschaftsüberwachung, Berlin 1989
Scholz, Rupert, Die Koalitionsfreiheit als Verfassungsproblem, München 1971
Scholz, Rupert, Das Grundrecht auf freie Entfaltung der Persönlichkeit in der Rechtsprechung des Bundesverfassungsgerichts, AöR 100 (1975), 80ff.; 265ff.
Scholz, Rupert, Pressefreiheit und Arbeitsverfassung. Verfassungsprobleme um Tendenzschutz und innere Pressefreiheit, Berlin 1978
Scholz, Rupert/Pitschas, Informationelle Selbstbestimmung und staatliche Informationsverantwortung, Berlin 1984
Schrader, Hans-Hermann, Datenschutz in den Grundrechtskatalog. Verfassungsrechtliche Aspekte des Rechts auf informationelle Selbstbestimmung, CR 1994, 427ff.
Schünemann, Bernd, Der strafrechtliche Schutz von Privatgeheimnissen, ZStW 90 (1978), S. 11ff.
Schwabe, Jürgen, Probleme der Grundrechtsdogmatik, Darmstadt 1977
Schwabe, Jürgen, Die polizeiliche Datenerhebung in oder aus Wohnungen mit Hilfe technischer Mittel, JZ 1993, 867ff.
Schwan, Eggert, Art. 13 GG und die gefahrenabwehrenden Eingriffe in die Wohnungsfreiheit. Zugleich Anmerkung zum Beschluß des BVerfG vom 13. 10. 1971 und zum Urteil des BVerwG vom 6. 9. 1974, DÖV 1975, 661ff.
Schwan, Eggert, Datenschutz, Vorbehalt des Gesetzes und Freiheitsgrundrechte, VerwA 66 (1975), 120ff.
Schwarz, Otto, Strafgesetzbuch, Kommentar, 13. Aufl., München, Berlin, 1949
Seibel-Schwiedernoch, Claudia, Die verfassungsrechtliche Problematik des „Medienprivilegs". Ein Beitrag zur Diskussion um den Datenschutz gegenüber den Medien, CR 1988, 861ff.
Sendler, Hans, Zur Subsidiarität des Bundesdatenschutzgesetzes. Zugleich ein Beitrag zum Datenschutz in der Sozialversicherung, DuD 1979, 81ff.
Sendler, Horst, Kann man Liberalität übertreiben?, ZRP 1994, 343ff.
Simitis, Spiros, Datenschutz – Notwendigkeit und Voraussetzungen einer gesetzlichen Regelung, DVR 2 (1973/74), 138ff.
Simitis, Spiros, Bundesdatenschutzgesetz – Ende der Diskussion oder Neubeginn?, NJW 1977, 729ff.
Simitis, Spiros, Datenschutz: Voraussetzung oder Ende der Kommunikation?, in: Festschrift für Helmut Coing, München 1982, Band II, S. 495ff.
Simitis, Spiros, Die informationelle Selbstbestimmung – Grundbedingung einer verfassungskonformen Informationsordnung, NJW 1984, 398ff.

Simitis, Spiros, „Sensitive Daten" – Zur Geschichte und Wirkung einer Fiktion, in: Festschrift für Mario M. Pedrazzini, Bern 1990, S. 469ff.

Simitis, Spiros/Dammann/Mallmann/Reh, Kommentar zum Bundesdatenschutzgesetz, 3. Aufl., Baden-Baden, 1981

Simitis, Spiros/Dammann/Mallmann/Reh, Dokumentation zum Bundesdatenschutzgesetz, bearbeitet von Ulrich Dammann, Baden-Baden, Stand: Dezember 1994

Simitis, Spiros/Dammann/Geiger/Mallmann/Walz, Kommentar zum Bundesdatenschutzgesetz, 4. Aufl., Baden-Baden, Stand: Juli 1994

Simmel, Georg, Soziologie. Untersuchungen über die Formen der Vergesellschaftung, 5. Aufl., Berlin 1968

Skipper, Andrew, Perspektiven für ein europäisches Datenschutzrecht. A U. K. Perspective, EuZW 1993, 145ff.

Skouris, Wassilios, Teilnichtigkeit von Gesetzen, Berlin 1973

Smend, Rudolf, Das Recht der freien Meinungsäußerung, VVDStRL Bd. 4, Berlin, Leipzig 1928, S. 44ff.

Späth, Wolfgang, Entgegnung [zu Thomas Hund], Stbg 1993, 65ff.

Sponeck, Henning von, Private Adreßdateien und neues Bundesdatenschutzgesetz, CR 1991, 534f.

Sponeck, Henning von, Weitergabe von Personaldaten innerhalb des Konzerns, CR 1991, 600ff.

Starck, Christian, Der verfassungsrechtliche Schutz des ungeborenen menschlichen Lebens. Zum zweiten Abtreibungsurteil des BVerfG, JZ 1993, 816ff.

Steffani, Winfried, Pluralistische Demokratie. Studien zur Theorie und Praxis, Opladen 1980

Stein, Ekkehart, Staatsrecht, 14. Aufl., Tübingen 1993

Steiner, Udo, Hrsg., Besonderes Verwaltungsrecht. Ein Lehrbuch, 4. Aufl., Heidelberg 1992

Steinmüller, Wilhelm/Ermer/Schimmel, Datenschutz bei riskanten Systemen. Eine Konzeption entwickelt am Beispiel eines medizinischen Informationssystems, Berlin, Heidelberg, New York 1978

Steinmüller, W./Lutterbeck/Mallmann, C./Harbort/Kolb/Schneider, J., Grundfragen des Datenschutzes. Gutachten im Auftrag des Bundesministeriums des Innern, Juli 1971, BT-Drs. VI/3826 vom 7. 9. 1972

Stelkens, Paul/Bonk/Leonhardt, Verwaltungsverfahrensgesetz, Kommentar, 3. Aufl., München 1990

Stern, Klaus, Anwaltschaft und Verfassungsstaat. Festrede bei der Feier „100 Jahre Freie Advokatur"..., München 1980

Stern, Klaus, Das Staatsrecht der Bundesrepublik Deutschland, München: Bd. I, 2. Aufl. 1984; Bd. II, 1980; Bd. III/1, 1988

Stober, Rolf, Handbuch des Wirtschaftsverwaltungs- und Umweltrechts, Stuttgart, Berlin, Köln 1989

Stürner, Rolf, Die verlorene Ehre des Bundesbürgers – Bessere Spielregeln für die öffentliche Meinungsbildung?, JZ 1994, 865ff.

Tettinger, Peter J., Das Grundrecht der Berufsfreiheit in der Rechtsprechung des Bundesverfassungsgerichts, AöR 108 (1983), 92ff.

Tettinger, Peter J., Zum Tätigkeitsfeld der Bundesrechtsanwaltskammer, München 1985

Tiedemann, Klaus, Datenübermittlung als Straftatbestand, NJW 1981, 945ff.

Timm, Manfed, Grenzen der ärztlichen Schweigepflicht, Köln 1988

Tinnefeld, Marie-Theres/Ehmann, Externe Datenschutzbeauftragte im öffentlichen Bereich. Eine unabhängige Kontrollinstanz?, CR 1989, 637ff.

Tinnefeld, Marie-Theres/Ehmann, Einführung in das Datenschutzrecht, München, Wien 1992

Tipke, Klaus/Kruse, Abgabenordnung und Finanzgerichtsordnung, Kommentar, 16. Aufl., Köln 1991

Tribe, Laurence H., American Constitutional Law, Mineola (N.Y.) 1978

Uckermann, Eckart Freiherr von, Einwilligung nach BDSG – ein Mißverständnis?, DuD 1979, 163ff.,

Umbach, Dieter C./Clemens, Hrsg., Bundesverfassungsgerichtsgesetz, Mitarbeiterkommentar und Handbuch, Heidelberg 1992

Vogelgesang, Klaus, Grundrecht auf informationelle Selbstbestimmung?, Baden-Baden 1987

Vogelgesang, Klaus, Schutz für die Datenschützer oder vor den Datenschützern? Zur Kontroverse um das Recht des Bundesbeauftragten für den Datenschutz auf Einsicht in die Sicherheitsakten von Bundesbediensteten ohne deren Zustimmung, VerwA 78 (1987), 81ff.

Wächter, Michael, Rechtliche Grundstrukturen der Datenverarbeitung im Auftrag, CR 1991, 333ff.

Walz, Stefan, Das neue Bundesdatenschutzgesetz. Kompromiß als Leitprinzip, CR 1991, 364ff.

Wasmuth, Johannes, Beschlagnahme von Patientenkarteien und Krankenscheinen im Strafverfahren wegen Abrechnungsbetruges des Arztes, NJW 1989, 2297ff.

Wassermann, Rudolf, Gesamtherausgeber, Alternativkommentare – Kommentar zum Grundgesetz für die Bundesrepublik Deutschland in 2 Bänden, 2. Aufl., Neuwied 1989

Wedler, Willy, Überwachung des Datenschutzes durch Aufsichtsbehörden – Erfahrung aus der Prüfpraxis in Bremen –, RDV 1992, 221ff.

Weichert, Thilo, Widerspruchsrecht gegen Datenschutzkontrollen, CR 1994, 174ff.

Weigel, Theodor, Anwaltliches Standesrecht, gestern und heute, in: 25 Jahre Bundesrechtsanwaltskammer, Schriftenreihe der Bundesrechtsanwaltskammer, Band 6, München 1984, S. 73ff.

Weigel, Theodor, Zur Lage nach den Entscheidungen des Bundesverfassungsgerichts zu den Standesrichtlinien, BRAK-Mitt. 1988, 2ff.,

Weingärtner, Helmut/Schöttler, Dienstordnung für Notare, Kommentar, 6. Aufl., Köln, Berlin usw. 1993

Weißler, Adolf, Geschichte der Rechtsanwaltschaft, Leipzig 1905, Neudruck: Frankfurt a. M. 1967

Weitnauer, Hermann, Anmerkung zu BGH vom 24. 10. 1961, JZ 1962, 489f.

Welp, Jürgen, Abhörverbote zum Schutz der Strafverteidigung – Zugleich Besprechung des BGH-Urteils vom 5. 11. 1985 ... –, NStZ 1986, 294ff.

Wernet, Andreas, Der Strafverteidiger, sein Klient und das Recht. Professionalisierungstheoretische Vorüberlegungen und Fallanalysen zur Logik advokatorischen Handelns im Strafprozeß, Dissertation im Fachbereich Gesellschaftswissenschaften, Frankfurt a.M. 1994

Weyand, Raimund, Arzt- und Steuergeheimnis als Hindernis für die Strafverfolgung?, wistra 1990, 4ff.

Wieczorek, Bernhard, Zivilprozeßordnung ..., Komm., 2. Aufl., Berlin, New York 1976

Wiese, W., Grundsatzfragen des Datenschutzrechts, DVBl 1980, 861ff.

Wilhelm, Rudolf, Hrsg., Information – Technik – Recht. Rechtsgüterschutz in der Informationsgesellschaft, Darmstadt 1993

Windsheimer, Hans, Die „Information" als Interpretationsgrundlage für die subjektiven öffentlichen Rechte des Art. 5 Abs. 1 GG, Berlin 1968

Wochner, Manfred, Das Datenschutzdurcheinander, DVBl 1982, 233ff.

Woertge, Hans-Georg, Die Prinzipien des Datenschutzrechts und ihre Realisierung im geltenden Recht, Heidelberg 1984

Wohlgemuth, Hans H., Datenschutz für Arbeitnehmer. Eine systematische Darstellung, Neuwied 1988

Wohlgemuth, Hans H., Datenschutzrecht. Eine Einführung mit praktischen Fällen, 2. Aufl., Neuwied 1993,

Wollenteit, Ulrich, Informationsrechte des Forschers im Spannungsfeld von Transparenzforderungen und Datenschutz. Zum Datenzugang für Forschungszwecke in den USA und in der Bundesrepublik Deutschland, Berlin 1993

Zimmer-Hartmann, Anke/Helfrich, Datenschutzrechtliche Pflichten des Anwalts, CR 1993, 104ff.

Zippelius, Reinhold, Meinungsfreiheit und Persönlichkeitsrecht, in: Festschrift für Heinrich Hubmann, Frankfurt a.M. 1985, S. 511ff.

Zöllner, Wolfgang, Daten- und Informationsschutz im Arbeitsverhältnis, Köln, Berlin usw. 1982

Zöllner, Wolfgang, Die gesetzgeberische Trennung des Datenschutzes für öffentliche und private Datenverarbeitung, RDV 1985, S. 3ff

Zöllner, Wolfgang, Informationsordnung und Recht, Berlin, New York 1990

Zöllner, Wolfgang, Datenschutz in einer freiheitlichen marktwirtschaftlichen Ordnung, RDV 1991, S. 1ff.

Zuck, Rüdiger, Verfassungsrechtliche Vorfragen anwaltlicher Selbstdarstellung, in: 25 Jahre Bundesrechtsanwaltskammer, Schriftenreihe der Bundesrechtsanwaltskammer, Band 6, München 1984, S. 85ff.